Allgemeines Reisepraktisches

Geschichte & Kultur

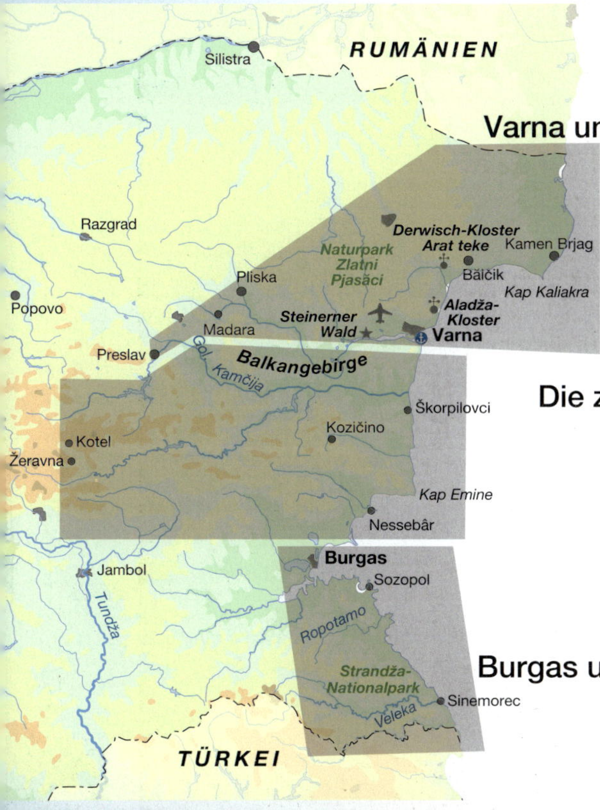

Varna und der Norden

Die zentrale Küste

Burgas und der Süden

Text und Recherche: Christian Gehl
Lektorat: Sabine Bösz, Jan Düker (www.bintang-berlin.de)
Redaktion und Layout: Marion Wimmer
Fotos: siehe Fotonachweis unten
Karten und Pläne: Hana Gundel, Judit Ladik, Carlos Borell, Gárbor Sztrecska
Covergestaltung: Karl Serwotka
Covermotive: oben: Preslav, Kiril i Metodi
unten: Strand Zlatna Ribka bei Sozopol

Fotonachweis

Fotos von Christian Gehl; außer

S. 3, 13, 38, 62, 79, 80, 85, 100, 104, 107, 109, 111, 113, 114, 150, 153, 157, 159, 162, 169, 171, 172, 183, 190, 256 (Katerina Gehl);

S. 12, 19, 26, 32, 57, 75, 77, 215, 217, 218, 221, 222, 225, 229, 230 (Donka Bernert);

S. 175 (Stoyan Inev).

Herzlichen Dank für die Recherche zu diesem Buch an Katerina Gehl, Donka Bernert, Prof. Klaus Roth, Vanya Ineva, Alma Rangelova, Elena und Stoyan Inevi, Temka Tomova und Margarita Ĉiflikĉieva

ISBN 3-89953-216-3

1. Ausgabe 2005

BULGARIEN
SCHWARZMEERKÜSTE

Christian Gehl

INHALT

Kartenverzeichnis

Zeichenerklärung für die Karten und Pläne

Landkarten

- Autobahn
- Hauptverkehrsstraße
- Landstraße
- Nebenstraße
- Wanderung/Tour

Stadtpläne

- Hauptstraße
- Nebenstraße
- Fußgängerzone

- Bebaute Fläche
- Grünanlage
- Gewässerfläche
- Berggipfel
- Aussichtspunkt
- Hütte
- Felsen
- Badestrand
- Campingplatz

- Information
- Kirche
- Kloster
- Museum
- Post
- Parkplatz
- Krankenhaus
- Flughafen
- Bushaltestelle
- Taxistandplatz

Alles im Kasten

Verzeichnis der Wanderungen und Touren

Was haben Sie entdeckt?

Sind Sie auf ein gutes Restaurant gestoßen, eine tolle Bar, eine aufregende Diskothek? Oder haben Sie ein schönes Hotel gefunden, einen großartigen Strand? Und welcher Tipp hat seine beste Zeit schon hinter sich?

Wenn Sie Ergänzungen, Verbesserungen oder neue Tipps zu diesem Buch haben, lassen Sie es uns bitte wissen!

Schreiben Sie an:

Christian Gehl
Stichwort „Bulgarien Schwarzmeerküste“
c/o Michael Müller Verlag GmbH
Gerberei 19
91054 Erlangen
christian.gehl@michael-mueller-verlag.de

Bei Varvara ist der Naturstrand auch im August fast menschenleer

Gesichter einer Küste

Jahrzehntelang hielt sich hartnäckig ein Vorurteil: Osteuropa ist eintönig und grau. Genährt wurde das Klischee unter anderem von Hollywoodproduzenten, die sich im Kalten Krieg für die Sache der USA einsetzten. Doch nach dem Fall des Eisernen Vorhangs beginnen die falschen Bilder im Kopf langsam der Realität zu weichen. Der Osteuropa-Tourismus boomt. Immer mehr Menschen entdecken dabei auch die Schönheit der bulgarischen Schwarzmeerküste, deren Klima und Topografie alle Voraussetzungen mitbringen, um den Landstrich zu einem der Top-Reiseziele Europas werden zu lassen.

Vier Millionen Menschen machten im vergangenen Jahr Urlaub in Bulgarien, der überwiegende Teil davon an der 354 km langen Küste. Aus Deutschland kamen 565.000 Gäste. Alles in allem brachte das der bulgarischen Staatskasse etwa 1,8 Milliarden €. Zum Vergleich: Spanien nimmt durch seine 50 Millionen Touristen jährlich etwa 25 Milliarden € ein. Bulgarien steht erst am Anfang einer Entwicklung, die bis 2020, so die Welttourismusorganisation WTO, zu 10 Millionen Besuchern jährlich führen wird.

Aktuelle Ereignisse geben durchaus Hoffnung, dass dabei nicht die Fehler Spaniens wiederholt werden. Als sich im Sommer 2004 die Klagen westlicher Touristen über Baulärm und vorschnell eröffnete Hotels in den Urlaubszentren Goldstrand (Zlatni pjasăci) und Sonnenstrand (Slănčev brjag) häuften, intervenierte die bulgarische Wirtschaftsministerin Lidia Šuleva und die Bauherren gelobten prompt Besserung. Dass dies natürlich auch im eigenen Interesse geschah – Beschwerden gefährden schließlich das Geschäft – ist nur die eine Seite der Medaille. Die andere

Die Saison kann beginnen: In Obzor sind alle Vorbereitungen getroffen

zeigt, wie sensibel die neu entdeckte Tourismusregion auf Kritik reagiert. Negativschlagzeilen hat Bulgarien schließlich im Laufe seiner Geschichte genug produziert, jetzt will das kleine Land, das in zwei Jahren der EU beitreten wird, endlich seine Stärken ausspielen.

Und davon hat es, gerade was den Tourismussektor anbelangt, genug: Mit ein Grund für die enorm gestiegenen Urlauberzahlen – noch vor fünf Jahren fuhren gerade einmal halb so viele Deutsche nach Bulgarien – ist die verbesserte Infrastruktur. Überall an der Küste haben Privatleute kleine, exzellent geführte Familienhotels gebaut, die mit ihrer persönlichen Atmosphäre und dem guten Service bereits zahlreiche Stammgäste anziehen. Die Küstenstraße E87, die meist dicht am Meer entlang führt, ist seit zwei Jahren fast durchgängig asphaltiert. Und der öffentliche Verkehr ist durch eine Reihe neuer Busbahnhöfe zu einer echten Alternative für das eigene Fahrzeug oder – Lieblingsverkehrsmittel vieler Bulgaren – das Taxi aufgestiegen: Verbindungen bestehen zwischen allen Küstenorten mehrmals täglich, oft sogar alle 30 Minuten.

Das alles würde nichts nützen, hätte die Küste Bulgariens nicht all das zu bieten, was Ferien am Meer so beliebt macht: Großartige Sandstrände, die manchmal kilometerlang sind (Albena, Primorsko) und manchmal in kleinen Buchten liegen (Sinemorec, Carevo), wilde Klippenlandschaften mit atemberaubenden Ausblicken (Kap Kaliakra, Kamen brjag) und immer wieder urtümliche Flusstäler, die in ihrem Mündungsgebiet von beeindruckenden Urwäldern begleitet werden (Kamčija, Ropotamo, Veleka).

Gleich zu Beginn dieses Reiseführers soll ein weiteres, ärgerliches Klischee korrigiert werden: Das in den vergangenen Jahren von einigen Medien geschaffene Ballermann-und-Bettenburgen-Image hat mit dem tatsächlichen Aussehen der Küste nichts zu tun. Natürlich, es gibt die Kegelbruderschaften, die statt nach Mallorca,

Varnas Meerespark entwarf einer der Gartenarchitekten von Schönbrunn

jetzt zum Goldstrand oder, öfter noch, zum Sonnenstrand fahren. Und – ja, diese beiden Ferienzentren bestehen ausschließlich aus Hotels, haben also keinen gewachsenen Ortskern. Aber wo gibt es die nicht? Und vor allem: Es sind die beiden einzigen dieser Größenordnung (100 bzw. 150 Hotels) auf einer Länge von knapp 380 km. Daneben gibt es mit Albena nur noch eine, weit kleinere und ruhigere Hotelstadt, außerdem drei architektonisch ansprechende All-Inclusive-Anlagen (Russalka, Elenite, Djuni) sowie einen klassischen Badekurort (Sveti Konstantin i Elena). Der Rest sind zum Teil jahrtausendealte, zum Teil nur wenige Jahrzehnte alte Orte mit städtischen oder dörflichen Strukturen, von denen die meisten auch, aber eben nicht nur vom Tourismus leben.

Die beiden Großstädte Varna und Burgas, die zusammen gut eine halbe Million Einwohner haben, verdienen vor allem an ihren großen Hafenanlagen. Je kleiner die Orte, desto mehr spielen Landwirtschaft und Fischfang eine Rolle. Sozopol und Nessebăr verzeichnen mit ihren außergewöhnlich schönen Altstädten einen bemerkenswerten Kulturtourismus. Sozopol, das bei Künstlern und Kunstfreunden traditionell einen guten Ruf besitzt, hat sich in den vergangenen Jahren zudem zur sommerlichen Partyhauptstadt Bulgariens entwickelt: Jugendliche aus ganz Europa und auch einige amerikanische Studenten chillen tagsüber am Szene-Strand Harmanite oder in der FKK-Bucht Kavaci, nachdem sie die Nächte in den zahlreichen Live-Bars und Diskotheken durchgemacht haben. Die kleine, felsige Halbinsel, auf der die Altstadt von Nessebăr liegt, besitzt wahrscheinlich die dichteste Konzentration an byzantinischen Kirchen in ganz Südosteuropa.

Insgesamt verteilen sich nur knapp drei Dutzend Gemeinden entlang der Küste, mit im Schnitt rund 1000 Einwohnern – sieht man mal von den drei Hafenstädten Varna, Burgas und Bălčik ab. Dazwischen liegt unverbaute Natur: Wer ein paar Tage oder Wochen der Zivilisation den Rücken kehren will, ist hier richtig.

Nördlich von Varna, hinter dem riesigen Sandstrand von Albena, wird die Küste immer felsiger und kleinteiliger, einige Naturschutzgebiete (Kaliakra, Taukliman) bieten ornithologisch Interessierten reichlich Anschauungsmaterial und vor Kamen brjag liegt ein archäologisches Feld mit zahlreichen noch unerforschten Felsengräbern aus der Antike. Junge Abenteurer zelten davor an der Steilküste oft wochenlang wild – offen toleriert von den Behörden.

Der Küstenabschnitt zwischen Varna und Burgas wird dominiert von den Ausläufern des Balkan-Gebirges und den Sumpfwäldern der Kamčija-Mündung. Zwei herausragende Sandstrände, bei Škorpilovci und Kavaka, liegen abseits der Touristenrouten und garantieren herrliche Badetage. Eine spektakuläre Wanderung führt durch dicht bewaldetes, hügeliges Gebiet zum oft sturmumtosten Kap Emine.

Südlich von Burgas werden die Dörfer immer kleiner und die Strände immer schöner. Feiner, goldgelber Sand liegt in den gut besuchten, aber nicht überlaufenen Buchten von Kavaci, Primorsko, Kiten, Lozenec oder Arapja. Und gerade wenn man glaubt, dass die Küstenstraße ganz sicher nach Nirgendwo führen wird, öffnet sich das subtropische Flusstal der Veleka und man ist in Sinemorec, dem gar nicht mehr so geheimen Favoriten der Sofioter Intelligenz. Das ehemalige Piratennest hat gerade mal 140 ständige Einwohner, kaum Straßennamen, aber gleich fünf großartige Sandbuchten.

Das Hinterland bietet zudem, gut verteilt über die gesamte Länge, einige einzigartige Ausflugsziele: den Reiter von Madara etwa, eine 1300 Jahre alte Felsskulptur, die von der UNESCO zum Weltkulturerbe erklärt wurde. Oder die beiden frühen Hauptstädte des bulgarischen Großreichs, das sich fast 300 Jahre lang von der Adria über die Ägäis bis hin zum Dnjepr erstreckte. Nach zahlreichen Eroberungszügen liegen Pliska und Preslav heute zwar in Ruinen, doch die Schönheit selbst dieser spärlichen Reste kann sprachlos machen. Westlich von Burgas, in den grünen Hügeln des Balkangebirges, liegen die beiden historischen Orte Kotel und Žeravna, in deren prächtigen Bürgervillen zahlreiche Revolutionäre des 19. Jh. aufwuchsen. Das kleinere und vollständig im berühmten Stil dieser so genannten Wiedergeburtszeit erbaute Žeravna soll zum Zentrum eines nachhaltigen Wandertourismus ausgebaut werden. Ganz im Süden der Küste erstreckt sich eines der größten zusammenhängenden Laubwaldgebiete Europas: der Strandža-Naturpark mit seinen noch völlig ursprünglichen Bergdörfern und ihrer jahrhundertealten Architektur. Mehrere Tourenvorschläge, mit dem Mountainbike, dem Kanu oder dem Auto, sollen diese herrliche, fast menschenleere Gegend, Ursprung des Dionysos-Kultes, für Sie erschließen.

Die wichtigsten Urlaubsorte

Die **Zentren des Pauschaltourismus** liegen im Umkreis der Küstengroßstädte Varna und Burgas: das älteste Seebad Bulgariens, Sveti Konstantin i Elena, schließt unmittelbar an den nördlichen Stadtrand von Varna an, es folgt das ungleich größere Zlatni pjasăci (auch Goldstrand oder Golden Sands genannt), sowie 32 km nördlich von Varna das weitläufige Albena. Nicht weit von der rumänischen Grenze, am Rande einer riesigen Steppe, wurde ein ehemaliger Club Méd zum kleinen, angenehm ruhigen All-Inclusive-Resort Russalka umgebaut. Im Norden von Burgas liegt die mit 150 Hotels größte Ferienstadt Bulgariens, Slănčev brjag (bekannter als Sonnenstrand oder Sunny Beach) und die sympathische All-Inclusive-Anlage Elenite.

Südlich von Burgas zieht sich mit Djuni ein ähnliches Urlaubszentrum der TUI-Marke Magic Life die Hügel am Rande eines weitgehend unzugänglichen Sumpfgebietes hinauf.

Etwa zwei Dutzend Orte bilden daneben die **Ziele von Individualreisenden**, vornehmlich natürlich aus Bulgarien selbst, aber zunehmend auch aus Deutschland, Italien, Tschechien und den USA. Eine Kurzcharakteristik jener Städte, Dörfer oder auch Campingplätze, die bei Einheimischen besonders beliebt sind, soll die Orientierung unterstützen.

Pauschal oder individuell?

Die Frage stellt sich natürlich nur Menschen, die sich von der Antwort einen Preisvorteil erhoffen. Wer aus Überzeugung und alter Tradition bei seinem Reisebüro bucht, wird sich kaum dafür interessieren, wie teuer ein Charterflug nach Varna ist oder wie viel ein Hotelzimmer in Sinemorec kostet. Das Gleiche gilt für den Individualisten: Das Sparmodell Pauschalurlaub kann ihn sicher nicht begeistern.

Dennoch dürfte eine Kosten-Gegenüberstellung beide Seiten interessieren. Eine Woche Halbpension am Goldstrand bietet Neckermann ab 400 € an. Eine kurze Zusammenstellung der wichtigsten Ausgaben eines Individualreisenden ergibt folgendes: Charterflug nach Varna 200 €, Hotelübernachtung und Essen pro Tag 35 € – das macht bei sieben Übernachtungen 515 €. Die Rechung hat jedoch viele Unbekannte: Reisezeit, Unterkunftskategorie, Restaurantwahl. Zugrunde gelegt ist beim Neckermann-Angebot der Ab-Preis. Es geht also an den beliebtesten Terminen noch deutlich nach oben. Ausgaben am Urlaubsort sind zudem gar nicht berücksichtigt.

Die Kosten der Individualreise sind dagegen sehr großzügig berechnet: Flug und Drei-Sterne-Hotel zur absoluten Hauptsaison, 2x täglich Essen im Restaurant. Die Kosten-Gegenüberstellung geht in Realität eher zu Gunsten der Individualreise aus. Grundsätzlich sind 500 € für eine Woche an der bulgarischen Schwarzmeerküste ein Budget, mit dem es sich sehr gut leben lässt. Und zwar inklusive Shopping und Diskothekenbesuchen, weil man erfahrungsgemäß kaum zweimal täglich ausgiebig essen geht.

Möglich ist natürlich auch die kombinierte Variante: der Service einer Pauschalreise gepaart mit der Unabhängigkeit eines nach persönlichen Neigungen zusammengestellten Urlaubs. Also im Reisebüro buchen und vom Hotel aus Touren entlang der Küste unternehmen. Transportmittel stehen überall reichlich zur Verfügung.

Nördliche Küstenregion

Varna: Zahlreiche schöne, zum Teil neu gebaute Privathotels machen einen mehrtägigen Aufenthalt in der uralten Kulturstadt fast schon zur Pflicht. Am Meer entlang verläuft ein riesiger Park mit herrlichem alten Baumbestand. Die größten römischen Thermen außerhalb Italiens lassen einen staunen, wie weit der Einflussbereich des Imperiums tatsächlich gereicht hat und mit ein bisschen Glück kann man den ältesten Goldschatz der Welt sogar in seiner Heimstatt bewundern, dem Archäologischen Museum. Wem der Sinn nach durchtanzten Nächten steht, der findet am schönen Stadtstrand sein Revier: ein gutes Dutzend Open-Air-Diskos reiht sich hier im Sommer aneinander mit Weltklasse-DJs und oft spektakulär-exotischer Architektur (Xtravaganzza, Exit).

Kranevo: Der kleine, schnell wachsende Ferienort am Fuße des Balkan-Gebirges liegt am gleichen herrlichen Sandstrand wie das benachbarte Touristenzentrum Albena. Zum Baden geeignet, für einen längeren Aufenthalt fehlt es dem jungen Ort allerdings noch deutlich an Reiz.

Bălčik: Pittoreske Kalkfelsen umrahmen den drittgrößten Hafen des Landes und haben dem wohlhabenden Ort einst zum Namen „Die weiße Stadt" verholfen. Berühmt ist Bălčik wegen seinem malerisch gelegenen Lustschloss, das sich die rumänische Königin Maria, eine Enkelin der Queen Victoria, hier errichten ließ. Der umgebende botanische Garten ist die weiteste Anreise wert.

Frisch renoviert: Jugendstilfassaden in Varnas

Kamen brjag: Wer dieses einfache Bauerndorf in der fruchtbaren Dobrudža-Ebene ansteuert, sucht das Abenteuer. Übernachtungsmöglichkeiten gibt es hier nicht, nur ein kleiner Landgasthof versorgt mit regionaler Küche. An der Steilküste vor dem Dorf zelten Jugendliche, die von der wilden Natur und der mystischen Ausstrahlung des archäologischen Reservats Jajlata angezogen werden: Herkunft und Funktion zahlreicher Felsenhöhlen sind noch nicht restlos geklärt.

Krapec und Durankulak: Kurz vor der rumänischen Grenze wird die Besiedelung immer spärlicher. Der lang gestreckte, selbst im August fast menschenleere Sandstrand bei Durankulak sowie der dahinter liegende Süßwassersee bieten Naturliebhabern jedoch unvergessliche Eindrücke. Ein Drei-Sterne-Hotel, ein Gartenrestaurant am Rande des Sees sowie ein (sehr) einfacher Campingplatz bilden die touristische Infrastruktur.

Zentrale Küstenregion

Škorpilovci: Umgeben von den grünen Auenwäldern des Kamčija-Naturparks lassen sich an dem großartigen Naturstrand des kaum besuchten Dorfes einige schöne Badetage verbringen. Unterkunft findet man in einem netten Familienhotel.

Obzor: Der Ort selbst ist keine Schönheit, der Strand allerdings schon. Günstige Privatquartiere (5–6 €) und einige gute Restaurants sind die anderen Pluspunkte dieses aufstrebenden Urlaubsdorfes am Rande des Balkan-Gebirges. Ein paar Kilometer südlich liegen zwei einsame Sandstrände inmitten einer optisch reizvollen Wildnis: Kavaka und Irakli.

Sveti Vlas: Mit einigen schönen Hotelneubauten hat sich das jahrtausendealte Dorf einen guten Namen gemacht. Die Lage am Fuß des Balkan-Gebirges zählte schon immer zu den Vorzügen von Sv. Vlas, dessen gepflegter Sandstrand einen besonders flachen Einstieg ins Meer bietet und daher sehr kinderfreundlich ist.

Nessebăr: Die Touristenattraktion Nr. 1 an der bulgarischen Schwarzmeerküste. Tagsüber überlaufen, findet die kleine Halbinsel mit ihrer prächtigen Altstadt und den byzantinischen Kirchenruinen etwa ab 17 Uhr langsam zur Ruhe. Dann zeigt sich auch, dass Nessebăr zu Recht berühmt ist. Mehrere Wiedergeburtsvillen wurden zu Hotels umfunktioniert und bieten eine romantische Unterkunft zu angemessenen Preisen (DZ 40–50 €). Kein Badeort.

Ravda: Unauffälliger Badeort mit allerdings sehr schönem Sandstrand.

Pomorie: Sehenswert ist die kleine Altstadt an der Südspitze der Halbinsel. Neben der Kirche von 1764 liegt das Wohnhaus des symbolistischen Lyrikers Peju Javorov – ein bei uns noch unbekannter, weil nicht übersetzter Dichter, der in Bulgarien vor allem von jugen Leuten geliebt wird. Die Anfahrt entlang hässlicher Industriebrachen ist allerdings nicht jedermanns Sache.

Südliche Küstenregion

Burgas: Knapp 200.000 Menschen wohnen in der Hafenstadt, die vor allem vom Erdöl lebt. Und dessen Bedeutung dürfte dank der geplanten Pipeline an die Ägäis noch steigen. Der frisch renovierte Jugendstil-Bahnhof kann jedoch Ausgangspunkt für eine überraschend vielfältige (und günstige) Einkaufstour durch die Flaniermeilen Aleksandrovska und Aleko Bogoridi sein. Auch mit einigen interessanten Museen kann Burgas aufwarten und für Vogelfreunde zählen die Seen südlich der Stadt sogar zu den berühmtesten Destinationen in ganz Europa.

Sozopol: Partyhauptstadt, Fischerdorf, Kulturmetropole – Sozopol kann mit vielen Etiketten aufwarten und jedes hat seine Berechtigung. Das oft grobe Kopfsteinpflaster verhindert, dass Busgruppen die intakte, lebendige Altstadt überfluten. Nach dem Ansturm der Partypeople im Hochsommer übernehmen Anfang September Jazz- und Kunstfreunde die Regentschaft. Das Apollonia Kulturfestival ist das renommierteste seiner Art in Bulgarien.

Smokinja: Der Campingplatz 4 km südlich von Sozopol genießt einen exzellenten Ruf in der alternativen Szene. Wildes Campen direkt am breiten Sandstrand wird wegen unklarer Besitzverhältnisse (noch) offiziell toleriert: Im Sommer entsteht hier ein kleines, international geprägtes Hippiedorf.

Primorsko: Ein riesiges Jugendzentrum im Wald während der kommunistischen Zeit hat viel zum Renommee des kleinen, sympathischen Ortes beigetragen. Nach der gründlichen Renovierung durch neue Besitzer soll es 2005 wiedereröffnen. Die Strände links und rechts der bewohnten Halbinsel gehören zu den feinsten und längsten Bulgariens.

Kiten: Bekannt ist dieser erst 70 Jahre alte, im Sommer aus allen Nähten platzende Badeort vor allem wegen der Open-Air-Disko Zangador, die in eine natürliche Felsenbucht geschlagen wurde. Doch auch die Mischung aus kleinen Familienhotels und privaten Restaurants stimmt und die beiden Strände sind allemal einen Besuch wert.

Arapja: Neben Smokinja ist dies der zweite Campingplatz mit Kultstatus an der Südküste. Unweit der Kleinstadt Carevo im Wald gelegen, ist er seit längerem in Privatbesitz und daher in akzeptablem Zustand. Die Bucht ist nicht allzu groß, aber schön geschwungen und voll mit feinem Sand. Sehr populär sind die zahlreichen Rave-Partys und Beachvolleyball-Turniere, die hier stattfinden.

Am Rand des Strandža-Naturparks: Sandbucht Varvara

Varvara: Das kleine Fischerdorf, das bisher touristisch keine Rolle spielte, erobert sich langsam einen Ruf als idealer Ausgangspunkt für ausgedehnte Touren durch den paradiesisch schönen Naturpark Strandža. Die weiten Wiesen an der Felsenküste vor Varvara wurden in jüngster Zeit auch von alternativen Konzertveranstaltern entdeckt, die hier den Platz für wilde Rave-Partys finden.

Ahtopol: Das ruhige Fischerstädtchen war bisher vor allem für seine weiträumigen Betriebserholungsheime bekannt. Private Initiativen beginnen diesen Ruf jedoch langsam zu verbessern. Komfortable Familienhotels und gut geführte Restaurants haben jüngst an der Spitze der kleinen Altstadt eröffnet. Seither beginnt sich auch die Mittelklasse für Ahtopol zu interessieren. Eine kleine alternative Szene hat ebenfalls ihre Heimstatt hier gefunden: ein Mix, der sich sehr positiv auf die Atmosphäre in der Stadt auswirkt. Der schöne Strand ist groß genug, um die zusätzliche Klientel aufzunehmen.

Sinemorec: Vom früher unzugänglichen Grenzdorf zum bekanntesten Geheimtipp Bulgariens – Sinemorec hat eine rasante Karriere hinter sich. Dennoch ist es das kleine, lebhafte Fischernest geblieben, das es immer war, umgeben von einem subtropischen Paradies. Die unberührten Wälder des Strandža-Naturparks, die fischreiche Mündung der Veleka und gleich fünf Traumstrände bieten ein wahrhaft rauschhaftes Naturerlebnis.

Highlights ...

... für Strandliebhaber

Sieben reine Ferienorte stehen an der bulgarischen Schwarzmeerküste und in den Katalogen der großen Reiseveranstalter: Sv. Konstantin i Elena, Goldstrand, Albena und Russalka im Norden, Sonnenstrand und Elenite im mittleren Abschnitt sowie

Djuni im Süden. Die Strände sind durchweg exzellent: groß, feinsandig, von goldgelber Farbe und wegen des flachen Einstiegs ins Wasser sehr kinderfreundlich. Auch wenn die Anlagen fernab der Städte gebaut wurden, so badet man doch vor einer Hotel- oder Bungalowkulisse. Wer das nicht möchte, für den haben wir die schönsten Strände außerhalb der künstlichen Ferienwelten aufgelistet.

Lipite: Wer einsame Naturstrände mag, findet 1 km südlich von Sinemorec ein wahres Prachtexemplar. Toller Sand, direkt dahinter dichter Laubwald, keine Bebauung weit und breit. Bei FKK-Anhängern sehr beliebt.

Silistar: Der schwer zu erreichende Naturstrand noch weiter südlich von Sinemorec hat unter jungen Campern einen Ruf wie Donnerhall. Eine kleine, aber eingeschworene Fan-Gemeinde findet sich hier jeden Sommer ein. Inzwischen gibt es auch einen kleinen Kiosk, der einen mit dem Nötigsten versorgt.

Ustieto: An der Mündung der Veleka (daher der Name) hat sich ein etwas grobsandiger Küstenstreifen gebildet, dessen traumhaft schöne Lage zwischen Fluss, Wäldern und Meer ihn jedoch zum neuen Favoriten in Sinemorec gemacht hat. Noch ist es ein reiner Naturstrand, für Sonnenschirme und Trinkwasser muss man also selber sorgen.

Arapja: Nördlich von Carevo, in einer sanft geschwungenen Bucht umrahmt von Laubwäldern und einem guten Campingplatz, liegt dieser vor allem bei Teenagern sehr beliebte Strand. Manchmal finden hier Ravepartys und Beachvolleyball-Turniere statt, doch ist er deshalb noch lange nicht überfüllt. Sonnenschirme sollte man selber mitbringen, für Essen und Trinken sorgt ein Schiffsrestaurant. Keine Bebauung.

Atliman: Sehr lebhafter Stadtstrand (Kiten) am Rand eines Parks, mit einem einzigen Großhotel im Hintergrund. Schöne Lage in einer weiten Bucht, die tagsüber zum Chillout-Café umfunktionierte Felsendisko Zangador kann leicht schwimmend erreicht werden.

Primorsko: Die beiden riesigen Sandstrände beiderseits der Halbinsel, auf der die gleichnamige Kleinstadt liegt, werden seit Jahren mit der Blauen Flagge ausgezeichnet. Bebauung nur in der Ferne sichtbar, der südliche Teil erstreckt sich am Rand eines Waldstücks, in dem sich die Bungalowanlage Holiday Club Primorsko versteckt.

Kavaci/Smokinja: Große zusammenhängende Sandbucht, die nach den Campingplätzen etwa 4 km südlich von Sozopol benannt ist. Flacher Einstieg ins Meer, gut gepflegt, mit Sonnenschirmverleih und zwei Restaurants am Rand. Die seltene Sandlilie wächst hier, im südlichen Bereich geht der Strand in Dünen über, Wildcamper und FKK-Fans sind dort gern gesehen.

Kavaka: Einsamer Sandstrand in großartiger Lage unterhalb der Ausläufer des Balkan-Gebirges. Etwa 1,5 km südlich von Obzor zweigt ein unbefestigter Pfad in Richtung Meer ab. Keinerlei Infrastruktur (auch kein Schild), nur Natur. Ideale FKK-Voraussetzungen.

Irakli: Wenige Kilometer weiter südlich (von Obzor 5 km) erreicht man den nächsten Naturstrand in ähnlicher Lage und „Ausstattung" (Sand) wie Kavaka. Einziger Unterschied: Irakli ist um einiges größer.

Škorpilovci: Am Rand der Kamčija-Sumpfwälder liegt dieser noch (fast) unentdeckte Sandstrand, der nur in der Nähe des Dorfes gepflegt wird. Keinerlei Bebauung im Hintergrund, nur die grüne Wildnis des Naturparks. Der Vorteil gegenüber Irakli und Kavaka: Es gibt ein gutes und günstiges Hotel ganz in der Nähe.

Bolata: Die schöne Sandbucht nördlich des gut besuchten Kap Kaliakra schneidet tief in die Steppe (Dobrudža) hinein und bildet dort ein kleines Sumpfgebiet, das sich bei Zugvögeln großer Beliebtheit erfreut. Weit und breit keine Zivilisation, wer hier badet, sollte bereit sein, sich selbst zu versorgen. Nächstgelegener Ort ist das 5–6 km entfernte Bălgarevo.

Durankulak: Der letzte Ort vor der rumänischen Grenze. Zwischen dem gleichnamigen Süßwassersee und dem Meer liegt ein kilometerlanger Sandstreifen. Flaches Land, menschenleere Weite: eine außergewöhnliche Erfahrung, man muss sie aber auch aushalten können.

... für Kulturinteressierte

Die bulgarische Schwarzmeerküste ist ein uraltes Siedlungsgebiet, das schon Heimat vieler Völker und Zivilisationen war. Thraker haben hier ebenso ihre Spuren hinterlassen wie Griechen, Römer, Bulgaren und Türken. Museale Kunst konzentriert sich vor allem in Varna, aber auch die andere Großstadt, Burgas, besitzt einige sehenswerte Museen. Daneben gibt es eine Reihe spektakulärer Religionsstätten (s. „... das besondere Erlebnis“), viele Altstädte, die es so nur in Bulgarien gibt und auch die beiden berühmtesten Kulturfestivals des Landes finden am Schwarzen Meer statt.

Kathedrale Mariä Himmelfahrt, Varna: Die zweitgrößte Kirche Bulgariens ist der russischen Befreiungsarmee von 1878 gewidmet Vor allem nachts entfaltet sie dank geschickter Lichtarchitektur eine überwältigende Wirkungsmacht. Seit kurzem erstrahlen auch die goldenen Kuppeln wieder in frisch renoviertem Glanz und dominieren das stets belebte Zentrum von Varna. Der Männerchor ist ein Ereignis für sich.

Meerespark, Varna: Mehr als 8 km zieht sich der Stadtpark des tschechischen Schönbrunn-Mitarbeiters Antonin Novak am Meer entlang. Uralte, riesige Bäume

Am Rande der Altstadt von Sozopol: Natur und Kultur ergänzen sich

säumen die breiten Alleen und zahlreiche Ausflugsziele bilden Knotenpunkte: Aquarium, Observatorium, Delphinarium und Open-Air-Bühne sind die populärsten. Zugänge zum Strand gibt es fast überall.

Archäologisches Museum, Varna: Der neobarocke Bau von 1898 beherbergt den ältesten Goldschatz der Menschheit – wenn er nicht gerade auf Reisen ist. Über 7000 Jahre alt sind die Exponate, die 1972 zufällig entdeckt wurden. Doch auch die anderen Räume des Museums bieten Sehenswertes: 100.000 Jahre alte Waffen beispielsweise oder künstlerisch gestaltete Keramikfiguren aus der Jungsteinzeit und eine Reihe schöner Ikonen.

Römische Thermen, Varna: International kaum bekannt sind diese High-Society-Badehäuser aus den ersten Jahrhunderten unserer Zeitrechnung. Sie gelten als die größten außerhalb Italiens und liegen etwas versteckt in der Altstadt von Varna. Die imposanten Ruinen sind stellenweise auch heute noch bis zu 20 m hoch.

Festival Varna Summer: Für Jazzfreunde ist Varna seit Jahrzehnten ein Begriff, doch auch Freunde anderer Kunstgattungen bekommen hier erstklassige Aufführungen zu Gesicht. Vom Ballett und modernen Tanz über klassische Musik und Film wird von Juni bis September kaum ein Genre ausgelassen. Viele Inszenierungen finden unter freiem Himmel auf der Bühne im Meerespark statt.

Pliska: Die erste Hauptstadt Bulgariens liegt heute in Trümmern, zerstört von den rachsüchtigen Byzantinern, denen Khan Asparuch ein ganzes Reich abgetrotzt hatte. Zwischen 681 und 893 war Pliska eine der größten Städte Europas, die Grundmauern und die schöne Basilika von 870 künden heute noch von einstiger Größe und Pracht. Aufwendige Restaurationsarbeiten, die das Ruinenfeld 60 km westlich von Varna besser erschließen sollen, sind endlich im Gange.

Der Reiter von Madara: Das bulgarische Troja nannten einige Wissenschaftler schon den archäologischen Komplex rund um die berühmte Felsenskulptur 70 km westlich von Varna. Das mag in nationalistischem Überschwang geschehen sein, Tatsache ist aber, dass es neben dem wohl gut 1300 Jahre alten UNESCO-Denkmal auch Zeugnisse weiterer Kulturen gibt: der Thraker etwa, auch der Römer und auf dem Felsplateau liegen die Reste einer mittelalterlichen Festung, die von einem frühen Khan zum Schutze Pliskas vor den stetig anrennenden Byzantinern gebaut wurde.

Tombul-Moschee, Šumen: Der größte islamische Bau auf dem Balkan (sieht man einmal von Istanbul ab) stammt aus der Mitte des 18. Jh. und vereint die Architekturstile seiner Zeit. Byzantinismus vermischt sich mit türkischem Barock zu einem stimmigen Gesamtkunstwerk, das von dem typisch balkanischen Synkretismus bestimmt ist: Kerzen findet man sonst eigentlich nicht in Moscheen, hier sind sie allgegenwärtig.

Veliki Preslav: Zar Simeon gründete nur wenige Kilometer von Pliska entfernt die zweite Hauptstadt seines bulgarischen Großreichs und machte sie zu einer der bedeutendsten Kulturmetropolen Europas. Hier entstand das kyrillische Alphabet, hier rief Simeon die Unabhängigkeit der bulgarischen Kirche von Byzanz aus, hier predigten bulgarische Geistliche erstmals in ihrer Muttersprache – im Westen damals undenkbar. Das besterhaltene Bauwerk der heutigen Ruinenstadt ist die so genannte Goldene Kirche, doch allein schon die Lage auf einer Wiese am Rande eines Waldstücks ist die Anreise wert.

Nessebär: Architektonisches Gesamtkunstwerk aus einem Dutzend mittelalterlicher Kirchen und etwa 100 bulgarischen Wiedergeburtshäusern auf engstem Raum

– die Halbinsel, auf der die Altstadt steht, ist gerade 300 mal 850 m groß. Die größte Touristenattraktion der Küste, daher wenn möglich, erst nach 17 Uhr kommen!

Bălčik: Weit entfernt von dem strengen Zeremoniell der Monarchie lebte die rumänische Königin Maria, eine Enkelin der Queen Victoria von England, hier ihre Neigungen aus. Für sich und ihre erwachsenen Kinder baute sie ein ganzes Ensemble von Lustschlösschen, mit ihrem eigenen, dem „Stillen Nest" als gesellschaftlichem Mittelpunkt. Der exzentrische Bau mit dem prägnanten Minarett ist ebenso sehenswert wie der umgebende botanische Garten.

Sozopol: Für viele – neben Varna – die aufregendste Stadt an der bulgarischen Küste! Die herrliche Altstadt ist im September Schauplatz des renommierten Kulturfestivals *Apollonia*, das zwar ähnlich viele Genres präsentiert wie die Konkurrenzveranstaltung *Varna Summer*, in Sozopol bemüht man sich jedoch mehr um die Avantgarde.

... für Naturfreunde

Der steinerne Wald, bei Varna: Eine Laune der Natur ließ 18 km westlich von Varna zahlreiche bis zu 6 m hohe Steinsäulen entstehen. Lange Zeit glaubte man, es handle sich um kultische Relikte aus der Antike, heute vermutet die Wissenschaft, dass die steinernen Stalaktiten auf dem Boden des Schwarzen Meeres entstanden sind, das sich hier vor Jahrmillionen zurückgezogen hat.

Nationalpark Zlatni pjasăci: Vor den Toren des gleichnamigen Touristenzentrums (in Deutschland als Goldstrand vermarktet) erstreckt sich ein großes, hügeliges Waldgebiet – ideales Terrain für leichte Wanderungen. Fünf Routen sind markiert, Dauer zwischen 1,5 und 5 Stunden.

Kap Kaliakra

Kap Kaliakra: Knapp 70 ha sind rund um das steile Kap geschützt. Die umgebende Steppe ist eine der wenigen noch naturbelassenen in Europa. Zahlreiche endemische Pflanzen wachsen hier, Kormorane sitzen in Scharen auf den Felsen, andere Vögel machen hier auf der Reise nach Kleinasien Station. Wer das Meer von der Spitze des 70 m hohen Kaps betrachtet, wird diesen Anblick kaum je vergessen können.

Taukliman-Lagune: Nur Enthusiasten ist ein Ausflug zu diesem schwer erreichbaren Naturschutzgebiet unweit des Kaps Kaliakra zu empfehlen. Die Schönheit des Landstrichs und seine artenreiche Tier- und Pflanzenwelt können die Mühen jedoch lohnen. Allerdings ist eine gute Wanderausrüstung und erhöhte Vorsicht Pflicht: Zur Fauna gehören auch Schlangen.

Kamčija-Mündung: Eine Bootsfahrt entlang der dschungelartigen Auenwälder der Kamčija erinnert ein bisschen an dem Film *Apokalypse Now*. Grünes, undurchdringliches Dickicht links wie rechts, Schlingpflanzen hängen über dem Fluss, ab und zu zerreißen Tiergeräusche die Stille. Mit etwas Glück bekommt man Wildschweine, Fischotter, Pelikane und Adler zu Gesicht. Bei seiner Mündung ins Meer bildet der sumpfig-träge Fluss eine attraktive Sandbank.

Kozičino: Vom Trubel in Slănčev brjag hinauf in die Einsamkeit des Balkangebirges – auf wenigen Kilometern erlebt man bei dieser Tour die ganze Bandbreite eines Urlaubs an der Schwarzmeerküste. Kozičino ist ein stilles Gebirgsdorf inmitten einer grandiosen Berglandschaft, die rührend gepflegte Museumswerkstatt Čiflika lohnt den Ausflug doppelt.

Naturschutzgebiet Poda, bei Burgas: Zehntausende von Zugvögeln versammeln sich rund um die Seen, wenige Kilometer südlich von Burgas, vor allem Weißstörche landen hier in riesigen Schwärmen. Aber auch Pelikane, Kormorane, Adler, Bussarde, Reiher und Löffler leben hier und lassen sich von einem erhöhten Forschungszentrum aus bequem beobachten.

Ropotamo-Mündung: Eine ähnlich ursprüngliche Landschaft wie die entlang der Kamčija-Mündung breitet sich etwa 10 km südlich von Sozopol aus. Unterhalb der Brücke laden kleine Ausflugsboote zu einer Fahrt flussauf- oder abwärts ein, riesige Bäume stimmen den Besucher schon an dem schattigen Parkplatz vor dem Landungssteg darauf ein.

... das besondere Erlebnis

Wer im Urlaub etwas völlig Fremdes kennen lernen will, der hat in Bulgarien reichlich Gelegenheit dazu. Es gibt an der Küste eine ganze Reihe von Orten und Ereignissen, die es verdienen, einzigartig genannt zu werden.

Die Höhlenkonzerte von Madara: Professionelle Orchester treten im Sommer regelmäßig in der Höhle von Madara auf. Gespielt wird Jazz und Klassik – wegen der unerhörten Akustik ein ganz neues Klangerlebnis. Die genauen Termine der Konzerte sind entweder der Tagespresse von Varna zu entnehmen, wozu allerdings Kyrillischkenntnisse vonnöten sind, oder Sie haben Glück und treffen an den Kiosken vor Madara Mitarbeiter an, die darüber Bescheid wissen. Doch es gibt auch eine Alternative: An schönen Tagen spielt ein älterer Herr auf seinem Dudelsack bulgarische Volkslieder, und die klingen in dieser Höhle so eindringlich, dass einem unwillkürlich Schauer über den Rücken laufen.

Das Felsenkloster Aladža: 40 m über der Erde schlugen mittelalterliche Mönche an Seilen hängend eine Reihe von Wohn- und Gebetsräumen in die senkrechte Felswand. Sie zogen sich in die damals unberührten Wälder des heutigen Zlatni pjasăci-Naturparks zurück, um hier ungestört nach ihren asketischen Glaubensvorstellungen zu leben. Selbst laute Touristengruppen verstummen angesichts der unwirklichen Schönheit dieses Ortes.

Das Derwischkloster Arat teke: Bei Albena, am Rande des Dorfes Obročište, liegt dieses fast 500 Jahre alte, siebeneckige Bauwerk, das gleichermaßen Wallfahrtsort von Christen wie Muslimen ist. Eine mystische Stimmung umgibt den Ort, der jahrhundertelang Etappenziel reisender Derwische war und heute als Grabstätte eines, die Deutung hängt von der Glaubensrichtung ab, islamischen oder christlichen Heiligen verehrt wird.

Brücke von Sinemorec: Startpunkt für abenteuerliche Kajakfahrten

Die Felsenwohnungen von Kamen brjag: Auf ein Alter von 7000 Jahren werden die Behausungen geschätzt, die Archäologen bisher untersucht haben. Auch antike Grabstätten wurden in der ursprünglichen Steppenlandschaft, die in wild zerklüftete Klippen ausläuft, entdeckt, ebenso die Überreste einer byzantinischen Festung. Kleine, natürliche Küstenhöhlen dienen im Sommer Cliquen von abenteuerlustigen Jugendlichen als kostenlose Campingplätze.

Das altbulgarische Feldlager Fanagoria: In die mythenumwobene Zeit des ersten bulgarischen Großreichs (7.–11. Jh.) entführt dieses Freilichtmuseum vor den Toren von Varna. Sieben komplett ausgestattete Jurten, darunter die des Khans und des Schamanen, vermitteln viel von der archaischen Lebensweise der aus den Weiten Asiens angereisten Eroberer. Gelegenheit zum originellen Souvernirkauf gibt es in einem kleinen Shop.

Das Wiedergeburtsdorf Žeravna: Berühmt ist der kleine Ort in den grünen Hügeln des Balkangebirges, weil die Renaissance-Architektur seiner Häuser so perfekt mit der umgebenden Natur harmoniert. Ein großes ästhetisches Schauspiel, das zudem mit der weit profaneren Tätigkeit eines Teppichkaufs kombiniert werden kann. Die Weberfamilien genießen balkanweit Hochachtung.

Die Feuertänzer von Bălgari: Auf ein uraltes, heidnisches Ritual geht die Kunst der Nestinari zurück. An jedem 21. Mai feiert das Strandža-Dorf Bălgari ein riesiges Volksfest zu Ehren der Heiligen Konstantin und Elena. Im Zentrum steht der Feuertanz – nirgendwo sonst in Bulgarien ist dieser spektakuläre Brauch noch so zu sehen, eingebunden in seinen ursprünglichen Kontext.

Eine Kajakfahrt auf der Veleka: In dem subtropischen Mikroklima der unteren Veleka hat sich ein Urwald herausgebildet, wie es ihn kaum ein zweites Mal in Europa gibt. Unterhalb der Brücke nach Sinemorec kann man sich für 2,50 € pro

Person und Stunde ein Kajak ausleihen und damit 7 km flussaufwärts fahren, weiter erlauben es die Naturschutzgesetze nicht.

Die Bergdörfer im Strandža-Naturpark: Die Schönheit dieser Region hat auch den monegassischen Prinzen Albert angerührt: Mit 50.000 Euro jährlich unterstützt er seit 2004 Projekte, die dem Ökotourismus zu Gute kommen sollen. Uralte Bauernhäuser, oft halb verfallen, sollen renoviert werden, und ihren Bewohnern Geld bringen. Außer in der Provinzhauptstadt Malko Tărnovo gibt es derzeit kaum offizielle Unterkünfte in der Region. Wahre Entdecker können solcherart erschwerte Bedingungen natürlich kaum schrecken!

Fischreich, salzarm und tiefblau: das Schwarze Meer

Das Schwarze Meer

Mit 422.000 km^2 ist das Schwarze Meer um einiges größer als Deutschland. Maximal 1130 km lang und 610 km breit, bildet es eine Küstenlinie von 4074 km, an der sechs Länder liegen: Bulgarien, Rumänien, Russland, die Ukraine, Georgien und die Türkei. Es ist – bis auf einen Unterschied von etwa 150 m – ähnlich tief wie das Mittelmeer, im Schnitt rund 1,3 km.

Mit etwa 11 Millionen Einwohnern sind die Küsten rund um das Schwarze Meer recht dünn besiedelt, nur zwei Millionenstädte liegen in dem Gebiet: Istanbul und Odessa. Dafür fließen, neben einer Vielzahl von Flüssen, gleich vier riesige Ströme in seine Gewässer – Donau, Dnjestr, Dnjepr, Don – und versorgen es mit reichlich Süßwasser. Nur 1,8 kg Salz lagern sich in 100 l Schwarzmeerwasser ab, das Mittelmeer weist mit 3,7 kg einen mehr als doppelt so hohen Salzgehalt auf. Das mag das Schwimmen zwar etwas erschweren, dafür zwickt es hinterher nicht. Auch deshalb sind Kinder hier kaum aus dem Wasser zu bekommen!

Baden

Das Schwarze Meer ist tatsächlich ein ideales Badegewässer. In allen Ferienorten an der bulgarischen Küste ist der Einstieg sehr flach und man kann oft noch nach 100 m bequem stehen. Der sandige Untergrund erlaubt zudem überall Ball- oder sonstige Spiele im Wasser. Weder sind Schuhe nötig, noch läuft man Gefahr, gegen Unterwasserfelsen zu stoßen. Gezeiten spielen praktisch keine Rolle. Bei Flut steigt das Meer nie mehr als 10 cm an, meist bleibt es unter 5 cm. Wellen können zwar eine Höhe von 6–7 m erreichen, aber nur im Winter. In den Sommermonaten ist das Meer ruhig bis angenehm wellig. Falls nicht, hissen die Bademeister (in allen Ferienorten zahlreich und gut organisiert) sofort die rote Flagge: Baden verboten! Wer es dennoch versucht, wird mit energischem Pfeifen und Gestikulieren so lange bedrängt, bis er entnervt aufgibt und ans Ufer zurückkehrt. Tatsächlich scheint ja die rote Flagge oft übertrieben, schließlich ist es für viele eine Wonne, sich gegen mächtig anstürmende Wellen zu werfen oder unter ihnen durchzutauchen. Doch gemeint sind eben nicht nur die sichtbaren Strömungen, weit gefährlicher sind oft jene unter Wasser. Gelb bedeutet übrigens erhöhte Vorsicht, grün heißt freie Fahrt.

Blaue Flaggen

Acht Strände haben 2004 die prestigeträchtige Blaue Flagge der dänischen Umweltschutzorganisation FEE erhalten. Sitz der bulgarischen Dependance ist Slănčev brjag (Sonnenstrand), geleitet von Ilja Šterev (Tel. 0554-2657). Ausgezeichnet wurden die drei Strandabschnitte von Pomorie, die Strände von Slănčev brjag, Kavaci (bei Sozopol), Zlatni pjasăci und Riviera (Goldstrand) sowie Sunny Day (am nördlichen Rand von Sv. Konstantin i Elena).

Dass dies vor allem die Strände der großen Touristenzentren sind, kann kaum verwundern. Denn natürlich wollen die Ferienhochburgen den europäischen Reiseveranstaltern Standards bieten, die diese vergleichen können. Andererseits ist es durchaus eine Sache des Geldes, ob die umfangreichen Kriterien der Flaggenstifter erfüllt werden können. Die weiter oben in diesem Buch beschriebenen Strände sind denn auch eher noch schöner und das Wasser ist, schon allein wegen der geringeren Anzahl an Menschen, deutlich klarer. Manche von ihnen sind aber reine Naturstrände, womit sie für eine Blaue Flagge von vornherein nicht in Frage kommen. Andere, die im Vergleich zu Slănčev brjag natürlich kaum besucht sind, liegen unweit kleiner Kommunen, für die sich eine solche durchaus beträchtliche Investition einfach nicht lohnt.

Wieso eigentlich „Schwarzes Meer“?

Weil man es sich lange Zeit nicht erklären konnte, wie die im Mittelalter aufgekommene Bezeichnung entstand – schließlich ist es so blau, wie die meisten Meere –, behalf man sich mit einer Notkonstruktion: „Schwarz“ stehe für „stürmisch“, ein Attribut, das mittelalterliche Seefahrer erfunden hätten, die auf dem offenen Meer gegen gefährliche Winde kämpften. Gestützt wird diese These von der frühen Bezeichnung *pontus axeinos*, was auf Griechisch „ungastliches Meer“ bedeutet. Die vorchristlichen Kolonisten, die überall an der Küste neue Siedlungen gebaut hatten (die heutigen Städte Varna, Sozopol, Nessebăr, Pomorie, Bălčik), kannten zwar das Ägäische Meer mit seinen zahlreichen Inselhäfen wie ihre Westentasche, die offene Weite des riesigen Schwarzen Meeres war ihnen jedoch neu und schüchterte sie ein. Nachdem ein Stadtstaat nach dem anderen aufblühte und die Schifffahrt zur Routine wurde, änderten die Griechen den Namen schnell in *pontus euxinos*, das „gastfreundliche Meer".

Im 7. Jh. erreichten Neulinge die vergleichsweise dicht besiedelte Küste: die Urbulgaren, angeführt von Khan Asparuch. Aus dem Hindukusch-Gebirge kommend, zählen sie zu den altaischen Völkern, für die das Land, auf dem sie ritten, vollständig von Wasser umgeben ist. Die Urbulgaren stellten sich vor, dass ein gigantischer Pfahl die Mitte der Erde mit der Mitte des Himmels, dem Polarstern, verband und dementsprechend bauten sie ihre Jurten: kreisrund, mit einer buntbemalten Strebe in der Mitte. Die vier Farben symbolisierten dabei die vier Himmelsrichtungen: Schwarz stand für Norden, Weiß für den Westen, Rot für den Süden und Blau für den Osten.

Die Erklärung hat viel für sich, denn vom Hindukusch aus gesehen, liegt das Schwarze Meer tatsächlich im Norden, das Rote Meer im Süden und das Weiße Meer – so nennen die Bulgaren bis heute das Mittelmeer – im Westen.

Auch bei den Türken, ebenfalls ein altaisches Volk, ist mit der Bezeichnung *Ak Deniz* – „Weißes Meer" – das im Westen liegende Mittelmeer gemeint. *Kara Deniz* heißt dementsprechend das nördliche Schwarze Meer. Dessen früheste bekannte Bezeichnung untermauert diese These weiter: *Akschaena*, das „dunkle Meer", nannten es die Skythen, ein Nomadenvolk, das nicht weit vom Hindukusch entfernt im nördlichen Iran lebte.

Fischpopulationen

Das Schwarze Meer ist praktisch ein Binnengewässer. Der Wasseraustausch mit dem Mittelmeer findet nur über eine stellenweise gerade mal 700 m breite und 40 m tiefe Meerenge statt: den Bosporus. Die Unterwasserströmungen laufen danach erst durch das Marmarameer, dann über eine zweite Meerenge, die Dardanellen, bis sie die Ägäis und damit die offene See erreichen. Raus strömen dabei 610 km^3 Wasser jährlich, rein jedoch nur ungefähr die halbe Menge. Zwar gleichen die zahlreichen und großen Zuflüsse den Verlust mit jährlich 350 km^3 Süßwasser wieder aus, doch dabei entstehen zwei Schichten, die sich kaum miteinander vermischen. Der Grund ist nicht restlos geklärt, Tatsache ist jedoch, dass das Schwarze Meer nur bis etwa 180 m belebt ist. In den tieferen Regionen existieren Bakterien, die Schwefelwasserstoff produzieren. Der Sauerstoffgehalt dort unten ist daher so gering, dass organisches Leben unmöglich ist.

Das Mittelmeer weist aber nicht nur deshalb etwa viermal so viele Tierarten auf. Auch der weit höhere Salzgehalt ist dafür verantwortlich. Tintenfische beispielsweise brauchen diesen und fehlen deshalb im Schwarzen Meer, dessen Fauna trotz allem etwa 1520 Spezies zählt, völlig. Für Störe, Makrelen, Sardinen, Thunfische und Sardellen sind die Lebensbedingungen gut und so schwimmen sie denn auf offener See auch in großen Schwärmen. In Strandnähe leben Meeräsche, Flunder, Scholle und Meerbarbe. Steinbutt, Stöcker, Sprotte und Pelamide gehören ebenfalls zu den in großen Mengen vorkommenden Fischarten. Statistiken weisen für das Schwarze Meer eine Population von 3 kg Fisch pro Hektar aus – im Mittelmeer sind es nur 0,5 kg.

Die großen Säugetiere, lange Zeit eine Rarität am Schwarzen Meer, siedeln sich in jüngster Zeit wieder häufiger an. Delphine, deren Fang seit 1966 verboten ist, trifft man vor allem nördlich von Albena an und auch Robben sind – in kleiner Stückzahl – zurückgekommen. Vor allem die geschützten Höhlen rund um das Kap Kaliakra haben es ihnen angetan.

Fragiles Ökosystem

Verantwortlich dafür sind erhebliche Umweltschutzanstrengungen seit Beginn der 90er Jahre. Davor galt das Schwarze Meer als ein gefährdetes Ökosystem. Vor allem in den 80er Jahren, als die kommunistischen Staaten zunehmend wirtschaftliche Probleme bekamen – und bis auf die Türkei gehörten die Schwarzmeerländer allesamt dem Ostblock an –, rückte die Sorge um die Natur in den Hintergrund. Landwirtschaft und Industrie „fütterten" die Flüsse, vor allem Donau, Dnjestr, Dnjepr und Don, mit nährstoffreichen Phosphor- und Stickstoffderivaten an, was zur Eutrophierung weiter Teile des Schwarzen Meeres führte. Hinzu kamen Überfischung, unzureichend gereinigte Abwässer und Verschmutzung durch Öl. Fische wurden seltener, Algen vermehrten sich und wurden vielerorts zur Plage.

Richtig existenzbedrohend für die Fauna des Schwarzen Meeres wurde jedoch das Auftauchen einer hier unbekannten Qualle. Die *Mnemiopsis leidyi* kam vermutlich vor der Ostküste der USA an Bord eines Schiffes, das später, man schrieb das Jahr 1982, sein Ballastwasser ins Schwarze Meer abließ. Der glibbrige Neuankömmling fühlte sich sofort wohl und begann sich rasant zu vermehren. Für die fremde Qualle stellte sich das Schwarze Meer als wahres Paradies heraus: keine natürlichen Feinde, reichlich Zooplankton und massig Fischeier. 1989 schätzten Meeresbiologen das Gesamtgewicht der Spezies im Schwarzen Meer auf eine Milliarde Tonnen – so viel wie der gesamte Fischerei-Ertrag weltweit. Für die einheimischen Planktonfresser wurde es kritisch: die Eier gefressen, das Futter weg.

Die Folgen waren katastrophal. Mitte der 80er Jahre betrug der Ertrag der gesamten Schwarzmeerfischerei 850.000 Tonnen, 1991 war er auf 250.000 Tonnen gesunken. Schuld war zwar nicht nur die *Mnemiopsis*, aber der Beitrag der Import-Qualle war erheblich (die besonders von den Räubereien betroffene Sardellenpopulation ging um 80 % zurück!). Damit war klar: Etwas musste getan werden.

Eine beliebte Vorgehensweise in derartigen Situationen ist es, der Invasion eine Gegenoffensive entgegenzusetzen, in diesem Fall durch die massive Ansiedelung von Butterfischen, einem natürlichen Feind der *Mnemiopsis*-Qualle. Die Strategie ging auf. Die Butterfische begannen die Quallen zu fressen, mehr und mehr Fischeier überlebten und die Sardellenpopulationen begannen wieder zu wachsen. 1997 ereignete sich zudem ein weiterer Zufall, diesmal zu Gunsten der Schwarzmeerfauna. *Beroe ovata*-Quallen, die sich liebend gerne von ihren *Mnemiopsis*-Verwandten ernähren, tauchten plötzlich im Schwarzen Meer auf, entweder über den Bosporus auf natürliche Weise „eingewandert" oder wiederum von einem Schiff importiert. Das Resultat: Das *Mnemiopsis*-Problem gilt heute als gelöst. Butterfische können zur Not gegessen werden, so der für die Aussetzung verantwortliche Meeresbiologe Richard Harbison, und *Beroe ovata* hat nur an Ihresgleichen, aber weder an Zooplankton noch an Fischeiern Interesse.

1992 unterzeichneten die sechs Anrainerstaaten ein Abkommen zum Schutz des Schwarzen Meeres, das die Teilnehmer in einem ersten Schritt verpflichtete, alle ökologisch relevanten Daten zu sammeln und den Teilnehmern zur Verfügung zu stellen. 1996 wurde auf deren Basis der *Black Sea Strategic Action Plan* ausgearbeitet, in dem erstmals konkrete Pläne zur Lösung der festgestellten Umweltprobleme gefasst wurden. Eine Kommission mit Sitz in Istanbul wurde gegründet und die konnte im Herbst 2004 einen kaum erwarteten Erfolg melden: die Belastung geht allgemein zurück. Ölrückstände, unzureichend gereinigte Abwässer, Düngemittel (vor allem Phosphor), Algen, *Mnemiopsis* – die Mengen an Schadstoffen und Schädlingen hat beträchtlich abgenommen. Die Zahl der Fischschwärme auf hoher See nahm zu, ebenso das Planktonwachstum. Das angestrebte Niveau von 1960 ist damit noch lange nicht erreicht, wie die Kommission deutlich zu bedenken gibt, doch der Aktionsplan hat sich ohne Zweifel als großer Erfolg erwiesen. Bei einer Konferenz zur Schwarzmeerregion Mitte Oktober 2004, initiiert von der British Academy und der Technischen Universität Istanbul, fasste einer der Redner das bisher Erreichte so zusammen: „Alle relevanten Indikatoren zeigen deutliche Zeichen der Erholung. Das Schwarze Meer ist wieder ein gesundes Ökosystem. Die schnelle Genesung eines solch großen Meeresbeckens sollte sehr ermutigend für andere Ökosysteme sein, die sich in großer Gefahr befinden."

Brach die Sintflut über das Schwarze Meer herein?

Bisher orteten Religionswissenschaftler die Arche Noah im Persischen Golf. So lässt es sich aus der Bibel und dem Gilgamesch-Epos, das schon früher darüber berichtet hatte, herauslesen. Doch Ende der 90er Jahre sorgten die US-Meeresbiologen William Ryan und Walter Pitman mit einer neuen These für weltweites Aufsehen. Demnach hat sich die Sintflut im Schwarzen Meer ereignet. Unterstützung erhielten sie von Robert Ballard, der die *Titanic* aufgespürt und damit Hollywood zum erfolgreichsten Film aller Zeiten inspiriert hatte. Er bestätigte, dass sich auf dem Meeresboden Sedimente aus der fraglichen Zeit vor 7500 Jahren befinden, die aus importierten Faunaresten bestehen, mithin möglicherweise tatsächlich von Noah herübergerettet wurden. Ryan und Pitman behaupten, das Schwarze Meer sei damals um 150 m niedriger gelegen als heute und ein natürlicher Damm habe es von den Wassermassen des Bosporus getrennt – beste Voraussetzungen für eine Sintflut.

5500 v. Chr. lag vor Bulgarien aber nicht zum ersten Mal ein See und kein Meer. Schon während der letzten Eiszeit, die den Meeresspiegel um 120 m sinken ließ, verloren die riesigen Wassermassen den Kontakt zum Mittelmeer. Dann jedoch schmolzen die Gletscher, das Becken füllte sich und floss über: in den Bosporus, weiter in die Marmarasee und schließlich ins Mittelmeer.

Zu biblischen Zeiten soll das Wasser sich dann genau in umgekehrter Richtung bewegt haben. Der Bosporusdamm hielt dem stetig ansteigenden Druck nicht mehr stand und brach. Aus 150 m Höhe stürzte ein gigantischer Wasserfall ins Schwarze Meer, 200 Mal so gewaltig wie am Niagara (60 m hoch), und löste Flutwellen aus, die alle Küsten überschwemmten. Eine Katastrophe, ähnlich der in Südostasien Ende 2004.

Die schlüssige Argumentation der beiden amerikanischen Wissenschaftler wird durch neuere Untersuchungen allerdings erschüttert. Demnach habe das Schwarze Meer nicht 150 m, sondern bloss 20 m unterhalb des Bosporus gelegen. Die Auswirkungen des Dammbruchs hätten daher nicht so dramatisch sein können wie in der Bibel beschrieben. An der Tatsache einer Flutwelle rüttelt jedoch auch Valentina Yanko-Hombach nicht, die kanadische Autorin der Studie. Fazit: Wahrscheinlich waren Naturkatastrophen vor 7500 Jahren einfach noch nicht so an der Tagesordnung wie heute. Eine einzige, wie groß auch immer, hat gereicht, um einen Mythos entstehen zu lassen, den heute die ganze Welt kennt.

• *Weitere Informationen im Internet* In allen sechs Anrainerstaaten wurden Non-Profit-Organisationen zum Schutz des Schwarzen Meeres gegründet. Deren gemeinsame Website mit Hintergrundinfos und aktuellen Nachrichten (in Englisch) ist unter www.bseanetwork.org zu finden. Umgesetzt wird obiger Aktionsplan von der durch die Vereinten Nationen unterstützten **Black Sea Commission** mit Sitz in Istanbul, in der ebenfalls Vertreter aus allen sechs Küstenländern sitzen. Details, komplette Dokumente (darunter auch den kompletten Strategieplan), Aktivitäten und teilnehmende Expertengruppen unter: www.blacksea-commission.org (in Englisch). Die Adresse der Kommission lautet: Dolmabahce Sarayi, II Hareket Kosku, 34353 Besiktas, Istanbul, Turkey. ✆ 0090/212-2279927, 📠 0090/212-2279933.

Fauna und Flora der bulgarischen Küste

Die Küstenzone ist ungewöhnlich reich an Naturschutzgebieten, die einer Vielzahl von Pflanzen und Tieren eine sichere Heimat bieten. Rund ein Dutzend Seen sowie eine Reihe von Sümpfen sind zudem vielbesuchte Anlaufstellen für Vögel. Möwen sind die gewohnt zahlreichen Küstenbegleiter, im Frühling und Herbst sammeln sich zudem Hunderttausende von Zugvögeln an den großen Feuchtgebieten südlich von Burgas sowie bei den Nordküstenortschaften Šabla und Durankulak.

Die geschützten Zonen von Norden nach Süden im Einzelnen:

Taukliman: Die Vogelbucht, liegt bei Russalka an der Nordküste. Eulen, Bussarde, Drosseln und Reptilien sind hier neben saisonalen Zugvögeln anzutreffen.

Kaliakra: Kormorane sitzen auf den Felsen rund um das 70 m hohe Kap, Robben fühlen sich in versteckten Felshöhlen wohl. Die Flora wird dominiert von Steppenbewohnern wie Kornblumen, Hyazinthen und Pfingstrosen.

Baltata: Die Mündung des Flusses Batova bildet bei Albena einen lianenbehangenen Sumpfwald, in dem Pelikane, Störche, Schakale, Biber und Fischotter leben.

Zlatni pjasăci: Der Naturpark in den bewaldeten Hügeln über dem gleichnamigen Touristenzentrum beherbergt Dachse und Wildschweine sowie über 80 Vogelarten, darunter Fasane, Habichte und Falken.

Kamčija: Der Dschungel im Mündungsgebiet des gleichnamigen Flusses besteht aus 40 verschiedenen Laubbäumen wie Esche, Pappel, Ahorn, Buche. Wildkatzen, Marder, Rehe und Wildschweine leben dazwischen ungestört.

Poda: Das Beobachtungszentrum erschließt die geschützten Seen südlich von Burgas, ein bedeutendes Nistgebiet und beliebtes Winterresort für zahlreiche Zugvögel.

Schlangeninsel: Wildwachsende Kakteen und Meeresschlangen gehören zu den geschützten Arten dieses kleinen Eilands vor der Mündung des Flusses Ropotamo. Ausflugsboote fahren nahe hin.

Ropotamo: Schakale, Wildkatzen, Wölfe und Damhirsche leben in dem 1000 ha großen Flusswald, der bis 1989 bevorzugtes Jagdgebiet von Todor Živkov war.

Arkutino: Ende Mai blühen hier die Seerosen und geben dem Teich unweit des Ropotamo ein märchenhaftes Aussehen.

Strandža-Gebirge: Bulgariens größter Naturpark, ganz im Süden der Küste gelegen und jahrzehntelang fast unzugänglich, wird dominiert von lichten Eichen- und Buchenwäldern, in denen, weit weg von menschlichen Siedlungen, neben Hirschen, Schakalen, Wildschweinen auch wieder etwa zwei Dutzend Wölfe leben. Die hindurchfließende Veleka besitzt die größte Fischotterpopulation Europas.

Fischerdorf mit jahrtausendealter Geschichte: Ahtopol im Süden der Küste

Reiseziel bulgarische Küste

Anreise

Von München bis Burgas sind gut 2000 km zu überwinden. Es ist ratsam, für die Strecke zwei Übernachtungen einzuplanen, denn nach der Ankunft in Sofia liegen noch immer 400 km vor einem, und das auf einer nur teilweise zur Autobahn ausgebauten Straße.

Die Bahnreise ans Schwarze Meer ist langwierig und teuer und kommt höchstens für ausgesprochene Zugliebhaber in Frage. Bleibt das Flugzeug: die natürlich mit Abstand schnellste Art der Anreise, und unterm Strich auch gar nicht mehr so teuer. Wer nicht fliegen will, kann mit dem Bus fahren: Zwar ist diese Art des Reisens zeitaufwändig und verliert nach gut 30 Stunden auch deutlich an Bequemlichkeit, dafür kann sie mit deutlichen Preisvorteilen für sich werben.

Mit dem Flugzeug

Ab dem 29. April schicken LTU, Condor, Bulgarian Air Charter und Air Via **Charterflüge** nach Varna und Burgas. Die Preise variieren stark und hängen ebenso von der Fluggesellschaft ab wie vom Termin. In Ausnahmefällen können zur Nebensaison (außerhalb der Schulferien!) Spitzensparpreise von 60 € erzielt werden. Die Regel sind allerdings 200 € bis maximal 320 € hin und zurück. Der Flug von München an die bulgarische Küste dauert zwei Stunden. Gebucht werden kann bei den Unternehmen selbst oder bei einem spezialisierten Reisebüro wie Pirin.

• *Charterflüge* **LTU**, Düsseldorf, ✆ 0211-9418888, ✆ 0211-9418881, www.ltu.de, service@ltu.de.
Condor, Kelsterbach, ✆ 06171-653602 oder 0180-5767757, www.condor.de, reservation@condor.com.
Bulgarian Air Charter, Berlin, ✆ 030-88487819, www.bulgarianaircharter.com, diankova@sdt-germany.com.
Air Via, Sofia, ✆ 00359-29712869, ✆ 00359-29733454, www.air-via.com, headoffice@air-via.com.

Pirin Reisen, Inhaberin Alma Rangelova vermittelt seit 12 Jahren Reisen nach Bulgarien und kennt stets alle Last-Minute-Preise, bucht aber natürlich auch Monate im Voraus und stellt auf Anfrage Touren mit den unterschiedlichsten Transportmitteln zusammen. Schleißheimer Straße 69, 80797 München. ✆ 089-12392090, ✆ 089-12392038.

Linienflüge nach Sofia starten mit Bulgaria Air von Frankfurt und Berlin jeden Montag, Mittwoch, Samstag und Sonntag, mit der Lufthansa täglich ab München und 2-mal täglich ab Frankfurt. Die Preise: Bulgaria Air 250 €, Lufthansa 380 €. Von Sofia gehen mehrmals täglich Flüge für 120 € nach Varna und zurück. Etwas günstiger kommt man mit Malev (Ungarn) oder der ČZA (Tschechien) ans Ziel. Dafür muss man allerdings in Budapest oder Prag umsteigen.

Per Direktflug ist man von München aus nach knapp 2 Stunden in Sofia. Mit Umsteigen kann sich die Reise ans Schwarze Meer leicht auf einen ganzen Tag verlängern.

Mit dem eigenen Fahrzeug

Ohne Weiteres möglich, aber durchaus mühsam ist die Anreise per Auto. Besonders Konditionsstarke schaffen die 2000 km sogar mit dem Motorrad. Die Kosten sind allerdings beträchtlich. Neben den beiden Übernachtungen (sehr zu empfehlen!) müssen Autobahngebühren sowie natürlich Benzin eingeplant werden, das in Südosteuropa im Schnitt etwa 0,80 Euro/Liter kostet. Immerhin entfallen seit einigen Jahren die Transitvisa.

Es gibt zwei Strecken. Die traditionelle Route führt über München, Wien, Budapest, Belgrad, Niş und Sofia ans Schwarze Meer. Sie ist ziemlich genau 2000 km lang, wovon etwa zwei Drittel über Autobahnen führt. Durch Serbien zu fahren, birgt heute keine Gefahren mehr, allerdings sollte man peinlichst genau auf die Geschwindigkeitsbeschränkungen achten. Das Gleiche gilt für Ungarn. Radarkontrollen sind häufig und die Strafen hoch. Für die beiden Zwischenstopps empfehlen sich das ungarische Szeged unmittelbar vor der Grenze nach Serbien und Sofia mit seinen zahlreichen guten und günstigen Hotels.

Die andere Strecke ist etwas kürzer, führt allerdings über eine Grenze mehr. Über München durch Österreich und Slowenien erreicht man Zagreb, fährt von dort nach Belgrad und weiter über Sofia ans Schwarze Meer. Auch hier sollten zwei Übernachtungen eingeplant werden, eine davon in Sofia. Zwar soll die Strecke von der serbischen Grenze nach Burgas durchgehend zur Autobahn ausgebaut werden, doch das Projekt wird, so die Planungen, nicht vor 2009 beendet sein. Bisher sind knapp 200 von 450 km Autobahn, die meisten davon öde Ebene. Alternativ lässt es sich von Sofia aus auch über die Landstraße, die nördlich der Schnellroute verläuft, nach Burgas fahren. Diese Strecke führt über Pirdop, Karlovo, Kazanlăk (liegt im berühmten Rosental!), Sliven und Karnobat ans Schwarze Meer, ist etwas kürzer und vor allem landschaftlich wesentlich reizvoller.

Die Anfahrt von Deutschland aus über Rumänien und die Donau entfällt wegen absurd hoher Wartezeiten an den Grenzen, vor allem an den Brücken nach Bulgarien (bis zu 24 Stunden!).

Wer mit dem Auto einreist, muss seit dem 1. Januar 2005 – wie in Österreich – eine **Vignette** kaufen. Die Preise: 10 € pro Pkw und Monat, eine Wochenvignette kostet 4 €. Kleinbusse ab 8 Sitzplätzen zahlen 52 € pro Monat und 21 € für eine Woche.

Generell gilt: Die Anreise mit dem Auto ist nicht nur zeitraubend, sondern auch teuer und daher nur zu empfehlen, wenn zwingende Gründe vorliegen.

Mit dem Bus

Die bessere Alternative zur Autofahrt, die sich finanziell erst ab vier Personen überhaupt lohnt, stellt die Busreise dar. Die Deutsche Touring (www.deutsche-touring.de, mit Online-Buchung) fährt von vielen Städten nach Burgas oder Varna, zudem gibt es bereits eine Reihe bulgarischer Firmen, die die gleiche Strecke etwas günstiger anbieten. Preisbeispiele der Deutschen Touring: München–Burgas oder Varna (jeweils zwei Tage): 170 €. Das Sofioter Unternehmen Rallye 13 (zu buchen über Pirin Reisen, s. oben) fährt für 125 € von München nach Sofia, von wo zahlreiche Busunternehmen für 7–10 € (einfach) ans Schwarze Meer fahren. Die Weiterfahrt lässt sich schnell und problemlos bewerkstelligen, weil Rallye 13 am neuen Busbahnhof von Sofia ankommt, dem Startpunkt Dutzender Busfirmen. Immerhin 30 € können so eingespart werden, was in Bulgarien etwa einem Tag Aufenthalt inklusive Übernachtung entspricht.

Mit der Bahn

Zugenthusiasten haben es versucht und bereut: Mit der Bahn ans Schwarze Meer zu fahren, dauert gut drei Tage und ist alles in allem noch um einiges teurer als das Flugzeug (bis zu 200 € einfach). Der Grund: Wegen unterschiedlicher Gleisbreiten muss mehrmals umgestiegen werden, die Züge in Serbien und Bulgarien sind langsam und die Anschlüsse höchst ungünstig.

Fazit: nicht zu empfehlen.

Einreisebestimmungen

Nach Bulgarien können deutsche Staatsangehörige visafrei einreisen und drei Monate im Land bleiben. Benötigt wird dafür der Reisepass – der Personalausweis genügt nicht. Für Kinder bis 16 Jahre ist zwingend ein Kinderausweis mit Foto erforderlich, eine Eintragung in den Pass der Eltern ist nicht ausreichend. Ferner müssen die Dokumente noch mindestens drei Monate gültig sein. Wer sich länger als drei Monate in Bulgarien aufhalten will, benötigt ein Visum der bulgarischen Auslandsvertretung.

Bis zu 4000 € in bar können deklarationsfrei ein- und ausgeführt werden, liegt die Summe darüber, will der Zoll Bescheid wissen.

Eine weitere Bedingung für die Einreise ist eine für Bulgarien gültige Krankenversicherung. Vielen Ausländern unverständlich ist die Regelung, sich spätestens fünf Tage nach der Ankunft bei der Polizei zu melden – diese füllt ein Formular mit den Daten Ihres Gastgebers auf, sei es ein Hotel, ein Campingplatz, eine private Unterkunft oder die Adresse von Freunden. Die Pflicht entfällt, wenn Sie über einen Reiseveranstalter gebucht haben oder im Hotel/auf dem Campingplatz wohnen. Die Rezeption übernimmt die Anmeldung für Sie und händigt Ihnen das entsprechende Formular aus, das Sie bitte gut aufheben, um es bei der Ausreise vorweisen zu können. Meistens wird gar nicht kontrolliert, doch für den Fall der Fälle sollte man gerüstet sein. Empfindliche Strafen drohen bei Nichtbeachtung dieser Regel. Sollten Sie privat unterkommen, wird Ihr Gastgeber sicher ebenso dafür sorgen, dass Sie registriert werden: Sagen Sie ihm einfach, wie lange Sie in Bulgarien bleiben möchten, er wird die Daten entsprechend ausfüllen. Sie können dann unbesorgt Ihren Standort wechseln. Offizieller Grund dieser Regelung: Hotelbesitzer davon abzuhalten, keine Steuern auf seine Einnahmen zu zahlen.

Ein Schwätzchen in Ehren wird niemand verwehren

Unterwegs an der Küste

Autofahren

Straßenzustand: Seit der Jahrtausendwende wurde, auch dank des seither boomenden Tourismus, viel in die Verbesserung und Erneuerung des Asphalts investiert. Wirklich schlimm sind nur noch die kleinen Nebenstraßen, die zu abgelegenen Dörfern führen, hier muss weiterhin mit unglaublichen Schlaglöchern gerechnet werden. Die Hauptstraßen, vor allem die Verbindungen Sofia–Burgas und Sofia–Varna sowie die E87 entlang der Küste sind in exzellentem Zustand. Am Meer entlang ist nicht nur ein neuer Belag gelegt worden, die Straße wurde an vielen Stellen auch verbreitert. Selbst im äußersten Süden der Küste, noch Mitte der 90er Jahre eine wilde Rallyepiste, gleitet man jetzt über neuen Asphalt. Erst südlich von Sinemorec wird die Straße wieder schlechter – mit ein Grund, warum etwa der Traumstrand Silistar noch nicht für den Massentourismus entdeckt wurde.

Tankstellen: Der Tourismusboom hat den Benzinverkauf zu einem einträglichen Geschäft gemacht. Dementsprechend sind Tankstellen landesweit in ausreichender Dichte vorhanden, vor allem an den Ein- und Ausfahrten der Orte. 24-Stunden-Tankstellen sind an der Küste allerdings noch die Ausnahme, ratsam ist es daher, die Tanknadel nie in den roten Bereich sinken zu lassen. Am beliebtesten sind Shell, OMV, Petrol und Lukoil. Ein Liter Benzin kostet ab 0,70 €. Alle Sorten sind inzwischen bleifrei, die Bezeichnung richtet sich nach der Oktanzahl: A95 steht für Normalbenzin (0,70 €), A98 für Super (0,80 €), A99 für Super plus (1 €). Diesel kostet 0,65 €, Gas (in Bulgarien sehr beliebt) 0,45 €.

Geschwindigkeitsbeschränkung: Innerorts gelten 50 km/h, auf Landstraßen 90 km/h und auf Autobahnen 120 km/h. Es wird häufig geblitzt und meist bar kassiert – wozu die Polizisten berechtigt sind. Lassen Sie sich allerdings immer eine Quittung geben. Die Bußgelder bei Geschwindigkeitsüberschreitungen betragen zwischen 10 € und 75 €.

Führerschein: Es genügt der deutsche Führerschein, ein internationaler ist nicht nötig. Autofahrer müssen ihn stets bei sich tragen. Ebenso natürlich den Fahrzeugschein und die Internationale Grüne Versicherungskarte.

Alkohol am Steuer: Wird noch strenger bestraft als überhöhte Geschwindigkeit! 0,5 Promille sind offiziell erlaubt, doch verlassen Sie sich besser nicht auf die Genauigkeit der Messgeräte. Denn wird bei geringem Tempoverstoß und guter Polizistenlaune manchmal noch ein Auge zugedrückt, so gibt es bei Alkohol am Steuer kein Pardon. Und die Strafen sind empfindlich hoch.

Panne: ADAC-Mitglieder haben es leicht – einfach die zentrale Hotline 0049-89-222222 anrufen und ein bulgarischer Vertragspartner wird vorbeigeschickt. Es gelten feste Tarife, wer einen ADAC plus-Vertrag abgeschlossen hat, bekommt eine bis zu halbstündige Pannenhilfe sogar umsonst. Nicht-ADAC-Mitglieder melden sich beim bulgarischen Automobilclub, der unter Tel. 146 schnell und unkompliziert Hilfe leistet. Die Preise sind für Westeuropäer sehr günstig.

Straßenschilder: Ein Problem! Auch an der Küste, abgesehen von Varna und Umgebung, weisen die meisten Schilder nur kyrillische Schriftzeichen auf – wenn es überhaupt welche gibt. Oft sind sie zudem missverständlich, zu klein oder kommen viel zu spät. Von Reflexionen ganz zu schweigen: Nachts sind sie selbst bei voller Scheinwerferbeleuchtung nur zu erahnen. Deshalb ist eine gute Straßenkarte Pflicht (Freytag & Berndt, 1:150.000: zwei Karten zur Schwarzmeerküste Bulgariens und Rumäniens).

Dieser Reiseführer versucht, der Situation Rechnung zu tragen und gibt deshalb stets eine möglichst exakte Wegbeschreibung an.

Diebstahl: Ausländische Autos sind zwar keine Seltenheit mehr in Bulgarien, doch das „D"-Zeichen signalisiert darüber hinaus gute Wartung und damit einen hohen Wiederverkaufswert. Diebstähle grassieren zwar weniger als noch vor ein paar Jahren, doch Vorsicht ... Sie wissen schon. Deshalb: Das Auto nachts immer auf bewachten Parkplätzen abstellen (2 €), oder natürlich, wenn vorhanden, auf dem Hotelparkplatz. Auch tagsüber ist es besser, bewachte Parkplätze anzusteuern. Es gibt sie überall, zu erkennen sind sie an der Umzäunung und dem Schlagbaum.

Sollte das Auto gestohlen werden – die Wahrscheinlichkeit sinkt mit dem Alter des Wagens – wird die Sache kompliziert: Die Behörden kassieren Einfuhrzoll und Mehrwertsteuer des Fahrzeugs, zwischen 1.000 und 10.000 €. Erklären Sie, dass Sie über kein Geld oder Vermögen in Bulgarien verfügen, wird Ihnen die Ausreise ohne Zahlung erlaubt. Bei Ihrer nächsten Einreise könnte das Thema allerdings wieder aktuell werden, weil die Zahlungspflicht an sich bestehen bleibt. Aber keine Regel ohne Ausnahme: Stellen Sie bei Ihrer Einreise einen Antrag auf Erlass einer solchen Steuerschuld, besteht die Möglichkeit, dass Ihrem Wunsch statt gegeben wird.

Entfernungen zwischen den größten Küstenorten

Varna – Burgas: 132 km; Balčik: 38 km; Nessebăr: 97 km; Slănčev brjag (Sonnenstrand): 91 km; Sozopol: 162 km; Šumen: 90 km; Veliko Tărnovo: 228 km.

Burgas – Nessebăr: 35 km; Balčik: 170 km; Sozopol: 30 km; Zlatni pjasăci (Goldstrand): 150 km.

Mietwagen

Das einzige Transportmittel, dessen Kosten nicht wesentlich unterhalb der in Deutschland üblichen Preise liegen. Die billigsten Wagen – Ford Focus oder die 2er Reihe von Mazda – sind für etwa 200 € pro Woche zu haben (1 Tag nicht unter 40 €), immerhin bei unbegrenzter Kilometerzahl. Eine Diebstahlversicherung ist allerdings nicht immer inklusive und schlägt mit weiteren 5 € pro Tag zu Buche. Sparen sollte man daran allerdings auf keinen Fall! Wichtig ist auch, sofort die Polizei zu rufen, wenn auch nur das Geringste passiert, zum Beispiel, wenn ein Reifen geplatzt ist oder man die Pannenhilfe braucht. Deren Protokolle müssen als Beleg hinterher abgegeben werden.

Bezahlt wird bar oder per Kreditkarte im Voraus, der Fahrer muss mindestens 21 Jahre alt sein und den Führerschein seit mindestens einem Jahr besitzen. Die Vorlage einer Kreditkarte ist Voraussetzung, weiter muss sowohl die Heimatadresse als auch der vorübergehende Aufenthaltsort in Bulgarien genannt werden.

Am bequemsten ist es, direkt am Flughafen von Varna oder Burgas zu buchen. Hier sind auch zahlreiche internationale Verleiher präsent, deren Preise allerdings noch um einiges höher liegen als die der bulgarischen. Letztere haben dafür den Nachteil, dass sie, sind sie allzu klein, nur in Kyrillisch verfasste Verträge anbieten können.

Einen guten Überblick wie auch die Möglichkeit der Online-Buchung Monate im Voraus bietet die schnelle Website www.rentacarbulgaria.com (✆ 00359-899989469). Sitz der jungen Firma ist Varna, in Empfang nehmen kann man die Autos wahlweise an den Bahnhöfen, Busbahnhöfen und Flughäfen von Varna, Burgas und Sofia. Die Modellpalette von Ford Focus bis BMW 525 Diesel listet maximal drei Jahre alte Fahrzeuge auf.

Busse

An der Schwarzmeerküste sind alle Orte durch Überland- oder Minibusse miteinander verbunden. Gefahren wird mehrmals täglich, meist von modernen Busbahnhöfen aus, die in den letzten Jahren gebaut wurden. Es ist die mit Abstand billigste Möglichkeit, voranzukommen: Von Sofia nach Burgas beispielsweise kostet die Fahrt 7 € und das sind fast 400 km! Für die 30 km lange Strecke Sozopol–Burgas an der Südküste ist 1 € zu zahlen. In den meisten Fällen wird man also etwa 0,50 € oder sogar darunter zahlen.

Taxi

Natürlich teurer als die Busfahrt, aber auch deutlich komfortabler. Viele bulgarische Urlauber, vor allem Jugendliche, reisen so von Ort zu Ort, etwa um abends auszugehen oder um Ausflüge zu machen. Grundregel: 1 Lev, also 0,50 €, pro Kilometer. Taxis stehen zuverlässig an allen zentralen Plätzen der jeweiligen Orte. Fragen

Sie vorher, was es kostet, dann gibt es hinterher auch keine Überraschungen. Mit einem kleinen Aufpreis müssen Sie als „Wessi“ leider immer rechnen – aber selbst damit bleiben die Preise günstig. Falls nicht: dankend ablehnen.

Taxis sind gelb, das Schild weist sie oft mit der kyrillischen Aufschrift TAKCI aus.

Bahn

Entlang der Küste gibt es keine Zugverbindungen. Nach Sofia fährt die staatliche Eisenbahngesellschaft BDŽ mehrmals täglich sowohl von Varna als auch von Burgas aus. Zu empfehlen sind 1.Klasse-Tickets im Express-Zug für 18 € (Varna) oder 15 € (Burgas). Die Reise dauert 7 bzw. 6 Stunden.

Eine Mischung aus Disney und Antike: die Villa Aqva Beach Resort bei Varna

Übernachten

Die bulgarische Schwarzmeerküste erlebt einen regelrechten Bauboom – in den Ferienzentren Zlatni pjasăci und Slănčev brjag sowieso, aber auch in den Dörfern und Kleinstädten entstehen überall modern eingerichtete **Privathotels**. Das Wunder dabei: Die Küste wird nicht zugemauert, die bulgarischen Bauherren, – meist Privatleute, kaum große Firmen – wählen die Plätze mit Bedacht aus und passen sich dem Ortsbild an. Alle Strände, die an ganzjährig bewohnten Gemeinden liegen – also die Mehrzahl – sind frei von Bebauung und nur von Natur, meistens Wäldern, manchmal Dünen, begrenzt.

Der Standard der Übernachtungsmöglichkeiten hat sich seit der Jahrtausendwende stark verbessert, das System der Sterne-Kategorien (bis zu fünf) ist inzwischen verlässlich. Einige Hotels, vor allem der gehobeneren Kategorien, bieten zwar äußerlich noch immer kommunistischen Beton-Chic, innen sind sie jedoch komplett renoviert und auf westliches Niveau gehoben worden. Einzig die **Campingplätze** verharren noch in der Schwebe. Nur wenige haben bisher private Investoren gefunden und der Staat kümmert sich kaum noch um deren Instandhaltung. Darunter leiden vor allem die sanitären Anlagen, aber auch die Bungalows sind zumeist halb verfallen. An ihrer Lage allerdings gibt es nichts zu kritteln. Schatten ist stets ausreichend vorhanden, meist wurden die Campingplätze unmittelbar hinter dem Strand in kleinen Küstenwäldchen angelegt. Wer sein eigenes Zelt mitbringt und den Kampf mit verrosteten Duschköpfen und Plumpsklos als Abenteuer ansieht, wird sich an günstigen Preisen (Stellplatz 2 € täglich pro Person) und guter Stimmung (viele Schüler und Studenten) erfreuen.

Die mit Abstand besten und daher auch **beliebtesten Campingplätze** sind Gradina und Kavaci/Smokinja nördlich bzw. südlich von Sozopol. Weitere gute bis sehr **gute Campingplätze** bzw. Bungalowanlagen sind (von Norden nach Süden): Dobrudža bei der Kleinstadt Šabla, die Feriensiedlung Russalka (auch tageweise vor Ort zu buchen), Raj und Romantika am Kamčija-Fluss, Enpromon bei Bjala, der weitläufige Primorsko Club im Wald nahe des gleichnamigen Ortes, Oazis bei Lozenec, Arapja bei Carevo sowie die kleinere Häuschensiedlung Zafo in Sinemorec. Wildes Campen ist zwar offiziell verboten, wird aber mancherorts toleriert, etwa in Smokinja bei Sozopol oder bei Kamen brjag an der Nordküste. Am besten ist es, sich an die Gepflogenheiten der Einheimischen zu halten, d. h. wo schon ein paar Zelte stehen, kann man seins getrost noch daneben stellen (vorher die Camper natürlich höflich um Erlaubnis fragen). Wo keins steht, hat das wahrscheinlich seinen Grund.

Außerdem kann man für maximal 6 € überall auch in **Privathäusern** übernachten – eine oft sehr gute Wahl. Zu finden sind Privatanbieter stets an den zentralen Einfallpunkten für Urlauber: Bahnhöfe (Bus und Zug) und Flughäfen. In Sozopol, Nessebăr, Kotel und Žeravna, den Orten mit den schönsten und größten Altstädten, sieht man oft die Großmütter vor dem Hauseingang sitzen. Es lohnt sich sie anzusprechen, denn meist haben sie besonders günstige Zimmer zu vermieten.

Nachfolgend eine kurze, subjektive Auflistung empfehlenswerter Hotels, die andere Herbergen nicht ausschließen will, sondern als Orientierungshilfe zu Art und Ausstattung gedacht ist. Die angegebenen Preise beziehen sich stets auf das Doppelzimmer pro Nacht. Pro Person wäre also jeweils die Hälfte zu zahlen. Und das meist bar und in der Landeswährung, Kreditkarten können nur Luxushotels abrechnen.

• *Fünf Sterne* **Grand Hotel Musala Palace, Varna**: luxuriös renoviertes Jahrhundertwende-Gebäude in der Altstadt nahe der römischen Thermen, mit Internet-Anschluss; DZ 110–180 €.

Dallas Business Club, Varna: texanischer Villenstil am Stadtrand, mit Blumengarten; Apartment (42–92 m^2) 105–195 €.

Grand Hotel Varna, Sv. Konstantin i Elena: innen Las Vegas (inkl. Casino), außen Sozialismus; Großhotel; DZ 160 €.

• *Vier Sterne* **Les Magnolias, Primorsko**: weitläufiger, meist 3-stöckiger Hotelkomplex im Grünen, großer Swimmingpool- und Wellness-Bereich; Apartment 75 €.

Sigma, Kiten: mit allem Komfort ausgestattete Zimmer, eigene Krankenstation; DZ 40 €, Apartment 60 €.

• *Drei Sterne* **Villa Sagona, Varna**: Jahrhundertwendevilla im Meerespark, individuelle Zimmereinrichtung; DZ 50 €.

Parnas, Sozopol: mediterran angehauchtes Interieur, herrlicher Blick über die Bucht; DZ 50 €, Apartment 90 €.

Morska perla, Nessebăr: Wiedergeburtshaus in der Altstadt, Zimmer mit Videorecorder ausgestattet; DZ 50 €.

Valdi, Ahtopol: ruhige Lage an der Spitze der Altstadt, schattiges Freiluftrestaurant; DZ 38 €.

• *Zwei Sterne* **Eskana, Škorpilovci**: familiäre Atmosphäre in gepflegtem 100-Betten-Hotel am Rande des Kamčija-Naturparks; DZ 12 €.

Bulair, Burgas: klassizistische Villa der Jahrhundertwende, nahe von Flaniermeile und Meerespark; DZ 35 €.

Tscherno More, Varvara: neues Mittelklassehotel, 11 bestens ausgestattete Zimmer; DZ 36 €.

• *Ein Stern* **Alpina, Lozenec**: neu, modern eingerichtet, mit allen Dienstleistungen; Apartment für 4 Pers. 42 €.

• *Keine Sterne angegeben* **Villa Aqva Beach Resort, Varna**: Fantasiestil am Stadtrand, luxuriöse Einrichtung (goldener Stuhl von Versace im Foyer); DZ 80 €.

Manastira, Sv. Vlas: architektonisch an das berühmte Rila-Kloster angelehnt, geschmackvoller Luxus; Apartment für 4 Pers. 73 €.

The Doctor's House, Sozopol: einfache, gut geführte Pension (obwohl es diesen Begriff in Bulgarien nicht gibt); DZ oder Apartment 10–50 €.

Villa Philadelphia, Sinemorec: weißes 11-Zimmer-Haus mit allem Komfort und Internet-Café. DZ 40 €.

Preisstruktur: Zur Hauptsaison lässt sich das folgende Schema erkennen: Die Doppelzimmerpreise sind in Ein-Stern-Hotels bei 20 € und darunter angesiedelt, zwei Sterne sind für maximal 35 € zu haben, drei Sterne kosten bis zu 50 €, vier Sterne 40–75 € und die wenigen Hotels der absoluten Luxusklasse deutlich mehr als 100 €. Ausnahmen bestätigen allerdings die Regel. Im großartigen Villa Aqva Beach Resort ein paar Kilometer außerhalb von Varna – eine einzigartige Anlage, die eines Howard Hughes würdig wäre – kann man bereits für 80 € übernachten. Und die zwei Sterne des Eskana Hotels in Škorpilovci sind eigentlich drei – wegen der abgeschiedenen, noch völlig untouristischen Lage ist kein höherer Preis als 12 € zur Hauptsaison möglich.

In der Nebensaison, also Mai, Juni und ab September sind die Hotels manchmal um die Hälfte billiger, die Regel sind mindestens 40 % Preisnachlass.

Sauberkeit: früher ein Thema, heute kein Problem mehr. Alle Privathotels, und seien sie nur mit einem Stern ausgezeichnet, achten auf strikte Hygiene, schon wegen der eigenen leidvollen Erfahrungen während der Zeit des Kommunismus.

Ausstattung: Luxus bedeutet an der Schwarzmeerküste in der Regel bourgeoiser Stil (schwere Vorhänge, Jugendstilmöbel, Marmor im Bad, Badewanne) und eine technische Kompletteinrichtung: Klimaanlage, Internet, Fernseher (50 Programme), Fön, Minibar. Vier Sterne garantieren Kühlschrank, Fernseher, Klimaanlage, Bad, WC und umfangreiche Dienstleistungen (Wellness, Swimmingpool, Autoverleih). Drei-Sterne-Zimmer sind genauso ausgestattet, nur das Drumherum fällt bescheidener aus. Auch zwei Sterne bieten die Grundausstattung von drei oder gar vier Sternen, die Hotels liegen allerdings meist in kleinen Orten, in denen der Tourismus noch keine große Rolle spielt (was natürlich nicht heißt, dass Natur und Strand nicht sehr attraktiv sind). Bei einem Stern muss man meist auf Fernseher, Kühlschrank und ein eigenes Bad (dann auf dem Stockwerk) verzichten.

Essen und Trinken

Die bulgarische Küche

Holger Hofmann, Herausgeber des kulinarischen Fachpressedienstes *Freude am Essen* schreibt über die Qualität der bulgarischen Küche: „Wie in allen übrigen Balkanküchen wird auch in Bulgarien rustikal-bäuerlich gekocht. Wenn die Abgrenzung zu den Nachbarländern auch recht schwer fällt und viele Gerichte nach gleicher Art z.B. auch in Griechenland oder der Türkei zubereitet werden, so gibt es doch ein Produkt, das die Gerichte dieses Landes besonders auszeichnet: den Joghurt. Eine besonders gute Joghurtspeise ist die kalte Joghurtsuppe *Tarator* mit geriebener Gurke, etwas Öl und Essig, Knoblauch, geriebenen Walnüssen und Dill."

Gutes Essen bringt gute Stimmung

Dann lobt der Gastronomie-Experte: „In den letzten Jahrzehnten ist die bulgarische Küche immer wieder als Musterbeispiel für gesunde Kost herausgestellt worden“, vor allem wegen des hohen Anteils von „Schafmilchprodukten in der Nahrung, nachdem viele Forschungen darauf hindeuten, dass diese sehr fette Milch sich besonders gesundheitsfördernd auswirkt.“ Hofmann nennt hier stellvertretend das beliebte Gericht *Čuški bjurek,* also panierte Paprikaschoten gefüllt mit Schafskäse. Der Autor weiter: „Neben den Blattgemüsen spielen in der bulgarischen Küche weiße Bohnen, Gurken, Auberginen, Tomaten, Zucchini und Kräuter eine große Rolle. Das Land ist auch reich an Erdbeeren, Pflaumen, Aprikosen und Pfirsichen“ – und natürlich Wassermelonen, möchte ich hinzufügen. All diese Früchte sind sehr günstig, durchwegs exzellent und füllen im Sommer alle Straßenmärkte. Hofmann schließt: „Zum Essen trinkt man einen Landwein, der sich der kräftigen Nahrung harmonisch anpasst.“ Nazdrave! (Zitate aus: *Spezialitäten der Welt,* Gräfe und Unzer Verlag, München 1993).

Essen gehen

Restaurants haben an der Küste ganztägig geöffnet, eine Mittagspause gibt es nicht und nachts wird in der Regel erst geschlossen, wenn der letzte Gast gegangen ist – was kaum vor 2 Uhr der Fall ist. Esslokale teilen sich in Restaurants (einzelne Tische) und Kneipen (meist an den langen Bankreihen zu erkennen) auf, zahlreiche Imbissstände bieten daneben landestypische Snacks wie *banica* (Blätterteig mit Schafskäse und Eiern) oder arabischen *döner* (gefüllte Teigtaschen).

Achten Sie auf der Speisekarte stets auf die Kategorie „Gekochte Speisen“ = „Gotveni jastija / Готвени ястия“. Diese sind bereits (tagesfrisch) zubereitet, in Deutschland wäre das entsprechend die Tageskarte. Es handelt sich um beliebte Standards der bulgarischen Küche, die nahezu jedes Restaurant anbietet – die Wirte wollen auf Nummer sicher gehen und bieten das an, was sich mit Sicherheit im Laufe des Tages auch verkaufen wird.

Salate sind oft riesengroß, besonders jene mit ausländischen Namen (unten wird explizit darauf hingewiesen). Viele Restaurants bieten neuerdings sehr viele verschiedene Salate mit Fantasienamen an, und jedes Restaurant hat einen Salat auf der Karte, der den Namen des Restaurants trägt: Dieser ist garantiert besonders groß.

Eine Überraschung erwartet Sie bei den **Spirituosen**: Die kleinste Menge, die man bestellen kann, sind 4cl (üblich sind 5cl), und das auch nur, wenn man daran denkt, bei der Bestellung ausdrücklich „malka“ = „klein“ zu sagen. Ansonsten erhält man automatisch 10cl, auf Bulgarisch „sto grama“ = „hundert Gramm“. Verzichten Sie auf bulgarischen Wodka und Gin, die westlichen Marken sind, wenn auch teurer, so doch sehr viel besser! Anders verhält es sich mit Schnaps, Bier, Cognac und Wein: Darauf verstehen sich die Bulgaren ganz ausgezeichnet.

Wenn auf der Speisekarte zu einem Gericht kein Preis angegeben ist, ist das Gericht an diesem Tag nicht mehr zu haben. Es kommt oft vor, dass Preise in einem scheinbar absurden preislichen Verhältnis zueinander stehen, weil zum Beispiel bestimmte Beilagen wie Brokkoli importiert werden und daher genauso teuer sind wie Fleisch.

In der Regel liegen die **Preise** bei 1–2 € für Salate, Suppen und Vorspeisen, bei 1–3 € für ein Fleischgericht (Fisch kann etwas teurer sein), hinzu kommen um 1 € je Beilage: Diese werden immer gesondert bestellt und berechnet, so kann zu jedem Hauptgericht jede beliebige Beilage kombiniert werden. Auch Brot muss immer extra bestellt werden.

Eine Besonderheit dürfte Sie beim ersten Restaurantbesuch verblüffen: Nachbestellungen werden auf einem gesonderten Kassenbon ausgewiesen und in ein Wasser-

Essen wird in Bulgarien zelebriert: Ein lauschiges Plätzchen ist daher Pflicht

glas auf dem Tisch gesteckt. Am Ende wird dann alles addiert. Wer freundlich bedient wird, gibt in der Regel 10 % **Trinkgeld**, weil eine Kellnerin aber sehr wenig verdient (und die Preise für westliche Urlauber sehr günstig sind), wird man bei gutem Service aber auch mit 15–20 % nichts falsch machen.

„Universelle" Speise- und Getränkekarte

Viele Restaurants an der Küste, vor allem in den kleinen, noch wenig touristischen Orten, haben keine fremdsprachigen Speisekarten. Deshalb soll hier so etwas wie eine „universell gültige" Speisekarte zusammengestellt werden. Sie listet Gerichte und Getränke, die in jedem mittelgroßen Restaurant angeboten werden, in der allgemein üblichen Reihenfolge.

Die Speisekarte wird sich, so hoffen wir, ganz praktisch bewähren. Sie können im Voraus etwas aussuchen und im Restaurant danach fragen. Oder Sie orientieren sich anhand des Buches auf der kyrillischen Speisekarte des Lokals.

Mit einem Sternchen (*) sind jene Speisen gekennzeichnet, bei deren Bestellung Sie nichts falsch machen können. Es sind bulgarische Spezialitäten, die unbedingt empfehlenswert sind. Auf Restaurants wird durch das Schild **Pectopaht** hingewiesen.

Салати/Salati (Salate)

Шопска*/Šopska
(Tomaten, Gurken, Zwiebeln, Peperoni, darüber fein geriebener Schafskäse)

Домати/Domati
(Tomaten, Zwiebeln)

Краставици/Krastavici
(Gurken, Zwiebeln, Dill)

Мешана/Mešana
(Gemischter Salat: Tomaten, Gurken, Zwiebeln)

Снежанка*/Snežanka
(Joghurtsalat „Schneewittchen" mit Gurken, Knoblauch, geriebenen Walnüssen)

Зелена салата/Zelena salata
(Grüner Salat)

Печени чушки*/Pečeni čuški
(gebackene und geschälte ganze Paprikaschoten mit Knoblauch und Minze oder Bohnenkraut)

Кьополу*/Kjopolu
(gebackene, geschälte und kleingehackte Auberginen, Paprikaschoten, Knoblauch, Petersilie)

Овчарска салата/Ovčarska salata
(Hirtensalat: Tomaten, Gurken, gebackene Paprikaschoten, Zwiebeln, Schafskäse u.a.)

Руска салата*/Ruska salata
(Russischer Salat, ähnlich dem deutschen Fleischsalat: gekochte Kartoffeln und Karotten, Erbsen, Fleischwurst, saure Gurken, gekochte Eier – alles kleingeschnitten, mit Mayonnaise)

Гръцка салата/Grăcka salata
(Griechischer Salat: Tomaten, gebackene Paprikaschoten, Zwiebeln, Peperoni, Oliven, Schafskäse) – groß!

Мексиканска салата/Meksikanska salata
(Mexiko-Salat: Weißkraut und/oder grüner Salat, Tomaten, Schinken, Mais u.a.) – groß!

Салата „Перла"/Salata „Perla"
(„Perle": Sardinen mit Zwiebeln)

Салата зеле и моркови/Salata zele i morkovi
(Salat aus Weißkraut und Karotten, fein geraspelt)

Маслини с лук/Maslini s luk
(Schwarze Oliven mit Zwiebeln)

Супи/Supi (Suppen)

Пилешка супа*/Pileška supa
(Hühnersuppe)

Шкембе чорба/Škembe čorba
(Kuttelsuppe)

Таратор*/Tarator
(kalte Joghurtsuppe mit Gurken, Knoblauch, Dill)

Боб чорба*/Bob čorba
(Bohnensuppe)

Супа топчета*/Supa topčeta
(Fleischklößchensuppe)

Крем супа гъби/Krem supa găbi
(Champignoncremesuppe)

Студени предястия/Studeni predjastija (Kalte Vorspeisen)

unterschiedliche Wurst- und Käsesorten, zum Frühstück geeignet

Кашкавал натюр/Kaškaval natjur
(gelber Käse)

Сирене натюр/Sirene natjur
(Schafskäse)
Луканка*/Lukanka
(gewürzte Hartwurst)
Филе/File
(Schinkenart)

Топли предястия/Topli predjastija (Warme Vorspeisen)

Пържени картофи/Părženi kartofi
(Hauspommes)
Пържени картофи със сирене*/Părženi kartofi săs sirene
(Hauspommes mit geriebenem Schafskäse)
Пържени тиквички*/Părženi tikvički
(gebratene Zucchinischeiben mit Joghurt-Knoblauch-Soße)
Чушки с доматен сос/Čuški s domaten sos
(Paprikaschoten mit Tomatensoße)
Пържени патладжани с доматен сос*/Părženi patladžani s domaten sos
(gebratene Auberginen mit Tomatensoße)
Език в масло/Ezik v maslo
(Zunge in Butter)
Паниран език/Paniran ezik
(Panierte Zunge)
Чушка бюрек*/Čuška bjurek
(Panierte Paprika mit Schafskäse gefüllt)
Паниран кашкавал*/Paniran kaškaval
(Panierter gelber Käse)
Панирано сирене*/Panirano sirene
(Panierter Schafskäse)
Сирене по шопски*/Sirene po šopski
(Schafskäse nach Schopen-Art:
vom Backofen im Tongefäß mit Tomaten)
Дробчета/Drobčeta
(Leber, unterschiedlich zubereitet:
paniert oder nur gebraten, mit oder ohne Soße und Gemüse)
Шкембе в масло/Škembe v maslo
(Kutteln in Butter)
Миш-маш*/Miš-maš
(gebratene Paprikaschoten mit Eiern und Schafskäse)
Гъби в масло/Găbi v maslo
(Pilze in Butter)

Гарнитури/Garnituri (Beilagen)

Пържени картофи/Părženi kartofi
(Hauspommes)
Пържени картофи със сирене/Părženi kartofi săs sirene
(Hauspommes mit geriebenem Schafskäse)
Задушени зеленчуци/Zadušeni zelenčuci
(geschmortes Gemüse)
Задушени картофи/Zadušeni kartofi
(Ofenkartoffeln)
Ориз/Oriz (Reis)
Лютеница*/Ljutenica
(Ajvar: Paprika-Tomaten-Paste)
Хляб/Hljab
(Brot)

Ястия на скара/Jastija na skara (Grillgerichte)

Nicht vergessen: Beilagen werden immer gesondert bestellt und berechnet.
Кюфте/Kjufte (Hackfleischbällchen)
Кебапче/Kebapče
(Hackfleischbällchen, anders gewürzt)
Свинско шишче/Svinsko šišče
(Schweinespieß)
Пилешко шишче/Pileško šišče
(Hähnchenspieß)
Свинска пържола/Svinska păržola
(Schweineschnitzel Natur)
Пилешка пържола/Pileška păržola
(Hähnchenschnitzel aus dem Schenkel)
Свинско филе/Svinsko file (Schweinefilet)
Телешко филе/Teleško file (Kalbsfilet)
Мешана скара/Mešana skara (Gemischte Grillplatte, doch meist kein Mix aus verschiedenen Fleischsorten, sondern aus verschiedenen Schweinefleisch-Zubereitungsarten!)
Свински ребра/Svinski rebra
(Schweinespareribs)
Плескавица/Pleskavica
(Hackfleisch mit Schafskäse gefüllt)
Шашлик/Šašlik (Schaschlik: Riesenspieß mit Fleisch und Gemüse)

Основни ястия/Osnovni jastija (Hauptgerichte/Spezialitäten)

Виенски шницел/Vienski šnicel (Schnitzel)
Свинско филе с гъби/Svinsko file s găbi
(Schweinefilet mit Pilzen)
Телешко филе с гъби/Teleško file s găbi
(Kalbsfilet mit Pilzen)
Кавърма*/Kavărma
(Eintopf im Tongefäß aus dem Ofen mit Hühner- oder Schweinefleisch und Gemüse)

Омлети/Omleti (Omelettes)

натюр/Natjur (Natur)
със сирене/săs sirene (mit Schafskäse)
с **кашкавал**/s kaškaval (mit gelbem Käse)
с **шунка**/s šunka (mit Schinken)

с гъби/s găbi (mit Pilzen)
асорти/asorti (kombiniert)

Ястия от риба/Jastija ot riba (Fisch)

Пъстърва на скара/Păstărva na skara (Forelle vom Grill)
Скумрия на скара/Skumrija na skara (Makrele vom Grill)
Калмари/Kalmari (Kalamari – meist tiefgefroren: daher nicht zu empfehlen)
Филе от акула/File ot akula (Haifischfilet)
Сьомга/Sjomga (Lachsfilet)
Салата от миди/Salata ot midi (Muschelsalat)
Цаца/Caca (Sprotten frittiert, werden gern zu Bier gegessen)
Лефер*/Lefer (Blaubarsch)
Калкан*/Kalkan (Steinbutt)

Готвени ястия/Gotveni jastija (Gekochte Speisen)

siehe dazu oben im einführenden Absatz

Мусака/Mussaka
(Kartoffeln, Hackfleisch, Tomaten, mit einer Mischung aus Milch, Mehl und Eiern überbacken, dazu Joghurt)
Пълнени чушки*/Pălneni čuški
(gefüllte Paprikaschoten mit Reis und/oder Hackfleisch, dazu Joghurt)
Сърми лозов лист*/Sărmi lozov list
(gefüllte Weinblätter mit Reis, dazu Joghurt)
Свинско със зеле/Svinsko săs zele
(Schweinefleisch mit Weißkraut aus dem Ofen)
Пиле с ориз/Pile s oriz
(Hähnchen mit Reis aus dem Ofen)

Ядки/Jadki (Nüsse)

Фъстъци/Făstăci (Erdnüsse)
Кашу/Kašu (Cashew)
Орехи/Orehi (Walnüsse)
Шам фъстък / Šam făstăk (Pistazien)
Лешници/Lešnici (Haselnüsse)
Бадеми/Bademi (Mandeln)

Десерти/Deserti (Desserts)

Мелба/Melba (Eisbecher, viele Sorten)
Плодова салата/Plodova salata (Obstsalat)
Палачинка с мед, шоколад, сладко/Palačinka s med, šokolad, sladko
(Crêpe mit Honig, Nutella, Marmelade)
Крем карамел/Creme caramel

Аперитиви/Aperitivi (Spirituosen)

Ракия*/Rakija
(Schnaps aus Trauben oder Pflaumen, meist mehr als zehn verschiedene Sorten)
Водка/Wodka
Уиски/Whiskey
Джин/Gin
Коняк*/Cognac

Пиво* oder Бири/Pivo, Biri (Biere)

Das bulgarische Bier ist ausgezeichnet, schmeckt wie Pils. Eine Flasche kostet um 0,50 €, für Importbiere ist das Dreifache zu zahlen.

Загорка/Zagorka
Загорка Голд/Zagorka Gold
Бургаско/Burgasko
Каменица/Kamenica
Каменица тъмно/Kamenica tămno (dunkel)
Астика/Astika
Стела Артоа/Stella Artois
Бекс/Beck`s
(wird neuerdings auch in Bulgarien hergestellt)
Хайнекен/Heineken
Радебергер/Radeberger

Вина*/Vina (Weine)

Die bulgarischen Weine sind unbedingt zu empfehlen und außerdem erstaunlich

Reicht für zwei: Bulgarische Portionen sind groß und sehr günstig

günstig: Eine Flasche kostet im Restaurant 4–5 €. Im Folgenden werden Qualitätsprodukte, vor allem aus den Weinregionen am Schwarzen Meer, aufgezählt, die auf den Weinkarten der meisten Restaurants zu finden sind. Die Küste ist vor allem für ihre Weißweine berühmt. Sowohl traditionelle Rebsorten wie Chardonnay, Sauvignon blanc, Muscat als auch eigene wie Dimiat oder Misket werden hier angebaut. Die bedeutendsten Kellereien sind in Varna, auf dem Gelände des Schlosses Evksinograd, in Preslav, Bjala, Pomorie, Burgas sowie in Rozenovo bei Sredec zu Hause. Die beste und größte Weinprobierstube – mit angeschlossener Verkaufsstelle – findet sich in Varna (siehe dort im Kasten „Semela – der Tempel des Weins"). Vor Evksinograd, an dem kleinen Parkplatz, verkauft ein kleiner Shop die exzellenten Weißweine der Schlosskellerei.

Бели вина/Beli Vina (Weißweine)

Траминер Хан Крум/Traminer Chan Krum (es gibt verschiedene Hersteller, im Grunde sind alle empfehlenswert. Einer der besten und teuersten ist *Domaine Boyar* aus Šumen: 9 €. Am häufigsten angeboten wird aber der Traminer aus Tărgovište: 6–7 €)

Мускат Търговище/Muscat Tărgovište

Совиньон блан Търговище/Sauvignon blanc Tărgovište

Шардоне Търговище/Chardonnay Tărgovište

Шардоне Домейн Бояр/Chardonnay Domaine Boyar

Мускат Домейн Бояр/Muscat Domaine Boyar

Шардоне Поморие/Chardonnay Pomorie

Совиньон блан Поморие/Sauvignon blanc Pomorie

Мускат Поморие/Muscat Pomorie

Мискет Сунгурларе/Misket Sungurlare

Шардоне Златен Ритон/Chardonnay Golden Rhyton

Червени вина/Červeni vina (Rotweine)

Каберне Совиньон Търговище/Cabernet Sauvignon Tărgovište

Мерло Търговище/Merlot Tărgovište

Каберне Домейн Бояр/Cabernet Domaine Boyar

Ловико Каберне/Lovico Cabernet

Ловико Мерло/Lovico Merlot

Мавруд Асеновград/Mavrud Asenovgrad

Мавруд Тодоров/Mavrud Todorov

Каберне Тодоров/Cabernet Todorov

Мерло Тодоров/Merlot Todorov

Мавруд Златен Ритон/Mavrud Golden Rhyton

Мелнишко от Хърсово/Melniško ot Hărsovo

Розе/Rosé

Розе Мелник/Rosé Melnik

Безалкохолни напитки/Bezalkoholni napitki (Alkoholfreie Getränke)

Кола, Фанта, Спрайт, Тоник/Cola, Fanta, Sprite, Tonic

Сода/Soda (Mineralwasser mit Kohlensäure)

Минерална вода/Mineralna voda (stilles Mineralwasser)

Айрян/Ayran (Joghurt mit Wasser, gesalzen)

Сок/Sok (Saft) – die gegenwärtig beste Marke, überall erhältlich, ist *Cappy*:

Праскова/Praskova (Pfirsich)

Кайсия/Kajsija (Aprikose)

Портокал/Portokal (Orange)

Мулти витамин/Multivitamin

Ананас/Ananas

Доматен сок/Domaten sok (Tomatensaft)

Топли напитки/Topli napitki (Warme Getränke)

Zum Kaffee muss die Sahne bzw. Milch extra bestellt werden. Wenn Sie einfach nur Kaffee bestellen, bekommen Sie Espresso. Wenn Sie aber den „kleinen Schwarzen" nicht mögen, nehmen Sie einen Cappuccino.

Кафе/Kaffee

Кафе без кофеин/Kafe bez kofein (koffeinfrei)

Сметана/Smetana (Kaffeesahne)

Чай/Čaj (Tee)

Капучино/Cappuccino

Горещ шоколад/Gorešt šokolad (Heiße Schokolade)

Мляко с какао/Mljako s kakao (Milch mit Kakao)

Мед/Med (ein Schälchen Honig, sehr beliebt zu Milch und Tee)

Obstmarkt in Sozopol

Westliche Marken sind an jedem Kiosk zu haben

Wissenswertes von A bis Z

Anti-Raucher- Gesetz

Seit dem 1. Januar 2005 müssen die Hälfte aller Restauranttische Nichtrauchern vorbehalten bleiben. Bis zum 1. Juli haben die Besitzer zudem Zeit, Ventilatoren zu installieren. Taxifahrer dürfen im Dienst nicht mehr rauchen, das Gleiche gilt für Personen, die sich in öffentlichen Gebäuden aufhalten. Das Erstaunlichste aber: Das Gesetz wird größtenteils angenommen. Die Proteste halten sich jedenfalls in Grenzen, es dominieren die positiven Stimmen. Hohe Strafen für Restaurantbesitzer mögen dazu beitragen, aber in einem Land, das mit 55 % einen der höchsten Raucheranteile weltweit besitzt, scheint die ebenso plötzliche wie drastische Maßnahme der Regierung auf eine in weiten Teilen der Bevölkerung bereits vorhandene Stimmung gestoßen zu sein.

Beautiful Bulgaria Project

Seit 1997 werden mit EU- und UN-Unterstützung die Altstädte und Kulturdenkmäler Bulgariens restauriert. Knapp 50 Millionen Dollar flossen bisher in das Projekt, das auch als Programm zur Reduzierung der Arbeitslosigkeit installiert wurde. 17 Millionen Dollar steuerte der bulgarische Staat bei, 8 Millionen Dollar die EU und 2 Millionen Dollar das Entwicklungshilfeprogramm der Vereinten Nationen. Der Rest kommt von Regierungen aus der ganzen Welt: ein Beleg dafür, welche Bedeutung dem historischen Erbe Bulgariens beigemessen wird.

40.000 Arbeitslose arbeiteten in bisher 100 Gemeinden, 10.000 Menschen fanden im Anschluss eine feste Stelle. Am Schwarzen Meer profitierten davon unter anderem Varna, Sozopol, Kotel, Bălčik, Šumen, Primorsko, Pomorie und Veliki Preslav. Die UN lobte das Beautiful Bulgaria Project (www.beautifulbulgaria.com) kürzlich als eines der effizientesten und bestausgeführten Hilfsprogramme weltweit.

Berühmte Bulgaren

Orpheus und **Dionysos**, die thrakischen Könige und Götter, wurden ebenso zu Weltstars wie der Fußballer **Christo Stoitschkov** und der Opernsänger **Nikolai Ghiaurov**. Berühmtester Bulgare der Gegenwart dürfte jedoch der so genannte Verpackungskünstler **Christo** sein, der mit seiner französischen Frau Jeanne Claude gerade dem New Yorker Central Park 7500 Polyamid-Bahnen in Orange (pardon: Safrangelb) verpasste und demnächst den Arkansas River einhüllen will. 21 Millionen Dollar investierte Christo aus eigener Tasche, die er nur aus dem Verkauf von Merchandising-Produkten wieder hereinholen will, denn der Eintritt zu „The Gates" war frei und Sponsorengelder akzeptiert der eigenwillige, aber megaerfolgreiche Bulgare nicht. Auch deshalb hier seine Website: www.christojeanneclaude.net. In Bulgarien schon länger ein Superstar, wird der preisgekrönte Jazzklarinettist **Ivo Papasov** dank ausgedehnter Tourneen auch hierzulande immer bekannter.

Diplomatische Vertretungen

Aktuelle Sicherheitshinweise finden Sie auf dem Reisemerkblatt des Auswärtigen Amtes (www.auswaertiges-amt.de), das über den Button „Reise- und Länderinformationen" zu erreichen ist. Hier die Adressen der Ländervertretungen:

Bulgarische Botschaft in Deutschland: Mauerstraße 11, 10117 Berlin, ✆ 030-2010922, 📠 030-2086838, www.botschaft-bulgarien.de.

Konsulate: Walhallastr. 7, 80639 München, ✆ 089-17117614, 📠 089-155006.

Auf der Hostert 6, 53173 Bonn, ✆ 0228-363061, 📠 0228-351028.

Bulgarische Botschaft in Österreich: Rechte Wienzeile 13, 1040 Wien, ✆ 01-5854716, 📠 01-5854720.

Bulgarische Botschaft in der Schweiz: Bernastraße 2-4, 3005 Bern, ✆ 031-3511455, 📠 031-3510064.

Deutsche Botschaft in Bulgarien: ul. F.J. Curie 25, 1113 Sofia, ✆ 00359-2-918380, 📠 000359-2-9631658, www.sofia.diplo.de.

Konsulat: ul. Dragoman 1, 9000 Varna, ✆ 00359-52-693693, 📠 000359-52-601930.

Österreichische Botschaft in Bulgarien: ul. Šipka 4, 1000 Sofia, ✆ 00359-2-9329032, 📠 000359-2-9810567.

Schweizer Botschaft in Bulgarien: ul. Šipka 33, 1504 Sofia, ✆ 00359-2-9420100, 📠 000359-2-9461622.

Geld

Die bulgarische Währung besteht aus lev und stotinka, Mehrzahl leva und stotinki. Sie ist an den Euro gebunden (früher an die Mark) und steht daher im festen Verhältnis von 1:1,95583. Lassen Sie sich nicht von den Schildern mancher Wechselstuben ins Bockshorn jagen, die mit 1:1,1955 werben und mit dieser optischen Täuschung oft Erfolg haben. Sich hinterher zu beschweren hilft nichts, denn schließlich stand der Kurs Schwarz auf Weiß zu lesen. Wechseln Sie daher unbedingt nur bei Banken oder höchstens noch in Hotels, die allerdings meist deutlich schlechtere Wechselkurse haben.

Bankautomaten gibt es inzwischen in jeder größeren Ortschaft. Mit der ec-Karte nach Bulgarien zu fahren ist also kein Problem. Pro Tag können 200 leva (also 100 €) abgehoben werden. Kreditkarten sind dagegen nur bei Luxushotels und großen Mietwagenfirmen üblich, 99 % der Geschäfte, Restaurants etc. sind an die elektronischen Systeme nicht angeschlossen. Traveller Cheques sind in Bulgarien so gut wie unbekannt, wenn Sie nicht in einem Luxushotel absteigen, behindern sie mehr, als sie helfen.

Gesundheit

Eine Auslandskrankenversicherung (mit Rücktransport) ist bei einem Bulgarienurlaub Pflicht, bezahlt werden muss der bulgarische Arzt allerdings erst einmal bar. Nach Vorlage der Quittung (wenn möglich in Englisch oder Deutsch, ansonsten muss sie zu Hause offiziell übersetzt werden) erstattet die Versicherung dann das Geld zurück. Die Preise, etwa für leichte Notfälle wie Zahnbehandlungen oder Magenverstimmungen, sind sehr niedrig. Die Ärzte besitzen eine gute Ausbildung, wenn die technische Ausrüstung in den staatlichen Krankenhäusern auch nicht mit der in Deutschland zu vergleichen ist. Besser ausgestattet, aber auch teurer sind Privatkliniken.

Apotheken sind zahlreich und führen alle gängigen Medikamente. Manche Wirkstoffe bieten zwar nur bulgarische Marken an, doch die gelten allgemein als sehr gut. Ein exzellentes Kopfschmerzmittel – in jedem bulgarischen Haushalt zu finden – ist zum Beispiel Analgin. Antibiotika erhält man rezeptfrei. Wer bestimmte Medikamente regelmäßig nehmen muss, sollte eine ausreichende Menge davon von zu Hause mitnehmen.

Eine Impfung vor Antritt der Reise ist nicht zwingend vorgeschrieben, empfohlen wird allerdings oft der Schutz gegen Hepatitis A.

Haustiere

Gesundheitszeugnis und Tollwut-Impfbescheinigung sind für Hunde und Katzen vorgeschrieben. Ersteres darf nicht älter als zwei Wochen sein, Letzteres muss für Katzen spätestens vor sechs Monaten, für Hunde maximal vor einem Jahr ausgestellt worden sein.

Information

Erste Anlaufstelle für aktuelle Informationen und Broschüren in Deutschland ist das bulgarische Fremdenverkehrsamt, Eckenheimer Landstraße 101, 60318 Frankfurt am Main, ✆ 069-295284, 📠 069-295286. Der größte Reiseveranstalter Bulgariens ist der staatliche Anbieter Balkantourist (www.balkantourist.bg), der eine Dependance im Grand Hotel Varna von Sveti Konstantin i Elena besitzt. Hotels und komplette Reisen lassen sich buchen über ✆ 00359-2-9875192 (Sofia) oder 00359-52-361904 (Sv. Konstantin i Elena). Von Berlin aus agiert das private Unternehmen BG Tours, das zahlreiche Katalogreisen ans Schwarze Meer vermittelt: Mariendorfer Damm 147, 12107 Berlin, ✆ 030-7062020, ℻ 030-7062029. Zu nennen ist außerdem das Sofioter Privatunternehmen Alexandertour, über das sich neben Komplettreisen auch einzeln günstige Flugtickets und/oder Hotels bestellen lassen: ul. Pop Bogomil 44, 1202 Sofia, ✆ 00359-2-9833322, ℻ 00359-2-98355 68, www.alexandertour.com.

Verlässliche Informationen vor Ort sowie eine Vielzahl von Dienstleistungen (Hotelbuchungen, Mietwagen, Bustickets) erhält man unter anderem bei folgenden Agenturen (getestet, in Klammern die Seitenzahlen):

An der Nordküste: Varna Tourist Service in Varna (s. Seite 86); Hit Tourism in Sv. Konstantin i Elena (s. Seite 116)

Am mittleren Küstenabschnitt: Laguna Tours in Sv. Vlas und Činar in Slănčev brjag (s. Seite 158 bzw. 161).

An der Südküste: TS Travel in Burgas (s. Seite 182), Stekom in Sozopol (s. Seite 192) und die Strandža-Naturparkdirektion in Malko Tărnovo (s. Seite 218).

Die orthodoxe Kirche Bulgariens war als erste in Osteuropa autonom

Internet-Adressen

Internetcafés gibt es am Schwarzen Meer in jedem Ort (Adressen siehe dort) Die Gebühren betragen im Schnitt 0,50 €/Stunde.

In den Tiefen des World Wide Web finden sich zahlreiche gute Seiten zu Bulgarien und seiner Küste. Gibt man die entsprechenden Stichwörter in eine Suchmaschine ein, folgt ein Wust an kommerziellen, semi-professionellen und amtlichen Homepages. Deshalb hier eine knappe Zusammenstellung der informativsten Seiten.

Alle angegebenen Adressen haben auch englischsprachige Inhalte (meist über das Flaggensymbol abzurufen, manchmal gilt auch das Zeichen „En“ o.ä.), ebenso die im Reiseteil genannten Internet-Auftritte von Hotels, Regionen oder Städten.

• *Reisen* **www.bulgariatravel.org**, die schönste Seite stammt vom bulgarischen Fremdenverkehrsamt in Sofia. Ruhiges, nicht überladenes Layout, das zum Klicken verführt. Viele Fotos und Informationen satt, gute Suchfunktionen.

www.bgglobe.net, erstklassige Seite, die alle Regionen Bulgariens ausführlich vorstellt und mit aktuellen Übernachtungsangeboten an der Küste gerade für Kurzentschlossene interessant sein könnte.

www.travel-bulgaria.com, viel Service, etwa Links zu Agenturen, in Bulgarien Touroperators genannt, machen diese Seite interessant. Ausführliches Kapitel über die Küste und ihre Ferienorte.

• *Nachrichten* **www.sofiaecho.com**, wer wissen will, was in Bulgarien kulturell passiert, muss sich hier reinklicken. Der Schwerpunkt liegt auf der Hauptstadt, aber das schließt natürlich nationale Themen wie das neue Anti-Raucher-Gesetz mit ein, das hier ausgiebig diskutiert wird.

www.bulgaria.de, junge deutschsprachige Infoseite, umfassend und übersichtlich. Verwertet zahlreiche bulgarische Nachrichtenquellen in Übersetzungen, hinzu kommen zunehmend selbst recherchierte Storys

www.bgnewsnet.com klassische News-Seite, wie man sie in Deutschland kennt. Vorrangig politische Nachrichten, aber auch Kultur und Sport werden berücksichtigt. Seriös und kompetent.

www.novinite.com, topaktuelle, journalistisch aufbereitete Seite, die Ähnlichkeiten mit den Online-Angeboten deutscher Tageszeitungen hat.

• *Portale* **www.bulgarien-inside.de**, deutsche Seite eines bulgarischen Journalisten aus Berlin; stets aktuell; gute, übersichtliche Rubrizierung mit exzellenten Links.

www.dir.bg, Infoportal mit umfassender Linksammlung und guter Nachrichtenseite.

www.onlinebg.com, Nachrichtenseite mit Links zu wichtigen Organisationen und Firmen in Bulgarien (alle mit englischem Auftritt).

• *Vereine*

www.deutsch-bulgarisches-forum.org, in jedem Bundesland gibt es inzwischen eine Gesellschaft, die sich der Pflege der dt.-bg. Beziehung verschrieben hat. Dies ist der „Dachverband“, über den sich alle anderen Vereine erreichen lassen. Bietet zudem seriöse Basisinformationen zum Land und veranstaltet zahlreiche Kulturtreffen.

Karten

Die beste Karte hat Freytag&Berndt herausgegeben: Bulgarisch-rumänische Schwarzmeerküste (von Varna nach Norden) und Bulgarische Schwarzmeerküste (von Varna nach Süden) heißen die beiden Teilkarten, jeweils in dem angenehmen Maßstab 1:150.000. Daneben gibt es nur noch Karten für Gesamt-Bulgarien, die weit weniger detailliert und vor Ort daher oft wenig hilfreich sind. Für die in diesem Buch angegebenen Touren ins Hinterland ist eine Bulgarien-Karte allerdings denkbar, da die Freytag&Berndt-Karten einen kleineren Ausschnitt haben. Zwar sind zu den Ausflügen jeweils detaillierte Kartenausschnitte in diesem Buch abgedruckt, doch wenn man sich einen Eindruck von dem großen Ganzen machen möchten, greift man am besten zu der Übersichtskarte (Maßstab 1:800.000) aus dem RV Verlag.

Klima

Im Hochsommer steigen die Temperaturen an der bulgarischen Küste auch zur Mittagszeit kaum über 34 °C, vom Meer her weht zudem stets eine leichte Brise. Um 9 Uhr ist es meist schon 25 °C warm und nach 18 Uhr wieder. Zwischen Sonnenaufgang und Sonnenuntergang werden so Mittelwerte von etwa 29 °C erreicht. Die Sonne scheint zwischen Juni und August im Schnitt zehn Stunden täglich, meist bei wolkenlosem Himmel. Doch vollkommen trocken ist es selbst in der Hochsaison nicht. Kurze, warme Schauer bringen ein- bis zweimal wöchentlich eine willkommene Kühlung. Die Statistik weist für Juni durchschnittlich neun Regentage aus, für Juli und August jeweils sechs, für September fünf. Ob es kurz einmal tröpfelt oder über Stunden schüttet, sagen die Zahlen nicht. Die Erfahrung lehrt aber, dass lange Regengüsse im Sommer die Ausnahme sind, erst ab September nimmt die Wahrscheinlichkeit deutlich zu.

Nach Mitternacht sinken die Temperaturen meist auf etwa 20 °C ab, bis 23 Uhr herrschen zumindest in den Innenstädten noch angenehme 23–24 °C. Dennoch sollte zum abendlichen Ausgehen stets etwas zum Drüberziehen mitgenommen werden, da in den direkt am Meer gelegenen Restaurants der Wind deutlich auffrischt. Die Straßen, die um die Mittagszeit bis weit in den Nachmittag hinein entvölkert sind, beleben sich etwa ab 19 Uhr und leeren sich nicht vor Mitternacht.

29 °C Wassertemperatur sind im Hochsommer keine Seltenheit, 26–27 °C die Regel. Im Juni, wenn die Luft an einigen Tagen bereits die 30 °C-Marke ansteuert, ist das Meer mit etwa 22°C noch deutlich kühler, da das Wasser länger braucht, um sich zu erwärmen. Dafür weist es auch spät im September noch Badetemperaturen auf und war der Sommer besonders schön, selbst im Oktober.

Zugefroren war das Schwarze Meer an der bulgarischen Küste zuletzt 1929, damals erreichte das Eis stellenweise eine Dicke von 30 cm. Doch auch wenn dies eine Ausnahme war, an Baden ist im Winter nicht zu denken. Das Wasser kühlt sich bis auf 4 °C ab und auch die Lufttemperatur liegt meist bei 0 °C oder nur knapp darüber. Selbst Minusgrade sind keine Seltenheit, wie gerade der letzte Winter bewiesen hat, als Hafen und Flughafen von Varna wegen Schneestürmen und vereisten Landebahnen tagelang geschlossen werden mussten.

Umweltschutz: Müllmännchen als Mahnmal

Kyrillische Schrift

Die Bulgaren, nicht die Russen, sind die Erfinder der kyrillischen Schrift. Seit dem 9. Jh. wird im Land damit geschrieben. Für den Tourismus stellt sie durchaus ein Handicap dar, weil auch an der Küste viele Straßenschilder und Speisekarten nur mit Kyrillischkenntnissen zu lesen sind. Im Anhang befindet sich deshalb ein ausführlicher Sprachführer, der unter anderem alle gängigen Schilder auflistet. Auch der gastronomische Teil im Inneren dieses Buches orientiert sich an den tatsächlichen Gegebenheiten in einem Restaurant, was die Bestellung deutlich erleichtern sollte. Zur Not sollte man der Kellnerin einfach daraus das gewünschte Gericht zeigen – die meisten Restaurants werden es vorrätig haben.

Kriminalität

Das Auswärtige Amt stuft Bulgarien als sicheres Reiseland ein. Selbst während des Jugoslawienkriegs sind nie ethnische Konflikte aufgeflammt. Was nicht heißt, dass die üblichen Sicherheitsvorkehrungen außer Acht gelassen werden sollen. Zahlen Sie nicht provokativ offen mit großen Scheinen und tragen Sie Ihr Geld nicht über der Kleidung im Brustbeutel. Einige Bulgaren könnten dies als Demonstration Ihres Reichtums auffassen. Gewähren Sie teuren westlichen Automarken unter allen Umständen Vorfahrt (s. Verkehr). Meiden Sie Auseinandersetzungen mit Bodyguards und Menschen, die aussehen wie welche.

Lactobacillus bulgaricus

Es ist Unmöglich, in Bulgarien Urlaub zu machen und nicht mit dem berühmten Joghurt in Kontakt zu kommen. In den meisten Restaurants wird er als Vorspeise angeboten und auf dem Markt oder in den Geschäften gehört er zu den sichtbarsten Produkten. Hergestellt wird er durch die Tätigkeit ganz bestimmter Milchsäurebakterien: Das Geheimnis des Lactobacillus bulgaricus kannten schon die Thraker, die sich, so will es die Überlieferung, einen mit Milch gefüllten Sack aus Lammfell um den Körper banden. Die eigene Körperwärme und die Mikroflora im Lammfellsack ließen die Milch dann gären. Echter bulgarischer Joghurt, unvergleichlich im Geschmack, ist schnittfest – „dicke Milch" nannten ihn die Thraker: jog-urt – und wird am besten pur mit etwas Honig gegessen.

Medien

Bulgaren lesen gern Zeitung. 24 Časa und Trud, die beiden größten Tageszeitungen des Landes, haben zusammen eine Auflage von weit über einer halben Million. Und das bei einer Bevölkerungszahl von 7,5 Millionen. Deutschland hat 82 Millionen Einwohner, die größte überregionale Zeitung, die Süddeutsche, hat 400.000 Käufer. Allerdings gibt es hier zu Lande natürlich auch Bild mit einer Auflage von über 4 Millionen. Eine Boulevardpresse existiert in Bulgarien eigentlich nicht, dafür, wie in Deutschland, zahlreiche regionale Zeitungen. Seit 24 Časa und Trud von der WAZ-Gruppe übernommen wurden, mehren sich die Stimmen, die einen Verlust an Qualität beklagen. Viel gelesen werden außerdem Standart und Dnevnik sowie die Wochenzeitungen 168 Časa und Capital.

Das Fernsehen wird von dem Staatssender Kanal 1, Rupert Murdochs bTv und dem griechischen Newcomer Nova TV dominiert. Daneben haben sich zahlreiche kleine Privatsender etabliert, die oft nur regional zu empfangen sind. Die größten sind MM, Skat, Europe und Diema.

Mente

Die Betonung liegt auf der zweiten Silbe. Gemeint sind vor allem Raubkopien von CDs, die an Ständen überall an der Küste angeboten werden. Dass diese massenhaft gekauft werden, ist bei einem Durchschnittsverdienst von 150 € im Monat verständlich. Ein Qualitätsunterschied ist kaum festzustellen – anders als bei Textilien, die mit Labels und Aufdrucken westlicher Marken und Designer verkauft werden.

Mineralwasser

Das Leitungswasser kann man zwar überall trinken, doch unbedingt empfehlenswert ist das bulgarische Mineralwasser, das im Gebirge aus unzähligen Quellen sprudelt. 1,5 l der Marken Gorna Banja (Горна баня) oder Devin kosten im Handel 0,25 €, üblicherweise werden auch größer portionierte Mengen verkauft (bis zu 5 l), was den Preis pro Liter noch weiter reduziert. Die blau schimmernden PET-Flaschen gibt es an jedem Stand oder Kiosk.

Notrufnummern

✆ Notarzt: 150. ✆ Feuerwehr: 160. ✆ Polizei: 166. ✆ Verkehrspolizei: 165. ✆ Pannenhilfe: 146.

Preise

Zur Orientierung hier ein paar Preisbeispiele: Charterflug nach Burgas 200–250 €, DZ im Zwei- bis Drei-Sterne-Hotel 15–20 € pro Person, Sonnenschirm mit Liege 1–2 €, Hauptgericht mit Beilagen 4 €, eine Flasche Bier im Restaurant 0,50 €, eine Flasche Wein im Restaurant 4–5 €, Gin Tonic oder Wodka Lemon in der Bar/Disko 2 €, eine Schachtel bulgarische Zigaretten (Victory und Sredec heißen die populärsten Marken) 0,80 €, ein Paar Lederschuhe 30 €, ein Minirock 10 €, ein T-Shirt 7 €, Jeans 15 €, Taxi pro Kilometer 0,50 €.

Öffnungszeiten

Regulär haben Banken und Behörden werktags von 9–17 Uhr geöffnet, Museen Di–So von 10–17 Uhr. Mit nicht angegebenen Mittagspausen u. Ä. ist dennoch zu rechnen.

Die Post ist staatlich und deren Öffnungszeiten entsprechend einheitlich: werktags 8–18 Uhr, Sa 8–13 Uhr. Porto für Briefe nach Westeuropa kostet ca. 0,30 €, für Postkarten 0,20 €.

Bei Geschäften und Restaurants sieht es anders aus. Die Hochsaison ist für sie natürlich Geschäftsaison, einen Ruhetag gibt es nicht. Die meisten Läden, vor allem die kleineren Supermärkte, Kleider- und Schuhgeschäfte, aber auch die Obst- und Gemüsestände in den Badeorten haben bis Mitternacht geöffnet, an den Hauptstraßen sind immer auch welche zu finden, die Tag und Nacht offen haben. Essengehen kann man bis spät in die Nacht: Besonders in der Nähe von Diskotheken und Nachtbars finden sich zahlreiche Kioske, die frische Döner, Sandwiches und Crêpes für hungrige Nachtschwärmer bereithalten. Man erkennt sie am Schild „Non Stop“. Cafés und Restaurants schließen normalerweise erst dann, wenn der letzte Gast gegangen ist.

Keine Straße ohne Café: Die Versorgung in Bulgarien ist gut

Strom

Fön und Rasierapparat funktionieren in Bulgarien problemlos. Die Spannung beträgt 220 Volt, Steckdosen haben das bekannte, zweipolige Kreisformat.

Telefonieren

Die internationale Vorwahl für Bulgarien lautet 00359, für ein Telefongespräch von der Schwarzmeerküste nach Deutschland müssen Sie die 0049 vorwählen. Es gibt zwei große Anbieter von Telefonkarten (man findet keine Münztelefone mehr): Mobikom und Bulfon. Im Grunde ist es egal, welche Karte man kauft, Telefonzellen beider Betreiber gibt es an jeder Ecke. Untereinander sind sie jedoch nicht kompatibel. Man kann sie leicht auseinander halten: Die Telefonzellen von Mobikom sind in Blau gehalten, die von Bulfon in Orange. Pro Minute zahlt man deutlich mehr als von Deutschland nach Bulgarien, ca. 1 €.

Toiletten

In den Hotels und Privatunterkünften herrschen gute sanitäre Bedingungen. Bedenklich ist der Zustand öffentlicher Toiletten. Da sich deren Besuch leider nicht immer vermeiden lässt, sollten sicherheitshalber immer ein paar Blatt WC-Papier mitgenommen werden. Die junge Gastronomieszene achtet hingegen auf Hygiene, in guten Restaurants und Bars sind auch die Toiletten in einem betretbaren Zustand. Plumpsklos gibt es nur noch in abgelegenen Dörfern.

Verkehr

Bulgaren fahren rücksichtsvoll, wenn auch nicht immer nach den Regeln des Verkehrs. Sie achten darauf, niemanden zu gefährden, unabhängig davon, ob aktuell gerade ein Überholverbot besteht oder nicht. Hektisches Auffahren gibt es nicht, man hat Zeit, selbst in den Großstädten. Ampeln werden zu Stoßzeiten beachtet, nachts bei null Verkehr eher weniger. Zebrastreifen allerdings finden so gut wie keine Beachtung: Fußgänger sind daher auch bei eigener Grünphase immer höchst wachsam und gehen erst los, wenn sie sich vergewissert haben, dass keine Gefahr droht. PS-starke Westlimousinen verleiten viele Fahrer zu riskanter Fahrweise. Weil ihre Autos schneller sind, sehen sie ein grundsätzliches Recht der Vorfahrt gegeben. Man gewähre ihnen dieses leichten Herzens, es handelt sich nur um eine kleine Minderheit.

Zeit

In Bulgarien gilt: MEZ + 1 Stunde. Im Sommer werden die Uhren ebenfalls umgestellt, so dass sich an dem Zeitunterschied nichts ändert.

Zoll

4000 € dürfen deklarationsfrei ein- und ausgeführt werden. Bei der Einreise stellen alle Dinge des persönlichen Bedarfs kein Problem dar, dazu zählen 2 Stangen Zigaretten, 2 l Wein, 500 g Kaffee, 50 ml Parfüm. Hochpreisige Produkte wie Videokameras oder Fernseher sollte man sicherheitshalber schriftlich deklarieren. Die Ausreiseregelungen sind etwas strenger, vor allem was die Ausfuhr von Zigaretten (1 Stange) und Spirituosen (1 Flasche) betrifft. Für Antiquitäten, etwa Ikonen, gelten besondere Regelungen, über die man sich am besten gleich bei der Einreise erkundigen sollte.

Unterrichtsmaterial im 19. Jh.: Wachs und Sand als Schreibunterlagen

Geschichte und Kultur

Neue archäologische Entdeckungen

Bulgaren mögen schwarzen Humor. Das 9000 Jahre alte Skelett einer jungen Frau – im Herbst 2004 nahe Vraca im Nordwesten des Landes gefunden – nennen die Archäologen „Julia Roberts". So perfekte Zähne wie bei diesem sensationellen Fund, Zeugnis der wohl frühesten Agrikultur auf dem Balkan, hätte er sonst nur bei dem Hollywoodstar gesehen, verkündete der Expeditionsleiter Georgi Ganecovski schmunzelnd. Ob das die Oscar-Preisträgerin wohl freuen wird?

„Julia Roberts" ist kein Einzelfall gewesen. Das vergangene Jahr hat erneut bewiesen, auf welch geschichtsträchtigem Boden die Bulgaren leben. Eine ganze Reihe außergewöhnlicher Entdeckungen rückten vor allem deren Vorfahren, die Thraker, in den Mittelpunkt des Interesses. Glücklicher Zufall, dass zeitgleich zu den Ausgrabungen die Bonner Bundeskunsthalle ihre große Thraker-Schau „Das goldene Reich des Orpheus" präsentierte. Zu sehen waren die berühmtesten Funde aus der über 9000-jährigen Geschichte dieser fast vergessenen Hochkultur: etwa der neunteilige Goldschatz von Panagjurište – bestehend aus dem prächtig verzierten Service eines thrakischen Königs; außerdem der weltweit erste Goldschmuck überhaupt – die 6000 Jahre alte Grabbeigabe wurde bei Varna gefunden; oder der 12 kg schwere Goldschatz von Valčitran.

Die nächste Ausstellung dürfte noch spektakulärer werden. Fast wöchentlich berichteten die internationalen Medien im vergangenen Sommer von neuen Entdeckungen. Zuerst wurde die Goldmaske eines Königs gefunden, der zur Blütezeit der griechischen Antike, im 5. Jh. v. Chr., über Thrakien geherrscht hatte. Kurz darauf gruben Archäologen den Bronzekopf eines anderen Herrschers aus. Man mutmaßt, dass er zu einer Statue gehörte, die aus kultischen Gründen geköpft wurde. Dann fanden Wissenschaftler 400 goldene Schmuckstücke aus dem 4.–2. Jahrtausend v. Chr., ebenfalls im Umkreis der beiden königlichen Relikte. Und schließlich wurde bei Kazanlăk in Mittelbulgarien ein komplettes, reich ausgestattetes Königsgrab der Thraker entdeckt. Ein regelrechter Mausoleumstourismus setzte darauf hin ein: 15.000 Menschen wollten die drei Kammern mit ihren goldenen Trinkgefässen und der königlichen Rüstung bisher bereits sehen. Gegenwärtig wird das „Tal der trakischen Könige" für 1,6 Mio. € als touristische Attraktion erschlossen.

Das Glück blieb den Archäologen treu. In der Gegend von Pliska und Preslav, den mittelalterlichen Hauptstädten des bulgarischen Großreichs, wurde das goldene Schwert eines frühen Khans gefunden, bei Nessebăr gruben sie zwei 24-Karat-Goldohrringe aus und bei Kărdžali, in der Festung Perperikon, glauben Wissenschaftler das Orakel des Dionysos lokalisiert zu haben. Alexander der Große soll hier erfahren haben, dass er das größte Reich aller Zeiten erobern wird. Und in der Nähe von Tatul, einem kleinen Dorf an der Grenze zur Türkei, glauben Wissenschaftler den sagenumwobenen Tempel des Orpheus entdeckt zu haben, Ausgangspunkt des orphischen Mysterienkults, der sich von Thrakien über Griechenland bis in deren entlegenste Kolonien verbreitete.

Der Katalog zur Ausstellung *Die Thraker – Das goldene Reich des Orpheus* in der Bonner Bundeskunsthalle ist im Verlag Philipp von Zabern, Mainz, erschienen und kostet 45 €.

Das Reich der Thraker (5. Jh. v. Chr.–46 n. Chr.)

Erste Erwähnung finden die Thraker in Homers Ilias. Deren Anführer Rhesos kämpfte mit seinen Scharen an der Seite der Griechen im Trojanischen Krieg, der etwa um 800 v. Chr. stattgefunden haben soll. Zu der Zeit lebten die Thraker bereits mehr als tausend Jahre in einem Gebiet, dessen Zentrum vom heutigen Bulgarien gebildet wurde. Im Norden reichte es bis zu den Karpaten, im Süden an die Ägäis und an das Marmarameer, im Osten bildete der Dnjepr die Grenze. Herodot und Thukydides erzählen von zahlreichen Stämmen – Triballen, Serden, Bessen, Odrysen –, die erst im 5. Jh. v. Chr. von dem Odrysenherrscher Teres zu einem Staat vereint werden konnten. Dessen Machtzentrum lag an der nördlichen Schwarzmeerküste Bulgariens. Zusammen mit den ankommenden Griechen führten die Thraker dort die Neugründungen Odessos, Apollonia und Messambria zu wirtschaftlicher Blüte.

Unter dessen Nachfolgern Sitalkes, Seuthes I. und Kothis I. nahm die Bedeutung des jungen Landes weiter zu. 429 v. Chr. nahmen Thraker am Peloponnesischen Krieg teil. 341 v. Chr. eroberte jedoch Philipp II. von Makedonien das Gebiet und läutete damit dessen politischen Niedergang ein. Zwar konnte Thrakien nach 50 Jahren wieder seine Unabhängigkeit erringen. Dann begann jedoch ein über 100-jähriger Kampf gegen die neue Macht im Westen: das Römische Reich. Aller Widerstand nutzte nichts, im Jahr 46 n. Chr. musste Thrakien seine endgültige Niederlage eingestehen.

Viele griechische Götter gehen auf thrakische Kulte zurück. Der Sänger Orpheus, ursprünglich wahrscheinlich ein altthrakischer Priesterkönig, wurde in der Überlieferung zum Halbgott, der seine Jünger zu einer Geheimlehre inspirierte, die später auch Pythagoras beeinflusste. Wenn Orpheus zu den Klängen seiner Lyra sang, so geht die Sage, hörten Mensch und Tier gebannt zu. Als Eurydike starb, folgte er seiner Frau in die Unterwelt und trotzte Hades die Erlaubnis ab, sie zurückzuholen.

Einzige Bedingung: Auf dem Weg in die Oberwelt durfte er sich nicht nach ihr umblicken. Orpheus tat es trotzdem, ob aus Unsicherheit oder aus Liebe – und verlor Eurydike damit für immer. Er entsagte allem Weltlichen, entwarf eine später einflussreiche Theorie über die Unsterblichkeit der Seele und wurde schließlich von liebestollen Mänaden, den Anhängerinnen des Dionysos, im Rausch zerrissen.

Spartacus

Der berühmteste Thraker wurde in der heutigen Stadt Sandanski am Fuße des Pirin-Gebirges in Südwestbulgarien geboren. In den 80er Jahren des 1. Jh. v. Chr. unternahm der Sklavenhändler Sulla einen Beutezug auf dem Balkan, dem auch Spartacus zum Opfer fiel. Er kam in den Besitz eines Römers, der in Capua eine Gladiatorenschule betrieb. Schnell stieg Spartacus dort zum Fechtlehrer und zur anerkannten Autorität unter den Todgeweihten auf. 73 v. Chr. erhoben sich die Gladiatoren, doch der Aufstand wurde brutal niedergeschlagen. Nur Spartacus und 70 weiteren Sklaven gelang die Flucht. Sie überfielen umliegende Latifundien und Bergwerke, befreiten ihre Leidensgenossen und sicherten sich so ihre Unterstützung. Begünstigt durch die Untätigkeit Roms, das an anderen Fronten bereits ausreichend beschäftigt war, sammelte Spartacus ein Heer von mehreren zehntausend Mann um sich. Als schließlich doch eine imperiale Armee gegen ihn anrückte, gelang Spartacus ein sensationeller Sieg, der ihm weitere Unterstützer einbrachte. Auch Bauern und verarmte Landarbeiter schlossen sich ihm jetzt an. Sein Aufstand nahm bedrohliche Formen an. Mit 60.000 Mann zog Spartacus in Richtung Alpen, in der Hoffnung, über die Grenze in den freien Norden zu entkommen. Seine Männer ernährte er durch Plünderungen. Mehrere römische Armeen wurden von dem Sklavenheer vernichtend geschlagen. Selbst der reiche Grundbesitzer Marcus Crassus, der wohl aus Angst um seine Latifundien sechs Legionen, also ebenfalls etwa 60.000 Mann, gegen Spartacus aufstellte, hatte keine Chance. Doch dann wollten mehrere tausend Mann ihr Glück allein probieren und verließen die Aufständischen. Sie wurden von den Römern schnell besiegt. Crassus war jetzt im Vorteil. Im Winter 71 v. Chr. gelang ihm der entscheidende Angriff. Mehr als ein Jahr lang hatte die Sklavenarmee sich erfolgreich gegen Rom gewehrt, bis der Aufstand schließlich doch in einem Massaker endete: Zehntausende Tote blieben auf dem Schlachtfeld zurück, darunter Spartacus selbst. 6000 Überlebende nahm Crassus gefangen und ließ sie an der Via Appia kreuzigen. Geändert hat der größte Sklavenaufstand der Geschichte nichts, Menschen konnten auch danach und noch sehr lange gekauft werden.

Der Kriegsgott Ares ist zuerst in Thrakien angebetet worden und von dort drang im 2. Jahrtausend v. Chr. auch der Dionysos-Kult nach Griechenland. Er war im Strandža-Gebirge an der Südküste Bulgariens entstanden, als dessen erste Priester gelten die Bessen.

Die Thraker haben keine Schrift hinterlassen, aber zahlreiche archäologische Entdeckungen – reich bemalte Kuppelgräber, kunstfertig hergestellte Kultgegenstände aus Gold und Bronze – lassen auf eine hochstehende Zivilisation schließen.

Das Erste Bulgarische Reich (681–1018)

Nach der Spaltung des Römischen Reichs 395 übernahm Byzanz die Kontrolle über das ehemalige Thrakien und behielt sie fast 300 Jahre lang. Im 7. Jh. drängten von

Norden her die Ur- oder Protobulgaren in das Gebiet rund um die Donau. Das hochentwickelte Volk – bekannt ist z. B. deren mathematisch und astronomisch exakter Kalender – kam aus dem Hindukusch-Gebirge, von wo es weite Teile Zentralasiens beherrscht hatte.

681 gelang es dem Anführer, dem späteren **Khan Asparuch**, sieben slawische Stämme und die assimilierten Nachfolger der Thraker zu einem neuen Staat zu vereinen: das Erste Bulgarische Reich war geboren, mit dem neu gegründeten Pliska als Hauptstadt. Endgültig besiegt war das mächtige byzantinische Reich damit aber nicht. 811 gelang Konstantinopel ein fürchterlicher Gegenschlag, bei dem Pliska bis auf die Grundmauern niedergebrannt wurde. Die nationale Einheit zerstörte der Angriff jedoch nicht und nach einem Friedensvertrag konnte einer von Asparuchs Nachfolgern, Khan Boris (auch unter seinem selbst verliehenen Titel „knyaz" bekannt), sich 865 gar von griechischen Priestern taufen lassen. Er erklärte das Christentum anschließend zur Staatsreligion in Bulgarien und sicherte sich damit eine gleichberechtigte Position im Kreis der europäischen Mächte.

893 stieg **Zar Simeon** auf den Thron seines Vaters Boris und ernannte das prächtig ausgebaute Preslav zur neuen Hauptstadt, in der er die bedeutendsten Geistlichen, Künstler und Geografen ansiedelte. Auf der Basis der von den Mönchen Kyril und Metodi entwickelten glagolica-Schrift entstand hier das kyrillische Alphabet. 919 erklärte Simeon die bulgarische Kirche gar für unabhängig von Byzanz. Gleichzeitig dehnte er das neue Reich im Westen bis zur Adria und im Süden bis zur Ägäis aus.

Bulgarien hatte sich endgültig als politische Macht etabliert. Byzanz erkannte offiziell dessen Souveränität an und gab 927 Zar Peter I., Simeons Nachfolger, die Nichte des Kaisers, Irina, zur Frau. Politisch war die Ehe jedoch ein Desaster. Denn mit Irina zogen byzantinische Sitten in Preslav ein, die das Zarenreich schwächten. Byzanz witterte eine neue Chance und nach Irinas Tod 965 griff Konstantinopel erneut an. Ein halbes Jahrhundert Krieg, in dessen Verlauf auch Preslav zerstört wurde, gipfelte 1014 in einer gigantischen Schlacht, die Bulgarien auf dramatische Weise verlor. Kaiser Basileos II. ließ 14.000 Gefangenen die Augen ausstechen und schickte sie gruppenweise nach Ohrid, die inzwischen dritte Hauptstadt des Bulgarenreichs. 140 Mal traten je 100 geblendete Soldaten vor dem Palast des Zaren auf. Eine solche Grausamkeit war selbst in jenen nicht gerade zimperlichen Zeiten unerhört: Samuil traf der Schlag und Basileos II. ging als „der Bulgarentöter" in die Geschichte ein.

Ab 1018 gehörte Bulgarien wieder zu Byzanz.

Das Zweite Bulgarische Reich (1185–1396)

In den folgenden Jahrzehnten der Fremdherrschaft fanden zahlreiche Aufstände statt, doch erst 1185 brachten die adligen Brüder Peter und Assen Byzanz wieder eine entscheidende Niederlage bei. Das Zweite Bulgarische Reich entstand, mit Tărnovo als mittlerweile vierter Hauptstadt. Kluge Taktiker an der Spitze der Regierung rangen Byzanz immer weitere Zugeständnisse ab, bis Bulgarien erneut seine einstige Größe erreicht hatte: im Westen mit der Adria als natürlicher Grenze, im Süden mit der Ägäis. Im 13. und 14. Jh. erreichte die wiedererstarkte Weltmacht auch kulturell eine führende Position in Europa.

Doch schon 1365 machte eine neue Macht aus dem Osten von sich hören. Die Türken, ehedem Söldner der Araber, hatten sich militärisch selbstständig gemacht und mit ihren fanatischen Janitscharen Adrianopel erobert. Unaufhaltsam rückten sie auf dem Balkan vor. 1382 kapitulierte das heutige Sofia, 1389 Serbien, 1393 Tărnovo und 1396 schließlich ganz Bulgarien. Ein halbes Jahrhundert später, nach dem Fall von Konstantinopel 1453, stand der gesamte Balkan unter der Herrschaft der Osmanen.

Bulgarien unter den Türken (1396–1878)

Ein halbes Jahrtausend lang war Bulgarien von sämtlichen Entwicklungen in Westeuropa abgeschnitten und litt zudem unter einer repressiven Besetzungspolitik, der nicht nur zahlreiche Kirchen und Klöster zum Opfer fielen, sondern, weit schmerzlicher noch, unzählige Familien, die ihre jungen Söhne an die türkische Armee abtreten mussten. Dort wurden sie zu islamischen Janitscharen umerzogen, jenen fanatischen Kriegern, die nichts mehr von ihrer Herkunft wussten und als Angehörige einer militärischen Eliteeinheit oft am schlimmsten in ihrem eigenen Land wüteten.

Dennoch blieb die nationale Identität der Bulgaren erhalten. Beigetragen haben dazu über 400 Aufstände – alle grausam niedergeschlagen – und vor allem die Revolutionäre der Wiedergeburtszeit (s. nächstes Kapitel), die bis heute quer durch alle Generationen höchste Anerkennung genießen.

Kaum etwas eint die Bulgaren denn auch bis heute so sehr, wie die Einschätzung der 500-jährigen Zugehörigkeit zum Osmanischen Reich. Die Epoche weckt ausschließlich negative Assoziationen, man spricht vom „türkischen Joch", das nichts als Leid und Rückständigkeit hervorgebracht habe. Neuere Forschungen widersprechen: So erwiesen sich die türkischen Machthaber in zahlreichen Glaubensfragen als durchaus tolerant, viele Kirchen wurden zwar zerstört oder zu Moscheen umgebaut, andere entstanden jedoch neu und eine Reihe von Klöstern durften wiederaufgebaut werden. Vielen Städten ging es zudem wirtschaftlich gut, einige blühten zu Handels- und Messezentren auf, in anderen entstanden schon früh die ersten Manufakturen. Wolfgang Höpken, Professor für ost- und südosteuropäische Geschichte in Leipzig, resümierte in einem Vortrag, den er 2003 vor dem Europaforum der Commerzbank hielt: „Die türkische Herrschaft war nicht mehr ‚Joch' als die anderer Imperien im Europa der frühen Neuzeit. In manchem, etwa was die Toleranz gegenüber anderen Konfessionen angeht, war sie es sogar weniger als das. Man denke an die Gegenreformation oder die Behandlung der Hugenotten im französischen Kaiserreich. (...) Auch war die osmanische Welt durchlässiger nach Europa hin, als häufig angenommen. Wenn (...) Aufklärung und Rationalismus so wenig Spuren hinterließ unter den christlichen Untertanen des osmanischen Reiches, so lag dies häufig mehr an der Verstocktheit des eigenen orthodoxen Klerus als an den Kontaktbarrieren der osmanischen Herrschaft."

In einem Punkt muss Höpken der Volksmeinung allerdings recht geben: „Die osmanische Eroberung verstärkte die europäische Randlage der Bulgaren. Man wurde Teil einer anderen Welt, die nach anderen konfessionellen, sozialen und ökonomischen Regeln funktionierte. Mehr noch: In diesem Riesenreich wurde man zu einer Randzone, von Bedeutung bestenfalls als militärischer Außenposten."

Erst ab 1762 begann sich die Situation langsam zu ändern. Auslöser war ein einziges Buch: Die Slawo-Bulgarische Geschichte des Mönchs Paissi Chilendarski traf die Bulgaren mitten ins Herz und löste eine Renaissance des Nationalgefühls aus, die 100 Jahre später zur ersehnten Unabhängigkeit führen sollte.

Reiche Kaufleute (im Bild ein typisches Wohnzimmer) importierten im 19. Jh. auch revolutionäre Gedanken aus Westeuropa

Die bulgarische Renaissance (1762–1878)

Hundertfach schrieben überall im Land Mönche das Manuskript von Chilendarski ab – die erste bulgarische Druckerei wurde erst 1838 in Saloniki gegründet – und schufen dadurch das Fundament für das Wiederaufflammen des verschütteten Nationalgefühls. Geistliche bemühten sich, die Kirche wieder aus der Umklammerung des griechischen Patriarchen zu befreien, Intellektuelle kämpften um das Recht, weltliche Schulen zu gründen und Erwachsene mit der Kultur Westeuropas in Kontakt zu bringen. Die **Epoche der Nationalen Wiedergeburt** hatte begonnen.

Langsam, Schritt für Schritt, erkämpfte sich Bulgarien seine kulturelle Autonomie zurück. Bildung wurde als schärfste Waffe auf dem Weg zur Unabhängigkeit erkannt. Der Mönch Neofrit Rilski schrieb: „Errichtet zunächst Schulen und dann erst Kirchen und Klöster. Druckt in unserer bulgarischen Sprache zunächst die notwendigen Schulbücher und dann erst das Neue Testament. Denn zur Not können wir auch auf dem Felde zu Gott beten, auch in der Wüste, wie an jedem anderen Ort, während die Bildung weder im Walde, noch in der Wüste, sondern nur in der Schule gegeben werden kann."

Genau so kam es. Eine neue Institution, die Lesehalle (čitalište), konnte mit großem Erfolg etabliert werden. Viele Bulgaren hörten hier zum ersten Mal von den Ideen der Französischen Revolution. 1824 erschien das erste Schulbuch in bulgarischer

Sprache (die Fischfibel von Petăr Beron, s. gleichnamigen Kasten) und 1835 wurden Kinder daraus zum ersten Mal nicht von Mönchen unterrichtet. 1870 erlangte die orthodoxe Kirche schließlich ihre Unabhängigkeit von Konstantinopel.

Gleichzeitig entstand überall in den Städten und Dörfern ein neuer, eigenständiger Baustil: die **Wiedergeburtsarchitektur**. In Sozopol, Nessebăr, Kotel und Žeravna sind an der Küste bis heute ganze Stadtteile erhalten geblieben, in anderen Orten haben Feuersbrünste einen Großteil der Häuser zerstört.

Die Bulgaren waren wieder stolz auf sich, nach Jahrhunderten voller Demütigungen und Niederlagen. Plötzlich war die Zeit reif für eine Revolutionsbewegung, die auf einen gewaltsamen Umsturz hinarbeitete. Georgi Rakovski bildete 1862 in Belgrad die erste bulgarische Armee aus, doch deren Angriffsversuch brach aufgrund mangelnder Vorbereitung in sich zusammen. 1869 gründen Ljuben Karavelov und Vasil Levski zwei unabhängig voneinander agierende Untergrundbewegungen, deren Aktionen 1876 in einem landesweiten Aufstand gipfelten. Doch wie schon Hunderte zuvor wurde auch dieser mit größter Brutalität niedergeschlagen. 30.000 Bulgaren wurden getötet, darunter die meisten Anführer.

Diesmal war die türkische Armee allerdings zu weit gegangen. Die zahlreichen Massaker lenkten – nach Jahrhunderten der Gleichgültigkeit – den Blick der europäischen Großmächte auf den verzweifelten Unabhängigkeitskampf der Bulgaren. Darwin, Garibaldi, Hugo, Dostojevski, Tolstoj und viele andere machten ihr Entsetzen publik und lösten in der westlichen Presse eine Welle der Sympathie für das kleine Volk auf dem Balkan aus.

1877 griff Russland das türkische Imperium an. Ein Jahr später – nach mehreren äußerst verlustreichen Schlachten – war Bulgarien frei.

Bulgarien aus Sicht der Statistiker (Daten von 2004)

Fläche: 110.910 km2, davon 360 km2 Wasser und 110.550 km2 Land (zum Vergleich: das Schwarze Meer hat eine Fläche von 422.000 km2, Deutschland von 357.000 km2)

Küstenlinie: 354 km

Bevölkerung: 7,5 Mio. Einw.

Bevölkerungswachstum: -0,92%

Geburtenrate: 1,37 Kinder pro Frau

Altersstruktur: 14,4% unter 15 Jahre, 17,1% über 65 Jahre

Lebenserwartung: 72 Jahre (Männer: 68, **Frauen**: 76)

Ethnien: 83,9% Bulgaren, 9,4% Türken, 4,7% Roma, 2% andere Nationalitäten (Mazedonier, Armenier, Tataren)

Religionszugehörigkeit: 82,6% bulgarisch-orthodox, 12,2% muslimisch, 1,7% katholisch, 0,1% jüdisch

Alphabetisierungsrate: 98,6% aller Bulgaren über 15 Jahren können lesen und schreiben (99,1% aller Männer, 98,2% aller Frauen).

Die Zeit der Monarchie (1878–1945)

Der Friedensvertrag von San Stefano – ein Vorort von Istanbul – gab Bulgarien am 3. März 1878 die Unabhängigkeit zurück. Im Westen gehörte Mazedonien bis Ohrid dazu, im Süden Edirne, das frühere Adrianopel. Doch nur vier Monate später, auf dem Berliner Kongress, verkleinerten die europäischen Großmächte Bulgarien deutlich und teilten es zudem in zwei Gebiete auf: in ein unabhängiges Fürstentum im Norden, mit Sofia als Zentrum, und in die zwar autonome, aber politisch weiterhin zum Osmanischen Reich gehörende Provinz Ostrumelien, die Plovdiv zur Hauptstadt hatte. Mazedonien wurde der Türkei zurückgegeben – ein

Affront, der später die beiden Balkankriege auslösen sollte und Bulgarien im Ersten Weltkrieg an die Seite des Deutschen Reiches und Österreich-Ungarns trieb.

Doch erstmal musste das geteilte Land wiedervereinigt werden, darüber war sich die bulgarische Politik einig. Aufgrund der demokratischen Verfassung von Tărnovo 1879 wurde das freie Bulgarien zur konstitutionellen Monarchie, geführt von Alexander Battenberg, dem es 1885 tatsächlich gelang, Ostrumelien gegen den Willen der Westmächte zu befreien. Doch immer noch fehlte Mazedonien, das bulgarischsprachige Gebiet im Westen.

1887 stieg – nach einem erfolgreichen Militärputsch – Ferdinand von Sachsen-Coburg-Gotha auf den Thron, der erste Vertreter jener deutschen Adelsdynastie, der auch der jetzige Präsident Simeon Sakskoburggotski angehört. In dem Bestreben Mazedonien zu befreien, griff Ferdinand 1912 zusammen mit Serbien, Griechenland und Montenegro die Türkei an. Der Plan gelang, doch Bulgarien wollte mehr, griff überraschend Serbien an und löste damit den Zweite Balkankrieg aus, in dessen Verlauf die früheren Bündnispartner die Seiten wechselten und der jungen Monarchie eine vernichtende Niederlage beibrachten.

Dennoch gab Ferdinand Mazedonien nicht auf. Er unterstützte das Deutsche Reich und Österreich-Ungarn im Ersten Weltkrieg, weil diese die bulgarischen Territorialansprüche anerkannten. 1919, im Friedensvertrag von Neuilly (bei Paris), wurden die Grenzen schließlich neu gezogen – Mazedonien, ein Teil der Dobrudža und der Zugang zur Ägäis gingen Bulgarien erneut verloren.

Ferdinand dankte daraufhin ab und sein Sohn Boris III. wurde neuer Zar. Bis zu seinem ungeklärten Tod 1943 versuchte er Mazedonien zurückzugewinnen, auch durch ein Bündnis mit Hitlerdeutschland. Zahlreiche innenpolitische Krisen – Militärputsch 1923, kommunistischer Gegenaufstand unter dem späteren Regierungschef Georgi Dimitroff, missglücktes Attentat auf Boris – ließen dieses oberste Ziel aller Zaren nach 1878 kurzfristig in den Hintergrund rücken, doch nachdem Deutschland im Zweiten Weltkrieg Südosteuropa erobert hatte, erkannte Boris III. seine Chance. Er schloss sich Hitler an und erhielt als Gegenleistung Mazedonien zugesprochen. Dennoch gelang es dem Zaren, 50.000 Juden vor der Deportation zu retten. Wie er sich den deutschen Forderungen zu widersetzen vermochte, ist bis heute Gegenstand der Forschung, die Tatsache an sich ist jedoch unbestritten.

1943 starb Boris III. – es heißt, ein Besuch bei Hitler sei seinem Tod unmittelbar vorangegangen – und sein 6-jähriger Sohn Simeon II., der heutige Präsident, bestieg den Thron.

Kurz darauf marschierte die Rote Armee ein. Am 9. September 1944 putschten die bulgarischen Kommunisten und bereiteten so dem Sieg des Sowjetsystems den Boden. Zwei Jahre später rief Georgi Dimitroff – durch seinen Freispruch im Reichstagsbrandprozess 1933 zur nationalen Ikone aufgestiegen – die Volksrepublik nach sowjetischem Muster aus. Die Epoche der bulgarischen Zaren war beendet, Simeon II. und seine Familie sahen sich gezwungen, das Land zu verlassen.

Das kommunistische Bulgarien (1945–1989)

Das Jahr 1947 markierte die Wandlung vom Privat- zum Staatseigentum: Unternehmen, landwirtschaftlicher Besitz und Banken wurden enteignet. Nach dem überraschenden Tod Dimitroffs – Gerüchte sagen, Stalin sei daran nicht ganz unschuldig gewesen – übernahm Vălko Červenkov die Macht und überzog das Land mit politischem Terror, den er von seinem Großen Bruder abgeschaut hatte. 1953 starb jedoch auch Stalin und alle politischen Gefangenen in Bulgarien wurden amnestiert. Todor Živkov löste Červenkov 1954 als Generalsekretär ab und nach 1962 stand er auch an der Staatsspitze. Bei seiner Absetzung 1989 war er der dienstälteste Machthaber jenseits des Eisernen Vorhangs.

Entgegen der Wahrnehmung im Westen, der das kommunistische Bulgarien bewusst verkürzend nur den „treuesten Vasallen der Sowjetununion" nannte, hatte Živkov durchaus seine Verdienste. Außenpolitisch hatte er das Land tatsächlich eng an die UdSSR gebunden. Der Lohn dafür waren jedoch günstige Rohstoff- und Strompreise, die Bulgarien zu einem der prosperierendsten Ostblockländer machten. Menschenschlangen vor den Läden kannten die Bulgaren nicht, Benzin war billig, Urlaubsreisen ans Schwarze Meer wurden subventioniert und auch die Jugend genoss mehr Freiheiten als etwa im Nachbarland Rumänien. Westliche Modestile und Musikrichtungen waren problemlos zugänglich und selbst in höchstoffiziellen Diskotheken wurden stets die neuesten Hits gespielt.

Nach Živkovs Sturz (1989–2000)

Am Tag nach dem Fall der Berliner Mauer dankte Živkov ab und die Kommunistische Partei gab ihr Machtmonopol auf. Bei den ersten freien Wahlen im Juni 1990 gewann sie dennoch mit komfortablem Vorsprung die absolute Mehrheit. Die Landbevölkerung traute der jungen Demokratie noch nicht und blieb vorsichtshalber beim Altbewährten. Doch wegen mangelnder Fortschritte machte sich schon bald landesweit Unzufriedenheit breit.

Die verstärkte sich noch, als mit der Freigabe der Preise im Februar 1991 ein Wildwest-Kapitalismus einsetzte, der die Gesellschaft ins Chaos zu stürzen drohte. Auch zahlreiche Regierungswechsel, meist abwechselnd zwischen Sozialisten und Konservativen, konnten die Hyperinflation und den Verfall des Lebensstandards nicht stoppen. Premierminister Ivan Kostov blieb nichts anderes übrig, als die harten Bedingungen des Internationalen Währungsfonds zu akzeptieren. Der Lev wurde an die Mark gekoppelt und der IWF zur inoffiziellen Regierung. Seither wächst die Wirtschaft um jährlich 4–5 % und die Inflationsrate sinkt. Heute liegt sie bei moderaten 4 %.

Bulgarien heute

Innerhalb von 800 Tagen wollte Simeon Sakskoburggotski, seit 2001 Regierungschef, den Lebensstandard der ärmeren Bevölkerungsschichten spürbar steigern. Das ist ihm nicht gelungen. Der Durchschnittslohn beträgt immer noch 150 € im Monat – ein Viertel des EU-Durchschnitts. Die Popularität des Ex-Zaren hat darunter erheblich gelitten, doch zum Rücktritt wurde er, anders als viele seiner Vorgänger, bisher nicht gezwungen. Viele makroökonomische Daten sprechen denn auch für seine Politik: Die Arbeitslosigkeit – 2002, kurz nach seinem Amtseintritt, noch bei 19 % – konnte auf 12 % gesenkt werden. Die Wachstumsrate der Wirtschaft liegt im vierten Jahr in Folge bei über 4 %. 2004 stieg sie auf den Rekordwert von 5,5 %. Die Unternehmenssteuern senkte Simeon von fast 24 % auf 15 % – die niedrigste Rate in Südosteuropa. Und den Mindestlohn will er von 60 auf 75 € erhöhen: ein Vorhaben, das seine Beliebtheit steigerte, aber auf erhebliche Kritik des IWF stieß – was ihn nur noch populärer machte. Über die Gesetzesvorlage wird demnächst entschieden.

Zudem haben sich inzwischen eine ganze Reihe von ausländischen Konzernen in Bulgarien angesiedelt, an der Spitze die deutschen. Die Allianz, Deutsche Bank und die Warenhauskette Metro sind mit Niederlassungen und Filialen präsent, E.on hat für 140 Millionen € zwei regionale Stromversorger gekauft (darunter in Varna) und die Telekom bewirbt sich zusammen mit Vodafone und der Telekom Austria um den Mobilfunk-Marktführer MobilTel (3 Mio. Kunden, 67 % Marktanteil). Auf 730 Millionen Dollar summieren sich die deutschen Direktinvestitionen in Bulgarien jährlich. Insgesamt flossen im vergangenen Jahr 2 Milliarden Dollar ins Land, wesentlich mehr als vor dem Regierungsantritt von Simeon.

Großes vor hat auch der Frankfurter Flughafenbetreiber Fraport. Das Unternehmen will die Flughäfen in Varna und Burgas betreiben. Weiter plant ein portugiesisch-bulgarisches Konsortium, die Autobahn von der serbischen Grenze nach Burgas fertig zu stellen, Eröffnung 2009. Und von dem Schwarzmeerhafen soll unter russischer Leitung bald eine Ölpipeline ins 300 km entfernte Alexandroupolis an der Ägäis führen, was den Schiffen die zeitraubende Fahrt über den Bosporus ersparen würde.

Die Signale stehen also auf Grün. 2007 wird Bulgarien in die EU aufgenommen, zur NATO gehört das Land bereits und 2009, so wird gehofft, werden die Urlauber erstmals in Euro zahlen können.

Wenn da nur nicht die Unwägbarkeiten wären: Anfang Februar 2005 sah Simeon einem Misstrauensvotum der Opposition entgegen, weil der Verkauf von drei Fabriken der Staatsfirma Bulgartabak an B.A.T. geplatzt war. Immerhin: Der Antrag zum Sturz der Regierung wurde abgelehnt.

Die wichtigsten Kenndaten

Unabhängigkeit: 3. März 1878, gleichzeitig Nationalfeiertag

Staatsform: parlamentarische Demokratie mit Verfassung vom 12. Juli 1991

Flagge: weiß-grün-rot

Staatspräsident: Georgi Părvanov (gewählt bis 2006)

Premierminister: Simeon Sakskoburggotski, auch: Simeon II. (gewählt bis Juni 2005)

Die wichtigsten Parteien und ihre **Vorsitzenden:** Nationale Bewegung für Simeon II. (Simeon Sakskoburggotski), Sozialistische Partei (BSP: Sergej Stanišev), Union der demokratischen Kräfte (SDS: Nadežda Mihailova), Bewegung für Rechte und Freiheiten (DPS: Ahmed Dogan), Union der freien Demokraten (SSD: Stefan Sofianski)

Wirtschaftswachstum: 5,5% (2004), 4,4% (2003)

Staatseinnahmen: 3,35 Mrd. Euro

Staatsausgaben: 3,4 Mrd. Euro (2003)

BIP: 17,5 Mrd. Euro (2003)

BIP/Kopf: 2249 Euro (2003)

Inflationsrate: 4% (2004), 5,6% (2003)

Arbeitslosigkeit: 12% (2004), 16,4% (2000)

Einkommensteuer: 24% Spitzensteuersatz

Unternehmenssteuern: 15%

Mehrwertsteuer: 20%

EU-Beitritt: Januar 2007 (geplant)

EU-Mittel: 1 Mrd. Euro jährl. bis 2007, danach voraussichtlich 1,5 Mrd. Euro pro Jahr

Euro-Einführung: 2009 (geplant).

Kfz-Kennzeichen: BG

Internet-Kürzel: .bg

Währung: lev (leva), stotinka (stotinki)

Internationale Telefonvorwahl: 00359

Sehen und Gesehen-Werden: der Blvd. Aleko Bogoridi in Burgas

Lebensart, Musik und Feste

Zwei Dinge fallen sofort auf, wenn man bulgarischen Boden betritt: die schönen, elegant gekleideten Frauen und die vollen Cafés. Das Am-Tisch-Sitzen ist eine liebevoll gepflegte Tradition, die von allen Generationen gleichermaßen geachtet wird. Dabei spielt es keine Rolle, ob es sich um eine schicke Bar im Stadtzentrum handelt oder um ein paar Plastikstühle auf dem Dorfplatz. Ohne seinen stündlichen Kaffee, hat man den Eindruck, ist der Bulgare nicht überlebensfähig. Die Wirtschaft hat sich darauf eingestellt: keine größere Fläche, auf der nicht Kaffeehaus-Stühle stünden, keine Straße, die nicht von den Sonnenschirmen der Lokale gesäumt würde. Anlass für ein Pläuschchen gibt es immer: ob man vom Shoppen kommt, von der Arbeit, aus dem Kino oder einfach nur Spazieren geht – hingesetzt wird sich ganz grundsätzlich.

Natürlich auch, um sich zu zeigen, vor allem wenn man jung ist. Mit welcher Lust und Hingabe in Bulgarien gebalzt wird, muss man schon gesehen haben, um es zu glauben. Die Männer geben sich lässig und stolz, die Frauen elegant und sexy. Zum Dresscode gehört dabei unbedingt das neueste Handymodell, das demonstrativ auf den Tisch gelegt wird (männlich) oder verstohlen-schüchtern der zierlichen Handtasche entnommen wird (weiblich). Es ist ein Phänomen, wie die Bulgaren es schaffen – entgegen aller statistischen Daten –, sich stets modisch und bis ins letzte Detail stimmig zu kleiden.

Dass die Frauen zu den schönsten der Welt gehören – eine Überzeugung, die landesweit und von allen Schichten geteilt wird –, findet tatsächlich in den unscheinbarsten Orten seine Bestätigung. Aus Italien kam kürzlich sogar Lob von höchster Instanz: Das Männermagazin GQ stellte die jungen Sofioterinnen auf eine Stufe mit ihren gerühmten Altersgenossinnen in Rom und Madrid und prophezeite ihnen großen Erfolg auf den internationalen Laufstegen.

Zu beachten ist bei der Kontaktaufnahme allerdings eins: Wenn Bulgaren den Kopf schütteln, meinen sie „Ja", nicken sie, heißt das „Nein". Verkehrte Welt könnte man meinen, und doch ist dies nur ein weiterer Beleg dafür, dass nichts naturgegeben ist, sondern alles gelernt wird. Nach ein paar Tagen in Bulgarien hat man das ungewohnte System schnell verstanden und wird auch die feinen Unterschiede bemerken. Das bulgarische „Ja" äußert sich nicht so hart und bestimmt wie das deutsche „Nein" – es ist mehr eine weiche Seitwärtsbewegung als ein heftiges Kopfschütteln. Und als Experte kann gelten, wer das diagonale Kopfschwingen beherrscht, das nicht einfach nur ein „Ja" ist, sondern eine grundsätzliche Übereinstimmung mit der Meinung des Gegenübers ausdrückt, eine Bestätigung, die immer auch ein Ausdruck von Sympathie ist.

Überhaupt die Gestik: Galten bisher die Italiener als Weltmeister der non-verbalen Kommunikation, so muss dieses Urteil wohl revidiert werden. Bulgaren reden nicht nur mit den Händen, bei ihnen ist alles in Bewegung, jeder einzelne Gesichtsmuskel wirkt unterstützend. Der Spruch von den Augen als Spiegel der Seele: Bei Bulgaren stimmt er wirklich.

Die schiere Lebensfreude dieses kleinen Balkanvolkes, das doch, sieht man sich die Wirtschaftsdaten an, allen Grund zur Sorge hätte, fällt in den gewöhnlichsten Situationen auf. In der Heimat des Dionysos scheint tatsächlich jeder Tag ein Festtag zu sein. Straßen, Strände und Restaurants sind erfüllt von einem fröhlichen, unbeschwerten Lachen. Häufig sieht man ganze Gruppen beisammen stehen, die sich unterhalten. Es ist leicht, in diesem Land jemanden kennen zu lernen, ob am Strand, in der Bar oder schlicht auf der Straße. Es sei denn, man gibt sich als arroganter Westler, der alles von oben herab beurteilt. Dagegen sind Bulgaren allergisch. Wer jedoch freundlich und interessiert nach dem Weg fragt oder sich ein Lokal empfehlen lassen will, wird immer eine ausführliche Antwort erhalten. Und wenn sich gegenseitige Sympathie einstellt, hat man schnell eine Einladung für den Abend in der Tasche.

Der endet in Bulgarien oft in der Disko, ein Erlebnis, das man sich keinesfalls entgehen lassen sollte. Stimmung wird hier nicht von oben diktiert, DJs und Gogo-Girls können zwar unterstützende Elemente sein, doch passives Beobachten ist die Sache des Bulgaren nicht. Er/sie tanzt, dass es eine wahre Freude ist, und ist dennoch nicht übertrieben stolz darauf. Cliquen vermischen sich, Unbekannte werden zwanglos hinzu genommen – oft will es einem vorkommen, als hätten Bulgaren das beneidenswerte Talent, einfach glücklich zu sein.

Čalga – ein ewiges Musikphänomen?

Čalga ist die umgangssprachliche Bezeichnung für die in Bulgarien seit gut zehn Jahren populärste Musikrichtung. Zugleich ist sie auch die einzige, denn bis heute hat sich kein passenderer Begriff dafür gefunden. Nach der Wende 1989 entstand die čalga als Variante der schon lang bekannten Rhythmen des serbischen, griechischen und türkischen Folkpop.

Die kommunistische Zensur hatte solche Klänge verboten, sie zur Unkultur erklärt und die Vorliebe dafür als Zeichen geringer Bildung abgestempelt. Verfolgt wurde deswegen zwar niemand – wer Gefallen daran fand, konnte serbischen Folkpop privat problemlos hören –, in öffentlichen Räumen wurde er jedoch nie gespielt. Unter den Interessenten verbreitete er sich vor allem durch Fernfahrer, die häufig in dem Nachbarland unterwegs waren. Als dann zu Beginn der 90er Jahre erstmals ähnliche Lieder mit bulgarischen Texten auftauchten, in kürzester Zeit verbreitet wurden und die bulgarische Unterhaltungsmusik fast vollständig eroberten, war schnell ein Name für die neue Musik erfunden.

Es steht zwar nicht fest, wer der Taufpate war und wann genau die Bezeichnung čalga aufkam (irgendwann Mitte der 90er Jahre), aber sie war schnell in aller Munde. Als quasi salonfähiges Synonym wird zwar heute oft der Begriff **Folkpop** verwendet, die čalga hat jedoch weder mit Pop noch mit Folk viel gemeinsam. Die Pop-Elemente erschöpfen sich in einfachsten Disko-Rhythmen, wie sie Mitte der 80er Jahre üblich waren. Und die Volksmusik-Rhythmen sind, weil unregelmäßig, zu kompliziert für den neuen Musikstil. Deshalb griffen die Komponisten auf die bekannten Klänge des griechischen, serbischen oder orientalischen Folkpop zurück. Texter schrieben dazu bulgarische Verse und fertig war das Grundmuster, nach dem sich Lieder schnell, einfach und billig produzieren ließen.

An dem System hat sich bis heute wenig geändert. Die Songs ähneln einander zwar sehr, doch ist das kein großes Problem. Man braucht nur viele **neue Stars**, die vor allem eins müssen: gut aussehen. Den Sängerinnen (der Markt ist fast gänzlich in weiblicher Hand) fällt die Aufgabe zu, die schematischen Lieder durch ihre Präsenz aufzuwerten. Folgende Insignien sind dabei unentbehrlich: Lack und Leder oder Samt und Seide (je nach Text), tiefes Dekolleté, High Heels, lange, dauergewellte Haare (in allen Schattierungen), überlange Fingernägel in grellen Farben, Solariumbräune, dicke Schichten Make-up. Die ständig wachsende Zahl an čalga-Sängerinnen hat zudem einen gnadenlosen Wettkampf um die schlankste Taille, die größten Brüste und die längsten Beine entbrannt.

Bekannt sind die Stars unter ihren Vornamen – Gergana, Nelina, Cvetelina, Nina, Gloria, Kali, Azis (Letzterer ist einer der wenigen Männer in dem Geschäft). Ihre Popularität reicht an jene von Fußballstars heran und doch sind sie weniger unnahbar. Wie das Mädchen von nebenan – daher auch die ungekünstelten Pseudonyme, oder sind es die richtigen Namen? – kann eine čalga-Sängerin von Restaurants, Diskotheken und für private Partys oder Hochzeiten gebucht werden.

Die **Liedtexte** sind recht uniform. Mal mehr, mal weniger melancholisch, drehen sie sich stets um die gleichen Themen – Liebe, Betrug, Sehnsucht. Čalga-Lieder scheinen so gesehen nur eine andere Form des deutschen Schlagers zu sein. Doch dann fallen bestimmte Wörter auf, die Michelle nie in den Mund nehmen würde: Mit Liebe ist immer die körperliche gemeint, mit Betrug nur jener sexueller Natur und mit Sehnsucht die nach Beischlaf, und all das wird explizit ausgesprochen. Die Videoclips, die den Inhalt mit eindeutiger Gestik und Mimik unterstreichen, visualisieren eine Traumwelt aus Sex und Luxusartikeln. Unabdingbar ist ein dicker Schlitten (Mercedes bevorzugt), ein teurer Whiskey (schon zu kommunistischen Zeiten war er das beliebteste alkoholische Getränk und daher bewährtes Bestechungsmittel), teure (westliche) Zigaretten, Schmuck (Gold), Pelze, das allerneueste Handy-Modell (nur um es dann, etwa bei unerwünschten SMS-Nachrichten, lässig aus dem Fenster zu werfen: ein Symbol für geradezu unermesslichen Reichtum), Pool, weißer Marmor, neuerdings auch Drogen (Kokain).

Im Großen und Ganzen ist es das Arsenal der **Rapvideos**, das hier präsentiert wird, allerdings mit einer weniger selbstverständlichen Geste. Auch das Geschlechterverhältnis scheint vom Rap geborgt zu sein, vermischt mit orientalischem Machismo. Die Kritiker dieses Phänomens, vor allem die Intellektuellen, glaubten bis vor kurzem, in dieser Musik nur eine kurzlebige Erscheinung, eine kleine Irritation zu Zeiten gesellschaftlich-politischer Veränderungen zu sehen, sie versuchten die čalga zu ignorieren und unterschätzten dabei völlig ihre Wirkung. In Wahrheit hat die čalga ihre Boomphase längst überwunden und ist zu einem unüberhörbaren Teil des bulgarischen Alltags geworden.

Vom Schlager zu modernem Pop

Trotz ihrer sich permanent aufdrängenden Präsenz hat die čalga es natürlich nicht geschafft, die gesamte Unterhaltungsmusik zu beherrschen. Da sie aber als megaerfolgreiche Branche ungeahnte Möglichkeiten des Gelderwerbs bietet, zeigen sich viele bulgarische **Schlagerstars** der alten Schule nicht gänzlich abgeneigt und lassen gern čalga-Elemente in ihre Musik einfließen. Auch wenn der Großteil von ihnen schon in die Jahre gekommen ist und mit den jungen čalga-Schönheiten weder konkurrieren kann noch will, haben doch viele der noch aus kommunistischen Zeiten bekannten Sänger einen erheblichen Vorzug – sie können wirklich singen. Einige Namen: Rosica Kirilova, Elvira Georgieva, Silvia Kacarova, Georgi Hristov, das Duett Riton, Kristina Dimitrova u.v.a.

Eine andere Branche bilden die jungen Musiker, die sich an aktuellen westlichen Musikstilen orientieren und die čalga bei jeder Gelegenheit kritisieren. Die meisten singen ausschließlich auf Bulgarisch. Besonders beliebt sind Charisma, Stojan Mihalev, Doni und Neti, Obraten efekt, Hipodil, Uikeda, Antiobiotika, Irina Florin und Kaffe, die Band, die Bulgarien beim Eurovision Song Contest in Kiev präsentiert. Eine für die bulgarische Sprache völlig neue Herausforderung ist der **Rap**, ein Genre, in dem es seit einigen Jahren gute Musiker wie Mišo Šamara oder Rumăneca i Encev gibt. Die Rocker der etwas älteren Generation mussten dagegen, ähnlich wie im Westen, allmählich zurücktreten. Dennoch fehlen die beliebtesten Songs, etwa von Kiril Marickov, bis heute auf keiner Party. Sehr lebendig ist die bulgarische Underground-Szene: Ska, Drum 'n' Bass und Electro sind hier die beliebtesten Musikstile. Mit vorwiegend englischen Texten behaupten sich Bands wie Lepra de luxe, R.O.B.T.F. und Panican Whyasker.

Warum E.T. bulgarische Volksmusik hört

Was bei der Volksmusik Bulgariens sofort auffällt, sind die melancholischen Melodien. Sie entstanden vor allem während der osmanischen Herrschaft. Zu den wichtigsten Instrumenten gehören die Gajda, eine Art Dudelsack, die Gadulka, eine vereinfachte Variante der Violine, und die Hirtenflöte. Ihr einzigartiger Ausdruck wird der bulgarischen Volksmusik aber erst durch die berühmten Frauenchöre verliehen. Jede Region hat dabei ihren eigenen Stil entwickelt.

Sehr melodisch ist die mazedonische Musik aus dem Südwesten des Landes. Sie wird deshalb sehr häufig in Restaurants und Kneipen gespielt. Meistens werden die mazedonische Volkslieder von Männern gesungen. Berühmte **Honigstimmen** haben Ivan Djakov, Volodja Stojanov und Kostadin Gugov. Aus den Höhenlagen der Rhodopen stammen jene Lieder, die zu Synonymen bulgarischer Volksmusik geworden sind.

Am Strand von Varna entstehen im Sommer die Phantasiewelten der Open-Air-Discos

Der Ton wird im Kehl- und Nasenraum gebildet und klingt dennoch rein und klar. Wegen ihrer verlängerten Taktzeit und der asymmetrischen Takte sind die Rhodopen-Lieder besonders schwer zu singen. Weltberühmt wurde **Valja Balkanska**, als die USA sie zur Botschafterin der Menschheit machten und ihre Lieder zusammen mit der Raumsonde Voyager ins All hinaus schickten.

Als pure Sensation empfanden westeuropäische Kritiker Anfang der 90er die Platten des Chors **Le Mystère des Voix Bulgares**. In vielen Ländern stiegen die Songs auf Platz 1 der Charts. Zur Popularität bulgarischer Volksmusik hat in den vergangenen Jahren aber vor allem der serbische Komponist Goran Bregovic beigetragen. Mit seiner Band for Weddings and Funerals, bestehend aus Vertretern aller Balkanländer, tourte er durch Europa und brachte mit seinen Neuvertonungen alter Volkslieder (zu hören auch in den Filmen von Emir Kusturica) die Hallen buchstäblich zum Toben.

Viel bewundert: das Internationale Folklorefestival in Burgas

Traditionelle Volksfeste

Gemeint sind hier nicht die offiziellen Feiertage nationaler oder kirchlicher Natur, sondern jene Volksfeste, die, auf uralten Traditionen beruhend und nicht von Oben verordnet, heute noch in der Stadt und auf dem Land zelebriert werden. Anders als im Westen haben in Bulgarien vor allem die Namenstage eine große Bedeutung. Wichtigstes Element jeder Feier ist dabei das Ritual, an jedem Ort gleich, doch zu jedem Namenstag verschieden.

Rituelle Namenstage

Der Georgstag (**Gergjovden**) am 6. Mai ist zugleich das größte Frühlingsfest und wird zu Ehren des Heiligen Georgi (284–305), Beschützer der Hirten und Herden, gefeiert und soll Wohl und Gesundheit für Menschen und Tiere bringen. Er gilt als leidenschaftlicher Verteidiger der Christentums, außerdem als Wundertäter, der Drachen besiegen kann. Deshalb erscheint der Hl. Georgi auf Ikonen als Reiter auf einem weißem Pferd im Kampf gegen Ungeheuer. Am 6. Mai haben Georgi, Gergana sowie alle Abwandlungen davon Namenstag. Laut Überlieferung soll jede (ländliche) Familie das erste männliche weiße Lamm, das im neuen Jahr geboren wird, dem Heiligen Georgi zum Opfer bringen. Nachdem die Lämmer geschlachtet und gegrillt bzw. gefüllt und gebacken sind, müssen sie im Kirchhof vom Pfarrer geweiht werden, anschließend werden sie auf dafür vorbereitete lange Tafeln gelegt. Dann kann das gemeinsame Festessen im Grünen beginnen, zu dem auch das Reichen ritueller Brote gehört. Der Höhepunkt des Festes ist der Georgsreigen, der nur von Frauen gespielt werden darf. Diese Beschreibung macht klar, dass der Georgstag so eigentlich nur auf dem Land gefeiert werden kann. Doch die Städter lassen sich davon nicht beirren. Am Georgstag ist jeder zu einem Georgi oder einer Gergana eingeladen und es wird ein Lammgericht verspeist, das zwar meist nicht von einem weißen Lamm stammt und erst recht nicht von einem geweihten. Aber Hauptsache, man ist wieder zusammen.

Der Ivanstag (**Ivanovden**): Wer Ivan, Ivanka oder Vanja heißt, lässt sich am 7. Januar feiern. Verherrlicht wird an dem Tag Johannes der Täufer, der die Buße gepredigt und Jesus im Jordan getauft hat. Er gilt als der Vorläufer Jesus', da er ihm angeblich immer vorausging und seine Ankunft verkündete. Das auszuführende Ritual an dem Tag ist mit Wasser verbunden, das traditionelle Baden soll Gesundheit bringen. Die zahlreichen Feiern an dem Tag sind sonst eher informeller Natur: Es gibt Musik, Tänze und üppige Festtische. Das allgemein übliche Hauptgericht besteht aus einem Schweinebraten oder Schweinerippen mit Sauerkraut. Zum Festmenü gehören weiterhin Gerichte aus Weizen und Bohnen, die für Bulgarien typische Banica (Blätterteig mit Butter und Schafskäse) und Trockenobst.

Der Jordanstag (**Jordanovden**) am 6. Januar wird von allen gefeiert, die auf den Namen Jordan, Jordanka, Bogdan, Bogdana oder Bojan hören. Dem orthodoxen Glauben zufolge steht Johannes der Täufer Pate bei Jesus' Taufe im Jordan. Der Tag wird auch Gotteserscheinen genannt, denn während der Taufe tat sich der Himmel auf und Gott erschien in seiner Dreifaltigkeit. Laut Überlieferung wird sich jeder Wunsch erfüllen, wenn man in dem Augenblick, da sich der Himmel öffnet, nach oben blickt. Das Ritual an diesem Tag basiert auf dem Glauben an die heilende Wirkung des Wassers, das deshalb geweiht wird. In vielen Dörfern wird dieses Ritual auch heute noch ausgeführt: Der Priester wirft ein Kreuz in den Fluss und die Junggesellen springen trotz eisiger Kälte ins Wasser, um es zu suchen. Wer es als erster findet, wird der Überlieferung nach gesund und glücklich sein. Er läuft dann mit dem Kreuz durch das ganze Dorf und lässt sich von allen beschenken. Wie am Ivanstag findet auch am 6. Januar ein rituelles Baden statt. An den Festtisch kommen selbst gebackenes Mischbrot, Krautwickel, gefüllte Paprikaschoten, Bohneneintopf – alles ohne Fleisch, Nüsse und Wein.

Der Tag des Weinbauers (**Trifon Zarezan**) am 1. Februar ist das erste Frühlingsfest. Die Weinstöcke werden beschnitten und ein Weinkönig gewählt. Früh am Morgen backen die Frauen Brote und Hühnerfleisch und geben das Essen ihren Männern für die Arbeit in den Weinbergen mit. Jeder schneidet seine Weinstöcke, bespritzt die abgeschnittenen Stellen mit Wein, dann setzen sich alle an einen gemeinsamen Tisch. Auf diese Weise glaubt man Krankheiten zu verjagen und die Ernte zu sichern. Es versteht sich, dass dieses Fest vor allem in den Weinregionen von großer Bedeutung ist.

Oma zu Ehren

Genauso beliebt wie die Namenstage, von denen hier nur die wichtigsten erwähnt werden können, sind in Bulgarien zwei weitere Feste, die nicht zu den offiziellen Feiertagen gehören: der Tag der Großmütter und der Tag der Oma Marta.

Omas Tag (**Babin den**): Der 8. Januar gehört ganz den Großmüttern. In früheren Zeiten waren sie es, die bei der Geburt von Kindern halfen. Auch wenn sie längst von professionellen Hebammen abgelöst wurden, hat das Fest nichts von seiner Bedeutung verloren. Alle Großmütter werden an diesem Tag von ihren Kindern und Enkelkindern geehrt und beschenkt. Eine rituelle Handlung ist dabei z. B. das Baden kleiner Kinder durch die Oma. Ein üppiges Festtagsmenü steht auch hier im Mittelpunkt der Feier.

Oma Marta (**Baba Marta**): Am 1. März beschenken Bulgaren ihre Freunde und Verwandten mit den so genannten Martenici (Märzchen). Das sind rote und weiße Fäden, die in unterschiedlichen Formen geflochten, gestrickt oder genäht sind. Sie werden an der Kleidung befestigt oder um die Handgelenke gebunden und sollen Gesundheit bringen. Auf dem Land bekommen auch die Tiere Martenici. Man trägt sie fast bis Ende des Monats und bindet sie erst ab, wenn man bestimmte Vorboten des Frühlings sieht: den ersten Storch, die erste Schwalbe, die erste Obstbaumblüte. Nachdem man die Märzchen abgenommen hat, bindet man sie an Bäume und Sträucher, wodurch deren Fruchtbarkeit gesichert wird.

Heidnische Kulte

Schon wegen ihrer optischen Attraktivität finden die beiden größten vorchristlichen Feste zunehmend das Interesse auch ausländischer Besucher. Sie werden zwar nicht im ganzen Land gefeiert, doch in vielen Regionen Bulgariens gilt ihnen an den betreffenden Tagen die ganze Aufmerksamkeit der Bevölkerung.

Die Kukeri-Spiele (**Kukerski igri**) finden immer sieben Wochen vor Ostern, also Anfang bis Mitte Februar, statt, in Westbulgarien in der Zeit zwischen Weihnachten und Jordanovden (6. Januar). Praktiziert werden die Spiele heute noch in Südostbulgarien, in einigen Teilen der Dobrudža, im Gebirge Sredna Gora, in Thrakien und den Rhodopen. Es nehmen nur junge Männer und Junggesellen daran teil. Jede Region hat ihre eigenen Kostüme und Figuren. Die Kostüme bestehen in der Regel aus Schafsfell, die Masken sind Furcht erregend, mit Hörnern und Glocken besetzt und ähneln seltsamen, fantastischen Vögeln oder Tieren. Die Kukeri tragen immer Waffen, z. B. Schwerter. Das Ritual beginnt mit einem Zug der Kukeri um die Häuser. In jedem Hof spielt die Gruppe Szenen, in deren Zentrum phallische Symbole stehen, die für die Fruchtbarkeit von Äckern und Gärten und für das Wohl des jeweiligen Hauses sorgen sollen. Von den Bewohnern werden sie mit Freude empfangen und mit Lebensmitteln wie Eier, Mehl und Mais. Der Schlüsselmoment des Rituals ist der Beginn des symbolischen Pflügens und Säens für Gesundheit, gute Ernte und Fruchtbarkeit auf dem zentralen Platz der Ortschaft.

Nestinaren-Tänze (**Nestinarski tanci**): Zentrales Element dieses Rituals ist der Tanz auf glühenden Kohlen. Heute wird es nur noch in Bălgari durchgeführt, einem Dorf im Strandža-Gebirge unweit der Küste. Am 21. Mai, dem Tag der Heiligen Konstantin und Elena, versammeln sich alle Einwohner des Dorfes und viele Neugierige aus ganz Bulgarien. Die Nestinari (Feuertänzer) gelten als Auserwählte, die die Stimme

Uralter Brauch: Die Nestinari gehen über glühende Kohlen

des Heiligen Patrons hören, sein Gesicht sehen und seinen Geist in sich spüren. Es sind sowohl Männer als auch Frauen, meist aus derselben Familie, denn die Kunst des Feuertanzes wird von den Eltern an die eigenen Kinder weitergegeben. Der Treffpunkt der Nestinari ist eine kleine Kapelle im Haus des Haupttänzers. Im Zentrum der Ikonostase steht, nach Osten gerichtet, die Ikone der Heiligen Konstantin und Elena. Dort befindet sich auch die Trommel, mit der der Beginn des Rituals verkündet wird. Sie wird nur zu diesem Zweck in Anspruch genommen und man geht davon aus, dass sie über magische Kräfte verfügt. Dazu wird eine bestimmte Melodie gespielt. Die Nestinari geraten langsam in einen Trance-Zustand und beginnen zu tanzen, die Ikone der beiden Heiligen in den Händen. Die ganze Prozession begibt sich zu einer Quelle, die den Namen der Heiligen trägt. Man kehrt nach Sonnenuntergang zum Dorfplatz zurück, wo bereits ein großes Feuer lodert. Wenn davon nur die glühende Kohle bleibt, beginnt darauf der Feuertanz.

Totenzettel/Nekrologe

Nekrologe hängen in Bulgarien an vielen Bäumen, Gebäuden, Haltestellen und Zäunen. Sie sind eine südosteuropäische Erfindung und haben nichts mit den katholischen Totenzetteln gemein, die auf Begräbnissen als Danksagung für die erwiesene Anteilnahme verteilt werden. Bulgarische Nekrologe werden von Angehörigen und Freunden des Toten in vielen Exemplaren gedruckt und im öffentlichen Raum verteilt. Es geht darum, den Todesfall bekannt zu machen und an den Toten zu erinnern. In der Regel zeigen die Zettel ein Schwarz-Weiß-Foto des Verstorbenen, dazu geben die Texte detaillierte Informationen: biografische Daten, den beruflichen Werdegang, Familienverhältnisse usw. Im Gegensatz zu den katholischen Totenzetteln findet darin die Trauer der Hinterbliebenen in Form von Gedichten und Klagen ungehemmt Ausdruck. Die Nekrologe bilden einen wichtigen Teil der Trauerarbeit und spenden Trost. Trauer wird gezeigt und zu einer öffentlichen Angelegenheit gemacht.

Literatur

Bulgarische Schriftsteller werden selten ins Deutsche übersetzt. Die Literatur des 19. Jh. behandelt oft nur national gültige Themen, die sich meist um den Unabhängigkeitskampf gegen die Türkei oder dessen Nachwirkungen drehen. Doch es gibt auch Ausnahmen: Autoren, die die Aufnahme in den Kanon der Weltliteratur verdient hätten. Der Prosaist und Publizist **Aleko Konstantinov** (Baj Ganju, Bis nach Chicago und zurück) ist hier vor allem zu nennen, weiter der Gesellschaftskritiker **Penčo Slavejkov**, der symbolistische Lyriker **Peju Javorov**, der Freiheitskämpfer **Hristo Botev** oder der antifaschistische Dichter **Nikola Vapčarov**. Einige davon sind in der DDR übersetzt worden, doch die Bücher sind nicht mehr erhältlich.

Der international bekannteste Schriftsteller des Landes ist **Elias Canetti**, 1905 in Russe an der Donau geboren und im Alter von sechs Jahren zusammen mit seinen Eltern zuerst nach Manchester, später nach Wien, Zürich und Frankfurt am Main ausgewandert. Mit acht lernt der Sohn spanisch-jüdischer Eltern Deutsch – es wird fortan seine Schriftsprache sein. In seinem autobiografischen Roman Die gerettete Zunge (1977) erzählt er ausführlich von seiner Kindheit in Russe. Zu seinen bedeutendsten Werken zählen außerdem Die Blendung (1936) und Masse und Macht (1960). Canetti wird 1981 mit dem Nobelpreis für Literatur ausgezeichnet. Er stirbt 1994 in Zürich.

Bücher werden in Bulgarien vor allem über Straßenstände verkauft. Im ganzen Land gab es 2002 nur etwa 200 Buchhandlungen westeuropäischer Prägung, ergab eine Zählung der Frankfurter Buchmesse. Seit kurzem erobert jedoch das Bücherkaufhaus Helikon immer mehr Leser von den zwar billigen, aber ungeordneten Märkten zurück. Taschenbücher kosten im Schnitt 3 €, Hardcover gut das Doppelte.

Seit der Wende 1989 erschienen eine Reihe von Büchern junger bulgarischer Autoren auch in Deutschland. Nachfolgend eine Liste der nach meiner Kenntnis wichtigsten Publikationen, Belletristik wie Sachbuch. Außerdem einige leicht erhältliche Empfehlungen zu Kultur und Geschichte Bulgariens sowie des beinahe mythischen Großraums Balkan.

Bulgarische Autoren der Gegenwart

Christo Saprjanov, Der gehäutete Hund. 146 Seiten. Verlag Neue Kritik, Frankfurt am Main, 1994. Sensationelles Debüt eines 23-jährigen: der Hades liegt in Sibirien. Straßenarbeiter versuchen die Zivilisation voranzutreiben und verlieren darüber selbst mehr und mehr ihr menschliches Gesicht. Geschrieben ist der Roman in einer atemlosen, wie zerhackten Sprache.

Dimitré Dinev, Engelszungen. 398 Seiten. Deuticke Verlag, Wien, 2003. Ebenfalls ein Erstlingswerk. Die Zeit schrieb: „Dimitré Dinev hat eine komische und traurige Familiensaga komponiert über die Macht des Politischen und über die Tyrannei der Mächtigen – vor allem aber, was diese mit den Menschen machen. (...) In seinem tragisch-magischen Realismus, traumschön geschrieben, ist Engelszungen eine Winterabendroman mit Hang zur ausgleichenden Gerechtigkeit."

Dimitré Dinev, Das Licht über dem Kopf. Deuticke im Zsolnay Verlag, Wien, 2005 (zum Zeitpunkt der Drucklegung dieses Reiseführers noch nicht erschienen). Erzählungen über den täglichen Existenzkampf in Bulgarien und Wien. Dinev gilt als die literarische Neuentdeckung der letzten Jahre.

Die mythische Landschaft des Dionysos erstreckt sich südlich von Carevo bis tief ins waldreiche Strandža-Gebirge

Rumjana Zacharieva, 7 Kilo Zeit. 232 Seiten. Horlemann Verlag, Bad Honnef, 1999. Autobiografischer Roman über eine Kindheit im kommunistischen Bulgarien, als die Autorin sieben Kilo Kamille pflücken musste, um ihre Schulbücher ausgehändigt zu bekommen.

Rumjana Zacharieva, Bärenfell. 174 Seiten. Horlemann Verlag, Bad Honnef, 1999. Der Nachfolgeroman von 7 Kilo Zeit erzählt die Erlebnisse der erwachsenen Autorin in Deutschland, wo sie seit 1970 lebt – nicht aus politischen Gründen, wie sie betont, sondern aus Liebe zu ihrem deutschen Mann.

Wiedergeburtskirche in Sinemorec

Ilija Trojanow, Hundezeiten. Heimkehr in ein fremdes Land. 314 Seiten. Hanser Verlag, München, 1999. Das Werk eines enttäuschten Liebhabers: Nachdem er sein Heimatland als 7-Jähriger verlassen hat, kehrt Trojanow Mitte der 90er Jahre nach Bulgarien zurück und ist über die Verarmung weiter Bevölkerungsschichten schockiert. Ein spannender, detailreicher Reisebericht über die Folgen des Systemwandels 1989, der dennoch den bitteren Geschmack der Einseitigkeit hinterlässt.

Julia Kristeva, Fremde sind wir uns selbst. 224 Seiten. Suhrkamp Verlag, Frankfurt am Main, 1990. Wie Trojanow schreibt Kristeva nicht in Bulgarisch. Sie wurde 1941 in Sliven geboren, kam als 25-Jährige nach Paris, lernte dort Roland Barthes kennen und arbeitet seit den 70-er Jahren als Professorin für Sprache, Kulturgeschichte und Literatur in Paris, New York und Toronto. *Fremde sind wir uns selbst* ist ein gut lesbarer, philosophischer Essay über das Phänomen der Fremdheit und des Fremdseins, beobachtet quer durch die Kulturgeschichte der Menschheit.

Julia Kristeva, Geschichten von der Liebe. 416 Seiten. Suhrkamp Verlag, Frankfurt am Main, 1989. Eine unglaublich gelehrte wie gut geschriebene Geschichte der Liebe in Literatur, Theologie, Mythologie und psychoanalytischen Fallgesprächen. „Als Psychoanalytiker weiß man, dass alle Geschichten letztlich von Liebe reden“, schreibt Kristeva. „Die Klage jener, die in meiner Gegenwart stammelnd erzählen, rührt stets von einem Mangel an Liebe.“

Maria Todorova, Die Erfindung des Balkans. Europas bequemes Vorurteil. 360 Seiten. Primus Verlag, Darmstadt, 1999. Die bulgarische Historikerin lehrt in Gainsville an der Universität von Florida. Die zentrale These dieses erhellenden Buches lautet, der Westen habe den Balkan als Negativfolie seiner selbst erschaffen, um aus sicherem Abstand mit dem Finger darauf zeigen zu können. Der Zweck dabei sei, sich seiner eigenen kulturellen Überlegenheit zu vergewissern.

Bücher über Bulgarien

Robert Kaplan, Die Geister des Balkan. 368 Seiten. Econ Verlag, Düsseldorf, 1994. Der amerikanische Journalist Robert Kaplan hat als Korrespondent sieben Jahre auf dem Balkan gelebt. Seine lebendigen, ungeheuer spannenden Reisereportagen blicken tief in die Seelen der Menschen und sind von großer Empathie für jedes einzelne Land geprägt. Das Buch ist in Kapitel über Jugoslawien, Rumänien, Bulgarien und Griechenland unterteilt.

Gerhard Herm, Der Balkan. Das Pulverfaß Europas. 336 Seiten. Econ Verlag, Düsseldorf, 1995. In Erzählform geschriebene Geschichte der Balkanvölker. Ein gut lesbares Buch, das auch komplexe, oft verworrene Zusammenhänge verständlich macht.

Hans-Joachim Härtel; Roland Schönfeld, Bulgarien. 319 Seiten. Verlag Friedrich Pustet, Regensburg, 1998. Die erste Gesamtdarstellung der bulgarischen Geschichte in deutscher Sprache: verdienstvoll und hervorragend.

Magarditsch Hatschikjan; Stefan Troebst, Südosteuropa. Ein Handbuch. 570 Seiten. C.H. Beck Verlag, München, 1999. Umfangreiche Studie zur Situation der Balkanländer nach 1989. Besonders wichtig ist den Autoren die Entwicklung der Medienlandschaft. Mit ausführlichem Statistik-Anhang und 40-seitiger Bibliografie.

Edgar Hösch; Karl Nehring; Holm Sundhaussen (Hg.), Lexikon zur Geschichte Südosteuropas. 776 Seiten. UTB Verlag, Stuttgart, 2004. In exakt 599 Stichwörtern informieren die 62 Autoren über die Entwicklung der Region vom Frühmittelalter bis zur Gegenwart. Wissenschaftlich nüchtern, aber unschlagbar, was die Informationsdichte angeht, und zudem dank des Stichwortverzeichnisses leicht handhabbar. Weiterer Pluspunkt: umfangreiche bibliografische Angaben zu jedem Eintrag.

Neal Ascherson, Schwarzes Meer. 461 Seiten. Suhrkamp Verlag, Frankfurt am Main, 1998. Die Geschichte einer Vielvölkerregion, spannend und kenntnisreich im Stil einer Reportage geschrieben.

Claudio Magris, Donau. Biographie eines Flusses. 477 Seiten. Zsolnay Verlag, Wien, 1996. Der italienische Germanist Claudio Magris, Professor in Triest, reist entlang der Donau von der Quelle bis zur Mündung und beschreibt in assoziativ aneinander gereihten Texten Geschichte, Anekdoten und Mentalitäten der Völker, die an dem großen Strom leben: Deutsche, Österreicher, Ungarn, Serben, Bulgaren und Rumänen.

Angelika Schrobsdorff, Grandhotel Bulgaria. Heimkehr in die Vergangenheit. 277 Seiten. Deutscher Taschenbuch Verlag, München, 1997. Einen Großteil ihrer Jugend verbrachte die Ehefrau von „Shoah"-Autor Claude Lanzmann in Sofia. Das Wiedersehen Mitte der 90er Jahre gerät zu einer Achterbahnfahrt der Gefühle: begeistert, konsterniert, ungläubig und wieder begeistert zeigt sich die Autorin über den lebenstüchtigen Schlawiner-Charme der Bulgaren. Amüsante, leicht verdauliche Lektüre.

Unweit der Küste präserviert Žeravna den berühmten Landhausstil der Renaissance

Von den Byzantinern zerstört:
Pliska, Hauptstadt des ersten bulgarischen Reiches

Varna und der Norden

Nur 100 km lang ist der Küstenstreifen von Varna bis zur rumänischen Grenze. Kaum eine andere Region in Bulgarien weist auf so engem Raum so viele Sehenswürdigkeiten auf wie dieses mehr als 6000 Jahre alte Siedlungsgebiet. Zum ersten Mal in der Geschichte der Menschheit wurde hier Metall bearbeitet: der älteste Goldschatz der Welt ist in Varna zu Hause. Eine Autostunde westlich der Stadt gründeten die Bulgaren den ersten Nationalstaat Europas – im 7. Jh.! Die eindrucksvollen Ruinen der Hauptstädte Pliska und Preslav sind nur wenige Kilometer voneinander entfernt. Ein unbekannter Künstler feierte die Unabhängigkeit von Byzanz mit dem weltberühmten „Reiter von Madara", den er in einen senkrechten Felsen in der Nähe schlug. Nördlich der boomenden Hafenstadt Varna, die nebenbei erwähnt das aufregende Nachtleben einer wahren europäischen Metropole besitzt, liegen die Pauschaltourismus-Zentren Goldstrand und Albena mit ihren schönen Sandstränden, aber auch zwei der sonderbarsten religiösen Stätten des Balkans: Aladža und Arat teke. Wer einsame Naturstrände bevorzugt, findet diese nördlich des spektakulären Kap Kaliakra. Vor allem die historische Klippenlandschaft von Kamen brjag genießt unter jungen Abenteurern einen ganz besonderen Ruf.

Varna (Варна)

(314.500 Einw.)

Schon von weitem, aus den bewaldeten Bergen kommend, macht Bulgariens 2500 Jahre alte Sommerkapitale einen imposanten Eindruck. Die nächtlichen Lichter im Tal erstrecken sich weithin über eine riesige Bucht und wecken unwillkürlich Bilder von amerikanischen Westküstenstädten. Und der erste Eindruck täuscht nicht: Varna ist eine quicklebendige, wohlhabende Hafenmetropole, deren frisch renoviertes Zentrum von Jugendstil-Fassaden und den goldenen Kuppeln der orthodoxen Kathedrale dominiert wird. Breite Flanier- und Einkaufsmeilen führen zum lang gestreckten Vergnügungsareal am Strand, zahlreiche Museen, archäologische Stätten und ein großes Musikfestival sprechen Kulturfreunde aus aller Welt an.

Spätnachmittags, wenn die kühle Meeresbrise langsam die sommerliche Hitze vertreibt, macht sich ganz Varna auf den Weg: Gemächlich, wie es die Eigenart der Bulgaren ist, strömen die Menschen auf den Platz jenseits der Kathedrale, die erst seit wenigen Jahren wieder in neuem Glanz erstrahlt. Nicht nur Kuppeln und Teile des Daches wurden vergoldet, auch ein Ventilationssystem ließen die Stadtoberen einbauen. Ja selbst die Wandmalereien werden derzeit komplett restauriert, obwohl sie gerade einmal 50 Jahre alt sind. Die Kathedrale Sveto Uspenie Bogoridično, zu Deutsch „Mariä Himmelfahrtskirche", errichteten die Bulgaren Ende des 19. Jh. zu Ehren der russischen Armee errichtet, die das Land 1878 von den Türken befreit hatte. Jahrzehntelang blieben die Wände kahl. Ausgerechnet die kommunistische Regierung zollte 1949 der orthodoxen Tradition Tribut und ließ die Mauern mit biblischen Motiven bemalen. Ob dies aus vorauseilendem Gehorsam gegenüber den sowjetischen Brüdern geschah oder ob Moskau selbst den Befehl dazu erteilte, ist längst vergessen und auch nicht weiter relevant. Viel wichtiger ist: Die Stadt hat nach der Wirtschaftskrise der 90er Jahre wieder Geld – zumindest so viel, um sein Scherflein zu den Restaurierungsarbeiten beizutragen, die im Rahmen des Beautiful-Bulgaria-Projects (mehr dazu im allgemeinen Teil) überall in der Altstadt durchgeführt werden. Anderswo im Land ist das (noch) nicht der Fall. Die weltberühmten Wandmalereien im Bačkovo-Kloster bei Plovdiv etwa sind vom Ruß der Kerzen und dem Zahn der Zeit so sehr beschädigt, dass sich ihre Kunstfertigkeit nur noch erahnen lässt.

Andererseits wird die Ausnahmestellung Varnas schon dadurch augenfällig, dass das Problem der Straßenreinigung hier gelöst wurde. In vielen kleineren Städten im Landesinneren und stellenweise sogar in der Hauptstadt Sofia befindet man sich höchstens auf bestem Wege dazu.

Die Varnaer galten schon immer als die Pariser Bulgariens und das zeigt sich erst recht in diesen Zeiten des postkommunistischen Brachialkapitalismus. Erlaubt ist, was gefällt, solange man einer Prämisse folgt: Sexy und cool lauten die Schlüsselbegriffe erotischen Erfolgs. Wer darauf nicht (mehr) angewiesen ist, gibt sich zumindest elegant. Im Umkehrschluss heißt das natürlich, dass Rucksäcke und Birkenstocksandalen von Schwarzwechslern, Zigeunerkindern und Handleserinnen sofort als Zeichen westlicher Herkunft erkannt werden. Zwar gingen die Belästigungen in jüngster Zeit, nicht zuletzt wegen rigoroser Polizeiaktionen, stark zurück, doch wer völlig ungestört durch die Straßen flanieren will, sollte zumindest Jeans, Turnschuhe und T-Shirt tragen. (Im Übrigen: Wirklich schöne und gute Lederschuhe gibt es entlang der Strecke bereits für 60 Leva, also etwa 30 € zu kaufen).

Die Kathedrale von Varna: Ein Dankeschön an die russischen Befreier

Geschichte

1972 stießen Bauern am Ufer des lang gestreckten Sees, der sich vom Hafen ins Landesinnere erstreckt, auf den ältesten Goldschatz der Welt (mehr dazu aus S. 91). Ein Forschern bis heute völlig unbekanntes Volk hatte das Edelmetall vor 6500 Jahren bearbeitet – zu einer Zeit, von der man annahm, sie hätte nur den Steinmetz gekannt.

Weitere Nachrichten aus vorgeschichtlicher Zeit fanden sich bisher nicht. Erst die Schriftkultur des antiken Griechenlands hat Zeugnisse der weiteren Besiedlungsgeschichte hinterlassen. Herodot berichtet, dass sich im 6. Jh. v. Chr. – Historiker datieren die Stadtgründung auf die Jahre zwischen 585–570 v. Chr. – Griechen aus dem kleinasiatischen Milet hier niedergelassen und auf dem Boden des heutigen Varna die Stadt Odessos gegründet hätten. Die in der Region ansässigen Odrysen, ein Stamm der thrakischen Urbevölkerung Bulgariens, begann einen regen Handel mit den Neuankömmlingen und Odessos wurde zum regionalen Machtzentrum. Im 4. Jh. v. Chr. erregte die Stadt die Aufmerksamkeit des Welteroberers **Alexander der Große** und fand sich alsbald in dessen Reich eingegliedert. Doch Alexander starb jung und seine Nachfolger, die Diadochen, zerfleischten sich gegenseitig. Odessos nutzte die Gelegenheit, erhob sich erfolgreich gegen seinen Usurpator Lysimachos und errang als unabhängiger Stadtstaat erneut seine Vormachtstellung am Schwarzen Meer.

Die nächsten Eroberer standen allerdings schon vor der Tür. Oder besser gesagt: den Toren der Stadt. Lucullus und seine römische Legionen begehrten im 1. Jh. v.

Chr. Einlass und bekamen ihn auch – dank erdrückender Übermacht. Doch diesmal profitierte Odessos von den neuen Herrschern. Die Stadt erlebte einen wirtschaftlichen wie kulturellen Aufschwung. Reste der damals errichteten Thermen erinnern noch heute an diese Zeit. Richtig schlimm traf es die Stadt erst danach: Barbarenstämme plünderten und zerstörten **Odessos** in den ersten Jahrhunderten unserer Zeitrechnung gleich mehrmals. Hinzu kam die neue Großmacht Byzanz, die ebenfalls ihre Ansprüche anmeldete. Nachdem Avaren die Stadt 586 völlig zerstört hatten, siedelten sich Einwanderer aus dem heutigen Afghanistan, Protobulgaren genannt, in der Region an, bauten alles wieder auf und gaben ihrer neuen Heimat den Namen Varna.

Ruhe kehrte damit allerdings nicht ein. Zwischen dem bulgarischen Reich, zu dem Varna seit der Staatsgründung 681 gehörte, und Roms Nachfolger Byzanz wüten weiterhin Kriege. Erst Ende des 12. Jh. konnte Zar Kalojan den immer wiederkehrenden Metzeleien fürs Erste ein Ende setzen. 200 Jahre lang gehörte die Stadt zu Bulgarien, bevor die Türken auf den Balkan übersetzten und ein Gebiet nach dem anderen eroberten. 1391 fiel auch Varna und war fortan 500 Jahre lang Teil des Osmanischen Reichs. Der Bau christlicher Kirchen wurde verboten (865 hatte Bulgarien als eines der ersten europäischen Länder das Christentum zur Staatsreligion erhoben) und Varna erhielt ein zunehmend orientalisches Aussehen. Wirtschaftlich ging es der Stadt gut, als nordöstliche Grenzstadt des Osmanischen Reiches erfüllte sie für die Machthaber eine bedeutende strategische Funktion.

1878 befreite die russische Armee Varna, zwei Jahre später wurde die Stadt Teil der neu gegründeten konstitutionellen Monarchie Bulgarien. Wie im Zeitraffer versuchten die Stadtoberen ein halbes Jahrtausend verpasster westeuropäischer Geschichte nachzuholen: Theater wurden gebaut, eine Oper, Architekten ahmten den Baustil von Berlin, Wien und Paris nach, Cafés säumten die neuen Prachtboulevards. Schnell ließ das kulturell wie meteorologisch günstige Klima Varna zur neuen Lieblingsstadt der Eliten aus Politik, Wirtschaft und Kultur werden – ein Umstand, an dem sich während der kommunistischen Zeit und auch heute nichts geändert hat.

Wirtschaft

Eine Insel der Seligen ist natürlich auch Varna nicht. Marode Blockviertel dominieren die Außenbezirke wie in allen Großstädten Bulgariens. Die Apartments gehören zwar denen, die darin wohnen – übrigens eine Abkehr von der reinen Lehre: Der kommunistische Staat hatte die Wohnungen im Bauboom der 70er Jahre zu günstigen Preisen an Privatleute verkauft –, doch die haben heute kein Geld, um die Blocks von Grund auf zu renovieren. Daher der Eindruck eines Flickenteppichs: Neben bröckelnden Fassaden bemerkt man immer wieder Stellen mit neuem Putz und die gleiche Beobachtung lässt sich in den Hauseingängen machen. Manche haben neue Türen und sind frisch gestrichen, andere eben nicht. Betritt man allerdings eine Wohnung, verfliegt der äußere Eindruck sofort: Seine eigenen vier Wände pflegt der Bulgare wie sonst nur noch sich selbst. Umso höher ist es der Stadt und seinen Bewohnern anzurechnen, dass seit einigen Jahren enorme Anstrengungen unternommen werden, um das Zentrum zwischen der Kathedrale und dem Meerespark auch äußerlich wieder präsentabel zu machen. Der stetig zunehmende Tourismus spielt da sicherlich eine Rolle, mehr noch aber der wirtschaftliche Aufschwung in Industrie und Handel, namentlich im Maschinen- und Schiffsbau, in

Multifunktionsbau von 1932: Das Dramatičen Teatăr

der Ernährungsindustrie sowie im Weinanbau. Westeuropäische Finanzriesen wie Societé Genérale, Allianz, Raiffeisenbank und BNP Paribas sind mit Filialen und Werbebannern unübersehbar in der Stadt präsent – ein untrügliches Zeichen reger wirtschaftlicher Aktivität in der Region. Der Durchschnittslohn in Varna liegt mit 175 € denn auch rund 15 % höher als im Rest des Landes, die Arbeitslosigkeit ist mit 11 % kaum höher als in Deutschland. Jeder dritte Einwohner besitzt bereits ein Handy, die zahlreichen Ess- und Amüsierlokale der Innenstadt sind stets gut gefüllt – nicht zuletzt, weil die gut 30.000 Studenten, die an einer der fünf Universitäten immatrikuliert sind, ein höchst partyfreudiges Völkchen sind.

Orientierung

Aufwendig renoviert wurden bereits Teile des **historischen Zentrums**, jenes Fußgängern vorbehaltenen Areals, das sich südlich der Kathedrale Sv. Uspenie Bogoridično hinunter zum Meer erstreckt und gegen Abend von Einheimischen zum öffentlichen Forum umfunktioniert wird.

Nach dem nachts effektvoll beleuchteten Jugendstil-Gebäude des **Dramatičen Teatăr** am Anfang der Fußgängerzone, das sowohl Oper und Philharmonie wie auch die wichtigste Sprechbühne von Varna beherbergt, folgt hinter einer Linksbiegung die schönste Straße der Stadt.

Der bulevard **Knjaz Boris I.** (Княз Борис I.) wird von Wohnhäusern im klassizistischen Stil gesäumt, in deren Erdgeschoss Boutiquen untergebracht sind. Jedes der oft frisch restaurierten Jahrhundertwende-Gebäude hat ein anderes Gesicht, der Wille zur Originalität ist deutlich zu sehen – und dennoch besitzt die leicht ansteigende Straße einen erstaunlich geschlossenen Charakter. Wer die Atmosphäre im Sitzen genießen will, ohne gleich etwas bestellen zu müssen, kann dies auf einer der zahlreichen Bänke tun – eine sympathische Einrichtung, die man in Deutschland gern öfter sehen würde.

Cafés gibt es natürlich dennoch in Hülle und Fülle, eines einladender als das andere, wie überhaupt die Raumgestaltung zu den ganz großen Talenten der Bulgaren gehört. Am Ende der Promenade (beim massigen Hotelkomplex Černo More den bulevard Slivnica rechts runter zum Meer), direkt am Strand, reiht sich eine Freiluftdisko an die andere und alle versuchen, sich architektonisch zu übertreffen. Von außen völlig unscheinbar, für manche vielleicht sogar abweisend, öffnet sich hinter der Mauer eine Fantasiewelt aus 1001 Nacht (mehr dazu im Kapitel „Nachtleben"). Kurz davor, nach den eindrucksvollen Kolonnaden, die den Eingang zum großen **Meerespark** (Details im gleichnamigen Abschnitt) markieren, lässt sich übrigens der Hunger quasi in Reichweite des Meeres stillen. Im größten Gartenrestaurant der Stadt, dem Stara Varna, wird die Fisch-Spezialität *lefer* besonders schmackhaft zubereitet. Dazu eine Flasche Chardonnay und man ist gerade mal 8 € los.

Baden in Varna

Badeurlaub macht in Varna niemand, es sind die Einheimischen, die sich am Stadtstrand für ein paar Sonnenstunden einfinden. Platz genug bietet er, doch der Sand ist grobkörnig und weniger tief als in den umliegenden Seebädern. Zudem befindet sich der Hafen gerade noch in Sichtweite – was trotz offenkundig sauberen Wassers viele vom ausgelassenen Plantschen abhält. Den bequemsten Zugang hat man über den blvd. Slivnica (Сливница): einfach an dessen Ende durch eines der Lokale (Vergnügungsmeile, s. „Nachtleben") durchgehen und sich am Strand die schönste Bar aussuchen. Für Entdecker bietet sich die gesamte Küste entlang des Meeresparks an: Zwar ist der Zugang oft nicht einfach, jedoch finden sich dort viele kleine, einsame Buchten. Breit und deutlich weniger besucht als unmittelbar beim blvd. Slivnica ist der Strand in Höhe der Villa Sagona (s. „Übernachten").

Südlich des Stadtzentrums

Eine zweite Bademöglichkeit besteht südlich des Stadtkerns, im Villenviertel **Galata**, zu erreichen über die Asparuch-Brücke am südlichen Ortseingang. Die Abzweigung ist auf Bulgarisch ausgeschildert (Галата), nach etwa 1 km weist ein Schild zur „urbulgarischen Ortschaft" Fanagoria (die im Übrigen sehr sehenswert und daher in einem eigenen Kapitel beschrieben ist), dieses ignorieren und einfach weiter geradeaus fahren. Der schöne, noch vollkommen wilde Strand folgt nach einem bewaldeten Hügel. Hinter sich sieht man die Dächer einiger im Wald versteckter Villen, ansonsten befindet man sich hier mitten in der Natur. Einziger (rein optischer) Minuspunkt: In der Ferne blinken die Kräne des Hafens in der Sonne.

Information/Verbindungen/Adressen

• *PLZ* 9000

• *Information* Offizielle Tourismusbüros sind Mangelware an der Küste, in Varna gibt es gar keins. Private Agenturen, die vor allem Zimmer vermitteln, aber auch Infomaterial besitzen, gibt es dagegen wie das sprichwörtliche Sand am Meer.

Zentral gelegen und gut bestückt ist zum einen der **Varna Tourist Service**, blvd. Čataldža 10 (**Чаталджа**), von der Kathedrale Uspenie Bogoridično den bulevard Maria-Luiza entlang – am besten eines der vielen Taxis vor der Kathedrale nehmen, Kostenpunkt 0,50–1 €, Mo–Sa 10–20 Uhr. 052-603255 oder 052-600874, 052-603028 oder 052-602673, vtourserv.info.bg, vtourserv@triada.bg.

In dem Hotelklotz Černo More, der auf der Flaniermeile Slivnica (**Сливница**) 14 Stockwerke in den Himmel ragt, hat **Megatours** sein Quartier. In beiden Agenturen wird zumindest Englisch gesprochen. Stadtpläne und Infomaterial gibt es aber auch an jedem Zeitungskiosk, z. B. neben dem Dramatičen Teatăr am Nezavisimost-Platz (Platz der Unabhängigkeit) am Beginn der Fußgängerzone.

• *Konsulat* Nedyalko Nedelchev, Honorarkonsul der Bundesrepublik Deutschland, ist zu erreichen unter 052-693693 oder 052-601930 in der ul. Dragoman 1 (**Драгоман**), gleich am Beginn des blvd. Knjaz Boris I links rein. Mo–Do 8–17 Uhr, Fr 8–13.30 Uhr, nedyalko.nedelchev@cargoexpress.bg.

• *Verbindungen* Aus Frankfurt, Berlin und München landen die Jets im Sommer hier mehrmals täglich. Nach Sofia sind es 40 Min., per **Linienflug** zweimal täglich. Taxis (5 €) und die Buslinie 50 bringen die Passagiere ins Stadtzentrum. 052-573323 oder 052-500834, www.varna-airport.bg. In der Fußgängerzone, blvd. Knjaz Boris I Nr. 15, gibt es ein Informationsbüro.

Züge verkehren nur ins Landesinnere und zurück, dorthin allerdings rege; eine Strecke entlang der Küste gibt es nicht. Selbst Burgas wird von der Bahn nur per Umweg übers Binnenland angefahren. Internationale Verbindungen führen über Bukarest oder Sofia. Die Strecke Sofia–Varna wird für 6 € in 8 ½ Std. absolviert, etwa 1 ½ Std. schneller und nicht viel teurer geht es mit einer der vielen privaten Busgesellschaften (s. unten). Der Hauptbahnhof befindet sich, dem Hafen vorgelagert, am pl. Petko Slaveikov (**Петко Славейков**). Die Busse Nr. 3, 7, 22, 31, 32, 41 und 48 fahren ins Zentrum. Wie fast überall in der Welt: Zimmervermittlungsbüros, Hotels und Restaurants im und um den Bahnhof sind viel teurer als in der Innenstadt, 052-630414 oder 052-630444.

Der Überlandverkehr ist bestens ausgebaut. Vom zentralen **Busbahnhof**, blvd. Vladislav Varnenčik 160 (**Владислав Варненчик**), 052-448349, kommt man günstig und mehrmals täglich zu allen touristisch interessanten Destinationen. Der blvd. Varnenčik ist die große Straße, die an der Kathedrale vorbei Richtung Berge führt. Busse oder Taxis bringen einen dahin. Zu den bekanntesten Busfirmen gehören Grup, 052-504956, und Etap, 052-504808, Kostenbeispiel: Varna-Sofia, 7,50 €.

Leicht versetzt gegenüber, in der ul. Dobrovolci 7 (**Доброволци**), befindet sich die Minibus-Station „Mladost", 052-433162 oder 088-9712537. Mit einem Mercedes Sprinter oder Fiat Ducato kommen Sie noch günstiger in die umliegenden Seebäder. Richtung Norden (Endstation Dobrič oder Balčik) fahren die Kleinbusse halbstündlich, nach Burgas stündlich, nach Nesebăr viermal täglich.

In der Stadt selbst wimmelt es nur so von Buslinien (über 30), Übersicht haben nur Einheimische, deshalb: einfach fragen. Nur soviel: Fahrpläne gibt es nicht, die Busse kommen einfach jede Viertelstunde, manchmal auch öfter, abends eher seltener. Deshalb der Tipp: Taxi.

Der Terminal für **Passagierschiffe** befindet sich im ältesten Teil des riesigen Industrie- und Handelshafens, der 1906 eröffnet wurde: Varna Ost, etwa 1 km südlich des Stadtzentrums. Gefahren wird nach Nesebăr, Burgas, Sozopol, Sveti Konstantin i Elena, Golden Sands (Zlatni pjasăci), Balčik und Istanbul, 052-692580, 052-692551, www.port-varna.bg.

• *Taxis* Für viele Bulgaren das öffentliche Verkehrsmittel schlechthin, da günstig und praktisch überall vorhanden. Taxis sind gelb und es gibt sie in allen Variationen: als uralte Lada oder Moskvič, aber auch als nagelneuer Mercedes oder Fiat. Inzwischen wird zu 99 % mit Taxameter gefahren, sicherheitshalber aber vorher nach dem Preis fragen. Ausländern wird gern mal ein Sondertarif abverlangt. Innerhalb der Stadtgrenzen darf eine Fahrt nicht mehr als 3 € kosten, bis zu den Badeorten, etwa Goldstrand/Zlatni pjasăci, können es 10 € werden. Die Besonderheit in Varna: Jede Taxifirma hat ihre eigenen Preise, ein Schild an der Frontscheibe informiert über die Konditionen.

• *Mietwagen* Das größte Firmenangebot gibt es am Flughafen: Avis, Sixt und Hertz sind hier zu den bekannten internationalen Konditionen präsent, also ab 40 € für den 1. Tag, danach gibt es Rabatte. Der Berliner Spezialist BG Tours (Näheres im allg. Teil) verleiht ebenfalls Autos, zu etwas günstigeren Preisen, aber 200 € pro Woche werden es auch hier. Bei Vectra Travel am Platz vor der Kathedrale Sv. Uspenie Bogoridično, ✆ 052-259568, oder ein paar Meter weiter auf dem blvd. Osmi Primorski Polk 54 (**Осми Приморски Полк**), ✆ 052-600225, gibt es neben Mietautos auch Flug- und Bustickets.

• *Parken* Einfach am Straßenrand, vorausgesetzt es ist erlaubt, doch das ist leider nicht immer leicht festzustellen. Generell gilt: Meiden sollte man Hauptverkehrsstraßen, hier ist die Polizei recht rigide. Am besten ist es, das Parkverhalten der Einheimischen in kleineren Gassen zu kopieren. Völlig für den Verkehr gesperrt ist nur die Fußgängerzone.

• *Einkaufen* Varna ist Bulgariens Modestadt Nr. 1. Wer sich neu einkleiden möchte, findet in der Fußgängerzone, beginnend beim Dramatičen Teatăr bis zum Hotel Černo More, reichlich und günstig Gelegenheit dazu. Westliche Markenware findet sich z. B. in dem Camel-Shop gleich am Anfang der Promenade, es folgen zahlreiche kleine Boutiquen mit bulgarischer Produktion. Die Auswahl an Schnitten und Farben ist groß und vielseitig, vor allem aber: fantasievoll. Gute Schuhe kosten um die 30 €, Hosen 20 €, Hemden 20–25 €, Röcke 20 €, T-Shirts 10 €.

• *Geldwechsel* Natürlich keinesfalls auf der Straße, aber auch nicht bei den kleinen Wechselstuben, die mit großen „Change"-Lettern auf sich aufmerksam machen. Gute Kurse haben folgende Banken (geöffnet meist bis 17 Uhr):

Bank DSK, blvd. Maria-Luiza 9 (**Мария Луиза**); Bulbank, blvd. Maria-Luiza 39 (beide in der Nähe der Kathedrale); Dresdner Bank, blvd. Knjaz Boris I Nr. 3 (in der Fußgängerzone)

• *Internet* Internet-Zugang findet man in der Innenstadt für rund 0,50 € pro Stunde:

Cyber X1, blvd, Knjaz Boris I Nr. 53 (Fußgängerzone); Cyber X2, blvd. Vladislav Varnenčik 36 (neben der Kathedrale).

• *24-Stunden-Apotheken* im Zentrum: Sanita, blvd. Vladislav Varnenčik 12 (vis-a-vis der Post), ✆ 052-607292, und ul. Zar Simeon I Nr. 36 (**Цар Симеон**), ✆ 052-631035; Herba, blvd. Knjaz Boris I Nr. 76, ✆ 052-602184.

Bungee Jumping von der Asparuch-Brücke

2 km lang und 50 m hoch ist die Brücke, die sich bei der Einfahrt aus dem Süden (von Burgas her) über den Hafen und den See von Varna spannt. Neben ihrer angestammten Bedeutung für den Transitverkehr (10.000 Autos pro Stunde) hat sie inzwischen auch einen hohen Stellenwert bei Extremsportlern: Der **Club Adrenalin** veranstaltet hier seit Anfang der 90er Jahre seine gewagten Sprünge am elastischen Seil. Tausende von Bungee Jumpern tauchten schon ins Wasser ein, mehrere nationale Meisterschaften fanden statt. Unfälle gab es dem Club zufolge bisher keine. Wer den sicher grandiosen Kick sucht (Ausblick und Höhe lassen sich durchaus mit der Golden Gate Bridge vergleichen), dem sei verraten, dass ein „normaler" Sprung 30 € kostet, bei Nacht 40 € und im Tandem 60 €. Club Adrenalin, ul. Radko Dimitriev 35, ✆ 052-606605 oder ✆ 088-8833199, adrenalin@vega.bg, www.clubadrenalin.com.

Übernachten (siehe Karte Umschlagklappe hinten und S. 103)

Viele im Ausland reich gewordene Bulgaren haben sich in jüngster Zeit ihren Traum vom spektakulären Hotel erfüllt. In einigen geglückten Fällen geben sich Fantasie und Luxus tatsächlich die Hand. Daneben existieren natürlich noch viele der kommunistischen Bettenburgen, die meisten sind jedoch kürzlich renoviert worden und bieten guten Standard für wenig Geld (so einem das graue Betonäußere nichts ausmacht). Familiär behagliche Atmosphäre bieten die kleinen Mittelklassehotels in den Seitenstraßen der Fußgängerzone.

Wer möglichst billig übernachten möchte, braucht nur den nächsten Taxifahrer zu fragen. Auch am Hauptbahnhof wird man schnell fündig: **Private Zimmervermittler (23)** halten überall das Schild „kvartiri" in die Höhe. Je geringer die Kosten (3 €), desto weiter ist die Unterkunft vom Zentrum entfernt, je höher (etwa 5 €), desto komfortabler ist die Bleibe auch. **Private Agenturen** (im Bahnhof und auf den Flaniermeilen Knjaz Boris I und Slivnica) verlangen im Schnitt das Dreifache, dafür ist das Risiko daneben zu greifen, deutlich geringer. Gute Angebote hat z. B. **Beni Tour**, blvd. Vladislav Varnenčik 131 (**Владислав Варненчик**), ✆ 052-637540, ℻ 052-601136, benitour.tripod.com, beni_tour@abv.bg (Zimmer ab 4 €, Apartment f. 2–3 Pers. 12–17 €).

***** **Grand Hotel Musala Palace (20)**, das beste, allerdings auch teuerste Hotel der Stadt trägt seinen stolzen Titel zu Recht. Zentral gelegen, kaum 100 m von der Flaniermeile Knyaz Boris I. und unweit des Dramatičen Teatăr. Erst kürzlich komplett renoviert, strahlt das gelb-weiße Jahrhundertwende-Gebäude mit seiner originalen Inneneinrichtung eine mondäne Eleganz aus, die der Cotě d'Azur würdig wäre. DZ mit Frühstück 110–180 €, alle 24 Zimmer haben Internet-Anschluss. Ul. Musala 3 (**Мусала**), ✆ 052-664128, 052-664199 oder 052-664100, ℻ 052-664196, www.musalapalace.bg, reservations@musalapalace.bg (mit Online-Buchung).

**** **Capitol (7)**, geschmackvoll eingerichtetes Luxushotel mit vielleicht etwas viel Gold und Marmor im Eingangsbereich. Dafür sind die Zimmer von dezenter Eleganz und auch das Restaurant hat (provencalisch angehauchten) Stil. DZ 80 €. Ul. Petko Karavelov 40 (**Петко Каравелов**), Seitenstraße des blvd. Slivnica, schräg gegenüber dem Hotel Černo More), ✆ 052-688000, ℻ 052-684004, www.capitol.bg, office@capitol.bg.

*** **Villa Sagona (6)** (**Вила Сагона**), mitten im Meerespark gelegen, einen halben Kilometer östlich des Delphinariums. Schönes, altes Haus im Grünen mit kleinem Swimmingpool und Restaurant. Herrlich ruhige Lage. 9 angenehm persönlich wirkende Zimmer mit Bad und Telefon. Eigener Autoverleih. Im Speisesaal sind Grammophone und Radios aus dem frühen 20. Jh. ausgestellt. DZ 50 €. Meerespark, Sveti Nikola 8 (**Свети Никола**), Villa 37, ✆ 052-303783, ℻ 052-302339, sagona@mail.vega.bg.

*** **Astra (4)** (**Астра**), kleines Familienhotel in einer ruhigen Seitenstraße, nicht weit von der Kreuzung Knjaz Boris I und Slivnica (dort links rauf, dann 2. rechts). Freundliche Atmosphäre, helle Zimmer, Finca-ähnliches Mobiliar. Gartenrestaurant. DZ mit Dusche/WC inkl. Frühstück 45 €. Ul. Opălčenska 9 (**Опълченска**), ✆ 052-630524, ℻ 052-608933.

*** **Černo More (9)** (**Черно море**), kommunistischer Klotz, der als Prachtbau gedacht war: außen potthässlich, innen mit Hang zum Kitsch, aber auch mit allen Annehmlichkeiten eines Großhotels. Wer eine Zeitreise in eine untergegangene Epoche unternehmen will, ist hier richtig. Der 14-stöckige Bau von 1975 ist mitten in der Fußgängerzone gelegen, abends finden vor dem riesigen Entree manchmal Gratis-Open-Air-Konzerte bulgarischer Schlagerstars statt. DZ 75 €. Blvd. Slivnica 33 (**Сливница**), ✆ 052-232115, ℻ 052-236311.

*** **Odessos (13)** (**Одесос**), auch keine Schönheit, aber die Lage direkt am Eingang zum Meerespark entschädigt. Die Zimmer sind sauber und geräumig, die Inneneinrichtung seventies-mäßig bunt. DZ mit Frühstück und Meeresblick in der Hauptsaison 56 €. Blvd. Slivnica 1, ✆ 052-228381, ℻ 052-253083.

** **Familia (5)** (**Фамилия**), wer die private Atmosphäre des Varnaer Alltagslebens sucht, findet sie im dritten Stock dieses Mehrfamilienhauses in der Nähe der Wirtschaftsuniversität. Vermietet wird ein hübsch möbliertes Zwei-Zimmer-Apartment mit Küchenecke, Kühlschrank, TV, Klimaanlage und eigenem Bad. 40 € im Juli und August, sonst 30 €. Bitte frühzeitig reservieren! Ul. Ljuben Karavelov 11a (**Любен Каравелов**), Seitenstraße des blvd. Zar Osvoboditel, in der Nähe des Meeresparks, ✆ 052-616385 oder 052-612811, vtk@tourexpo.bg.

** **Orbita (2)** (**Орбита**), viele Studenten aus aller Herren Länder residieren hier – bei einfachen Bedingungen, aber mit allem Nötigen versorgt. Lang gezogener, mehrstöckiger Betonbau. DZ mit Bad 35 €. Ul. Zar Osvoboditel 25 (**Цар Освободител**), kreuzt den blvd. Knjaz Boris I, ✆ 052-225162, ℻ 052-602617.

• *Außerhalb* **(siehe Karte S.103)**

***** **Dallas Business Club (3)**, sehr schönes, aber teures Ferienhaus im texanisch-südeuropäischen Villen-Stil. Die Besitzerin Dimitra Krăsteva-Gage hat lange Zeit in den USA gelebt und sich vor drei Jahren ihren Traum erfüllt: ein Haus, das trotz der „wilden" Stilmischung seinen eigenen Charakter

Am Stadtstrand: Proben für die Misswahl in der Disco Xtravaganzza

besitzt. Antike Möbel aus Frankreich und Italien stehen neben chinesischen Elfenbeinstatuen, die Betten sind aus indonesischem Mahagoniholz. 16 Suiten, getrennt für Raucher und Nicht-Raucher, die meisten 42, einige 92 m^2 groß. Das Essen wird auf Bestellung individuell zubereitet und zu jeder gewünschten Zeit serviert. Der Cocktail danach lässt sich auf den Barhockern des kleinen Swimmingpools genießen. Blumen, Sträucher und Bäume aus aller Welt lassen das Gelände wie einen kleinen botanischen Garten aussehen. Das Hotel ist ausgeschildert: auf der Küsten-Schnellstraße Richtung Norden (Zlatni pjasăci), die hier wie im Zentrum blvd. Knjaz Boris I heißt, geht es rechts runter. Die Preise beginnen bei 105 € für ein „kleines" Apartment in der Nebensaison und enden bei 195 € für eine Vier-Personen-Suite in der Hauptsaison. Sveti Nikola 33 (**Свети Никола**), ✆ 052-300039 oder -300034, 🖷 052-301122,
www.dallasbc.bg, dgage@telecoms.bg.

*** **Chezarino (4)**, nördlich der gleichen Küstenautobahn, die auch zum Dallas Hotel führt. Schön und ruhig in den Hügeln gelegen, mit kleinem Swimmingpool und Billardsalon. Sympathisches, gepflegtes Ambiente, geräumige Zimmer mit weitem Blick aufs Meer. Gespeist wird auf der Terrasse. 27 Zimmer, DZ 45 €, Apartment für 4 Pers. 85 €. Frühstück inkl. Sveti Nikola 60 (**Свети Никола**), Hotelschild ist von der Hauptstraße zu sehen, ✆ 052-335409, 🖷 052-335410, chezarino@abv.bg.

Villa Aqva Beach Resort (1), eine Märchen- und Mythenlandschaft (nicht zu verwechseln mit dem durchaus hässlichen Aqua Hotel am Hauptbahnhof). Besitzer Augustin Pejčinoff hat sein Geld in den USA gemacht und dies Etablissement jahrelang für Privatpartys genutzt, erst seit dem Sommer 2003 ist es für die Öffentlichkeit freigegeben. Das ganze Gelände ist eine ausgeflippte Zitatensammlung aus griechischen Mythen, holländischer Holzmühlen-Architektur und Neuschwanstein-Kitsch. Allein das Foyer: Sitzmöbel und hölzerne Wandtafeln aus dem 15. Jh., daneben ein vergoldeter Stuhl – ein Geschenk von Gianni Versace. Als Ganzes ist die weitläufige Anlage mit Gartenrestaurant und Swimmingpool dennoch eigentümlich gelungen. Auf der oben beschriebenen Küstenautobahn etwa 10 km nördlich von Varna, an der Abfahrt Zlatni pjasăci vorbei, blaue Fahnen an der Straße weisen den ganzen Weg über darauf hin. 27 Zimmer, DZ 80 €. Fotos unter www.villaaqva.com (Seite im Aufbau), ✆ 052-356699, 🖷 052-356134.

Villa-Hotel Ramada (2) (**Рамада**), etwa 20 Autominuten vom Zentrum entfernt liegt dieses schöne Haus im Grünen, von dessen

Terrasse man einen herrlichen Blick aufs Meer hat. Die Schnellstraße Varna–Zlatni pjasăci entlang, in Höhe der Abfahrt zum Kurkomplex „Riviera". Die Busse 9, 109, 209, 309, 409 halten 30 m von der Villa entfernt. Apartment mit Küche, Bad und Terrasse ab 20 €, ✆ 052-230669.

Essen und Trinken (siehe Karte Umschlagklappe hinten)

Paraklisa (22) (**Параклиса**), vom Geheimtipp zur Nr. 1: traditionelle bulgarische Küche aus allen Teilen des Landes, hervorragend zubereitet und freundlich serviert. Etwas teurer als anderswo, das aber zu Recht. Gute Sängerinnen tragen die besten nationalen Volkslieder vor, ohne sich am Tisch aufzudrängen. Das alles hat sich herumgesprochen: vor allem in der Saison meistens voll, es ist daher ratsam, mindestens einen Tag vorher zu reservieren. Im Garten des Museums für Medizingeschichte. Blvd. Primorski 47 (**Приморски**), Ecke ul. Paraskeva Nikolau (nicht weit vom Aquarium, in Strandnähe), ✆ 052-223495.

Food Bar Myth (10), der beste Grieche der Stadt. Eingerichtet im traditionellen Tavernenstil, Gesang und Tanz sind an der Tagesordnung (bei Musikern wie Gästen gleichermaßen). Ul. Šejnovo 14 (von der Kathedrale kommend, blvd. Knjaz Boris I, 2. links), ✆ 088-310222 oder 088-700120.

Čučura (12) (**Чучура**), gute bulgarische Küche in einem schönen Wiedergeburtshaus. Die Speisekarte besteht aus einem Stück Holz, in das die Gerichte eingraviert wurden. In unmittelbarer Nähe des zentralen Platzes Nezavisimost (von der Kathedrale kommend, links beim McDonald's). Ul. Dragoman 11 (**Драгоман**).

Villa Sagona (6) (**Вила Сагона**), das Restaurant des gleichnamigen Hotels aus dem Jahr 1915 serviert gute französische Küche in gemütlichem Ambiente. Zum Relaxen danach bietet sich der schöne Garten an. 500 m östlich des Delphinariums.

Stara Varna (15) (**Стара Варна**), riesiges Gartenrestaurant am Ende der Fußgängerzone. Verströmt immer noch Reste seiner kommunistischen Aura; die schöne Lage am Meerespark, die guten Preise und die Fischspezialität *lefer* können jedoch zum Stopp verlocken. Blvd. Slivnica.

Dom na Arhitekta (19) (**Дом на архитекта**), meisterhaft gegrillte Würste haben dem Haus einen guten Ruf verschafft. Ebenfalls zu haben: Lamm, Kaninchen und Fisch. Ein weiterer Pluspunkt ist die Unterbringung in einem Wiedergeburtshaus mit herrlichem Garten. Sehr beliebt bei Künstlern aller Gattungen. Der teuerste Wein kostet 4,50 €, das teuerste Gericht 3 €. Ul. Musala 10 (**Мусала**), schräg gegenüber dem Luxushotel Musala Palace).

Hăšove (14) (**Хъшове**), bäuerlich-urig eingerichtetes Lokal mit guten bulgarischen Gerichten und Live-Interpretationen von Volksliedern. Im schönen Sommergarten wird auf Holzkohle gegrillt. Die zentrale Lage am Eingang zum Meerespark (beim Hotel Odessos) hat allerdings die Preise – anders als beim Restaurant Paraklisa – nicht ganz gerechtfertigt in die Höhe schnellen lassen. Blvd. Slivnica 1 (**Сливница**), ✆ 052-605033. Zwei weitere Restaurants der kleinen Kette befinden sich am Blvd. Vasil Levski 97 (**Васил Левски**) und am blvd. Osmi Primorski Polk 97 **(1)** (**Осми Приморски Полк**), nicht zu verwechseln mit dem Primorski blvd. am Meerespark.

Bistro Europe (11), dem einfallslosen Namen zum Trotz weist die Küche viel Fantasie und Könnerschaft auf. Französische Gerichte nach Rezepten des Besitzers und Gründers Georges Lagarde. Gerühmt wegen der exzellent zubereiteten Muscheln. Blvd. Slivnica 11, ✆ 052-603950.

• *Fast Food* Wenn es schnell gehen soll, hat man in Varna reichlich Auswahl.

Die beliebteste Kette ist, wie überall im Lande, **Happy Bar & Grill**, mit einer reichen Auswahl an Grillgerichten und Salaten, die zwar nicht schlecht, aber etwas fad schmecken. Dafür hat das Ambiente wesentlich mehr Charme als jede ölige Hamburger-mit-Pommes-Filiale. Adressen: Blvd. Slivnica 8 **(8)**, gegenüber dem Hotel Černo More, ul. Dragoman 1 (s. Restaurant Čučura), blvd. Zar Osvoboditel 25 **(3)**, s. Hotel Orbita.

Am Hauptplatz Nezavisimost kann man bei **McDonald's** futtern, gegenüber der Kathedrale am Mitropolit-Simeon-Platz bei **Kentucky Fried Chicken**, und **Mustang Food** hat fünf Filialen, darunter zwei in der Fußgängerzone: ul. Preslav 36 (**Преслав**) und blvd. Slivnica 6. Auf letzterem Boulevard finden sich natürlich noch zahlreiche Restaurants, in denen man auf wenig anspruchsvolle Art seinen Hunger stillen kann, vor allem hinter dem Hotel Černo More Richtung Meer.

Folgt man dort hinter dem großen Portal zum Meerespark dem Weg die Treppen hinunter, kommt man zur großen Vergnügungsmeile. Hier reiht sich ein Lokal ans andere: Empfehlenswert sind vor allem das **Casino** und das **Godzilla** (Disney-like mit Plastikmonster vor dem Eingang) ziemlich am Ende des Areals.

Nachtleben (siehe Karte Umschlagklappe hinten)

Semela – der Tempel des Weins

In einer Seitenstraße kurz hinter dem Dramatičen Teatăr befindet sich das Leistungszentrum der bulgarischen Weinproduktion: ein Probierkeller, dessen Mauern aus Teilen der antiken Stadt Odessos bestehen! Unten erwartet den Gast ein mystisch erleuchteter Raum mit fellbedeckten Steinsitzen. 500 der besten Weine des Landes stehen zur Auswahl, serviert werden sie mit Dörrwurst, gelbem Käse und Trockenfrüchten. Für 10 € kann man bei sechs verschiedenen Weinen volle drei Stunden in dem Keller verbringen, der nach der Mutter des Weingottes Dionysos benannt wurde. Offiziell wird die Degustation, die von einem Weinguru in altbulgarischer Tracht zelebriert wird, erst bei mindestens sechs Personen veranstaltet, zeigt man jedoch ehrliches Interesse, sollte sich immer auch eine „Privatvorstellung" arrangieren lassen. Vorausgesetzt natürlich, an dem Tag ist nichts los. In dem angeschlossenen Shop werden neben Weinen auch Hochprozentiges, Tabakwaren und Schokolade angeboten.

Ul. Musala 7 (**Мусала**), gegenüber dem Restaurant Arhitekt (s. unter „Essen und Trinken"). Achtung: Der Laden ist, da in eine Häuserzeile integriert, leicht zu übersehen – wäre da nicht das originell dekorierte Schaufenster. Im Sommer hat Semela rund um die Uhr geöffnet (!), im Winter von 8.30–22 Uhr, ✆ 052-603810 oder 0888-994714, ℻ 052-641557, www.temple-of-wine.com, contact@templeofwine.com.

Schon kurz nach 23 Uhr beginnen sich die Diskotheken am Strand zu füllen. Eine musikalische wie architektonische Vielfalt breitet sich am Ende des blvd. Slivnica auf einer Länge von etwa 500 m aus, wie es sie in Deutschland mit seiner Nischen-Monokultur kaum mehr gibt. Ideologische Grenzen interessieren hier niemanden, die DJs heizen die Stimmung mit allem an, was die Musikgeschichte hergibt. Professionelle Tänzerinnen auf Tresen und Podien wirken für den Anfang unterstützend, doch schon bald werden sie vom Publikum abgelöst. So muss er ausgesehen haben, der 70er-Jahre-Traum der „Saturday Night Fever"-Generation: Die Disko als Schmelztiegel kultureller und sozialer Unterschiede.

Begonnen wird die Nacht in einer der Bars entlang der Promenade, entweder am Platz Nezavisimost neben dem Dramatischen Theater, im edlen **Cafe Club 2001 (17)**, blvd. Knjaz Boris I Nr. 46, oder auf dem blvd. Slivnica unterhalb des Hotels Černo More. Dabei immer wieder erstaunlich: Die Lust der bulgarischen Frauen an der erotischen Selbstinszenierung – und ihre selbstsichere Kontaktfreude, mit der sie auf Flirt-Angebote eingehen, ohne dabei im Mindesten die Kontrolle abzugeben.

Der Eingang zur **Partymeile** beginnt noch wenig viel versprechend. Am Fuß der Treppe, die kurz hinter dem gigantischen Meerespark-Portal – das übrigens dank effektvoller Beleuchtung nachts weitaus besser aussieht als tagsüber – zum Meer hinunterführt, breiten sich Imbissbuden und Döner-Stände aus. Doch niemand nimmt Notiz davon: In dem sicheren Gefühl, etwas Besseres verdient zu haben, gleitet das gut gekleidete, junge Partyvolk darüber hinweg und strebt den Diskotheken-Eingängen auf der rechten Seite entgegen.

Lassen Sie sich nicht täuschen: Der unscheinbare Bretterverschlag an der Kasse sagt nichts über das Dahinter aus. Der Eintritt kostet jeweils 2 €, ebenso ein Gin Tonic oder Wodka Lemon – natürlich mit dem bulgarischen Normalmaß von 4–5 cl Alkohol.

Exit (16), gleich am Anfang. Wenn Sie den Film *From Dusk till Dawn* kennen, dann ahnen Sie schon, was Sie erwartet: eine zweite

„Titty Twister Bar", inklusive der Stimmung, die George Clooney schon beim Eintritt so begeistert hat. Links und rechts lange Tresen, auf denen zuerst Profis und dann alle tanzen, in der Raummitte mehrere neonbeleuchtete Stehtische, drei Etagen, und darüber der freie Himmel. Musik: egal, Hauptsache tanzbar.

Avenue, falls Ihnen von hier Musik entgegenschallt und Sie nicht wissen, was Sie damit anfangen sollen: Das ist die berühmt-berüchtigte Folk-Pop-Mischung *čalga*,, von der in einem eigenen Kapitel ausführlich die Rede ist. Ballermann auf Bulgarisch.

La Cucaracha (16), im Südseestil eingerichtete Latino-Disko in Pastell mit zahlreichen gemütlichen Nischen und einer riesigen Plastikpalme in der Mitte. Der Kitsch ist hier ebenso gewollt wie gelungen.

Tonga, elegante Bar, auch tagsüber geöffnet, mit Stühlen direkt am Strand.

Xtravaganzza (16), *der* Treffpunkt der Nightlife-Szene, hier muss man gesehen werden. Und das zu Recht. Eingerichtet im indischen Maharadscha-Stil, komplett mit riesigen (elektrisch gesteuerten) Fächern, und zum Meer hin offen, wird der Club seinem Namen tatsächlich gerecht. Die Tänzerinnen sind noch besser und schöner als anderswo, der DJ hebt und wechselt die Stimmung noch eleganter von einem Song zum anderen. Und die Cocktails sind so süffig, wie sie sein sollen.

Übrigens: Als rein sommerliche Einrichtung wechseln die Clubs am Strand Namen und Einrichtung recht häufig. Falls Sie bei Ihrem Besuch also nicht auf die genannten stoßen sollten, wundern Sie sich nicht. Deren Nachfolger sind garantiert noch einen Tick spektakulärer!

• *Jazz* **Club Stage (18)**, wem der Sinn nach leiseren Tönen steht, kann diese auf dem blvd. Knyaz Boris I Nr. 24 hören. Im ersten Stock des Hauses geben jeden Abend Jazz-Musiker aus dem In- und Ausland viel bejubelte Konzerte. Seit Jahrzehnten findet zudem im Sommer ein internationales Jazz-Festival in Varna statt, das in der Fachwelt einen exzellenten Ruf genießt.

Sehenswertes

Kathedrale Sveto Uspenie Bogoridično: Eine Lightshow der ganz besonderen Art bietet die mächtige Mariä Himmelfahrtskirche am viel befahrenen Hauptplatz der Stadt. Von allen Seiten angestrahlt, sieht es nachts fast so aus, als würde das Gotteshaus meterweit über dem Erdboden schweben – die massigen Mauern verschwinden im Dunkel, nur die Konturen der fünf goldenen Kuppeln glitzern um die Wette und hinter den reich verzierten Fenstern scheint das Licht Gottes die Menschen erleuchten zu wollen. Die Kirche wurde 1880–86 aus Dankbarkeit gegenüber der russischen Armee errichtet, die Bulgarien 1878 in schrecklichen Kämpfen von den Türken befreit hatte. Viele Einwohner spendeten Geld, noch mehr arbeiteten unentgeltlich mit, so dass die Kirche schließlich (nach heutigem Kurs) mit nur 5 Millionen Dollar Kapital gebaut werden konnte. Die Ikonen stammen ebenfalls aus dieser Zeit, während Glockenturm und Wandmalereien in den 40er und 50er Jahren des 20. Jh. hinzukamen. Der goldene Glanz ist erst wenige Jahre alt: 1999 hat man mit der Renovierung von Kuppeln und Dach begonnen, Gold und Silber wurde dabei reichlich verarbeitet. Architektonisch ist die Mariä Himmelfahrtskirche – übrigens die zweitgrößte Bulgariens nach der Aleksandăr-Nevski-Kathedrale in Sofia – eine dreischiffige Kreuzkuppelbasilika.

⌚ täglich, im Sommer von Sonnenaufgang bis Sonnenuntergang. Pl. Mitropolit Simeon. www.cathedral-varna.com. Jeden Sonntagmorgen sowie an kirchlichen Feiertagen singt ein Männerchor aus dem uralten Repertoire bulgarischen Kirchenliedguts: eine bewusstseinsverändernde Erfahrung. Eintritt frei.

Archäologisches Museum: Die ersten Menschen, die Metall verarbeiten konnten, lebten in der Gegend von Varna. Lange Zeit nahm man an, dass diese Technik erst während der ersten Hochkulturen entwickelt wurde, die ab dem 4. Jahrtausend v. Chr. in Mesopotamien und Ägypten entstanden, doch der Zufallsfund von 1972 korrigierte die Lehrmeinung: Ein weitgehend unbekanntes Volk hatte bereits mehr als 1000 Jahre früher Goldfiguren hergestellt.

Der älteste Goldschmuck der Welt: ein Penisköcher

Zufälle gibts: 1972 entdeckten Bauern ein paar alte Gräber in der Nähe des Sees, der heute zum Hafen von Varna gehört. Der Fund sprach sich herum, Wissenschaftler nahmen ihn unter die Lupe und konnten es nicht fassen: Der Friedhof, der, wie sich später herausstellen sollte, an die 300 Gräber beherbergt, wurde 4600 Jahre vor unserer Zeitrechnung angelegt. Mehreren Toten, offensichtlich religiöse oder weltliche Führer, waren goldene Schmuckstücke beigelegt worden. Insgesamt fanden die Archäologen mehr als 3000 Einzelstücke. Das spektakulärste Grab war das eines 40–50-jährigen Mannes, der am ganzen Körper mit insgesamt mehr als 100 goldenen Schmuckstücken geehrt wurde, darunter ein Zepter, eine extralange Halskette, ein Dutzend Ohrringe und ein – Ehre, wem Ehre gebührt – veritabler Penisköcher.

Das Skelett mit dem goldenen Penisköcher ist fast 7000 Jahre alt

Das Gesamtgewicht des Goldschmucks, der in der Nekropolis gefunden wurde, beträgt 6 kg. Bis heute wurde auf der Erde kein bearbeitetes Edelmetall älteren Datums gefunden. Über das Volk, das etwa 1000 Jahre vor den Mesopotamiern und Ägyptern, den bisherigen Rekordhaltern, die Technik des Goldschmiedens beherrschte, ist leider nicht viel bekannt. Archäologen glauben allerdings, dass es aus den Steppengebieten des Vorderen Orients auf den Balkan kam und sich später mit den Einheimischen zu den Thrakern ausformte. Die Forschungen gehen auch heute unvermindert weiter. 2 km von der ersten Fundstelle entfernt sind erst vor kurzem weitere Gräber entdeckt worden.

Das Gold der versunkenen, mutmaßlich ersten Zivilisation Europas geht seit dem Ende der Ausgrabungen 1991 um die Welt. Man kann also Pech haben, aber nachdem die Bonner Bundeskunsthalle den Schatz gerade erst (bis Januar 2005) im Rahmen der Ausstellung *Die Thraker* (s. S. 57f.) präsentierte, wird der Exportschlager möglicherweise erst mal wieder nach Hause gebracht.

In dem ehemaligen Mädchengymnasium, einem gepflegten spätbarocken Bau von 1898, sind die spektakulären Stücke ausgestellt, aber auch die anderen Exponate sind faszinierend: 100.000 Jahre alte Waffen – spitze Keile aus Stein –, stilisierte Tonköpfe und Keramikfiguren aus der Jungsteinzeit, die bereits eine hohe künstlerische Ausdruckskraft besitzen, Vasen und filigran gearbeiteter Goldschmuck aus der Antike, Rekonstruktionen frühchristlicher Altäre, Zeugnisse aus byzantinischer und mittelalterlicher Zeit. In den letzten Zimmern des Museums sind schließlich 130 Ikonen von ergreifender Schönheit ausgestellt, gemalt von lokalen Künstlern zwischen dem 16. und dem 19. Jh.

Das Museum ist chronologisch aufgebaut – es beginnt bei Raum 1 mit der vorgeschichtlichen Zeit und endet bei den Ikonen im Obergeschoss. Der berühmte Goldschatz aus dem 5. Jahrtausend v. Chr. befindet sich in den Räumen 5–7.

Ⓒ Di–So 10–17 Uhr (im Winter auch sonntags geschlossen). Ein reich bebilderter, übersichtlich aufgebauter Führer in englischer Sprache ist für 1,50 € rechts neben dem Eingang (gegenüber der Kasse) erhältlich, dort gibt es auch einige schöne Ansichtskarten von den Exponaten. Blvd. Maria-Luiza 41 (Мария Луиза), ✆ 052-237057, Eintritt 1,50 €.

Römische Thermen: Ein bisschen Fantasie braucht man schon, um sich zwischen den 1800 Jahre alten Ruinen, über die im wortwörtlichen Sinne längst Gras gewachsen ist, die römische Upperclass beim nachmittäglichen Lustwandeln vorzustellen. Baden stellte nur den äußeren Anlass dar, Sehen und Gesehenwerden dagegen den eigentlichen.

Immerhin: Einige der massiven Mauern erreichen auch heute noch fast die Originalhöhe von 20 m, Rohre und Badeöfen geben einen zusätzlichen Eindruck von der einstigen Wucht des Bauwerks. Errichtet zu Zeiten der römischen Besatzung Ende des 2. Jh. n. Chr., zählten die Thermen von Odessos wie die des Kaisers Caracalla zu den größten des gesamten Imperiums. Auf 7000 m² erstreckten sich Vorräume, Auskleide- (Apodyterien), Gymnastik- und Geselligkeitsräume sowie die eigentlichen Badesäle mit kaltem (Frigidarien), warmem (Tepidarien) und heißem Wasser (Caldarien). Die größte Halle war 840 m² groß und diente als Debattierklub; es gab eine Fußbodenheizung, die in tönernen Rohren unter allen Badesälen verlief und von Sklaven in unterirdischen Galerien durch Feuerholz in Betrieb gehalten wurde. Alle Räume waren mit Marmor verkleidet und mit Mosaiken reich verziert.

Die auch heute noch nicht ganz freigelegten Thermen befinden sich im Viertel zwischen dem Fußgänger-Boulevard Knjaz Boris und dem Meerespark. Kleiner Tipp: Nur ein paar Straßen weiter Richtung Meer und man kann im Restaurant Paraklisa (s. „Essen und Trinken") fast wie zu römischen Zeiten schlemmen.

Ⓒ Di–So 10–17, Ul. Kapitan Dobrev (Капитан Добрев, Eingang).

Museum der Nationalen Wiedergeburt: Einer Zeitkapsel gleich konserviert das sorgsam gepflegte Haus die Atmosphäre des beginnenden Widerstands gegen die osmanische Besetzung. 1862 fertig gestellt, beherbergte das halb steinerne, halb hölzerne Gebäude die erste (!) weltliche Schule Varnas, in der das bulgarische Alphabet unterrichtet werden durfte. In kurzen Abständen waren in den Jahren zuvor Neuausgaben der ersten Fibel in bulgarischer Sprache herausgekommen – Beleg für die große Popularität des Buches und Grund für seine Präsenz auch in Varna. Der Aufklärer Petär Beron hatte das Werk, mit dem er nebenbei die Grundlage für eine neubulgarische Schriftsprache schuf, Anfang des 19. Jh. geschrieben.

Mit seinen lang gestreckten Bankreihen, dem schönen Katheder und den Sandkästen, die den Erstklässlern als Papier dienten, gibt das komplett erhaltene Klassenzimmer einen unauslöschlichen Eindruck von dieser Zeit. Dass gleich nebenan nur drei

Jahre später die erste Kirche Varnas, **Sveti Arhangel Mihail**, eingerichtet wurde, in der ganz offiziell auf Bulgarisch gepredigt werden durfte, zeigt, welche Bedeutung die Geistlichen für die Entstehung des nationalen Selbstbewusstseins hatten. Unabhängig war die bulgarische Orthodoxie erst (wieder) seit 1860, vorher unterstand sie jahrhundertelang dem griechischen Patriarchat. Der schlichte, fast vollständig mit Holz ausgekleidete Raum ist vor allem wegen seiner schönen Ikonen sehenswert. Im ersten Stock geben Gemälde und Fotografien einen Eindruck von der sich rapide wandelnden Stadtgestalt in den ersten Jahrzehnten nach der Befreiung 1878.

Das unter Denkmalschutz stehende Museum ist leicht zu erreichen, es befindet sich in der Straße, die vom blvd. Knjaz Boris I. unmittelbar nach der Kirche Sv. Nikola nach links abzweigt. Viel von dem friedlichen, harmonischen Gesamteindruck verdankt die Anlage ihrem schönen, gepflegten Garten, in dem man sich gerne ein halbes Stündchen aufhält.

🕐 Mo–Fr 10–17, Ul. 27. Juli 9 (27. юли), Eintritt 1 €.

Das Musik- und Filmfestival Varna Summer

Der Sommer ist in Varna die hohe Zeit der Kunst: Von Juni bis September wechselt ein Genre das andere ab. Den Anfang macht das *Theaterfestival* im Juni, das nicht nur Aufführungen in bulgarischer Sprache zeigt, sondern auch Ballett und modernen Tanz, oft von ausländischen Truppen. Von Ende Juni bis Ende Juli schließt sich das *Fest der klassischen Musik* an, das traditionell im großen Kultur- und Kongresszentrum am Ende des blvd. Slivnica eröffnet wird, aber auch im Dramatičen Teatăr und auf der großen Open-Air-Bühne des Meeresparks (2400 Plätze) stattfindet. Zur Aufführung kommen Stücke aus dem gesamten Repertoire abendländischer E-Musik.

Der *Internationale Ballett-Wettbewerb*, 1964 zum ersten Mal ausgetragen, gilt weltweit als der erste seiner Art. In den geraden Jahren (das nächste Mal also wieder 2006) präsentieren sich rund 150 Ballett-Tänzer aus zwei Dutzend Ländern auf der Open-Air-Bühne des Meeresparks einer internationalen Jury. Die nächtliche Beleuchtung, die umgebende Natur und die antik anmutende Bühnenkonstruktion mit ihren von wild wucherndem Grün eingefassten Mauern heben die Veranstaltung zusätzlich heraus. Im August folgt das ebenfalls seit Jahrzehnten renommierte *Internationale Jazzfestival*. Abgeschlossen wird die Saison mit einem Fest für Cineasten, das den schönen Titel *Love is folly* trägt. Gezeigt werden rund 50 Filme internationaler Provenienz, alle im (oft englischen) Original mit bulgarischen Untertiteln.

Tickets kosten je 15 € und sind erhältlich im Festival- und Kongresszentrum, blvd. Slivnica 2, ✆ 052-21331, sowie im Dramatischen Theater (Oper), pl. Nezavisimost, ✆ 052-223388. Aktuelles Programm unter www.varnasummerfest.org.

Ethnografisches Museum: Warum die Epoche der Nationalen Wiedergeburt für die Bulgaren so wichtig ist wie die Renaissance für Westeuropa, findet sich hier ebenso eindrucksvoll dokumentiert. Schon die prächtige Holzvilla von 1860 (nicht weit vom Dramatičen Teatăr, Richtung Meer) zeugt von dem neuen Geist, der sich nach Jahrhunderten der Unterdrückung hier Bahn brechen konnte: als ganz und gar eigentümlicher Baustil. Im Erdgeschoss sind Gerätschaften ausgestellt, mit denen im 19. Jh. die Felder bewirtschaftet wurden, im ersten Stock sind Schmuck und reich verzierte, farbenfrohe Folkloregewänder dieser Zeit zu sehen und die

Originalwohnräume im obersten Stock geben einen Eindruck von den Lebensbedingungen der oberen Zehntausend.

Ⓣ Di–So 10–17 (zwischen November und April nur Sa/So geschlossen), Ul. Panagjurišchte 22 (Панагюрище), Eintritt 1 €.

Kirche Sveti Atanas: Unmittelbar neben den römischen Thermen steht das älteste Gotteshaus Varnas – wenn auch nicht mehr im Original. Die spätmittelalterliche Kirche brannte 1836 fast vollständig ab und wurde zwei Jahre später wieder aufgebaut. Der schöne Säulengang deutet auf die griechische Vergangenheit hin, erst 1939 wurde das Gebäude dem bulgarischen Klerus übergeben. Berühmt ist der Zentralbau – im Unterschied zum Längsbau der Basilika bildet hier eine senkrechte Achse den virtuellen Mittelpunkt – heute vor allem wegen seiner exzellenten Akustik, die von Musikern sehr geschätzt wird: Während des Festivals *Varna Summer* finden hier zahlreiche Konzerte statt. Geistliche Choräle erklingen jeden Sonntag um 9 Uhr. Die zahlreichen Ikonen sind Kopien, die Originale hängen im Archäologischen Museum.

Ⓣ Di–So 10–12 und 17–18 Uhr (Abendmesse), So ab 9 Uhr, Ul. Graf Ignatiev 19 (Граф Игнатиев).

Kirche Sveti Nikola: Eine schöne Geschichte rankt sich um die Entstehung der sympathischen, kleinen Kirche mitten auf der lebhaften Promenade Knjaz Boris. Paraskeva Nikolau, ein reicher Kaufmann im Varna des 19. Jh., war auf einer seiner Seereisen nach Odessa in einen schweren Sturm geraten. Zu Tode erschrocken, rief er den Schutzheiligen aller Matrosen, Sveti Nikola, an und schwor, ihm zu Ehren eine Kirche und ein Krankenhaus zu errichten, wenn er ihn nur heil ans Land brächte. Das Schiff erreichte den Hafen und der Geschäftsmann hielt Wort. Zwar kehrte er nie mehr nach Varna zurück, doch schickte er Geld und beauftragte einen Freund, es in den Bau der Kirche und des ersten Krankenhauses der Stadt zu investieren.

Seit 1865 steht die Kirche nun und hartnäckig hält sich das Gerücht, dass es die einzige der Welt sei, die von einem einzigen Menschen finanziert wurde. Gegenwärtig wird sie restauriert, der Ruß der vielen Kerzen hat die schönen Fresken fast bis zur Unkenntlichkeit entstellt. Wie lange die Arbeiten andauern werden, weiß niemand, die Erfahrung lehrt aber, dass in Bulgarien manches ganz plötzlich schneller geht als befürchtet. Bemerkenswert ist übrigens, dass die Wandmalereien erst 1961 von zwei Kunstprofessoren und ihren Studenten ausgeführt wurden, unterstützt von einem kommunistischen Staat, dessen Selbstverständnis eigentlich durch und durch anti-religiös war.

Der schattige, baumreiche Platz vor der Kirche zieht an schönen Tagen zahlreiche Flaneure an, die auf den Bänken rund um den kleinen Springbrunnen ein Schwätzchen halten oder in dem schicken Café davor einen Cocktail trinken.

Ⓣ täglich 7–12 und 13–18 Uhr, Blvd. Knjaz Boris I Nr. 35, Eintritt frei. Vor der Kirche werden täglich Souvenirs und religiöse Gemälde unterschiedlicher Qualität verkauft.

Dramatičen Teatăr: Anfang des 20. Jh. wurde in der aufstrebenden Hafenstadt über den Bau eines großen Theaters diskutiert. Viele befürchteten jedoch, die Kosten könnten den Haushalt der immer noch kleinen Stadt über Gebühr belasten – immerhin zählte Varna 1905 gerade mal 37.000 Einwohner – und so wurde das Projekt immer wieder verschoben. 1912 war schließlich genug Geld vorhanden, dass mit dem Bau begonnen werden konnte. Doch dann kam der Krieg und das Theater stand jahrelang ohne Dach da – vor der Witterung nur notdürftig mit

Stroh geschützt. Erst 1922 konnte wieder an die Kunst gedacht werden, ein städtisches Komitee kümmerte sich um die Eintreibung der nötigen Finanzen. Mit Unterstützung der inzwischen 60.000 Bürger, die überall in der Stadt Sonderbriefmarken zum Bau des Theaters kauften, kam schließlich genug zusammen, so dass das Bühnenhaus 1932 fertig gestellt werden konnte.

Das Bestreben der Erbauer, Anschluss an die westeuropäische Moderne zu finden, ist der Architektur deutlich anzumerken. Die neobarocke Fassade mit der reichen Ornamentierung ist deutlich an K.u.K.-Vorbilder angelehnt, die Eingangshalle ganz im Wiener Sezessionsstil gehalten. Anders als der Zuschauerraum, der in den 80er Jahren recht brachial vergrößert wurde, hat das Äußere bisher nicht unter Modernisierern zu leiden gehabt. Das 550 Zuschauer fassende **Theater**, das nach seinem ersten Intendanten benannt wurde, beherbergt heute auch die **Oper** und die **Philharmonie** und zählt mit seinem verspielt-grazilen Baustil zu den schönsten Bühnenhäusern Südosteuropas.

Pl. Nezavisimost 2, www.operavarna.bg (mit monatlichem Programm in Englisch). Die besten Plätze kosten 10 €. Tickets unter ✆ 052-223388 oder ✆ 052-223039. Unmittelbar vor dem Theater befinden sich mehrere gut besuchte Straßencafés im Pariser Stil.

Festival- und Kongresszentrum: Schön ist es nicht, aber das ist das Festivalpalais in Cannes ja auch nicht. Doch der berühmte Betonklotz beherbergt eben die Filmfestspiele, der weniger berühmte den *Varna Summer* (s. Kasten), eine Veranstaltungsreihe, die zwar mit kultureller Vielfalt, aber eben kaum mit Weltstars glänzen kann. Einen gewissen Ausgleich, wenn man so will, schafft der Bau von Varna allerdings durch einen ähnlich rücksichtslosen Umgang mit seiner unmittelbaren Nachbarschaft: An der Coté d'Azur muss sich die elegante Croisette gegen den „Bunker" wehren, in Varna hat das klassizistische Portal, das den Eingang zum Meerespark markiert, schwer gegen den Klotz zu kämpfen.

Wer dennoch Neugier verspürt, was sich in dem 70er-Jahre-Monstrum wohl verbergen mag, dem sei gesagt, dass er ein ähnliches Angebot an Shops, Cafés, Restaurants und Diskos besser – und günstiger – in den Straßen davor findet.

An der Küstenausfallstraße Richtung Norden (Zlatni pjasăci, Bălcik) erhebt sich übrigens der zweite „Prachtbau" des Kommunismus: der **Sportpalast**. Immerhin hat man es heute mittels einer durchdachten Lichtplanung geschafft, die protzig-pompöse Architektur zumindest nachts elegant und geheimnisvoll erscheinen zu lassen.

Blvd. Slivnica 2, ✆ 052-21331.

Meerespark

Gut viermal passt Varnas **Primorski Park** (auch **Morska gradina** genannt, also Meeresgarten) in den Englischen Garten von München – doch der ist mit seinen 370 ha ja auch der größte Stadtpark der Welt. Dafür besitzen die Bayern weder ein Delphinarium noch ein Aquarium, geschweige denn eine Open-Air-Bühne oder ein Observatorium. Hunderte Pflanzenarten, darunter gut 100-jährige seltene Laub- und Nadelbäume, säumen die breiten Alleen, die sich über 8 km vom Hafen bis zum Zarenschloss Evksinograd erstrecken. Konzipiert wurde die Anlage Ende des 19. Jh. von dem tschechischen Landschaftsarchitekten Antonin Novak, der vorher in Wien an den Gartenanlagen der Schlösser Belvedere und Schönbrunn mitgearbeitet hatte und hier seine Erfahrungen einbringen konnte.

Marinemuseum: Die Hauptachse verläuft, kurz hinter dem Hafen beginnend, Richtung Nordosten stets am Meer entlang. Erster Stopp könnte das Marinemuseum gleich am Anfang des Parks sein – die militärischen Exponate des klassizistischen Baus dürften jedoch nur für Spezialisten interessant sein.

Aquarium: Nur ein paar Schritte weiter folgt eines der schönsten Gebäude Varnas: das efeuumrankte Aquarium (Di–Fr 9–17 Uhr, Mo erst ab 14 Uhr). Fertig gestellt wurde es 1911. Mit seinen Hunderten von Meereslebewesen gibt das Aquarium einen guten Eindruck von der reichen Fauna des Schwarzen Meeres. Im Foyer schwimmen zudem zahlreiche tropische Fische, darunter natürlich Piranhas – immer ein Blickfang, vor allem für Kinder. Gut und schön sitzt es sich in dem kleinen Café vor dem Eingang. Rund ums Aquarium stehen die ältesten Bäume des Parks, gepflanzt 1862.

Observatorium Nikolaus Kopernikus: Sternengucker werden an dem vor wenigen Jahren eröffneten Neubau ihre helle Freude haben. 5500 Sonnen können auf die 10 m große Kuppel projiziert werden und wer es nicht glauben kann, dass die Erde sich um ihre eigene Achse dreht, erhält hier den Beweis: Das berühmte Foucaultsche Pendel schlägt aus. Das Observatorium befindet sich in Höhe des eigentlichen Eingangs zum Park, den 1939 errichteten Kolonnaden am Fuße des blvd. Slivnica, zum Meer blickend rechts.

Strand: Vom Observatorium sind es keine 100 m mehr bis hinunter zum Stadtstrand, der sich hinter der Diskomeile verbirgt und weitaus besser ist als sein Ruf: kein Ort, an dem man unbedingt baden muss, dazu ist der Hafen zu nah, aber durchaus eine Stätte von beachtlichem Reiz, vor allem wenn man in einer der zahlreichen Bars Platz nimmt und seinen Blick übers Meer schweifen lässt.

Open-Air-Bühne: Zurück auf den Alleen des Parks folgt nach einigen hundert Metern das romantische Freilufttheater, im Sommer Schauplatz von Rock-Konzerten wie Ballett-Aufführungen gleichermaßen. Links davon in Richtung Wohngebiet hat kürzlich ein kleiner Vergnügungspark für Kinder aufgemacht, der mit seinen Wasserspielen und dem Trampolin für viel Trubel an warmen Tagen sorgt. In Längsrichtung geht es weiter durch die so genannte Allee der Unsterblichen, in der die berühmtesten Aufständischen der bulgarischen Wiedergeburtszeit mit Bronzebüsten geehrt werden.

Zoo und **Naturwissenschaftliches Museum** befinden sich nicht weit von der Freilichtbühne entfernt auf gleicher Höhe – der sicher nicht an westlichen Kriterien zu messende Tiergarten links, das Museum mit seinen ausgestopften Tieren und den Steinen unter Glas rechts.

Delphinarium: Hier, etwa 4 km vom Marinemuseum entfernt, könnte der Spaziergang enden. Der Park erstreckt sich aber noch weitere 4 km bis zum Schloss Evksinograd. Die halbstündigen Shows in dem 1100 Zuschauer fassenden Delphinarium finden während der Hochsaison dreimal täglich außer montags statt, im Rest des Jahres vormittags und nachmittags je einmal. Wer bei Dressuren – die hier verlangen den Delphinen wenigstens kaum mehr als ihre natürlichen Freudensprünge ab – eher ein ungutes Gefühl hat, kann sich die schönen Tiere auch nur im Becken schwimmend vom Café aus ansehen oder einfach von der Terrasse den Meeresblick genießen.

Im Botanischen Garten nördlich von Varna: Großzügige Anlage der Universität Sofia

Südlich von Varna: das Freilichtmuseum Fanagoria

Umgebung von Varna

Altbulgarisches Feldlager Fanagoria (Фанагория)

Der Ort ist gut gewählt: Unweit der spektakulären **Asparuch-Brücke**, die im Süden den Eingang zur Stadt markiert, liegt das originalgetreu rekonstruierte Kriegslager aus der Zeit der bulgarischen Staatsgründung. Von asiatischen Nomadenvölkern verdrängt, eroberte das Turkvolk unter Khan Asparuch 681 das Territorium zwischen dem Südbogen der Karpaten (heute zu Rumänien gehörig) und dem Balkan-Gebirge. In den folgenden drei Jahrhunderten erweiterten seine Nachfolger die Grenzen bis zur Adria im Westen und der Ägäis im Süden.

Sieben komplett ausgestattete Zelte aus der archaischen Zeit der Staatsgründung stehen in einem Waldstück nahe des Viertels **Galata**, darunter die Jurten des Khans, des führenden Schamanen (die Altbulgaren waren Heiden) und verschiedener Handwerker. Weitere Ausstellungsräume zeigen Werkzeuge, Geschirr, Teppiche und Waffen – Handwerksprodukte, die in authentischer Werkstatt-Umgebung präsentiert werden. Rund um die Feuerstelle im Inneren der Jurten sind fellbezogene Sitze (für den Khan ein Thron), die persönlichen Waffen, Schmuck und niedrige Möbelstücke gruppiert.

Fanagoria ist ein eindrucksvolles Projekt, von dem bisher nur der erste Teil realisiert wurde. In einem zweiten Abschnitt sollen eine Festung, eine frühmittelalterliche Basilika und ein Schloss die damalige Zeit (7.–11. Jh.) weiter veranschaulichen. Heute wird das marktplatzgroße Areal von einer hohen Mauer aus dünnen Baumstämmen begrenzt, durch die ein von Türmen bewachtes Tor hindurchführt. Neben der eigentlichen Open-Air-Ausstellung gehört noch ein kleiner, sorgfältig der Umgebung angepasster Souvenirshop, ein im gleichen Stil erbautes Café und eine Manege für abendliche Reitershows zum Komplex.

• *Öffnungszeiten/Shop/Veranstaltungen* ⌚ täglich 10–16 Uhr (freier Eintritt), im Anschluss folgen Vorstellungen altbulgarischer Reiterkunststücke (Eintritt 5 €; 17–21 Uhr). Der Shop verkauft erstklassige Handwerkskunst (Amulette, Talismane, handgewebte Textilien) zu vernünftigen Preisen. Fanagoria kann auch für Privatveranstaltungen gemietet werden. Geschäftsführerin Marina ist vor Ort unter ✆ 0899-889097 zu erreichen, das Büro in Varna, ul. Makedonija 129 (**Македония**), unter ✆ 052-259477 und 📠 052-614553, www.bulgarian-tourism/fanagoria.

• *Anfahrt* Am südlichen Stadtrand von Varna, in Höhe der Asparuch-Brücke, weist ein Schild zum Viertel Galata (**Галата**). Etwa 500 m hinter der Abzweigung folgt ein zweiter Hinweis: Fanagoria (**Фанагория**). Ab hier geht es nur zu Fuß weiter, mitten durch den Park neben der Straße. Lassen Sie sich durch die fehlende Beschilderung nicht irritieren, einfach der Allee folgen, die nach gut 500 m vor dem mächtigen, Fort-ähnlichen Eingang des „historisch-ethnografischen Komplexes" endet.

Zarenschloss Evksinograd

Bulgariens einziges Schloss ist von der Straße nicht zu sehen. Einzig das Wachhäuschen und der Schlagbalken weisen darauf hin, dass sich dahinter ein Gebäude von nationaler Bedeutung verbirgt. Denn tatsächlich ist Evksinograd – der Name leitet sich von der ursprünglich griechischen Bezeichnung für das Schwarze Meer, *evxinos pontos*, ab; *grad* heißt auf bulgarisch Stadt – keine reine Touristenattraktion. Seit seiner Fertigstellung 1885 diente es den Herrschenden stets als Residenz für ausländische Gäste, bis 1945 den Zaren, dann KP-Chef **Todor Živkov** und heute den regierenden **Georgi Părvanov** und **Simeon Saksokoburggotski** (der Präsident stammt von dem deutschen Adelsgeschlecht Sachsen-Coburg-Gotha ab). Nicht-Politikern steht das Gelände erst nach Abschluss der sommerlichen Staatsbesuchssaison am 15. September zur Ansicht frei. Bis vor kurzem war der Zutritt ganzjährig verboten.

Zu sehen sind ein eklektizistisches, von den reinen Außenmaßen her eher bescheidenes Schloss im französischen Stil, komplett mit Gartenanlage, Seerosenteich und Sonnenuhr, ein Kloster aus dem 18. Jh. und ein riesiger, wunderschöner Park, der die eigentliche Attraktion der Anlage darstellt. 35 Gärtner sind damit beschäftigt, die zahlreichen Blumenbeete, Palmen, Zedern und Eichen nach allen Regeln der Kunst zu hegen und zu pflegen (die Palmen beispielsweise werden im Winter in ein Gewächshaus umgepflanzt). Unter die ökologische Sorgfaltspflicht dürfte auch das Elektroauto fallen, mit dem die Besucher auf den Alleen entlang gefahren werden, vorbei an Weingütern, die zu den besten Bulgariens gehören. Besonders gerühmt wird der Vračanski Misket, aber auch ein Chardonnay sowie Schnaps und Cognac werden hier produziert. Und wer sich unbedingt in hochherrschaftlicher Umgebung einquartieren möchte – und auch bereit ist, dafür einiges an Schreibarbeit auf sich zu nehmen –, der kann dies im Hotel Tunela tun. Der Preis: 125 € für ein Apartment und ein Bittbrief an das Innenministerium in Sofia.

• *Öffnungszeiten/Shop* ⌚ 9–15.30 Uhr, Reservierungen ab dem 15. September an der Rezeption des Schlosses, ✆ 052-393140 oder ✆ 052-393150, Eintritt 5 €, hinzu können noch 2,50 € fürs Fotografieren oder 5 € fürs Filmen kommen. Die beschriebenen alkoholischen Getränke verkauft ein kleiner Shop neben dem Besucherparkplatz: Vračanski Misket 2 €, Cognac (20 Jahre alt) 26 €.

• *Anfahrt* Das Schloss befindet sich an der Küstenschnellstraße Richtung Zlatni pjasăci, von Varna kommend rechter Hand, gegenüber dem Botanischen Garten (**Екопарк**).

Botanischer Garten (Екопарк)

Auf dem Weg nach Norden, kurz hinter der Stadtgrenze in Höhe des Badekurorts **Sv. Konstantin i Elena**, säumen Schilder mit der Aufschrift „Ekopark“ (Екопарк) die Küstenschnellstraße. Da wo es leicht bergauf geht, markiert ein ebenfalls ausgeschilderter Abzweig eine Wende – fährt man dann auf der Gegenseite zurück, muss man schon aufpassen, um den Eingang zu einer der schönsten Gartenanlagen Bulgariens nicht zu verpassen. Gleich neben einer Bushaltestelle, vis-a-vis befindet sich das Wachhäuschen und der Besucherparkplatz des Schlosses Evksinograd, geht es rechts rein.

Der Park, 1977 von der Sofioter Universität Kliment Ochridski angelegt und seit 2002 für Besucher geöffnet, erstreckt sich wunderbar weitläufig über insgesamt 90 ha. Allein mehr als 300 Baum- und Buscharten, darunter der kalifornische Mammutbaum (*sequoiadendron giganteum*), und rund 250 verschiedene Sorten Iris wachsen auf dem Gelände; außerdem Gräser, große Kakteen- und Rosenfelder sowie der seltene *Gingko biloba*. Ein Treibhaus mit weiteren 600 Pflanzenarten gehört ebenfalls zur Anlage.

1–2 Stunden lassen sich auf der von unbefestigten Wegen durchzogenen, auffallend gepflegten Parkanlage leicht verbringen. Kleiner Tipp: Für Selbstversorger ist im hinteren Bereich des botanischen Gartens ein schöner Platz im Freien eingerichtet worden, dessen riesiger Steinofen zu einem ausgedehnten Grillgelage animiert. Die Infobroschüre, die an der Kasse erhältlich ist, zeigt den genauen Standort des Barbecues.

täglich 9–19 Uhr, 052-361940 oder 052-361941, 052-361942, Eintritt 2 €, Kinder 1 €.

Der steinerne Wald (Побити камъни)

Die Legende besagt, dass in der steppenartigen Gegend westlich von Varna einmal eine grauenhafte Schlacht zwischen osmanischen Besatzern und bulgarischen Partisanen getobt habe. Niemand überlebte das fürchterliche Gemetzel und als die Menschen aus den umliegenden Dörfern am nächsten Morgen aus ihren Verstecken kamen, hatte sich der Wald zu Stein verwandelt.

Ersten wissenschaftlichen Untersuchungen aus der Mitte des 19. Jh. zufolge handelte es sich bei den Steinsäulen um Reste antiker Tempel. Diese These wurde jedoch schnell verworfen und man nahm in der Folgezeit an, dass die Entstehung etwas mit der natürlichen Erosion zu tun habe. Inzwischen wird vermutet, dass die porösen Steinzylinder, in deren Hohlräumen zahlreiche Vogelarten nisten, eine Art Stalaktiten sind, die sich vor 50 Millionen Jahren auf dem damaligen Meeresgrund gebildet haben. Heute ist die Küste des Schwarzen Meers 18 km entfernt, der Wald aus Stein erstreckt sich in einem 5 km breiten Streifen beiderseits der Landstraße, die von Varna nach Devnja führt (*nicht* die Autobahn A2 oder E 70, wie sie auch angeschlagen steht, sondern die Landstraße, die am See entlang zu den Dörfern Kazaško (Казашко) und Ezerovo (Езерово) führt. Die ersten Steinsäulen, die bis zu 6 m hoch und 2,5 m dick sind, erreicht man kurz hinter dem Dorf Ezerovo.

- *Anfahrt* Das 250 ha große Naturschutzgebiet Pobiti kamăni (**Побити камъни**, wörtlich: „in den Boden gerammte Steine“) ist nur per Taxi oder Privatfahrzeug zu erreichen.
- *Tierwelt* Neben 114 Vogelarten, darunter Eulen, Kuckucks, Wiedehopfe und Nachtigallen, leben in dem sandigen Gebüsch Skarabäus-Käfer und Schildkröten.
- *Informationen* Bei der zentralen Säulengruppe hinter Ezerov versorgt ein kleiner Kiosk Interessierte mit Informationsmaterial und Postkarten. Eintritt frei.

Von Varna ins Landesinnere

Von Varna aus lassen sich drei der bedeutendsten Sehenswürdigkeiten Bulgariens schnell und leicht erreichen: das Felsenrelief des Reiters von Madara und die beiden frühesten Hauptstädte des Landes. Pliska zählte vom 7.–9. Jh. zu den größten Städten Europas. Nach dessen Zerstörung wuchs im 10. Jh. Preslav zu einem kulturellen Zentrum heran, dem Bulgarien eine eigene Schriftsprache – das Kyrillische – und eine von Byzanz unabhängige Kirche verdankt.

Zwar liegen die drei Orte relativ nah beieinander, jedoch zu weit, um an einem Tag mehr als einen flüchtigen Eindruck gewinnen zu können. Wir haben deshalb das dazwischen liegende Šumen mit seiner beeindruckenden Moschee und der schönen Altstadt hinzugenommen und empfehlen, die Kombinationen Madara/Pliska und Šumen/Preslav jeweils als Tagestour zu unternehmen.

Madara und Pliska

In Bulgarien formierte sich 681 der erste Nationalstaat Europas. Später dehnte er seine Grenzen bis zum Ägäischen Meer und zur Adria aus. Ausgangspunkt der neuen Macht war Pliska, die Hauptstadt des Reichsgründers Khan Asparuch. Ein unbekannter Künstler feierte die schwer erkämpfte Unabhängigkeit von Byzanz auf den Felsen hinter dem Dorf Madara mit einem der berühmtesten Reliefs der Welt. Diese beiden bedeutenden Sehenswürdigkeiten liegen auf gleicher Höhe links und rechts der Autobahn A2 nicht weit von der Küstenmetropole Varna entfernt.

Der Reiter von Madara (Мадарски конник)

Die berühmte Figurengruppe aus dem frühen 8. Jh. ist deutlich kleiner als es Fotos vermuten lassen. Unter welchen Mühen sie in den senkrechten Felsen etwa 24 m über dem Erdboden gehauen wurde, kann man sich erst vorstellen, wenn man die 226 Stufen erklommen hat, die in die Nähe des Reiters führen. 5 Cent kostet ein Blick durch das Fernglas am Fuße der Treppe, das der Besitzer eines Cafés hier angebracht hat. Erst in der Vergrößerung ist zu erkennen, dass oben im Felsen eine ganze Szene dargestellt ist. Sie symbolisiert, darüber ist sich die Wissenschaft inzwischen einig, den Sieg des jungen bulgarischen Reichs über das mächtige Byzanz. Zu Füßen des Pferdes liegt ein Löwe, den der Reiter eben mit seinem Speer erlegt hat. Dahinter läuft ein Jagdhund heran. Die griechischen Inschriften unterhalb der Skulptur (das kyrillische Alphabet gab es damals noch nicht) dokumentieren den Triumph: Sie datieren aus der Zeit der bulgarischen Herrscher zwischen 702 und 831, als das stetig angreifende Byzanz immer wieder zurückgeschlagen werden konnte.

Kapelle Sv. Pantelejmon

Für die Wissenschaft wurde das Reiterdenkmal erst Ende des 19. Jh. entdeckt, als der tschechische Archäologe **Karel Škorpil** (1859–1944), der in Varna als Mathematiklehrer lebte, erstmals ein Gerüst anbrachte und die Inschriften aus der Nähe studierte. Eine exakte Einordnung gelang ihm jedoch nicht, anfangs glaubte er, es handele sich um ein thrakisches Zeugnis. Erst 1954, nach einer großen Expedition mit mehr als 30 Spezialisten, standen Entstehungszeit und Bedeutung fest. 1979 erkannte die UNESCO das Kunstwerk als Weltkulturerbe der Menschheit an.

1300 Jahre haben dem vollkommen ungeschützten Kunstwerk ziemlich zugesetzt und die Konturen stark an Schärfe verlieren lassen. Um ein gutes Foto machen zu können, sind starke Zooms nötig. Es ist jedoch nicht der Reiter allein, der einen Besuch lohnt. Madara liegt zum einen inmitten einer herrlichen Berglandschaft, zum anderen steht der Name für einen gesamten archäologischen Komplex, der schon als **das bulgarische Troja** bezeichnet wurde. Auch wenn dies eine Übertreibung sein mag: Tatsache ist, dass Madara schon seit frühester Zeit besiedelt und bis ins 15. Jh. eine bedeutende Religionsstätte gewesen ist.

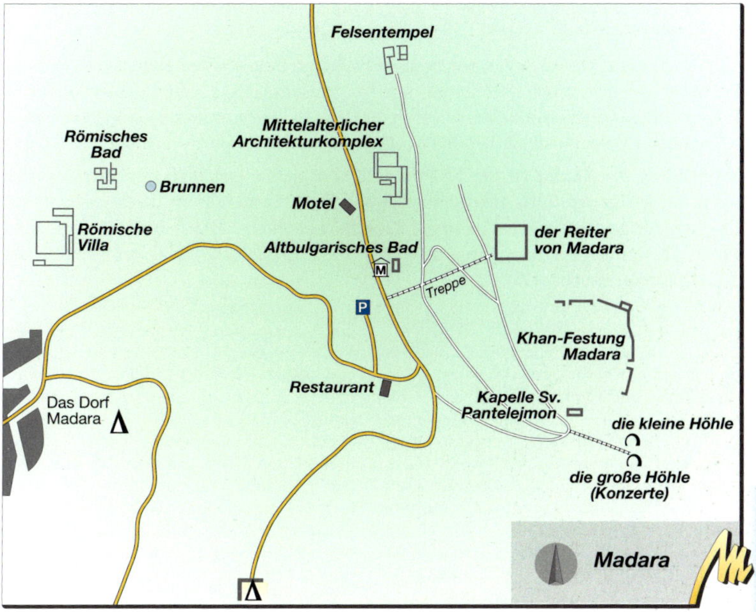

Höhlenkonzerte

Philharmoniker aus ganz Bulgarien hatten in der Madara-Höhle schon Auftritte und für die lebendige Jazz-Szene gehört sie zu den beliebtesten Veranstaltungsorten überhaupt. Vor dem Eingang spielt „Opa Nikolai Genov aus Šumen", wie er sich selbst vorstellt, täglich alte Volkslieder auf seiner Gajda, dem bulgarischen Dudelsack. Viele Menschen haben Tränen in den Augen, wenn sie diese melancholische und doch seltsam erhebende Musik hören, die mit wenigen Tönen das ganze Leid dieser Welt auszudrücken scheint. Die Instrumente (vor allem Flöten und Gajdas), die Nikolai zum Kauf anbietet, hat er selber angefertigt. Wer auf der Suche nach einem einzigartigen Erinnerungsstück ist: Nikolais Gajda könnte es sein.

In der großen **Höhle** unterhalb des Felsenreiters legten Archäologen kultisch verehrte Steinplatten mit dem Bildnis dreier Nymphen frei, die sie den Thrakern zuschreiben. 800 Jahre lang, vom 4. Jh. v. Chr. an, soll es in dieser Gegend eine große Siedlung dieses sagenumwobenen Volkes gegeben haben. Reste einer römischen Villa (vom Dorf Madara kommend links der Landstraße) unterstützen diese These – weitab von anderen Menschen wäre sie wohl nicht gebaut worden. Möglicherweise hat der Gutshof mit seinem stattlichen Hauptgebäude und dem öffentlichen Bad, der heute bis auf die Grundmauern zerstört ist, im 2. Jh. sogar einem thrakischen Sklavenhalter gehört, der unter römischer Herrschaft zu Reichtum gekommen war: nichts Ungewöhnliches für die damalige Zeit. Thraker haben es sogar bis auf den Cäsarenthron nach Rom geschafft. Funde aus römischer Zeit – Küchengefäße,

Tonlampen, Werkzeuge – sind in dem kleinen **Museum** am Fuße der Treppen ausgestellt, die hinauf zu dem Felsenreiter führen.

Über dem Relief, auf dem Plateau, bauten die ersten bulgarischen Khane eine massive **Festung**, die ihre nicht weit entfernten Hauptstädte Pliska und Preslav vor anrückenden Byzantinern schützen sollte. Später, im 12. Jh., siedelten sich in den Felsen Mönche an. Mehr als 150 Zellen hat es während des Hochmittelalters hier

ähnlich wie bei Aladža an der Küste vor Zlatni pjasăci gegeben. Besichtigt werden kann heute nur die dazu gehörende **Kapelle Sveti Pantelejmon** direkt neben dem Eingang zur großen Höhle: ein kleine Felsenkirche mit einer auf den Stein gemalten Ikone. Die große Festung übrigens wurde 1388 schließlich doch von den Türken erobert und zerstört.

• *Information/Preise* Neben dem Parkplatz, am Fuß der Treppe, die zu dem Felsenreiter hinaufführt, ist ein kleiner Obolus zu entrichten (1,50 €). Das Museum links daneben wurde zuletzt renoviert und hatte nicht geöffnet. Kleine, farbige Broschüren (2 €), die an den Kiosken vor dem Parkplatz ausliegen, illustrieren die zahlreichen, bis in die Frühgeschichte zurückreichenden Funde und präsentieren auch schöne Fotos von dem Felsenreiter selbst.

• *Anfahrt* Die Landstraße nach Madara (**Мадара**) zweigt 70 km hinter Varna von der Autobahn A2 Richtung Šumen ab. Nachdem das gleichnamige Dorf (1300 Einw.) passiert ist, fährt man, die riesige, senkrechte Felswand bereits vor Augen, an den Überresten der römischen Villa aus dem 2. Jh. vorbei bis zu einem Parkplatz am Fuße des Felsmassivs. Wer länger bleiben möchte, findet einfache **Unterkünfte** (Campingplatz, Motel) in unmittelbarer Nähe vor. Auch an **Souvenirshops** fehlt es nicht.

• *Kurzwanderung* Der malerische Pfad durch einen Laubwald hinauf zu dem Reiterstandbild ist erfreulicherweise frei von jedem Kommerz. Für den Hinweg sollte man sich auf jeden Fall für diese (längere) Strecke entscheiden: Ein Spaziergang durch die wunderschöne Landschaft gehört zu den Höhepunkten jeder Bulgarien-Reise. Steinbänke laden immer wieder zur Rast ein und nach etwa der Hälfte der Strecke erreicht man die große Höhle, die wegen ihrer phänomenalen Akustik regelmäßig zur Konzerthalle umfunktioniert wird (s. Kasten). Daneben liegt die kleine Felsenkapelle Sveti Pantelejmon mit der Ikone aus Stein. Bis zu dem Reiterstandbild sind es von hier noch etwa 10 Min. zu Fuß (ausgeschildert: **Мадарски конник**), dann steht man auf gleicher Höhe davor. Der Rückweg kann über die Steintreppe wesentlich abgekürzt werden, sie führt zu dem kleinen Museum am Fuße des Felsens.

Pliska (Плиска)

Mehr als 200 Jahre lang war Pliska die Hauptstadt des Bulgarenreichs, das Khan Asparuch nach schweren Kämpfen Byzanz im Jahr 681 abgerungen hatte. Doch auch drei Ringe dicker Mauern halfen auf Dauer nicht gegen die Übermacht aus Konstantinopel: 811 nahmen die Byzantiner fürchterlich Rache und zerstörten die Stadt, die zu den größten in ganz Europa gezählt hatte.

Notdürftig wieder in Stand gesetzt, nahm Pliska danach zwar jahrzehntelang weiter die Aufgaben einer Hauptstadt wahr, aber ihre Zeit war im Grunde abgelaufen. Denn nur 35 km weiter entstand eine neue, noch prächtigere Kapitale: Preslav. Als Zar Simeon im Jahr 893 die neue Hauptstadt offiziell ausrief, geriet Pliska endgültig ins Abseits. Die Menschen zogen fort und Pliska wurde zur Geisterstadt, die mehr und mehr verfiel.

Erst 1000 Jahre später, nach der Befreiung von den türkischen Unterdrückern, rückte die alte Hauptstadt wieder ins Blickfeld der bulgarischen Öffentlichkeit. Felix Kanitz, der ungarische Reisende, machte in seinem Buch *Donau-Bulgarien*

Die erste bulgarische Kirche: die Basilika von Pliska

und der Balkan (1882) erstmals auf die Ruinen aufmerksam. Davon angeregt, besuchte der bulgarische Kultusminister Konstantin Ireček 1884 die alte Hauptstadt und informierte seinen Cousin, den tschechischen Archäologen Karel Škorpil, darüber. Škorpil, der später auch das Aladža-Kloster und den Reiter von Madara für die Wissenschaft entdecken sollte, war sofort Feuer und Flamme. Mehrmals reiste er nach Pliska, sammelte Beweise und war sich schließlich sicher: Es ist die legendäre erste Hauptstadt der Bulgaren. 1899 organisierte Škorpil eine große Expedition, die das Schloss des Khans und die große Basilika zweifelsfrei identifizierte. Welche Bedeutung diese Entdeckung für das Selbstbewusstein der Bulgaren hatte, lässt sich kaum ermessen: Die eigene, nationale Geschichte war nach der 500-jährigen Osmanenherrschaft so sehr in Vergessenheit geraten, dass sogar der Name der alten Hauptstadt nicht mehr bekannt war. Erst 1905 entdeckten Archäologen eine beschriftete Steinsäule aus dem 9. Jh., auf der von der großen Stadt Pliska die Rede ist.

Etwa 2 km hinter der Ortschaft Pliska, die mit der ehemaligen Zarenresidenz nur den Namen gemein hat, sind die restaurierten Außenmauern erreicht. Der Weg führt daran entlang durch den Wald und endet vor den Resten eines Tempels, der halb von Mohn überwuchert ist, aber noch immer sehr majestätisch wirkt. Mehr ist hier nicht zu sehen – warum, erschließt sich erst auf dem Rückweg.

Die eigentliche Ruinenstadt liegt nämlich weiter vorn, hinter einer Schranke, die sich, leicht zu übersehen, etwa in der Mitte der langen Mauer befindet. Gleich rechts des Eingangs liegt das kleine **Museum**. Hier hier ist zu erfahren, dass es sich bei dem Tempel um die sagenumwobene **Basilika von 870** handelt, dem ersten christlichen Kirchenbau Bulgariens. 865 hatte Khan Boris I. das Christentum zur Staatsreligion erhoben und sich damit einen Zugang zum Westen geschaffen. Dass ein so bedeutendes Kulturzeugnis noch immer unbeachtet im Wald liegt, ist nur ein weiterer Beleg dafür, wie drängend die Probleme sind, die Bulgarien vorrangig lösen muss.

Allerdings wurde mittlerweile mit einer vollständigen Restaurierung begonnen. In dem Rahmen soll auch die fast 100 m lange und 25 m breite Basilika wieder in den Gesamtkomplex integriert werden. An den Wegen und Gärten, die einmal die Anlage erschließen und das Stadtbild wieder sichtbar machen sollen, wird bereits eifrig gearbeitet. An den Ruinen sollen zudem Texttafeln angebracht werden, um die ehemalige Funktion und Bedeutung der Gebäude zu erklären. Doch noch ist es nicht soweit. Ein bisschen kann es daher helfen zu wissen, dass Pliska einst aus drei konzentrischen Stadtteilen bestand, die jeweils von einer dicken Mauer umschlossen waren. Ganz innen stand das Schloss des Khans, dem ein weiterer kleinerer Palast zugeordnet war. Neben der Festungsmauer und der Basilika sind das heute die sichtbaren Reste des alten Pliska.

• *Information* Das kleine Museum rechts des Eingangs (Eintritt: 1 €) zeigt in Modellen und Zeichnungen, wie die große Stadt der bulgarischen Reichsgründer einmal ausgesehen hat. Alle Texte sind auch in Englisch geschrieben. Ein Raum ist ganz dem Archäologen Karel Škorpil gewidmet, der Pliska Ende des 19. Jh. entdeckte und auf eigenen Wunsch hier auf dem Gelände begraben wurde. Sein Grabkreuz hatte er noch zu Lebzeiten selbst ausgesucht.

• *Anfahrt* Von der A2 nach Šumen zweigt etwa 60 km hinter Varna eine Straße rechts nach Pliska ab, optisch unterstützt durch das Denkmal eines mittelalterlichen Khans. Eine gute Landstraße führt durch Felder voller Sonnen- und Mohnblumen in das einfache Bauerndorf Pliska. Im Ort weist ein Schild mit der lateinischen Aufschrift „Starini" den Weg, was übersetzt Ruinen bedeutet – ein merkwürdiger Zwitter, schließlich kann ein ausländischer Gast in der Regel auch dann kein Bulgarisch, wenn er das Wort lesen kann.

Šumen und Preslav

Der Weg zum 1100 Jahre alten Zarensitz Preslav – wie Pliska heute eine bedeutende Ausgrabungsstätte – führt durch die größte Ortschaft der Region: Šumen, eine Kleinstadt, deren Zentrum vom starken Kontrast zwischen kommunistischen Zweckbauten und hochästhetischen Wiedergeburtshäusern geprägt ist. Im Südwesten liegt zudem die größte muslimische Gebetsstätte des Balkans, Istanbul ausgenommen: die Tombul-Moschee. Von Šumen, das etwa 90 km westlich von Varna nah an der A2 liegt, sind es noch 25 km bis Preslav.

Šumen (Шумен) (90.000 Einw.)

Der Bulevard Simeon Veliki (Симеон Велики) führt von der A2 auf direktem Weg ins Zentrum. Nach der ersten großen Kreuzung, die man geradeaus überquert, sind es noch etwa 4 km auf der breiten Umgehungsstraße, ehe die Stadtmitte erreicht ist. Vom pl. Oborište (Оборище) gelangt man am einfachsten in die Fußgängerzone. Unübersehbar beginnt hier der moderne, lichte blvd. Slavjanski (Славянски), der von zahlreichen Bäumen und Cafés gesäumt ist, während parallel dazu die ul. Zar Osvoboditel (Цар Освободител) verläuft, in der sich die restaurierten Wiedergeburtshäuser des 19. Jh. konzentrieren. Viele davon sind traditionell eingerichtete Mehanas, einige stammen noch aus der Zeit der bulgarischen Renaissance, andere wurden nachträglich umfunktioniert. Besonders stimmungsvoll ist das Restaurant Popšejtanovata kăšta (Попшейтановата къща), wenige Meter hinter dem pl. Oborište, was übersetzt „das Haus der Familie Popšejtanov" bedeutet.

Hausmuseum Pančo Vladigerov (Къща-музей Панчо Владигеров) : Einige Gebäude weiter, mitten im Altstadtviertel, liegt das Wohnhaus von Bulgariens größtem Komponisten Pančo Vladigerov (1899–1978). Interessant ist dessen musikalische Erziehung: Vladigerov nahm in diesem Haus Klavierstunden bei Pavla Žekova, einer galizischen Jüdin, die ihrem bulgarischen Mann, den sie in Wien kennen gelernt hatte, nach Šumen gefolgt war. Vladigerov hatte seinerseits jüdische Wurzeln, seine Mutter kam ebenfalls aus Galizien. Möglicherweise beflügelte diese gemeinsame Herkunft auch die Bekanntschaft mit der Tochter des Hauses, jedenfalls heiratete sie den jungen Klavierschüler. Später studierte Vladigerov am Wiener Konservatorium bei Herbert von Karajan. Wegen dieser großen Bedeutung beschloss die Stadt, das Hausmuseum Pančo Vladigerov nicht in Vladigerovs Geburtshaus einzurichten, sondern in eben jener Wohnung, in der er Musik und Liebe kennen gelernt hatte. Das Museum dokumentiert Vladigerovs Werdegang mit zahlreichen Fotos, darüber hinaus machen die zahlreichen Originalmöbel und der herrliche Innenhof das Leben der bulgarischen Oberschicht im 19. Jh. direkt erfahrbar.

⌚ täglich 9–17 Uhr, Eintritt: 1,50 €, Ul. Zar Osvoboditel 136 (Цар Освободител).

Das 1987 begonnene Kaufhaus-Projekt bildet heute ein Mahnmal kommunistischer Hybris

Phallus von Šumen: Tritt man aus dieser Welt verfeinerter Bürger-Ästhetik wieder auf die Straße, fallen die groben Geschmacklosigkeiten der Kommunisten umso mehr auf. Nicht zu übersehen ist etwa ein halb fertiger Betonklotz, den die Einheimischen nur den „Phallus von Šumen" nennen. Wie von feindlichen Außerirdischen mitten ins Zentrum gerammt, ragt der Keil hoch über die Altstadt empor. Das 1987 begonnene Kaufhausprojekt wurde nach der Wende gestoppt. Bis heute steht nicht fest, was mit dem Bau geschehen soll.

Kossuth-Museum: Nur wenige Meter dahinter, in der ul. Zar Osvoboditel 115, folgt das Wohnhaus des ungarischen Revolutionärs von 1848, Lajos Kossuth (1802–94), der hier, auf der Flucht vor der russischen Armee, vier Monate verbrachte und dabei Šumen in eine moderne Stadt verwandelte.

Im Gefolge der europäischen Revolution von 1848 gelang Ungarn die Loslösung vom habsburgischen K.u.K.-Reich. Kossuth wurde zuerst zum Finanzminister und ein Jahr später zum Präsidenten ernannt. Doch die alten Seilschaften funktionierten noch: Kaiser Franz Joseph bat Russland um Unterstützung und Zar Nikolaus I. schickte 200.000 Mann los, die das ungarische Heer im August 1849 zur Kapitulation zwangen. Kossuth floh mit 5000 Getreuen nach Süden, in die bulgarische Donaustadt Vidin. Der einbrechende Winter zwang die kleine Revolutionsarmee schon bald zur Weiterreise und Ende November 1849 kam Kossuth mit noch 2000 Soldaten (der Rest war nach Ungarn zurückgekehrt) in Šumen an. Im Haus von Dimitraki Panov, das seit 1949 als Kossuth-Museum (Къща-музей Лайош Кошут) eingerichtet ist, lebte der ungarische Präsident bis Ende Februar 1850. In dieser kurzen Zeitspanne gelang es dem offenbar sehr charismatischen Politiker, das gesamte öffentliche Leben in der Kleinstadt zu verändern: Trotz der weiter herrschenden Türken setzte er den Verkauf von Schweinefleisch durch, die weibliche Oberschicht entdeckte die Krinoline und hohe Absätze, die Brauerei wurde modernisiert (die Biermarke Šumensko pivo genießt bis heute einen sehr guten Ruf), man baute Kutschen und ging zu Konzerten und Theateraufführungen. Die Gründung von Ensembles war von Kossuth angestoßen worden, auch das erste bulgarische Orchester, das im Mai 1850 sein Debüt gab, ging auf sein Wirken zurück.

Wer sich nicht für die politische Geschichte des 19. Jh. erwärmen kann, wird in diesem repräsentativen Bürgerhaus dennoch Interessantes entdecken – die reiche Holzornamentik der Decken etwa oder den stark orientalisch geprägten Salon – und dadurch ein wenig mehr von der komplizierten Wechselwirkung zwischen Herrschern und Beherrschten verstehen. Denn obwohl die Bulgaren einen ausgeprägten Nationalstolz besaßen – da die Oberschicht nur die osmanische Einrichtungsmode kannte, blieb ihnen nichts anderes übrig, als deren Elemente zu übernehmen –, wollten sie ein anerkannt herrschaftliches Haus besitzen. Erst mit Kossuth kamen erste westliche Einflüsse nach Šumen – seine Bedeutung für die Region kann daher kaum überschätzt werden.

🕐 täglich 9–17 Uhr, Eintritt: 1,50 €, auf Anfrage wird auch eine Führung in Englisch angeboten.

Fußgängerboulevard Slavjanski (Славянски): Schlägt man sich nun nach rechts in eine der kleinen Seitenstraßen, stößt man nach kurzer Zeit auf den Fußgängerboulevard Slavjanski, der vollständig in Händen der fröhlichen Jugend ist. Eine halbe Stunde verbringt man hier gern im Café: Wie auf einer Bühne zeigen sich gut angezogene Bulgaren aller Altersklassen als lässig-stolze Städter und Virtuosen der Kommunikation, verbal wie, vor allem, non-verbal.

Rechts rum geht es zurück auf den pl. Oborište, von wo es nur wenige Gehminuten bis zur bedeutendsten Sehenswürdigkeit von Šumen sind: der Tombul-Moschee, dem größten muslimischen Bauwerk auf dem Balkan.

Tombul-Moschee (Томбул-Джамия): Der Weg führt vom pl. Oborište in Verlängerung des blvd. Slavjanski immer geradeaus durch eines der ärmeren Viertel von Šumen, wodurch der Anblick der gewaltigen, mehr als 250 Jahre alten Moschee noch eindrucksvoller ist. Der Name „Tombul“ rührt von der großen Kuppel her, die sich über das Hauptgebäude spannt, und wurde vom allgemeinen Sprachgebrauch übernommen. Offiziell ist die Moschee jedoch nach ihrem Gründer Šerif Halil paša benannt. Der, so will es die Legende, stammte aus dem nahe gelegenen Dorf Madara und kam als Berufssoldat in Asien zu großen Ehren. Sein Kampfesmut brachte ihm den Rang eines paša ein, dem türkischen Äquivalent zum General. Stolz kehrte er zurück, um seinem Vater zu zeigen, wie weit er es gebracht hatte. Doch es kam zum Streit und kurz darauf starb der Vater. Šerif Halil paša hatte ein schlechtes Gewissen und beschloss, als Zeichen seiner Buße den schon lange geplanten Bau einer großen Moschee in Šumen zu finanzieren. 1744 war es dann soweit: Die ersten Gläubigen betraten den **Gebetssaal**, der am Boden als Quadratform beginnt, dann nach oben hin zuerst in ein Achteck und weiter in einen Kreis übergeht, um schließlich von der riesigen Kuppel überwölbt zu werden. Der Balkon ist für die Frauen reserviert.

In der Altstadt von Šumen (im Hintergrund das Monument „1300 Jahre Bulgarien“)

STOP

Der Gebetsraum ist reich geschmückt: mit Wandmalereien, die immer noch die Originale aus dem 18. Jh. sind und daher an vielen Stellen bereits Farbe verlieren oder ganz abblättern, mit Holzschnitzereien bulgarischer Meister, hinzu kommen Pflanzen, geometrische Figuren und verzierte Koranzitate in Arabisch. Man fühlt sich ein wenig an den westeuropäischen Barock erinnert und tatsächlich wird dieser ornamentreiche Stil in der muslimischen Architekturgeschichte auch türkischer Barock genannt. Wie auf dem Balkan üblich, vermischen sich jedoch auch in der Tombul-Moschee die unterschiedlichsten Einflüsse, so dass von einem reinen Stil eigentlich kaum gesprochen werden kann. „Synkretismus" nennt das die Wissenschaft: Kerzen, ein typisch christliches Symbol eigentlich, sind in der Tombul-Moschee allgegenwärtig und auch die byzantinische Baumode hat hier ihre Spuren hinterlassen.

Im 2. Stock des Nebengebäudes ist eine **Bibliothek** mit 5000 Bänden religiöser Literatur in Persisch und Arabisch untergebracht, darunter befindet sich die **Koranschule**. Das Minarett ist 40 m hoch, exakt 99 Stufen führen hinauf.

⌚ täglich 9–18 Uhr, Eintritt 1 €, ✆ 0887-281302 (unter dieser Telefonnummer können individuelle Führungen in Deutsch oder Englisch vereinbart werden, Preis nach Absprache). Nicht vergessen: vor dem Betreten der Moschee bitte die Schuhe ausziehen.

Monument „1300 Jahre Bulgarien": Fast von jedem Winkel der Stadt aus ist ein landesweit bekanntes Wahrzeichen zu sehen: das 1981 errichtete gigantische Betonmonument zu Ehren der Staatsgründung im Jahr 681. Eine Schönheit ist es ebenso wenig wie die meisten repräsentativen Bauten des Kommunismus, doch auch wenn die meisten Bulgaren dessen ungeschlachte Protzerei belächeln, den inhaltlichen Wert ziehen sie nicht in Zweifel. Inzwischen, da ein weiteres Vierteljahrhundert vergangen ist, besitzt das kleine Land schon deutlich länger als 1300 Jahre eine nationale Identität – und das trotz zahlreicher und langer Besatzungszeiten.

Auf einem Hügel 2 km südlich der Stadt erhebt sich das militärisch-zackige Denkmal, das unter anderem alle 46 mittelalterlichen Herrscher des unabhängigen Bulgarien in starr-heroischer Pose darstellt und in bunten Mosaiken die Begründer der kyrillischen Schriftsprache Kyrill und Metodi sowie deren Schüler Kliment, Naum, Angelari, Sava und Gorazd feiert. Interessantes Detail: Die ineinander verschachtelten Betonblöcke sind so platziert, dass sich an einer Stelle ein „Loch" bildet, das wie ein Kreuz aussieht – die Religion ist zwar vorhanden, aber nur als Leerstelle.

• *Anfahrt* Der Weg hinauf ist lang und umständlich: am besten ist es, aus dem Zentrum für etwa 3 € ein Taxi zu nehmen. Zurück kann man dann die Treppe hinabsteigen, die nach offizieller Lesart aus exakt 1300 Stufen besteht. Ortskundige versichern jedoch, dass es weit weniger sind.

Preslav (Преслав)

Südlich von Šumen, in der Nähe des 10.000-Einwohner-Städtchens Preslav, liegen die Ruinen von **Veliki Preslav** (Велики Преслав), wie die Bulgaren ihre zweite Hauptstadt manchmal nennen. Das „Große Preslav" erlebte seine Blütezeit nach der Zerstörung von Pliska zwischen 893 und 972, als Zar Simeon das Reich zu seiner größten Ausdehnung trieb. Von der Adria im Westen über die Ägäis im Süden bis zum Dnjepr im Osten reichte das bulgarische Reich, das im 9. und 10. Jh. das größte und mächtigste in Europa war. Auch kulturell machte Preslav von sich reden: Simeon setzte nicht nur die Unabhängigkeit der bulgarischen Kirche von Konstantinopel durch, er ließ auch auf Bulgarisch predigen – ein unerhörter

Vor Preslav: eine Kapelle für den Begründer der kyrillischen Schrift

Affront in der christlichen Welt, die bis zur Reformation von Latein und Griechisch sprechenden Priestern geprägt war.

Kliment, der erste bulgarische Bischof, war ein Schüler von Kyrill und Metodi, den beiden Geistlichen, die 863 die *glagolica*, eine Vorstufe des kyrillischen Alphabets geschaffen hatten. Kliment gab der Schrift, protegiert von Simeon, ihr heutiges Aussehen.

Die Konsequenz: Bereits ab dem 10. Jh. konnten die Bulgaren ihre Priester verstehen – und die vermochten wiederum in ihrer eigenen Sprache zu schreiben. In Westeuropa fing dieser Prozess erst 600 Jahre später an.

Die Stadt Zar Simeons liegt heute in Trümmern: Die Zerstörungswut der Byzantiner (972) und später der Türken (1388) hat nur einige Ruinen übrig gelassen, die sich auf freiem Feld über 3,5 km^2 erstrecken. Es heißt, die Bauten von Preslav seien einst mit Gold und Silber verziert gewesen und zwei dicke Festungsringe hätten die Stadt umschlossen. Am deutlichsten erkennbar ist heute die **Goldene Kirche**. Sie stammt aus dem Jahr 908 und wird in dem Standardwerk *Osteuropäische Baukunst des Mittelalters* als „Einzelschöpfung" beschrieben, „zu der es im frühen Mittelalter weder in Bulgarien noch in Byzanz Vergleichsbeispiele gibt".

Von Šumen bis zur landwirtschaftlich geprägten Kleinstadt Preslav sind es etwa 25 km. Ein Schild gleich am Ortseingang weist zu dem Ruinenfeld mit der Aufschrift Старини (Starini). Nach 3 km auf schlechter Straße folgt der gleiche Hinweis noch einmal, ihm folgend zweigt man nach links ab und stößt kurz darauf auf ein Schild in lateinischer Schrift, das die Distanz bis Veliki Preslav mit 200 m angibt. Tatsächlich erreicht man nach exakt dieser Streckenlänge einen weiteren Wegweiser, der diesmal auf Bulgarisch das **Archäologische Museum Veliki Preslav** (Археологически музей Велики Преслав) ankündigt. Eine schöne Allee führt, vorbei an dem gemütlichen Restaurant Lovna Srešta (Ловна среща), zum dem nur für Spezialisten aussagekräftigen Museum des Ausgrabungsgeländes. Stimmungsvoller ist da schon ein Spaziergang durch den lichten Mischwald bis zur hübschen **Kapelle Kiril i Metodi**, die 1885 zu Ehren der Schriftbegründer etwa 1 km von dem Museum entfernt errichtet wurde.

Folgt man dem asphaltierten Pfad weiter, stößt man zuerst auf das idyllisch gelegene Motel-Restaurant Omurtagov most (Омуртагов мост), und wenig später, einem leicht ansteigenden Fußweg folgend, auf das eigentliche Ausgrabungsgelände. Die Goldene Kirche liegt, vom Restaurant aus gesehen, an dessen entgegengesetztem Ende.

Wer direkt zu dem Ausgrabungskomplex will, darf oben genanntem Wegweiser, der das Museum anzeigt, nicht folgen, sondern muss geradeaus bis zu dem Restaurant Omurtagov most weiterfahren. Das Kirchlein Kiril i Metodi muss man deshalb nicht verpassen: Unterwegs zweigt eine kleine Straße ab.

• *Information* **Archäologisches Museum Veliki Preslav** (**Археологически музей Велики Преслав**), ⌚ im Sommer täglich 8–18 Uhr. Eintritt 1,50 €, eine deutsche Führung durch das Ausgrabungsgelände kostet 2,50 € oder 5 €, je nachdem, ob diese von einem Studenten oder einem im Museum angestellten Archäologen geleitet wird. Das Museum selbst wendet sich mit seinen zahlreichen, aber für Laien unspektakulären Fundstücken eher an die Fachwelt.

• *Übernachten und Essen* **Omurtagov most** (**Омуртагов мост**), gepflegtes, ländlich-freundliches Motel-Restaurant. In einfachen Zimmern (15 €) lässt sich hier inmitten der Natur und praktisch am „Eingang" zum Ausgrabungsgelände eine angenehme Nacht verbringen. Das Essen ist ausgesprochen vielfältig und sehr in Ordnung.

Lovna srešta (**Ловна среща**), an der Allee (neben dem Parkplatz), die hinter der Ortschaft Preslav zu obigem Museum führt, befindet sich dieses nette Restaurant, in dem man gute regionale Küche erhält.

• *Anfahrt* Auf der Landstraße an dem Schild „Archäologisches Museum Veliki Preslav" (s. „Information") vorbei und dann immer geradeaus bis zu einem kleinen Parkplatz fahren.

Byzantiner und Türken zerstörten die über 1000 Jahre alte Goldene Kirche von Preslav

Königliche Aussicht: Uferpromenade unterhalb des Schlosses von Bălčik

Von Varna nach Bălčik

Sveti Konstantin i Elena (Свети Константин и Елена)

Die älteste und kleinste Feriensiedlung an der bulgarischen Schwarzmeerküste ist zugleich auch die sympathischste. Die Hotels liegen weiter auseinander als im benachbarten Zlatni pjasăci, und Spazierwege durchziehen die gesamte Parkanlage. Hauptattraktion dieses klassischen Badeorts, von Bulgaren nur Sveti Konstantin genannt, ist der breite und feinkörnige Sandstrand. An seinem nördlichen Ende ist Sunny Day, die ehemalige Urlaubsenklave der kommunistischen Parteiprominenz, jetzt jedermann zugänglich. Im Süden schließt der neue Kurkomplex Saint Elias die Siedlung ab.

Sveti Konstantin, 9 km nördlich von Varna gelegen, ist vor allem ein Pauschalreiseziel. Die meisten Hotels stehen zwar auch Individualtouristen offen – aber natürlich zu den bekannt erhöhten Preisen. Am Strand hingegen wird allen das Gleiche geboten: Schirm und Liege sind für 1–2 € zu haben, das Wasser ist klar, der Sand schimmert golden. Für einen Tag am Meer, gemütlich und ereignisarm, ist Sv. Konstantin wie geschaffen. Action und Abenteuer findet man hier nicht.

Seinen guten Ruf verdankt der bald 100-jährige Urlaubsort – mit dem Bau der ersten Unterkünfte wurde 1908 begonnen – seinen zahlreichen Quellen, aus denen heißes, heilendes Mineralwasser sprudelt. Im Grunde ist Sv. Konstantin ein **Thermalbad** mit entsprechendem Kurangebot, von Schlammpackungen (der Heilschlamm stammt aus dem nahe gelegenen Varnaer See), Heilgymnastik und Wannenbädern voller Heilkräutern bis zu Massagen aller Art. Was die Ferienanlage allerdings einzigartig macht: Das Wasser etlicher Mineralquellen wurde zu den kostenlosen

Duschanlagen am Strand umgeleitet. Vor allem im mittleren Küstenabschnitt von Sv. Konstantin (Unterführung zum Strand!) sind sie ein beliebter Aufenthaltsort des vorwiegend älteren Publikums. Nachdem dieser Teil jahrelang unter den knappen öffentlichen Geldern zu leiden hatte, sind nun die kleinen Restaurants und Bars neu eröffnet worden, allerdings müssten auch die Duschräume dringend mal generalüberholt werden.

Bis es soweit ist, kann man in den kleinen Buchten von Saint Elias baden, gekühlt vom Schatten der Bäume am Fuße der Parklandschaft, oder sich an den gepflegten Strand von Sunny Day legen, da wo sich früher die KP-Funktionäre vom Stress des Nichtstuns zu erholen pflegten. Oder man kann durch den schönen Park spazieren, der rund um die Kirche (s. „Sehenswertes") von Antonin Novak, dem Architekten des Meeresparks von Varna, zwischen 1925 und 1931 angelegt wurde.

Orientierung

Der Eingang von Sv. Konstantin (zu kommunistischen Zeiten *Družba* = „Freundschaft" genannt) wird von Wachtposten kontrolliert, denen man manchmal seinen Reisepass zeigen muss. Ist diese Hürde passiert, geht es kurz nach dem Schlagbaum rechts entlang und dann ein Stück geradeaus bis zu einem Parkplatz. Links befindet sich der abendliche Laufsteg mit der für Ferienorte typischen Budengasse. Schön und preiswert sind vor allem Lederwaren und Modeschmuck, versteckt finden sich manchmal auch kunstvolle Kukeri-Masken oder handgefertigte Teppiche. Am Weg liegt die kleine, halb im Boden versenkte **Kirche Sv. Konstantin i Elena**, der die Anlage ihren Namen verdankt. Dieses bescheidene Kleinod aus Stein wirkt wie ein Mahnmal der türkischen Besatzungszeit, in der das Christentum zu Boden gezwungen wurde. Der Ladenstraße folgend, gelangt man zum Hauptplatz mit dem Informationsbüro der Agentur Hit Tourism und dem unübersehbaren Restaurant Černomorec.

Die beiden Ortsteile **Saint Elias** und **Sunny Day** befinden sich rechts und links des Ortseingangs, jeweils nach 2–3 km. Der nach Jahren der Vernachlässigung zuletzt wieder sorgsam gepflegte **Hauptstrand** liegt auf dem Weg nach Sunny Day, da wo links am Berg die früheren Pionierheime auf ihre Renovierung warten. Mehrere Unterführungen geleiten die Badegäste gefahrlos unter der Straße hindurch zum Strand, der von zahlreichen kleinen Bars und Kneipen versorgt wird.

Information/Verbindungen/Adressen

• *PLZ* 9006

• *Information/Ausflüge* Alles zu Busverbindungen und Zimmerreservierungen wissen die Damen der Agentur **Hit Tourism** am Hauptplatz. Außerdem können hier Rundreisen in die Umgebung und Karten von Sv. Konstantin (1 €) gekauft werden – unentbehrlich für die Suche nach Hotels. Die Wegweiser sind selten und inkonsequent angebracht. ⌚ Mo–Sa 9–19 Uhr, ☎ 052-363335 oder 088-8449289, 📠 052-361301, office@hit-tourism.com.

Als kostengünstige Alternative zu Hit Tourism ist die kleine Reisefirma **Valett** zu empfehlen, die Ausflüge nach Nessebăr, Bălčik und Žeravna anbietet. Gefahren wird in modernen Kleinbussen (Air-Condition) mit max. 20 Plätzen, die Preise sind moderat: Von 12,50 € für die kürzeste Reise (5 Std.) bis 22,50 € für die längste (10 Std.). Außergewöhnlich ist die Jeep-Safari durch den Naturpark Zlatni pjasăci (30 €). Der kleine Stand von Valentin befindet sich rechts kurz hinter der kleinen Brücke neben der Kirche Sv. Konstantin i Elena. Sein Partner Edward kann sich auch in Deutsch ganz gut verständigen, ☎ 052-611530 oder 048-896207, 📠 052-361301.

Tourist Administration Office: im Ortsteil Sunny Day, nach der (problemlos passierbaren) Schranke etwa 200 m die Straße entlang, linker Hand. Besitzt umfangreiche Informationen zu den Hotels und deren Kur-

angeboten, nimmt Reservierungen vor.
⌚ Mo–Sa 9–16 Uhr.

• *Verbindungen* Bus Nr. 409 fährt von Varna nach Zlatni pjasăci und hält am Hotel Panorama oberhalb von Sv. Konstantin (etwa 10 Min. bis zur Küstenlinie). Bus Nr. 8 fährt vom blvd. Maria-Luiza in Varna bis zum **Busbahnhof** von Sv. Konstantin, der sich etwa 200 m links hinter der Schranke am Eingang befindet. Gefahren wird alle 15–20 Min. von 6–23 Uhr.

• *Mietwagen* Im Foyer des Grand Hotel Varna im Ortsteil Saint Elias. Kleinere (und billigere) Verleiher finden sich entlang der Flaniergassen rund um den Hauptplatz mit dem Restaurant Černomorec, Auskünfte erteilt auch Hit Tourism (s. „Information/Ausflüge").

• *Parken* Sv. Konstantin wurde für Fußgänger angelegt, geparkt werden kann an den Zugangsstraßen hinter der Schranke am Eingang: in Saint Elias beim Grand Hotel Varna oder an der Straße, die zum Ortsteil Sunny Day führt.

• *Fahrradverleih* Für Erkundungstouren durch die Anlage sehr zu empfehlen, die Wege durch den Park sind angenehm schattig und breit genug. Neben dem Grand Hotel Varna Richtung Meer hat ein kleiner Verleih seinen Platz an der Straßenecke: Mountainbikes kosten zwischen 1 € für eine halbe Stunde und 9 € für 12 Stunden.

• *Taxis* Können von jedem Hotel aus bestellt werden, stehen aber auch am Hauptplatz und am Busbahnhof.

• *Geldwechsel* Auch hier: Wechselstuben meiden, Banken oder Hotels vorziehen.

Übernachten

Günstige Quartiere finden sich in Sv. Konstantin kaum. Und wenn, dann spiegelt der Preis die mindere Qualität wieder – sowohl was die Ausstattung als auch die Entfernung zum Strand betrifft. Die Hotels, die unten empfohlen sind, entsprechen dem gehobenen Standard mit allen Serviceeinrichtungen eines modernen Großhotels, geeignet für einen mehrtägigen Kur- oder Fitness-Aufenthalt – der allerdings seinen Preis hat.

***** **Dolphin Marina**, im Ortsteil Saint Elias direkt am Strand gelegen. Weitläufiger, 4-stöckiger Neubau mit 430 Betten. Zimmer mit Terrasse zum Meer, Klimaanlage, Satelliten-TV, Telefon, Badewanne. Großer Swimmingpool mit abgeteiltem Kinderbecken. Vollpension-Preise in der Hochsaison: DZ 180 €, Appartment für 3 Pers. 345 €, ✆ 052-361234, ℻ 052-361920, www.saintelias.bg, marina@mail.gh-varna.com.

***** **Grand Hotel Varna**, unmittelbar daneben, kommunistischer Vorzeigebau mit größtmöglichem Kontrast zwischen Außen und Innen. Die Trutzburg des Kommunismus bietet Las-Vegas-Chic im Großformat und 1001 Möglichkeiten zur Freizeitgestaltung: Fitnesszentrum, Tennis- und Fußballplätze, Sauna, Solarium, Squash, Bowling, Spa-Zentrum mit mehr als 100 Leistungen. 5 Restaurants, 24-Std.-Zimmerservice. Sein Glück kann man auf 2000 m² versuchen: Im Casino wird von 21–5 Uhr Poker, Roulette und Black Jack gespielt. DZ mit Frühstück 160 € Apartment für 3 Pers. 240 € (Minimum 6 Nächte), ✆ 052-361113, ℻ 052-361920, www.grandcasinovarna.bg, info@saintelias.bg.

**** **Sirius Beach**, blau schimmernder Neubau mit eigenem Strand, neben dem Hauptplatz mit dem Restaurant Černomorec. Die Außenfassade ist fast komplett verglast. DZ mit Frühstück und Blick aufs Meer im Juli/August 180 €, in der Nebensaison ab 120 €. Ausstattung ähnlich wie oben. Sonnenschirm und Liege sind im Preis inbegriffen. Eine Massage im angeschlossenen Balneologie-Zentrum kostet 7,50 €, Aromatherapie 3 €. Ein Kosmetiksalon befindet sich ebenfalls im Haus, ✆ 052-362091, ℻ 052-361224, ship_sirius@abv.bg.

*** **Piero**, sympathische Villa umgeben von einem schönen Garten, 500 m vom Strand entfernt. Fahrräder werden an der Rezeption verliehen, außerdem kann man an Jacht-Fahrten teilnehmen. DZ 60 €, Apartment für 2 Pers. 70 €, ✆ 052-605033.

Sunny Day, die ehemalige KP-Sommerresidenz hat sich dem (Pauschal-)Tourismus geöffnet und überzeugt mit penibler Sauberkeit und durchstrukturiertem Tagesablauf. Minuspunkte gibt es allerdings für das sterile Ambiente, Pluspunkte für den sauberen, weitläufigen Strand. Zur Anlage gehören die 3–4-Sterne-Hotels **Palace**, **Veronica**, **Mirage** und **Marina**. Die DZ-Preise bewegen sich in der Hauptsaison um 150 €.

Essen und Trinken/Nachtleben

Sirius, eines der schönsten Restaurants der Küste ist in einem alten Segelschiff aus Holz untergebracht. Angedockt hat es neben dem Hotel Sirius Beach; essen kann auf den 3 Etagen allerdings jeder – sowohl im Bauch des Schiffes als auch auf Deck. Die Preise sind gehoben: Die zahlreichen Fischgerichte, denen das Lokal seinen guten Ruf verdankt, kosten zwischen 6 € und 11 €, eine Flasche Chardonnay ist für 11,50 € zu haben, ✆ 052-362091.

Manastirska izba (Манастирска изба), gemütliches Gartenrestaurant („Klosterkeller") neben der kleinen Kirche Sv. Konstantin i Elena. Live-Musik und ordentliche Küche. Der imitierte altbulgarische Stil tendiert leider ein bisschen ins Kitschige, ✆ 052-361356.

Černomorec (Черноморец), in den 80ern das bekannteste Haus am Platz. Hat die kommunistische Patina noch nicht ganz abgelegt, doch man bemüht sich. Frisch renoviert, mit Drachenkopf als Erkennungszeichen. Liegt am Eingang gegenüber der Agentur Hit Tourism (Hauptplatz). Angenehm ist die Lage mit Blick aufs Meer, die Küche bietet gehobenen Standard. Plätze findet man aufgrund der Größe immer.

Darina, ein Besuch lohnt sich vor allem, wenn die berühmten Nestinari auf glühenden Kohlen tanzen. Achten Sie auf die Aushänge in der Anlage, der Eintritt ist frei. Das Restaurant mit bulgarischer Küche befindet sich im Ortsteil Sunny Day gegenüber dem Tourist Administration Office. Darunter, auf Strandebene, bietet die gleichnamige **Disko** 70er-Jahre-Chic, abwechslungsreiche Charts-Musik und freien Blick aufs Meer.

Wegen des meist älteren Publikums beschränkt sich das Nachtleben ansonsten auf die Show- und Musikprogramme des **Grand Hotels Varna**: von Folklore über Wiener Walzer und Jazz bis zum Nachtclub reicht hier das Angebot.

Sehenswertes

Kirche Sveti Konstantin i Elena: Folgsam duckt sich das christliche Gotteshaus (Wegbeschreibung s. „Orientierung") unter der Knute der osmanischen Besatzer – so war es vorgeschrieben während der 500-jährigen Türkenherrschaft in Bulgarien. Wer allerdings genauer hinsieht, entdeckt hinter dem scheinbaren Gehorsam eine stille Größe, die sich Jahrhunderte später in offene Rebellion verwandeln sollte. Man nimmt heute an, dass die Kirche im 16. Jh. entstanden ist, exakt lässt sich die Entstehungsgeschichte des schlichten Steinbaus nicht mehr zurückverfolgen. Der Sage nach verdankt sie ihren Name einer wundertätigen Ikone, die dem römischen Kaiser Konstantin der Große und seiner Mutter Elena gewidmet war. Konstantin beendete Anfang des 4. Jh. die über 300-jährige Christenverfolgung im Römischen Reich, seine Mutter fand, so sagt man, in Jerusalem das Kreuz, an das Jesus geschlagen worden war. Nach dem Tod wurden beide zu heiligen Beschützern des Christentums erklärt. Vom 13.–19. Jh. gehörte ihr Porträt zum Standardrepertoire aller Ikonenmaler auf dem Balkan.

Zlatni pjasăci/Goldstrand (Златни пясъци)

17 km nördlich von Varna erhebt sich auf den bewaldeten Hügeln des gleichnamigen Naturparks eine veritable Hotelstadt mit 30.000 Betten. An Ferienorten wie diesem werden sich die Geister wohl immer scheiden. Für die einen stellt er die Erfüllung aller Urlaubsträume dar – günstig und komfortabel Sonne, Sand und Meer genießen –, für die anderen bleibt es unvorstellbar, wie man sich derart dicht an dicht mit anderen Menschen überhaupt erholen kann.

Nüchtern betrachtet, ist Zlatni pjasăci, auch bekannt als Goldstrand oder Golden Sands, eine Ansammlung von knapp 100 Hotels vor einem 3,5 km langen und steil enweise 150 m breiten Sandstreifen. Was den Ort jedoch von anderen Anlagen unterscheidet – auch von dem weiter südlich gelegenen Slănčev brjag (Sonnenstrand) –, ist zum einen die schöne Lage am Rande eines waldreichen Naturparks, zum anderen die architektonische Einbindung eben dieser Gegebenheiten. Die Hotels stehen nicht einfach in Reih und Glied, sie sind, der hügeligen Topografie folgend, terrassenförmig angelegt, mit vielen Treppchen, die zu den höher gelegenen Häusern führen. Buchen und Eichen spenden Schatten und lassen die Anlage weniger kolossal erscheinen als sie in Wahrheit ist. Die Straßen winden sich in zahlreichen Serpentinen durch die Anlage, Autos sind aber nur selten zu sehen. Kein Wunder: Wer hier Urlaub macht, verlässt sich meist auf organisierte Reiseangebote. Der Verkehr innerhalb von Zlatni pjasăci wird von den berühmten Bimmelbahnen abgewickelt, die bis in die hintersten Regionen fahren und die Badegäste zum Strand oder abends zu den Restaurants und Diskotheken bringen. Abgeriegelt wie ein All-Inclusive-Resort ist der Ort jedoch nicht. Individualreisende sind ebenso willkommen wie Pauschalurlauber und wer für ein paar Tage Trubel will, ist hier goldrichtig. Außerdem wird der **Strand** seinem guten Ruf mehr als gerecht. Auf dem goldgelben, äußerst feinen Sand liegt es sich prima, das Wasser ist sauber – auch hier weht die Blaue Flagge –, und wer Hunger verspürt, für den steht an der Promenade wie am Strand ein gastronomisches Überangebot bereit. Allerdings muss man sich dabei auf mindest doppelt so hohe Preise gefasst machen wie sonst an der Küste üblich – das gilt auch für den Sonnenschirmverleih (2 €) oder das Parken (3 €). Und: Zumindest in der Hochsaison liegen die Menschen in Zehnerreihen am Strand, kaum einen Meter voneinander entfernt.

Am Goldstrand liegt man eng beieinander

Geschichte

Bereits kurz nach der Machtübernahme 1948 entschloss sich die kommunistische Regierung ein Urlaubsresort nördlich der boomenden Hafenstadt Varna zu bauen – das bereits existierende Sv. Konstantin i Elena, damals noch Družba genannt, bot wegen der verhältnismäßig schmalen Strände kaum Chancen zur Expansion. 1956 wurden die ersten Hotels in Zlatni pjasăci eröffnet, das mit seinem riesigen, knapp 4 km langen Sandstrand die wichtigste Bedingung für den geplanten Badetourismus erfüllte. Der Ort war in Bulgarien sofort in aller Munde und bald zählte er auch in der DDR und anderen Ostblockländern zu den Top-Destinationen.

Heute ist Zlatni pjasăci mehr denn je ein bedeutender Wirtschaftsfaktor, der längst auch von allen großen Touristikkonzernen Westeuropas angeboten wird. Dass dies nicht nur positive Folgen wie den verbesserten Service hat, darf kaum verwundern. Die Bautätigkeiten an den Ortsrändern wurden selbst während der Hauptsaison nicht eingestellt und viele Hotels eröffneten viel zu früh. Die Folge: Lärm, unfertige Badezimmer, nicht funktionierende Aufzüge. Wirtschaftsministerin Lidia Šuleva warnte, dass die Buchungen 2005 stark zurückgehen könnten, sollten die Hotelbetreiber das Problem nicht in den Griff bekommen. Als Datum für das Ende der Bauarbeiten wird jetzt Ende Mai anvisiert.

Information/Verbindungen/Adressen

• *PLZ* 9007

• *Information* Pläne und Broschüren der Anlage halten die einzelnen Hotels bereit. www.goldensands.bg hat Fotos der Hotels und liefert kurze Beschreibungen der Serviceleistungen. Eher fragwürdig sind die Saufgelage-Tipps der deutschen „Zeitung" *BB – Ballermann am Balkan*, die in vielen Hotels und Restaurants ausliegt.

• *Verbindungen* Alle **Busse** mit der Ziffer 9 in der Nummer fahren die Küste entlang bis nach Varna: 9, 109, 209, 309, 409. Haltestellen sind die mit Schranken bewehrten Zugänge nach Zlatni pjasăci; abgefahren wird etwa vom Busbahnhof Republika (auch Richtung Norden nach Bălčik) unmittelbar vor der Hauptzufahrt zu den Kurorten Zlatni pjasăci und Riviera; zw. 8 und 22 Uhr, alle 10 Min.

• *Taxis* Immer anzutreffen sind Taxis an den Zugängen zum Ort sowie an der großen Promenade, sie können aber auch direkt vor das Hotel bestellt werden.

• *Parken* Am südlichen Ortseingang wurde eine ehemalige Zugangsstraße zum Parkplatz erklärt. Vorteil: Er liegt im Schatten. Nachteil: Er kostet 3 € pro Tag (2 Stunden: 1,50 €).

• *Jachthafen* Ganz im Norden der Anlage liegen Ausflugsschiffe und -boote vor Anker, mit denen Touren vor der Küste unternommen werden können. Einen Spaziergang wert sind auch die weit ins Meer reichenden Molen, von deren Spitze man den gesamten Küstenstreifen vor Augen hat.

• *Sport* Am Strand locken zahlreiche Anbieter mit den typischen Urlaubssportarten wie Fallschirmfliegen (20 €, 15 Min.), Wasserski-, Tretboot- und Jetskifahren (Letzteres ist mit 20 € für eine Viertelstunde ebenfalls sehr teuer), Bananaboat-Riding sowie natürlich Surfen. Segelboote kann man am Jachthafen ausleihen. Nicht zu übersehen sind auch die zahlreichen Tennisplätze; an der Promenade werden Reitkurse angeboten (im Schnitt etwa 20 €/Std.).

• *Tauchen* **Deep Blue**, ein Tauchzentrum, das der weltweiten Organisation PADI (Professional Association of Diving Instructors) angeschlossen ist, befindet sich im Hotel Preslav, ✆ 0888506520, info@diving-bg.com. Wer keinen Schein hat, kann ihn hier machen und anschließend gemeinsam mit erfahrenen und ortskundigen Tauchern die spektakulären Unterwasserwelten der Nordküste erkunden. In der Nähe des Kap Kaliakra lassen sich Delphine und Fischschwärme beobachten, bei Tjulenovo gibt es mehrere Unterwasserhöhlen und bei Durankulak können Sie zu versunkenen Schiffen tauchen. Interessant ist sicher auch das Speerfischen, das bei Deep Blue ebenfalls gelernt und ausgeübt werden kann. www.diving-bg.com, www.padi.com.

• *Spaßbad* In die Hügel wurde jüngst eine Art Disneyworld auf Wasser gebaut: **Aquapolis**. Die Eintrittspreise für dieses riesige Freibad mit zahlreichen Wasserrutschen und -fällen sind allerdings gepfeffert. In der Hauptsaison von Juni–August liegen sie bei 4 € für Kinder und 12 € für Erwachsene. Nach 16 Uhr ist immerhin nur noch die Hälfte zu zahlen, für dann allerdings nur mehr 3 Stunden, denn um 19 Uhr schließt Aquapolis. Hinzu kommen die Kosten fürs Schließfach (2 €), für Liege, Sonnenschirm und Beistelltisch (2,50 €) sowie evtl. für den Parkplatz (1 €). Dafür übertrifft das Angebot selbst das berühmte Alpamare im bayerischen Bad Tölz: Es gibt Wildwasserrutschen, Röhren mit Überraschungseffekten, vier Parallelbahnen für interne Familien-Wettkämpfe und Hochgeschwindigkeitskurse, auf denen 60 km/h erreicht werden können. Aquapolis liegt an der Verbindungsstraße oberhalb des eigentlichen Ferienortes und ist gut ausgeschildert.

• *Geldwechsel* In den Hotels oder bei der Raiffeisen Bank an der Promenade, etwa in der Mitte – Höhe Hotel Sirena.

• *Post/Telefon/Internet* Neben dem Hotel Javor, der Internetclub ist einige Meter von der Post entfernt.

Übernachten

Verglichen mit dem Standard in Bulgarien ist Zlatni pjasăci sehr teuer – wer allerdings westeuropäische Maßstäbe anlegt, ist hier gut aufgehoben. Zur Wahl stehen 4 Fünf-Sterne-, 22 Vier-Sterne-, 35 Drei-Sterne-, 16 Zwei-Sterne-Hotels und 12 Villen-Komplexe. Zur Orientierung empfehlen wir zwei Gästehäuser. Am südlichen Rand von Zlatni pjasăci, in einem schönen Park, schließen sich sechs Großhotels zum **Ferienclub Riviera** zusammen. Da alle Hotels Verträge mit Reisekonzernen haben, sollte man als Individualtourist frühzeitig reservieren.

**** **Atlas**, weiche Orangetöne dominieren die Fassade dieses postmodernen Baus. Große Balkone, drei Swimmingpools (zwei davon bedeckt) und die Lage abseits der großen Verbindungsstraßen im Ort gehören zu den besonderen Vorzügen des Hotels. DZ mit Dusche, WC, Fön, Telefon, Klimaanlage, Safe, Minibar und Kabelfernsehen: 83 €. Hotel.atlas@goldensands.bg.

*** **Preslav**, stilles, gemütliches, 2-stöckiges Hotel, das sich durch einen ummauerten Innenhof vom Trubel ringsum abgrenzt. Die gesamte Anlage erinnert etwas an bulgarische Gebirgsklöster. Ein Springbrunnen verschafft Kühle, der von der Straße nicht einsehbare Swimmingpool ist von dichtem Rasen umgeben und das schöne Restaurant hat die Atmosphäre eines Weinkellers. 131 DZ mit Bad und Terrasse: 75 €, ✆ 052-355810, ✆ 052-355815, hotel.preslav@golden sands.bg, oderhotpreslav@triada.bg.

Riviera, früher beherbergte KP-Chef Todor Živkov hier seine Gäste aus dem Ausland: Der iranische Schah Reza Pahlewi war hier, Helmut Schmidt, Rajiv Gandhi und Franz Josef Strauß ebenfalls. In dem schattigen Park mit vielen alten Baumriesen verteilen sich fünf Hotels mit insgesamt 1000 Zimmern, vom Fünf-Sterne-Giganten **Imperial** bis zum lang gestreckten Drei-Sterne-Hotel **Nympha**. DZ 75–180 €. Zu den Vorzügen der in den 90er Jahren von Grund auf renovierten Anlage gehört seine Lage, die einerseits ruhig, andererseits aber nah genug an den Vergnügungsstätten von Zlatni pjasăci ist. www.rivierabulgaria.com (viele Fotos und eine ausführliche Beschreibung der Ausstattung und Dienstleistungen; mit Online-Buchung), ✆ 052-3869 oder 052-386706, ✆ 052-355815, touristoffice@rivierabulgaria.com.

Essen und Trinken/Nachtleben

Neben den unzähligen Hotelrestaurants und der gewaltigen Imbissbuden-Zeile an der Strandpromenade ragen die originell dekorierten **Folkloregaststätten** Vodenicata, Ciganski tabor, Zlatna ribka, Kriva lipa und Dionisius mit abendlichen Tanzshows und guter bulgarischer Küche heraus. Wegen der hervorragenden Fischzubereitung zählen zudem die noblen **Meeresrestaurants** Imperial, Oasis und Nympha im Ferienclub Riviera zu den gastronomischen Top-Adressen von Zlatni pjasăci. Die Preise sind ungefähr doppelt so hoch wie in Varna – teurer ist es nur in Albena.

• *Diskos* **Amazonia**, von dichtem Wald umgeben, gemahnt die Aufmachung tatsächlich an ein Dschungeldorf im Amazonasbecken: Hütten mit Strohdächern, Holzzaun, Freiluft-Tanzfläche. Cooler Ort. Oberhalb von Zlatni pjasăci, an der Linkskurve Richtung Varna rechts in die asphaltierte Straße einbiegen. Pendelbusse verkehren ab 22 Uhr stündlich.

Bonkers, Großdisko am Rodina-Platz, beliebt bei Ballermännern und käuflichen Damen. Daher nur bei extremer Feierlaune zu goutieren. Jürgen Drews und „Big Brother" Jürgen treten hier regelmäßig auf – wie gesagt, Bonkers ist was für schwere Notfälle.

Roxy, s. Bonkers, die beiden sind gegenwärtig die „heißesten" Party-Clubs in Zlatni pjasăci, zumindest bei jener Klientel, die den Niedergang des Mallorca-Ballermanns für eine schlimme Tragödie hält; beim Betonriesen namens Hotel Šipka.

Aladža bot für mittelalterliche Mönche eine Zuflucht vor der sündigen Welt

Umgebung von Zlatni pjasăci

Nationalpark Zlatni pjasăci

In den bewaldeten Hügeln oberhalb Zlatni pjasăcis ist von Ballermann-Atmosphäre nichts mehr zu spüren. Natur pur erstreckt sich auf 1320 ha, fünf markierte Wanderwege durchziehen den 9 km langen und 1,2 km breiten Park, der von der Schnellstraße Varna–Albena aus am besten zu erreichen ist, wenn man der lateinischen Beschilderung „Aladža mănăstir" folgt. Von dem Felsenkloster aus lassen sich schöne Spaziergänge durch den dichten Laubwald unternehmen: entweder entlang der Markierungen oder, für Leute mit guter Orientierung oder einem Kompass, auch auf eigene Faust.

Die Landschaft ist eher wellig als hügelig – die höchste Erhebung, der Čiplak tepe, misst gerade mal 269 m –, was den Naturpark für leichte Wanderungen geradezu prädestiniert. Dominierende Baumarten sind Eichen, Buchen und Linden, in der Nähe von Feuchtgebieten, an denen sich Schildkröten, Molche und zahlreiche Krötenarten beobachten lassen, winden sich Lianengewächse wie Stechwinden, Waldreben oder Efeu um die Stämme. Naturschützer konnten bislang 80 Vogelarten dokumentieren – neben Drosseln, Buntspechten, Amseln, Rotkehlchen und seltenen Fasanen auch Raubvögel wie Habichte und Falken. Seltener zu Gesicht wird man dagegen die Dachse und Wildschweine bekommen, die es hier ebenfalls gibt.

Wer mehr zur Flora und Fauna wissen will, findet in dem **Museum** am Eingang zum Aladža-Kloster detaillierte Informationen auf Deutsch. Die Ausstellung zum 1943 eingerichteten Nationalpark Zlatni pjasăci befindet sich im Kellergeschoss. Sie beinhaltet auch Fotos und Texte auf Deutsch zu weiteren Naturschutzgebieten der Umgebung: der Steinerne Wald bei Varna, das Longos-Gebiet bei Kamčia, die Sumpfregion Baltata bei Albena, die Küste beim Kap Kaliakra, die Seen von Šabla und Durankulak. Eintrittspreis und Öffnungszeiten s. unter „Felsenkloster Aladža".

• *Information* Die **Parkverwaltung** ist in Varna, ul. Radko Dimitriev 10 (**Радко Димитриев**), unter ✆ 052-608239 zu erreichen. Man spricht dort Englisch und veranstaltet Führungen durch das Naturschutzgebiet. Schöne Fotos mit englischen Begleittexten gibt es auf der Seite www.bg-parks.net. Wer Näheres zu den markierten Wanderwegen wissen will, kann sich im Museum des Aladža-Klosters (s. u.) danach erkundigen: Die Parkverwaltung hat hier eine Dependance eingerichtet.

• *Wanderwege* **Rot**: die Route erstreckt sich über die gesamte Länge des Naturparks vom südlichen bis zum nördlichen Ende bei Kranevo. Für die gut 14 km sind bei moderatem Tempo etwa 5 Stunden einzuplanen.

Blau: vom Aladža-Kloster nach Zlatni pjasăci. 90 Min.

Gelb: ähnlich wie die blaue Route, nur etwas länger.

Orange: vom Aladža-Kloster zur Busstation Panorama bei Zlatni pjasăci. 3 Std.

Felsenkloster Aladža (Аладжа)

Die bulgarischen Klöster sind weltberühmt und wer einmal Rila oder Bačkovo gesehen hat, weiß warum. Doch auf Aladža kann man nicht vorbereitet sein. Nach einer kilometerlangen Fahrt durch dichten Wald – man befindet sich bereits im Naturpark Zlatni pjasăci – steht man vor einer Steintreppe, die hinauf zum kleinen Museum und schließlich zum Felsen führt, in den das Gotteshaus hineingebaut wurde. Die 60 m hohe, vollkommen senkrechte weiße Kalksteinwand, die sich urplötzlich vor einem eröffnet, ist für sich genommen schon sehenswert. Die Existenz von Wohnungen und sogar einer Kirche in diesem Kalksteinmassiv ist jedoch unfassbar.

Man nimmt an, dass das Kloster im 13 Jh. von Hesychasten gebaut wurde (s. Kasten), möglicherweise weil der Ort unter Christen einen mythischen Ruf besaß: Bereits im 2./3. Jh. sollen Jesus-Anhänger in den natürlichen Höhlen der Felswand Zuflucht vor ihren römischen Verfolgern gefunden haben. Später, im 9. und 10. Jh., zur Zeit des Ersten Bulgarischen Großreichs, entstanden an der Schwarzmeerküste eine ganze Reihe von Klöstern, die, darauf lassen archäologische Funde schließen, genauso prächtig waren wie jenes im Rila-Gebirge, das von der UNESCO zum Weltkulturerbe erklärt wurde. Jedoch hat keines davon die osmanische Herrschaft überlebt. Auch Aladža wurde einigen Quellen zufolge nach 1396, dem Jahr der Eroberung Bulgariens durch die Türken, von den Mönchen verlassen und erst im 18 Jh. wiederentdeckt, als Bulgarien sich langsam wieder seiner nationalen Identität zu besinnen begann. Andere Forscher vertreten die These, das Kloster sei durchgängig bis ins 18. Jh. bewohnt gewesen. Schriftliche Zeugnisse haben die Mönche nicht hinterlassen, erst 1832 erwähnt der russische Schriftsteller Viktor Tepljakov das Kloster in seinem Buch *Briefe aus Bulgarien*. Erstmals erforscht wurde es dann Anfang des 20. Jhs. von dem tschechischen Archäologen Karel Škorpil.

Die Kräfte der Erosion, möglicherweise auch ein Erdbeben, haben viel zerstört, darunter zahlreiche Wandmalereien (*Aladža* bedeutet auf Türkisch „bunt"). Dennoch sind die einzelnen Räume auf den beiden Etagen noch klar zu erkennen: Tempel, Kapelle, Kirche (11 m lang und 2 m hoch), Krypta, Küche, Essensraum, Mönchszellen (5 m^2) und Wirtschaftsräume. Schilder weisen jeweils auf die ehemalige Funktion hin. Mit Wandmalereien verziert ist heute nur noch die Kapelle im „1. Stock". Laut Karel Škorpil, dem „Entdecker" des Klosters, hat der religiöse Komplex, zu dem auch eine Reihe von frühchristlichen Katakomben gehören, vor der türkischen Besetzung den Namen Sveti Spas getragen, was auf Bulgarisch „der heilige Retter" bedeutet (*spas* ist die Abkürzung von *spassitel* = „Retter").

Im **Klostermuseum**, das sich am Eingang des Komplexes befindet, werden Funde aus dem Aladža-Kloster und gezeichnete Rekonstruktionen der Originalräume präsentiert. Die ausführlichen Begleittexte, die auch auf die Geschichte der zerstörten Klöster an der Nordküste eingehen, sind auf Deutsch. Die Ausstellung informiert weiter über die Ton- und Keramikproduktion sowie über das Schmieden von landwirtschaftlichen Werkzeugen während des Mittelalters. Im oberen Stockwerk des Museums befindet sich eine kleine Gemäldegalerie mit Werken moderner bulgarischer Künstler, im Kellergeschoss ist die oben erwähnte Ausstellung zu den Naturreservaten der Umgebung zu sehen.

Mai–Oktober täglich 9–18 Uhr, November-April Di–Sa 9–16 Uhr, 052-355460, Eintritt 1,50 €.

Die asketischen Einwohner von Aladža

Vor mehr als 700 Jahren haben sich christliche Mönche, Hesychasten, in diese damals völlig unbewohnte Gegend zurückgezogen und, an Seilen und Leiter hängend, Höhlen in den Kalkstein gehauen. *Hesychia* bedeutet auf Griechisch „Ruhe, Stille". Anhänger dieses byzantinischen Mystizismus haben daran geglaubt, dass sie durch unablässiges Wiederholen eines Gebets mit Gott eins werden oder doch zumindest das Taborlicht sehen könnten, also jenes Licht, das Petrus, Jakobus und Johannes bei der Verklärung Christi auf dem Berg Tabor sahen. Üblicherweise sagen Hesychasten, die es auch heute noch, vor allem in Russland, gibt, den Satz „Herr, Jesus Christus, Sohn Gottes, erbarme dich meiner, des Sünders", wobei sie im Rhythmus der Wörter atmen. 1341 legitimierte das 8. Konzil von Konstantinopel den Hesychasmus. Historiker glauben heute, dass die Bewegung Byzanz und die gesamte orthodoxe Welt entscheidend im Kampf gegen die türkischen Invasoren geschwächt habe.

• *Anfahrt* Nach der Abzweigung von der Küstenschnellstraße kurz vor Zlatni pjasăci windet sich die asphaltierte Straße einige Kilometer den Berg hoch, bevor man zu einem kleinen Parkplatz kommt, vor dem Ikonen und die üblichen Stickereien verkauft werden. Dem missverständlichem Wegweiser zum Trotz geht es hier die Treppen zu dem kleinen Museum hoch, das zu Beginn der gepflegten Anlage liegt. Hinter einem schönen Picknickplatz samt Kiosk ragt die Felswand empor, die man auf einer zuerst abenteuerlich anmutenden, aber dann doch erstaunlich stabilen Treppe erklimmt. Durch den Felsen, entlang der einzelnen Räume, führen schmale Tunnel, an deren Ende sich immer wieder spektakuläre Ausblicke aufs Meer eröffnen. Verstärkt wird die Wirkung der Anlage noch durch orthodoxe Choräle, die aus unsichtbaren Lautsprechern dringen und einen guten Eindruck von der tiefen Religiosität der Gründer geben. Selbst anfänglich laute Touristengruppen aus Zlatni pjasăci verstummen beim Eintritt in diese fremde, versunkene Welt.

• *Essen und Trinken* In der Klosteranlage kann man sich am **Kiosk** etwas zu trinken kaufen und Mitgebrachtes auf schattigen Holzbänken unter Bäumen verzehren. Wer nichts zu essen dabei hat, findet ein sympathisches Lokal auf dem Weg zurück nach Zlatni pjasăci: von Aladža kommend die Straße zur Urlaubssiedlung nehmen und an der großen Kreuzung rechts Richtung Ferienclub Riviera und Aquapolis halten. Rechter Hand, in eine Ecke geschmiegt, befindet sich das Restaurant **Gerana** (**Герана**), das zwar direkt an der Straße liegt, aber durch eine große Auswahl und ein originelles Ambiente überzeugt. Alte landwirtschaftliche Geräte sind an die Tür genagelt, innen hängen Folklore-Teppiche und Ikonen, um den offenen Kamin sind steinerne Töpfe drapiert. Das Essen ist gut, die Speisekarte gibt es auch in Deutsch.

Kranevo (Кранево)

Hinter Zlatni pjasăci wird es Richtung Bălčik wieder ländlicher. Die Straße führt nach langer Zeit erstmals wieder am Meer entlang, links erheben sich Kalksteinfelsen, bis sie in mehreren Serpentinen ins Tal von Albena abfällt. In der Ferne sind bereits die weißen Kreidefelsen von Bălčik zu sehen.

2 km vor Albena liegt Kranevo, ein Dorf, das es erst seit wenigen Jahrzehnten gibt. Die ersten Häuser wurden in den 70er Jahren gebaut und seit der Wende 1989 versucht man sich verstärkt im Fremdenverkehr. Zahlreiche Privathäuser bieten günstige Übernachtungen an, es gibt kaum große Hotels, nur in der Nähe des Strandes künden einige graue Betonriesen von dem misslungenen Versuch, in unmittelbarer Nachbarschaft zu Albena ein zweites Zentrum des Massentourismus zu etablieren. Der Ort selbst kann kaum begeistern: Den Vergleich mit Kiten oder Lozenec, den jungen Siedlungen an der Südküste, verliert Kranevo trotz ähnlicher Entwicklungsgeschichte deutlich. Rechts der Hauptstraße reihen sich Restaurants und Boutiquen lieblos aneinander, bevor sie in ödes Brachland übergehen. Ein Zentrum, das die Menschen abends anziehen würde, ist nicht auszumachen.

Der **Strand** allerdings ist fantastisch. Albena liegt zwar am gleichen Sandstreifen, doch ist dort auch alles dreimal so teuer. Wer an der Nordküste einen Badetag einlegen möchte, ist in Kranevo richtig: Goldgelb und sehr fein, erreicht der Strand hier eine Breite von 100 m, das Meer fällt flach ab und hat einen angenehmen Wellengang. In der Ferne sieht man die grünen Hügel des Nationalparks Zlatni pjasăci, der Schilfgürtel der Batova gibt dem sorgsam gepflegten Strand eine natürliche Grenze. Der kleine Fluss bildet an seiner Mündung zwischen Kranevo und Albena einen dichten Sumpfwald aus, der als Naturschutzgebiet Baltata ausgewiesen ist (s. Albena Umgebung). Der Strand liegt etwa 500 m hinter dem Ende der Restaurantzeile (von Varna kommend rechts der Hauptstraße).

Albena (Албена)

Neben Slănčev brjag (Sonnenstrand) und Zlatni pjasăci (Goldstrand) ist Albena, 32 km nördlich von Varna, das dritte große Touristenzentrum an der bulgarischen Schwarzmeerküste. Mit nur halb so vielen Hotels auf einer ähnlich großen Fläche wirkt der in den 70er Jahren entstandene Urlaubsort weniger gedrängt als seine beiden großen Konkurrenten. Dafür lässt das Nachtleben noch zu wünschen übrig.

Schon die Einfahrt nach Albena stimmt heiter: Breite Chausseen mit Blumenbeeten auf dem Mittelstreifen und am Rand geleiten den Gast zum Strand, dem eigentlichen Zentrum des Ferienortes. Über fast 7 km erstreckt sich feinster Sand, und das stets auf einer Breite von mindestens 100 m. Selbst im Hochsommer findet man immer einen guten Platz, ohne dem Nachbarn auf die Füße zu treten. Außerdem befindet man sich hier mitten im Grünen: In der Umgebung gibt es keine größere Ortschaft und das **Naturschutzgebiet Baltata** liegt gleich nebenan. Dafür hat Albena den Ruf, der teuerste Ort in Bulgarien zu sein – in den Restaurants sind Hauptgerichte für 6 € keine Seltenheit und die Wassersportangebote am Strand schlagen im Schnitt mit 1–2 € pro Minute zu Buche. Pauschalangebote deutscher Touristikkonzerne beginnen bei etwa 350 € für eine Woche Halbpension im Drei-Sterne-Hotel inklusive Flug.

Von den gut 40 Hotels ragt kaum ein halbes Dutzend hoch in den Himmel und noch weniger sind der Luxusklasse zuzurechnen. Die meisten Unterkünfte begnügen sich mit drei Sternen und 4–6 Stockwerken. Familientourismus ist Trumpf in Albena, was die geringe Zahl an Diskotheken und das große Angebot für Kinder erklärt. Nach der geringen Zahl der Neubauten zu schließen, soll die angenehme Größe des Ortes erhalten bleiben. Gegenwärtig finden hier 15.000 Urlauber gleichzeitig Platz, ein Zehntel davon in den vier Top-Hotels Dobrudža, Borjana, Nona und Elitsa – Ersteres dominiert mit seinen 17 Stockwerken die Skyline, die anderen drei haben sich dank ihrer pyramidenartigen Architektur und ihrer Lage direkt am Strand zum viel fotografierten Wahrzeichen von Albena gemausert.

Der Name des Ortes geht übrigens auf eine populäre Figur des bulgarischen Schriftstellers Jordan Jovkov (1880–1937) zurück, der in vielen Erzählungen das Leben der einfachen Leute um die Wende vom 19. zum 20. Jh. beschrieben hat. In seiner Novelle *Albena* wird die schöne Titelheldin zur Ehe gezwungen und weiß sich aus ihrer unglücklichen Lage nicht anders zu befreien als durch Mord. Ihr Stolz und ihre außergewöhnliche Attraktivität verhelfen ihr fast zu einem Freispruch. Erst als sie sich zu ihrem Liebhaber bekennt, mit dem sie die Tat gemeinsam begangen hat, verurteilt die Dorfgemeinschaft die Liebenden zu Tode.

Strände

Die Küstenlinie zwischen Albena und Kranevo verläuft schnurgerade. Je weiter man nach Süden Richtung Kranevo (2 km) kommt, desto weniger Menschen besiedeln den kilometerlangen Superstrand. Zudem wird der Sand feiner. Im Niemandsland zwischen den beiden Ferienorten liegt das Naturschutzgebiet Baltata mit seinem dichten, nur durch wenige Stege zugänglichen Mangrovenwald.

Information/Verbindungen/Adressen

- *PLZ* 9620
- *Information* Unmittelbar hinter der Einfahrt ins Resort folgt rechts der Busbahnhof, an den auch ein **Informations- und Reservierungsbüro** angeschlossen ist. Sollte es noch freie Zimmer geben (Albena ist ein klassisches Pauschalreiseziel), können sie hier gebucht werden. Außerdem werden zahlreiche Tagesausflüge in die Umgebung angeboten, Pläne des Urlaubsorts gibt es ebenfalls, ✆ 0579-62920, 📠 0579-62575; hilfreich ist auch die Internet-Seite www.albena.bg, die alle Hotels mit Fotos vorstellt und zudem zahlreiche Last-Minute-Angebote bereithält.
- *Verbindungen* Albena ist mit Zlatni pjasăci (20 Min.), Varna (45 Min.), Bălčik (20 Min.) und Sofia (8 Std.) verbunden. Von 8–20 Uhr fährt alle halbe Stunde ein Bus die Küste entlang, in die Hauptstadt drei- bis viermal täglich. Die Preise beginnen bei 1 € für die kürzeste Distanz und enden bei 9 € für die Fahrt nach Sofia. Der **Busbahnhof** liegt unmittelbar hinter der Einfahrt ins Resort. In Albena selbst verkehren Trolleybusse zwischen den Hotels.
- *Taxis* finden sich in Albena überall, auf jeden Fall in Höhe der Post oder vor dem Hotel Dobrudža.
- *Mietwagen* An der Hotelrezeption oder unter ✆ 0579-62010 lassen sich Autos zu folgenden Konditionen mieten: Daewoo Matiz (Minivan) 40 €/Tag, Daewoo Damas (7-Sitzer) 45 €/Tag, Daewoo Nubira (Mittelklasse) 55 €/Tag. Ab dem 4. Tag wirds günstiger, bei einer ganzen Woche spart man im Schnitt 10 € pro Tag.
- *Parken* Gleich hinter der Einfahrt rechts befindet sich ein großer Parkplatz, neben dem Busbahnhof.
- *Kinder* Jedes Hotel bietet einen Babysitter-Service an, einige haben auch einen Kindergarten. 15 Spielplätze sind auf der Anlage verteilt – der größte, Fun Fair, befindet sich in der Nähe des Naturschutzgebiets Baltata. Wasserrutschen, Ponyreitstunden, Minigolf- und Skateboard-Anlagen ergänzen das Angebot. Beliebt bei den Kleinen sind auch die kreuz und quer durch die Straßen fahrenden Bimmelbahnen.
- *Geldwechsel/Post* Banken gibt es entlang der breiten Einfallstraße nach der Einfahrt. Dort ist auch die Post ansässig: schräg gegenüber der Reitsportanlage.

Sport/Aktivitäten

• *Sport* Albena hat das breiteste Sportangebot an der bulgarischen Küste. Die Reitanlage (50-Min.-Ausritt: 25 €; 12-Std.-Training: 75 €) ist seit Jahren Austragungsort des Weltcups für Springreiter, es gibt 8 Fußballplätze, die von Profivereinen regelmäßig zur Saisonvorbereitung genutzt werden, 14 Tennisplätze auf Asche stehen zur Verfügung (1 Std. zu zweit mit Schlägern und Bällen: 7,50 €), man kann Tischtennis spielen (2,50 € pro Stunde und Tisch), es gibt 21 Swimmingpools, eine Fitnesshalle, 9 Beachvolleyball-Courts, eine Bowlinghalle, 5 Beachfußball-Plätze sowie zahlreiche Basketball- (2,50 € pro Std.) und Badminton-Courts (2,50 € pro Std.) in der Halle.

Weitere Einzelheiten und Lageinfos zu den einzelnen Hallen erhält man bei der Sportverwaltung von Albena, ☏, 📠 0579-62380, sport@albena.bg.

• *Strandaktivitäten* Wie in allen größeren Badeorten an der Küste wird jede nur erdenkliche Funsportart angeboten: ein 10-minütiger Rundflug im Ultraleicht-Flugzeug kostet 22,50 € (zum Vergleich: in Sinemorec an der Südküste ist man für 15 € eine Viertelstunde in der Luft), ähnliche Preise gelten fürs Gleitschirmfliegen, für 20 € kann man 15 Min. im Jet Ski übers Meer jagen. Deutlich günstiger wirds beim Surfen (Brettmiete pro Std.: 7,50 €) und Wasserskifahren (10 Min.: 10 €).

Übernachten

In Albena wird üblicherweise pauschal gebucht – wer jedoch spontan ein paar Badetage mit Rundum-Service einlegen will, kann auch einzelne Übernachtungen buchen (s. „Information"). Die Hotelpreise liegen auf dem Niveau der anderen großen Badeorte. Allerdings ist die Architektur weitgehend von dem Bauhaus-Geschmack der 70er Jahre bestimmt – Neubauten fehlen fast völlig. Eine preiswerte Alternative zu den Großhotels bieten die vier Bungalowanlagen.

Die **Hotels in der ersten Reihe** heißen Gergana, Slavuna, Mura, Elitsa, Nona, Borjana, Laguna Beach, Kaliopa, Dorostor, Dobrotica, Kaliakra und Zdravec. Sie bieten durchweg Drei-Sterne-Komfort ab 75 € pro Doppelzimmer.

Die schönste Bungalowanlage in Albena trägt den poetischen Namen „Waldnymphe": **Gorska Feja** (**Горска фея**). Für 4 € pro Nacht kann man hier auch sein Zelt aufstellen, ein festes Dach über dem Kopf kostet zwischen 40 € und 110 €. Gorska Feja liegt hinter der Einfahrt rechts hinter dem Busbahnhof, am Rande des Naturparks Baltata. Bei der hohen Anzahl von Bungalows (209) ist die Wahrscheinlichkeit recht groß, hier noch ein freies Bett zu ergattern. Die Häuser sind gut in Schuss, zum Teil luxuriös ausgestattet und liegen im Schatten. Einziger Nachteil: Bis zum Strand sind es gut 500 m – die man allerdings bequem per Trolleybus zurücklegen kann, ☏ 0579-62961.

Essen und Trinken/Nachtleben

Fischerhütte (**Рибарска къща**), am nördlichen Ende des Resorts gelegen, zum Meer hin offen. Schilfrohrverschalung an den Wänden und altbulgarische Elemente zitieren Authentizität. Die allabendlichen Nestinari-Auftritte (Feuertänzer) verstärken noch den (gewollten) Eindruck eines Imitats. Dennoch: Die Fischgerichte sind ok.

Arabella, gleich nebenan ist dieses Schiffsrestaurant gestrandet, das aus einem amerikanischen Piratenfilm stammen könnte. Die Tische (Preise für Hauptgerichte: 5–6 €) befinden sich im Bauch der ehemaligen Windjammer.

Caribi, das große Freiluftlokal an der südlichen Grenze inszeniert ein bulgarisches Wiedergeburtsdorf nach. In der Lokalmitte wird auf einem riesigen offenen Feuer gegrillt. Auch hier tanzen die Nestinari ab 21 Uhr. Preise und Gerichte sind für Bulgarien ungewöhnlich: Rumpsteak 5,50 €, paniertes Schnitzel 5,50 €, Rindsroulade 6 €, Lachssteak 6 €.

• *Nachtleben* **Gorski zar** (**Горски цар**), im „Waldkönig" beim Campingplatz Gorska Feja trifft sich die Jugend. Die Open-Air-Disko im Wald ist nachts der stimmungsvollste Ort in Albena.

Arabella, wer ein gepflegteres Ambiente bevorzugt, dürfte sich im Nachtclub des schönen Schiffsrestaurants am nördlichen Strandende wohl fühlen.

Die kleine Kapelle an der Spitze des Kaps Kaliakra wurde für die hl. Beschützer von Seefahrern und Fischern errichtet

Umgebung von Albena

Naturschutzgebiet Baltata (Балтата)

Die E87 von Kranevo nach Albena führt durch eine urwüchsige Flusslandschaft – das Mündungsgebiet der Batova. Im Dickicht der Mangrovensümpfe leben viele bedrohte Tierarten, darunter Krauskopfpelikane, Schwarze Störche und Fischotter. Der dichte Uferwald besteht aus Eichen, Eschen und Ulmen, zumeist behängt mit Lianengewächsen wie Stechwinde oder Hundsschlinge. 16 Fischarten bevölkern die Batova, vier davon gelten als gefährdet. Die große Artenvielfalt von Flora und Fauna – darunter zahlreiche Heilpflanzen, mehr als 180 Vogelarten und die seltenen Schakale und Sumpfbiber – bewog die Regierung, das 180 ha große Gebiet zum Naturpark zu erklären. Einen Zugang gibt es nur an wenigen Stellen, zum Beispiel am nördlichen Ende von Albena, auf der Höhe des Restaurants Caribi. Dort führen einige Holzstege in den Sumpfwald hinein und lassen den Menschen die Macht der Natur erahnen.

Derwischkloster Arat teke (Арат теке)

An der E87, die sich bei Albena vom Meer entfernt, steht wenige Kilometer hinter der Kreuzung eines der interessantesten Bauwerke der Nordküste: Arat teke, ein Mausoleum, das von Christen wie Muslimen gleichermaßen als heilige Stätte verehrt wird – und das konfliktfrei! Unmittelbar nach der Einfahrt in das Dorf **Obročište** (Оброчище) ragt rechts ein 12 m hoher siebeneckiger Bau empor, dem eine quadratische Eingangshalle vorgelagert ist. In der Mitte des Hauptraumes befindet sich das 4,45 m lange und 2,10 m breite Grab eines Mannes, über dessen Identität heute Unklarheit herrscht. Muslime glauben, hier habe der islamische Heilige Ak Jazala baba seine letzte Ruhestätte gefunden, für Christen ist hier dagegen der Hl. Atanas bestattet worden. Beide Heilige werden als Schutzherrn des Viehs verehrt, die die Gabe besessen haben sollen, verirrte oder gestohlene Tiere zu ihrem Besitzer zurückzuführen. Fest steht, dass der Gebäudekomplex jahrhundertelang als Derwischkloster genutzt wurde und da auch die Architektur kaum christlich-orthodoxe Merkmale erkennen lässt, spricht viel für die muslimische Deutung.

Derwische – asketische Mystiker des Islam

Die Vorstellung, Derwische (persisch „Bettler") würden sich so lange um die eigene Achse drehen, bis sie in Trance geraten, ist weit verbreitet. Diese Praxis war jedoch nur auf einen geografisch engen Raum südlich von Ankara begrenzt. Zentrum der tanzenden Derwische war die Stadt **Konya**, in der noch heute das Mausoleum des Ordensbegründers Jalal ad-Din Rumi (1207–73) steht. Jeder Sufi (das arabische Äquivalent zu Derwisch) will durch Askese und Meditation Gott nahe kommen oder mit ihm eins werden. Darin ähnelt der Sufismus dem christlichen Hesychasmus (s. Aladža-Kloster), der in etwa gleichzeitig entstand. Trancezustände werden als beste Möglichkeit gesehen, dieses Ziel zu erreichen, als hinderlich gilt dagegen weltlicher Besitz. Der islamische Mystiker Dschunaid hat gesagt: „Sufismus bedeutet, nichts zu besitzen und von nichts besessen zu werden." Dennoch waren nicht alle Derwische Bettler, die Bezeichnung ist eher symbolisch gemeint und bedeutet sinngemäß: Erkenne deine Armut angesichts Gottes Reichtum. Legendär ist die Gastfreundschaft der Derwischklöster – drei Tage wurde jeder Sufi kostenlos verpflegt. Dass dies durchaus auch ausgenutzt wurde, belegt die Erzählung des Chronisten Felix Kanitz, der 1872 in Arat teke war: „Beim traulichen Abendbrote klagte der Schech (Klostervorsteher) bitter, wie sehr die fahrenden Mönche seinem Gemeinwesen zur Last fielen. Man lässt sich Kopfhaar und Bart wachsen, als Zeichen der Lossagung von allem Irdischen, stülpt den Kulah, einen rund geformten Hut auf, legt die Chirka, einen zerrissenen Mantel an (...) steckt den Tasbi mit 99 göttliche Eigenschaften versinnbildlichenden Körnern in den Gürtel, (...) dazu die Schane zur rituellen Kämmung, nimmt in die linke Hand das Teber, ein mit mystischen Inschriften versehenes Beil, welches durch Umherfuchteln, zur ‚Erschlagung' der Leidenschaften dient, in die rechte aber die Asa, den mit einem Halbmonde versehenen kurzen Stab und zieht dann als Derwisch ohne einen Para Reisegeld auf Kosten der Gläubigen durch weite Länder; ein Vorteil, den viele unverbesserliche Vagabunden trefflich auszunutzen verstehen." (Kanitz: *Donau-Bulgarien und der Balkan*, Leipzig 1882)

Der Grabraum des knapp 500 Jahre alten Derwischklosters, zu dem auch eine stattliche Herberge gehörte, ist innen mit prächtigen Wandmalereien verziert gewesen, von denen heute leider nur noch spärliche Reste zu sehen sind. Es ist zu hoffen, dass sich die Finanziers des **Beautiful Bulgaria Projets** bald auch dieses herrlichen Bauwerks mit seiner unwiderstehlichen Aura besinnen mögen. Erste Gelder sind bereits geflossen, jedoch haben sie gerade ausgereicht, um das Areal mit einem Zaun vor den umherstreunenden Ziegen und Schafen zu schützen. Unwiederbringlich verloren ist bereits das zweite Gebäude des religiösen Komplexes, die Herberge, in der früher die Derwische wohnten und den Reisenden ein Obdach boten. Einige Mauern sind noch erhalten, ebenso Reste des Schornsteins, mehr nicht.

Wann und warum das Gebäude zerstört wurde – Fotografien in der am Eingang ausliegenden Broschüre belegen eine stattliche Größe –, ist nicht bekannt. Fest steht nur, dass nach 1900, als die letzten Derwische das Kloster verlassen hatten, das Gerücht die Runde machte, in dem mysteriösen Bau sei der Hl. Atanas begraben worden. Die christlichen Bauern aus den umliegenden Dörfern begannen nach Arat teke zu pilgern, um ihn durch Opfergaben günstig zu stimmen. Viele Lämmer mussten dran glauben, bis der Brauch nach 1945 unter dem Druck der Kommunisten aufgegeben wurde. Heute lebt er in beiden Religionen in abgemilderter Form wieder auf (s. u.).

Geschichte: Über das Entstehungsdatum des Derwischklosters (*teke* bedeutet auf Türkisch „Kloster") gehen die Lehrmeinungen nur geringfügig auseinander. Die Bauarbeiten begannen wohl um 1520 und endeten etwa 1560. Das erste schriftliche Zeugnis stammt von 1652. Der türkische Reiseschriftsteller Evlia Čelebi notierte nach einem Besuch, dass in der Klosteranlage, zu der auch mehrere Wohnhäuser gehörten, stets bis zu 300 Menschen anwesend waren, davon nur etwa ein Drittel dort lebende Derwische. 200 Gäste wurden täglich verpflegt – umsonst, so geboten es die Gesetze des Derwischordens. Das Kloster konnte sich das leisten: zahlreiche Mühlen, Äcker, Wälder und Tiere gehörten zu seinem Besitz. Außerdem bearbeiteten die Bauern aus zehn Dörfern den Landbesitz des Klosters unentgeltlich – es war die Zeit der osmanischen Herrschaft in Bulgarien. Der Fußboden der Herberge war mit Marmorplatten ausgelegt, auf einer riesigen offenen Feuerstelle, deren siebenwandiger Kamin noch heute zu sehen ist, wurde das Essen zubereitet. Noch 1872, als der österreichisch-ungarische Ethnograf Felix Kanitz im Auftrag einiger deutscher Zeitungen durch Bulgarien reiste, war das Kloster voll in Betrieb. In seinem einflussreichen Buch *Donau-Bulgarien und der Balkan* schrieb Kanitz: „Östlich vom Dorfe stieß ich auf ein Derwischkloster von solcher Ausdehnung, wie ich es außerhalb Konstantinopel auf europäischem Boden kaum vermutet hätte. (...) Rings um das mit Teppichen bedeckte bettartige Grab des Glaubenskämpfers stehen zahlreiche Kandelaber mit von frommen Pilgern geopferten riesigen Wachskerzen, von der Decke hängen von Mekkafahrern aus dem fernen Morgenlande mitgebrachte Straußeneier herab, in den Nischen und neben dem Sarge erblickt man aber die Asa, den mit einem Halbmonde versehenen Stab, die Schuhe, den Kamm und andere Gerätschaften, deren sich, nach des Schechs (Klosterleiter) Versicherung, der Heilige bei Lebzeiten bediente." Und weiter: „Während seiner Glanzzeit zählte unser Kloster 40 und oft mehr Derwische, während meines Besuches jedoch nur 18 ständige und 8 Bewohner, welche auf ihren frommen Fahrten des Klosters Gastfreundschaft vorübergehend genossen."

Kulthandlungen: Die Grabstätte ist heute nicht mehr mit Teppichen, wohl aber mit persönlichen Gegenständen der Besucher bedeckt: Tücher, Socken, Strumpfhosen (!), Schürzen werden von den einen als Zeichen der Ehrerbietung hinterlassen, von den anderen, um die Sachen mit der Glück bringenden Energie des für magisch gehaltenen Ortes aufzuladen. Am westlichen Ende des Grabes befindet sich eine kleine Öffnung, in die der Besucher gehalten ist, seine Hand hineinzustecken – und wieder herauszuziehen. Wem es gelingt, der gilt als geheilt und frei von Sünde.

Vor dem Mausoleum fällt eine Ulme auf, an deren Ästen allerlei bunte Fäden und Tücher hängen. Viele Besucher kaufen am Eingang Martenici (Märzchen), jene

Vor dem Schloss von Bălčik: Degustation

Stoffgeflechte in Rot und Weiß, die im März an die Liebsten verschenkt werden, um ihnen Gesundheit zu wünschen. Hier allerdings hängen sie an dem Baum und auch nicht nur im März – mit balkantypischer Flexibilität haben die Bulgaren die muslimische Tradition, ein Erinnerungsstück an heiligen Stätten zu hinterlassen, mit ihrem eigenen heidnischen Brauch verbunden.

⌚ täglich 9.30–16 Uhr, freier Eintritt. Martenici sind in der Eingangshalle zu kaufen, ebenso Kerzen und eine kleine, mehrsprachige Broschüre (2,50 €), die auch drei Seiten auf Deutsch enthält, aber vor allem durch alte Fotos und Modellzeichnungen einen Eindruck von der ehemaligen Gestalt des Klosterkomplexes vermittelt.

Bălčik (Балчик) (14.000 Einw.)

Hohe Kalksteinfelsen umrahmen den alten Küstenort und verhalfen ihm zu dem Kosenamen „die weiße Stadt". Berühmt ist Bălčik aber auch wegen seiner anderen Naturkulisse: dem ausgedehnten botanischen Garten, in dessen Zentrum sich ein königliches Lustschloss aus den 20er Jahren befindet.

Bălčik, in einem schönen Talkessel etwa 40 km nördlich von Varna gelegen, ist eine wohlhabende Stadt. Bröckelnde Fassaden sieht man hier selten. Viele Häuser sind erst vor kurzem renoviert worden, allem Anschein nach von privater Hand, und auch für die orthodoxe Kirche hoch oben am Berg hat sich Geld gefunden. Außer in der Nähe des kleinen Hafens hat sich zwar kein nennenswertes Zentrum herausgebildet, wegen der schönen Anlage der Stadt, die sich kurvenreich die Anhöhe hinaufzieht, kann sich ein kleiner Spaziergang durch die steilen Straßen dennoch lohnen – wenn man einen gewissen sportlichen Ehrgeiz mitbringt.

Größte und meistbesuchte Sehenswürdigkeit des Ortes ist jedoch der 80 Jahre alte, wunderschöne **botanische Garten** mit seinem spektakulären Tropenhaus und dem kleinen Sommerschloss der rumänischen Königin Maria, die hier ungestört ihren Vergnügungen nachgehen konnte: Opium war eine ihrer großen Leidenschaften.

Wie so viele Städte an der bulgarischen Schwarzmeerküste wurde auch Bălčik von Kolonisten aus dem antiken Griechenland gegründet. Wegen der vielen Mineralquellen in der Umgebung nannten die Siedler aus dem kleinasiatischen Milet den Ort Kruni (Quelle). Später tauften sie ihn in Dionysopolis um, zu Ehren des Gottes, der in Form einer Statue ans Ufer gespült wurde, wie der zeitgenössische Historiker Pseudoscymnos versichert. Wenige Mauerreste künden noch von der Festung, die Bălčik in den darauf folgenden Jahrhunderten umrahmte und vor der Plünderung durch Barbarenstämme bewahrte – ein Schicksal, das die damals mächtige Hafenstadt Varna im 5 Jh. ereilt hatte. Gegen die Gewalt der Natur konnte später aber auch die Wehranlage nichts mehr ausrichten: Im 6. Jh. zerstörte eine Erdbeben- und Flutwellen-Katastrophe die Stadt völlig.

Die Zugehörigkeit zu Byzanz sicherte Bălčik das Überleben. Schon bald stand eine neue Festung an der Stelle der alten und das Leben nahm seinen von jeher gewohnten Lauf. Einschneidende Veränderungen brachte erst die Ankunft der Protobulgaren unter Khan Tervel mit sich. 679 eroberten sie die Stadt, zwei Jahre später, nach dem Friedensschluss mit Byzanz, gründeten sie das Erste Bulgarische Reich. Dionysopolis hieß fortan Karvuna, die Mitfühlende. Der heutige Name, der sich erst im Laufe des 16. Jh. einbürgerte, geht auf den mittelalterlichen Regionalherrscher Balik zurück.

Als Folge der Balkankriege 1912/13 wurde Bălčik Rumänien zugesprochen, was der rumänischen Königin Maria Gelegenheit gab, sich in der frisch entstandenen Grenzregion ein Refugium für die Sommerferien zu bauen. „**Stilles Nest**" nannte sie ihr Schloss und die im weitläufigen Park verstreuten Familienvillen – ein Name, der trotz stark gestiegener Besucherzahlen auch heute noch zutrifft. Das hügelige, baumreiche Terrain mit seinen verschlungenen Pfaden bietet genug Nischen, um selbst zur Hochsaison die herrliche Natur ungestört genießen zu können.

1940 kaufte Zar Boris III. Bălčik für angeblich 7000 Leva zurück.

Strände

Bălčik hat keinen Naturstrand, die Küste ist hier sehr felsig. Auf dem Platz vor dem Schloss wurde jedoch Sand aufgeschüttet und mit Sonnenschirmen und Liegen

ausgestattet. Eine Treppe führt ins Meer. Wegen der inspirierenden Umgebung ist der Strand zwar sehr beliebt, aber nicht überfüllt.

Information/Verbindungen/Adressen

- *PLZ* 9600
- *Information* Am Hafen, pl. Ribarski (**Рибарски**), liegen mehrere kleine Tourismusagenturen, die Hotel- und Privatzimmer vermitteln. Ein klassisches Informationsbüro gibt es nicht – dennoch sollte man sich nicht genieren, in den Agenturen zu fragen. Bulgaren helfen gerne.
- *Verbindungen* Vom **Busbahnhof** oberhalb des Schlosses kommt man in alle wichtigen Orte der Umgebung: eine knappe halbe Stunde dauert die Fahrt nach Albena (0,60 €, alle 15. Min.), Varna erreicht der Bus in etwa einer Stunde (1,25 €, stündlich), Richtung Norden gibt es Verbindungen nach Kavarna (1 €, eine halbe Stunde entfernt), außerdem fahren 3–4 Busse täglich nach Sofia (10 €, Fahrtzeit gut 10 Std.). Der Busbahnhof liegt, von Süden kommend, kurz hinter der Ortseinfahrt auf der linken Seite.
- *Taxis* Am Hafen, pl. Ribarski, außerdem am Hauptplatz, pl. Nezavisimost (**Независимост**).
- *Hafen* Am drittgrößten Hafen des Landes – über die ul. Černo more (**Черно море**) leicht zu erreichen – hat sich ein kleines Zentrum mit Imbissbuden, Restaurants und Tourismusagenturen herausgebildet.
- *Internet* An der von Restaurants gesäumten Konsumzeile zwischen Busbahnhof und Botanischem Garten.
- *Post* pl. Nezavisimost.

Übernachten/Essen und Trinken (siehe Karten S. 132/133 u. 135)

Am Hafen und in der Nähe des Botanischen Gartens, immer unweit des Meeres, stehen die besten Hotels der Stadt – neu, günstig und mit allem Komfort ausgestattet. Gleiches gilt für die Gastronomie.

*** **Iceberg (4)**, links der Budenzeile, die zum Botanischen Garten führt, zweigt eine Asphaltstraße zum Hotel ab: Der Weg ist ausgeschildert. 2 Gebäude, das eine ist ein Neubau, das andere existiert schon 5 Jahre. Eine Klimaanlage besitzt nur der neue Teil. Typisches Mittelklassehotel, etwas steril vielleicht, aber gut ausgestattet. 50 Zimmer. DZ mit Frühstück 40 €, Apartment mit Küche und 2 Schlafzimmern 85 €, ✆ 0579-75031 oder 0579-75546, ✆ 0579-75033, iceberg@techno-link.com.

*** **Bjalata kăšta (2)** (Бялата къща), schöne Lage in den grünen Hügeln über dem Hafen. Verschachtelter, moderner Bau mit schöner Zimmereinrichtung und Terrassen mit Blick aufs Meer. Gutes Restaurant, DZ 40 €, Apartment 50 € inkl. Frühstück, Ul. Geo Milev 18 (Гео Милев), ✆ 0579-73822 oder 0579-73951.

** **Magnolia (1)** (Магнолия), sympathisches Familienhotel mit 3 DZ und einem Apartment direkt am Hafen. Internet-Anschluss, Klimaanlage, Küchenausrüstung und Kühlschrank. DZ mit Bad und WC 22,50 €, Apartment für 4 Pers. 38 €. Ul. Primorska 25 (Приморска), ✆ 0888-924844 oder 0888-820899.

* **Achilea (3)** (Ахилея), zwei Ecken vor dem Iceberg Hotel. Einfach, aber gepflegt. DZ mit Bad und WC 12,50 €, Apartment 30 €, ✆ 0579-76606.

Korona (6) (Корона), neben dem Rosengarten, 100 m nördlich des Schlosses. Herrliche Lage im Park direkt am Meer. Altbulgarischer Stil, gutes Essen.

Café an der Wassermühle (5), eigentlich namenlos, aber jeder kennt es. Unmittelbar neben dem „Korona" in einer uralten, heute nur noch dekorativen Wassermühle. Die Tische im Freien sind dicht neben dem riesigen Mühlrad, alte Mauern und viel Grün schaffen zusätzlich Atmosphäre. Klein, aber mit feiner Auswahl an Kuchen und guten Cocktails, freier Blick aufs Meer.

Sehenswertes

Schloss der Königin Maria von Rumänien: Die Enkelin der britischen Königin Victoria entstammte dem deutschen Adelshaus Sachsen-Coburg-Gotha – ebenso wie der gegenwärtige Präsident Bulgariens Simeon Saksokoburggotski, der als 6-jähriger während des Zweiten Weltkriegs schon mal oberster Landesherr war: damals als Zar Simeon II.

Königin Maria lebte von 1875–1938, als fast 50-Jährige entdeckte sie den stillen Flecken an der Südgrenze ihres Landes: Die gesamte Dobrudža südlich der Donau, von jeher das wichtigste Getreideanbaugebiet Bulgariens, war nach den Balkankriegen 1912/13 Rumänien zugesprochen worden. Maria und ihr Mann Ferdinand I. standen seit 1918 an der Spitze des Königreichs. Zwischen 1924 und 1926 kaufte die Monarchin die verlassenen Grundstücke am Meer und beauftragte die italienischen Architekten Augustino und Amerigo mit dem Bau eines Sommerpalastes sowie mehrerer kleiner Villen für die aristokratische Verwandtschaft. Die früher bewirtschaftete Landschaft war damals völlig verwildert, doch die großen Bäume, die alten, längst nicht mehr betriebenen Wassermühlen und die versiegten Steinbrunnen hatten es der Königin angetan. Sie ließ einen Park um die Gebäude errichten, der nach ihrem Tod zum botanischen Garten ausgebaut wurde und heute von der Universität Sofia gepflegt wird.

Der königliche Auftrag lautete, eine Symbiose zwischen Architektur und Natur zu schaffen. Gemeinsam mit dem Schweizer Gärtner Jules Jeannis meisterten die beiden Italiener die Aufgabe bravourös: Sie restaurierten die alten Mühlen und nutzten deren Wasserräder als dekorative Elemente, kleideten alle Gebäude mit den

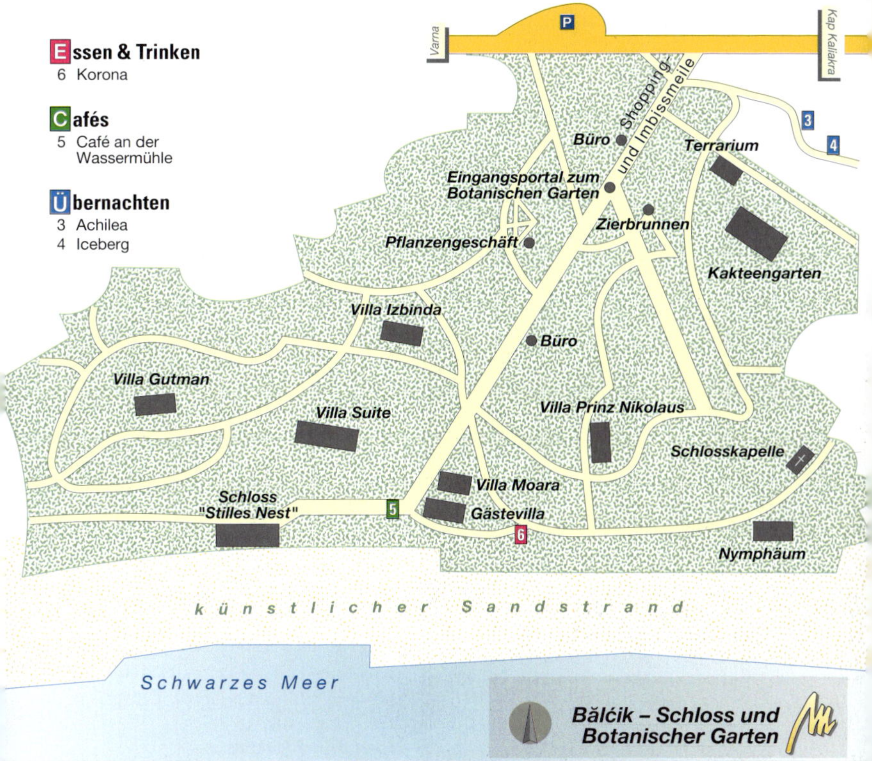

hellen Steinplatten der Umgebung aus, nutzten traditionelle Dachziegel und gaben dem Hauptgebäude, dem „**Stillen Nest**", ein Aussehen, das alle Lebenswelten zusammenführte, in denen sich die Königin zuhause fühlte: Der maurische Baustil ist harmonisch mit Elementen aus der Mittelmeerarchitektur und dem Wiedergeburtsstil bulgarischer Bürgervillen zusammengeführt worden. Ein weißes Minarett spielt auf die osmanische Vergangenheit des Ortes an.

Innen ist das Schloss eher schlicht gehalten, zu sehen sind das steinerne Bad der Königin, der mit dunklen, schweren Möbeln ausgestattete Empfangsraum, außerdem Schlaf- und Esszimmer, an den Wänden hängen zahlreiche Ikonen. Im Rauchsalon lud Maria zu Kaffee und Opium ein. Der dritte Stock war für ihre Tochter Juliana und die Hofdamen reserviert, Sohn Nikolaus durfte seine Sommerfeste in einer eigens für ihn erbauten Villa ausrichten. Verstreut im Botanischen Garten liegen zudem weitere Partyresidenzen des königlichen Anhangs (s. Karte).

⌚ täglich 8–20 Uhr, Eintritt 2,50 € (gilt auch für den botanischen Garten). Der Zugang befindet sich rechts des Busbahnhofs am Ende der Restaurant- und Ladenzeile. Gezahlt wird an einer kleinen Schranke, der Torbogen, der den eigentlichen Eingang zur Grünanlage markiert, folgt wenige Meter dahinter. Das Schloss „**Stilles Nest**" liegt nach einigen Gehminuten durch den botanischen Garten unten am felsigen Küstenstreifen, der auf etwa 200 m Länge zum künstlichen Sandstrand aufgewertet wurde. Im Erdgeschoss des Schlosses werden ätherische Öle angeboten: Bergamotte, Eukalyptus, Fenchel, Jasmin, Lavendel, Wacholder u. a. In dem schönen **Shop** sind außerdem von Kindern gemalte Wasserfarben-Bilder zu erstehen und viel Kunsthandwerkliches.

Stilles Nest nannte Königin Maria ihr Refugium

Botanischer Garten: 1955 begann die Universität Sofia damit, rund um den königlichen Schlosspark einen botanischen Garten anzulegen. Heute umfasst er eine Fläche von 16 ha, auf der rund 3000 Pflanzenarten aus 35 Familien gedeihen. Die Kakteensammlung ist die zweitgrößte in Europa, nach der in Monaco. Die Anlage wirkt, als hätten ihre Erbauer den Helden aus Goethes *Wahlverwandtschaften* nacheifern wollen: Über die Hügel laufen verschlungene Wege, die immer wieder überraschende Ausblicke gewähren, zwischen Rosensträuchern wandelt der Besucher durch Laubengänge, Wasser sprudelt an mehreren Stellen, sammelt sich und stürzt schließlich 9 m in die Tiefe. Kleine Brücken führen über Abgründe, an markanten Punkten sind riesige Terrakotta-Vasen und klassizistische Henkeltöpfe platziert. Dank der vielen mächtigen Bäume wirkt die Anlage eher wie ein Märchenwald voller exotischer Blumen als wie ein botanischer Lehrgarten in mitteleuropäischem Sinn.

⏲ und Eintritt siehe oben.

Tropenhaus: Inmitten von Palmen und Bananenstauden erwarten den Besucher Giftschlangen, Riesenvogelspinnen und Piranhas – gut verstaut in Terrarien. Gekkos und Leguane laufen frei zwischen den Käfigen herum. Insgesamt beherbergt der kleine Tropenzoo rund 60 Tierarten, darunter Klapperschlangen, Chamäleons, Pythons, amerikanische Ochsenfrösche, Anakondas und Warane.

⏲ täglich 8–20 Uhr, Eintritt 0,60 €. Fotografieren ist kostenlos. Links des Eingangsbogens zum Botanischen Garten.

Kornkammer Dobrudža (Добруджа)

Nördlich von Bălčik und bis zum rumänischen Hafen Constanța erstreckt sich eine fruchtbare Steppe, die für beide Nachbarländer eine enorme wirtschaftliche Bedeutung hat. Auf dem schwarzen *Černosjem*, einem reichhaltigen Humusboden, gedeiht vor allem Weizen, Gerste und Mais, aber auch viel Gemüse und Wein ist zu sehen. Ein prächtiges Bild sind die weiten Sonnenblumenfelder bei Durankulak, dem Grenzort zu Rumänien. Die Dobrudža reicht weit ins Landesinnere, insgesamt umfasst sie eine Fläche von 23.000 m^2. Etwa eine Million Menschen leben in dem Gebiet, das die extremsten Wetterbedingungen Bulgariens aufweist: Die Sommer sind sehr heiß und die Winter sehr kalt.

Auf dem Berliner Kongress 1878 wurde die Dobrudža zum Großteil Rumänien zugesprochen, nach den Balkankriegen 1912/13 kam auch der Süden dazu. Seit 1940 gehört der Küstenabschnitt zwischen Bălčik und Durankulak wieder zu Bulgarien.

Mit Hilfe des PHARE-Programms der Europäischen Union sind erste Versuche für einen sanften Tourismus, vor allem im Bereich der Seen bei Šabla und Durankulak, gestartet worden. Die angeführten Informationsbüros in Kavarna und Šabla organisieren Führungen und vermitteln Zimmer in traditionellen Bauernhäusern.

Heritage Trails Dobroudja Ltd – Le Balkan: in Kavarna, Ul. Dobrotica 27 (Добротица), ✆ 0570-5054; in Šabla, Ul. Ravno Pole 35 (Равно поле), ✆ 0578-2063.

Bauernhaus in der fruchtbaren Dobrudža-Steppe

Kavarna (Каварна)

Zwischen den Mais- und Sonnenblumenfeldern der Dobrudža hindurch führt die E87 von Bălčik ins 18 km entfernte Kavarna, einer industriell geprägten Kleinstadt mit größerer Vergangenheit als Gegenwart. Zeugnisse der reichen Geschichte finden sich allerdings nur noch spärlich: Auf dem Hügel **Čirakman** (Чиракман) über dem Hafen graben Archäologen nach Resten der alten Siedlungen, die mehrmals zerstört und wiederaufgebaut wurden; zum ersten Mal durch ein Erdbeben im 1. Jh. v. Chr. und zuletzt nach einem Volksaufstand kurz vor der Befreiung 1878, als die türkischen Besatzer die Stadt niederbrannten und dadurch 1200 Menschen töteten.

Auf Čirakman wurden bereits einige Mauern der Festung **Bisone** (Бисоне) freigelegt, die die Griechen im 5. Jh. v. Chr. errichtet hatten. Außerdem sind Reste einer Basilika aus dem 4. Jh. zu sehen und ein paar mittelalterliche Schlossmauern. Nachdem Tataren den Ort mal wieder dem Boden gleichgemacht hatten, baute der mächtige Bojar Balik, dem das benachbarte Bălčik seinen Namen verdankt, die Stadt wieder auf. Sein Sohn Dobrotica machte sie zum Mittelpunkt des Fürstentums Karvunska Chora, das im 14 Jh. die gesamte Dobrudža und die Küste vom rumänischen Donaudelta bis zum heutigen Nessebăr beherrschte.

Ohne kundige Führung, die in Kavarna noch schwer zu finden ist, kann aus dem Steinchaos auf Čirakman jedoch kaum ein schlüssiges Bild gelesen werden. Das von der EU geförderte Le Balkan-Büro (Adresse s. „Kornkammer Dobrudža") kümmert sich eigentlich um den Naturschutz in der Region, eine Vermittlung lokaler Experten, die das tote Gestein zum Leben erwecken können, ist daher nicht garantiert.

Laien weitaus zugänglicher zeigt sich ein Abstecher zum Kap Kaliakra, das auf seinen steilen, bis zu 70 m hohen Felsen die reiche Festung des Fürsten Dobrotica beherbergte und heute Mittelpunkt des einzigen Küstennaturparks in Bulgarien ist.

Kap Kaliakra (Калиакра)

Nach der Durchfahrt durch Kavarna führt rechts eine baumbewachsene Allee schnurgerade in Richtung des höchsten und steilsten Kaps an der bulgarischen Küste: Kaliakra. Die rötlichen Felsen ragen 2 km weit ins Meer hinein, zahlreiche Höhlen dienten früher als religiöse Stätten, heute nisten dort Kormorane und Alpensegler. Seit 1966 erstreckt sich vom Kap entlang der Nordküste ein 8 km langes und 500 m breites Naturschutzgebiet.

Der Weg zum Kap führt an dem ruhigen Dobrudža-Dorf **Bălgarevo** (Българево) vorbei, das mit seinen gepflegten Bauernhäusern, den vielen Gärten und der jüngst renovierten orthodoxen Kirche (hinter der Ortseinfahrt links) einen angenehmen Kontrast zum staubigen Kavarna bietet. Im Zentrum liegt das kleine, gut geführte Informationszentrum zu Kaliakra, das unbedingt einen Besuch lohnt (s. u.).

Der Straße geradeaus folgend, weitet sich die Landschaft unmittelbar hinter Bălgarevo zur Steppe aus, die den Blick freigibt auf die spektakuläre Felsenlandschaft des Kaps. Kurz vor dem wiederaufgebauten Tor zur alten Festung ist ein kleiner Obolus zu entrichten und dann ist man mittendrin in Bulgariens mächtigster Küstenstadt des Mittelalters.

Auch wenn ab und an ein Touristenbus die Stille stört – auf Kaliakra hat eindeutig die Natur das Sagen. Schweigend liegen die steinernen Kolosse der Vergangenheit im Gras, Schilder erklären auf Deutsch ihre ehemalige Funktion, die Menschen lesen, dass hier Gewaltiges geschehen ist und werden ganz ruhig. Nur die Grillen zirpen und weit unten hört man das Meer rauschen. Das Wasser ist so klar, dass die Unterwasserfelsen selbst aus 70 m Höhe zu erkennen sind. Fischer patrouillieren in ihren kleinen Booten – wenn ihr Wasservorrat aufgebraucht ist, rufen sie einfach den Kellnern oben auf dem Kap-Restaurant zu, sie sollten ihnen doch noch ein paar Flaschen hinunterwerfen. Und die tun es. Aus 70 m Höhe. In Bulgarien mag vieles (noch) nicht funktionieren, manches Andere aber geschieht dafür (noch?) wie selbstverständlich.

Geschichte

Schon die Thraker wussten im 4. Jh. v. Chr. die strategische Bedeutung des Kaps zu schätzen und errichteten darauf den Militärstützpunkt **Tirisis**. Lysimachos, Nachfolger Alexanders des Großen, der das thrakische Odrysenreich überrannt hatte, nutzte die Festung weiter – und versteckte der Legende zufolge in den Höhlen all die Schätze, die er im Laufe seiner Beutezüge angehäuft hatte. Während der Römerzeit, in den ersten Jahrhunderten unserer Zeitrechnung, bauten die Bewohner das Kastell zur Stadt aus. Byzantinische Quellen führen den Ort im 5. Jh. als Acre Castellum. Zahlreiche Funde, die in dem kleinen Höhlenmuseum unmittelbar neben dem Klippen-Restaurant zu sehen sind, dokumentieren eine rege städtische Entwicklung: Leuchter, Schmuckstücke, Gefäße und Münzen konnten der Spätantike zugeordnet werden.

Mit dem Siegeszug der Protobulgaren im 7. Jh. änderten sich jedoch die Prioritäten der Bewohner. Statt Fischfang und Seehandel standen nun Ackerbau und Viehzucht auf der Agenda und beides konnte im fruchtbaren Landesinneren weitaus effektiver betrieben werden als auf dem kargen Felsboden des Kaps. Acre wurde verlassen und erst 700 Jahre später wieder besiedelt.

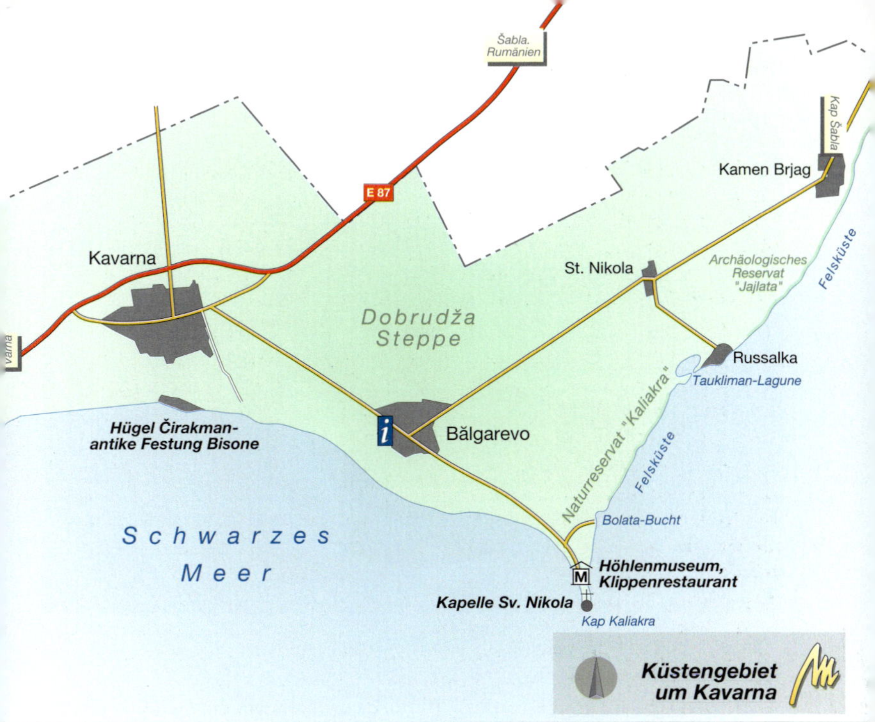

1346 fanden sich erste schriftliche Hinweise über **das Fürstentum Dobrudža**, das von dem Bojaren Balik aufgebaut worden war und unter seinem Sohn Dobrotica die größte Ausdehnung erreicht hatte. Kaliakra wurde die militärische Bastion des Reichs. Wie es eigentlich zu diesem Namen kam, weiß die Geschichtsforschung nicht. Die Legende bringt ihn mit dem gleichnamigen Mädchen in Verbindung, das lieber in den Tod sprang, als den Türken in die Hände zu fallen (s. Kasten).

Drei streng voneinander getrennte Stadtteile bildeten ein typisch mittelalterliches Gemeinwesen. Im äußersten Bereich, dem Vorort, lebten die einfachen Menschen, Viehzüchter und Fischer, es folgte die äußere Stadt, die von Kaufleuten, Kirchendienern und Beamten bewohnt wurde und schließlich die innere Stadt, die der höheren Geistlichkeit und dem engen Führungszirkel vorbehalten war, mit dem auf eine erhöhte Terrasse gebauten Schloss als unübersehbarem Machtzentrum.

Einige Mönche zogen es vor, in den Höhlen am Fuße des Kaps zu wohnen, ganz im Sinne des damals populären *Hesychasmus* (s. Aladža-Kloster), der Stille als Voraussetzung für die Einheit mit Gott predigte. Für die wirtschaftliche Prosperität des Gemeinwesens sorgte der Hafen auf der Westseite des Kaps, über den ein schwunghafter Handel unter anderem mit der Republik von Genua betrieben wurde. Ausgeliefert wurden Getreide und Gemüse aus der Dobrudža, importiert wurden Salz, Schmuck und kostbare Einrichtungsgegenstände für die Oberschicht. Als schwierig gestaltete sich allerdings der An- und Abtransport der Waren: Es gibt auf dem Kap bis heute keinen natürlichen Zugang zum Meer. Die Bulgaren trieben daher einen senkrechten Tunnel durch den Fels, über den die Lasten aus den Lagerräumen am Fuße der Felsen nach oben gehievt wurden.

Rekonstruiertes Festungstor am Kap Kaliakra

Lange konnte sich die Stadt am Kap allerdings nicht halten: Bereits Mitte des 15. Jh. ging die Besiedlungsgeschichte zu Ende. In mehreren Eroberungszügen, zuerst der Türken im Jahr 1388, dann der Walachen und schließlich der Kreuzritter, wurde zuerst die Festung und dann der Wille der Bevölkerung, hier noch weiter zu wohnen, zerstört.

Die Legende von Kaliakra

Die schreckliche Gewalt, die den Bewohnern des Kaps angetan wurde, ließ eine Legende entstehen, die bis heute das Geschichtsverständnis der Bulgaren prägt. Es existieren zahlreichen Versionen davon, doch im Kern besingt der Mythos den unbeugsamen Stolz eines kleinen Volkes. 14 Tage lang wehrte sich die Festung bereits gegen die Übermacht des türkischen Heeres, dann gingen den Verteidigern Pfeile und Speere aus. Die Mauern wurden überrannt, Männer, Frauen und Kinder abgeschlachtet. Die Eroberer verschonten nur die 40 schönsten Mädchen, da sie dem Harem des Sultans zugeführt werden sollten. Für die jungen Bulgarinnen hätte dies lebenslange, tägliche Vergewaltigung bedeutet. Angeführt von einem Mädchen namens Kaliakra (daher der Name des Kaps) banden sie ihre Haare zusammen, nahmen sich an den Händen und sprangen vom höchsten Punkt des Kaps ins Meer. Eine weiße Skulptur, ganz im Stile der sozialistischen Geschichtsheroisierung, erinnert heute vor dem Festungstor an diese Verzweiflungstat.

Im klaren Wasser des Naturparks Kap Kaliakra tummeln sich wieder Robben und Delfine

Information/Adressen/Übernachten/Essen

- *Information* In **Bălgarevo** (Българево), wenige Kilometer vor dem Kap, befindet sich das **Informationszentrum** zum Naturschutzgebiet Kaliakra. Das flache Gebäude an der Hauptstraße hat schöne Broschüren und Postkarten zu allen Naturparks an der bulgarischen Küste und zeigt in einer Fotoausstellung mit englischen Texttafeln deren vielfältige Flora und Fauna. Es wird von einem Gemeinschaftsprojekt bulgarischer und schweizerischer Naturschutzorganisationen finanziert. ⌚ täglich 9–18 Uhr, ✆ 05744-424 oder direkt bei der Trägerorganisation ✆ 052-634584.
- *Eintritt* 0,25 € (kurz vor der Durchfahrt durch das Festungstor)
- *Anfahrt* Das Kap Kaliakra ist mit öffentlichen Verkehrsmitteln nicht zu erreichen. Wer kein eigenes oder geliehenes Auto hat, kommt mit dem Taxi günstig ans Ziel. Dort warten auch schon stets drei, vier Konkurrenten auf Kundschaft – die Rückfahrt ist somit ebenfalls gesichert.
- *Fahrradverleih* im Infozentrum, s.o.
- *Baden* in der Bolata-Bucht (s. „Sehenswertes").
- *Übernachten* Das Infozentrum in Bălgarevo vermittelt Privatzimmer im Ort.
- *Essen* Das Höhlen-Restaurant am Kap bietet unter der Plane seiner Aussichtsterrasse den einzigen Schatten auf der Felsenhalbinsel. Man sitzt an den Klippen direkt über dem Meer, das Essen ist gut, der Blick fantastisch.

Sehenswertes

Höhlenmuseum: Neben der einmaligen Aussicht – die man bei gutem Essen auch von der Terrasse des Kap-Restaurants genießen kann – gehört auch das kleine Museum gleich neben der Gaststätte zum Pflichtprogramm. Wie das Lokal in einer Felsenhöhle untergebracht, sind hier Exponate aus der Siedlungsgeschichte des Kaps ausgestellt. Vor allem Haushaltskeramik konnte geborgen werden: antike Vasen, römische Teller, mittelalterliche Tongefäße. Interessante Spuren einer untergegangenen Kultur, die ein beredtes Zeugnis der kulturellen Macht abgeben, die Athen und Rom selbst in solch abgelegenen Regionen hatten.

Kapelle Sveti Nikola: Unterhalb der meteorologischen Station, die an Stelle des Schlosses von Dobrotica heute einen Großteil der Kapspitze einnimmt, schlängelt sich ein kleiner Fußweg an den Klippen entlang und endet an dem kleinen Tempel zu Ehren des Beschützers von Seefahrern und Fischern. Der freie Blick aus Schwindel erregender Höhe auf die gewaltigen Wassermassen vor einem bleibt unauslöschlich im Gedächtnis hängen.

Naturpark: Das knapp 70 ha große Naturschutzgebiet Kaliakra ist die Heimat vieler Zugvögel und endemischer Pflanzen. Kormorane sieht man überall auf Felsvorsprüngen sitzen und auf Fang warten, in den Sträuchern hocken Rosenstare, Nonnensteinschmätzer, Lerchen und Alpensegler, die Flora wird von typischen Steppenbewohnern wie Kornblumen, Hyazinthen, dem Beifuß und speziell angepassten Pfingstrosen bestimmt.

Bolata-Bucht (Болата): Das klare Wasser am Kap Kaliakra verlockt zum Baden, einen bequemen Zugang erlaubt die Steilküste allerdings erst weiter nördlich in der Bolata-Bucht. Dazu muss man auf dem Rückweg nach Bălgarevo nach einigen hundert Metern rechts den Weg parallel zur Küste wählen, der wenig später zu dem wenig besuchten Sandstrand mit seinen bunten Fischerbooten abzweigt. Im Hintergrund erstreckt sich ein kleiner Sumpf – Refugium einer bunten Schar von Wasservögeln.

Taukliman-Lagune (Тауклиман): Einige Kilometer weiter Richtung Rumänien durchbricht ein größeres Feuchtgebiet die felsige Küstenlinie. Die Lagune Taukliman gehört ebenfalls zum Naturpark Kaliakra und bietet während der Zugzeiten 150

Vogelarten eine Heimat. In den Felsnischen nisten Uhu und Adlerbussard, im brackigen Wasser der Lagune fühlen sich Schildkröten und Schlangen wohl. Eine Zufahrt von der weiter landeinwärts verlaufenden Straße gibt es nicht, zu erreichen ist diese unberührte Wildnis, in der es keine Trampelpfade gibt, nur zu Fuß: am einfachsten über die unmittelbar nebenan liegende Feriensiedlung Russalka. Der Fußweg von der Bolata-Bucht verläuft über das baumlose Dobrudža-Plateau und nimmt gut eine Stunde in Anspruch.

Russalka (Русалка)

Jungfräulich war dieser Teil der Dobrudža-Küste tatsächlich (*russalka* bedeutet auf Bulgarisch „Meerjungfrau"), als der Club Méd das beschauliche Feriendorf vor fast 40 Jahren eröffnete. Inzwischen läuft die Anlage wieder unter bulgarischer Flagge, die rund 600 Bungalows sind komplett restauriert worden und bieten heute angenehmen Komfort inmitten einer beeindruckenden, vollkommen unberührten Natur.

Allerdings liegt Russalka weitab von jeder größeren Stadt. Varna ist gut 80 km entfernt, Bălčik etwa 40 km und nach Norden folgen nur mehr kleine Dörfer und die Provinzstadt Šabla. Zu erreichen ist die Ferienanlage über die Landstraße Kavarna–Bălgarevo–Sveti Nikola, von wo aus eine Stichstraße ans Meer führt. Wer hierher kommt, muss Natur pur wollen, aufgelockert durch die Unterhaltungsangebote des Clubs selbst.

Groß ist der Ferienkomplex nicht und genau das macht ihn sympathisch. Die hübschen Bungalows liegen geschickt auf dem Wiesengelände verstreut, als natürliche Grenze erhebt sich das Dobrudža-Plateau, zwei Steinwürfe vom Meer entfernt, 20 m senkrecht in die Höhe. Budenfreie Fußwege führen durch die autofreie Anlage, die selbst im August nicht überfüllt wirkt. Das Konzept, Ruhe

Am Rand einer ursprünglichen Steppe liegt das All-Inclusive-Feriendorf Russalka

und Entspannung inmitten wilder Natur zu bieten, wird konsequent verfolgt: Fliegende Händler fehlen hier ebenso wie übermotivierte Discjockeys, die Lautstärke mit guter Laune verwechseln.

Russalka wird zwar vornehmlich pauschal gebucht, an der Rezeption gleich hinter der Schranke kann man allerdings auch einzelne **All-Inclusive-Tickets** zu je 10 € kaufen (ohne Übernachtung). Wer sich auf Tour befindet, hat so die Möglichkeit, ein paar Badetage mit Rundumversorgung einzulösen. Der **Sandstrand** ist einmalig: Passend zur Anlage liegt er in einer kleinen, von Felsen unterbrochenen Bucht, an dessen Rand weißer Kalkstein aufragt. Künstliche Terrassen, mit Sand aufgeschüttet, nehmen das Landschaftsbild auf und machen das Badeareal dadurch zu einer Art Open-Air-Theater mit dem Meeressaum als Bühne. Delphine und Kormorane kommen oft so nahe an das Gelände, dass sie vom Strand aus zu beobachten sind. Nur wenige hundert Meter weiter südlich beginnt das Naturreservat **Taukliman** (s. Kap Kaliakra unter „Sehenswertes").

Information/Aktivitäten/Übernachten/Essen

• *Information* Gleich am Eingang, hinter der Schranke auf der linken Seite, befindet sich das große Infozentrum, das auch Buchungen vornimmt und für Kurzaufenthalte All-Inclusive-Tickets zu 10 € verkauft, ✆ 0570-82009 oder ✆ 0570-82586.

• *Anfahrt* Ausschließlich per Taxi oder eigenem Fahrzeug, von den Bussen der Reiseveranstalter natürlich abgesehen.

• *Tauchen* **Black Sea Wreck Diving Centre**, die Tauchschule von Russalka genießt einen guten Ruf, auch weil die Lehrer freundlich und geduldig sind. Ausgebildet wird viersprachig, darunter in Deutsch. Die Zertifikate sind international gültig. 12 Tauchausrüstungen stehen zum Mieten zur Verfügung, angeboten werden 4–12 m tiefe Tauchgänge zu Schiffswracks – darunter ein gut erhaltenes Kriegssegelschiff aus dem 18. Jh., außerdem liegen einige deutsche Landungs- und Schnellboote aus dem Zweiten Weltkrieg auf dem Meeresboden – und verborgenen Unterwasserhöhlen, von denen viele noch kaum erforscht sind. Die spektakulären Touren mit guten Motiven für Unterwasserfotografen haben sich herumgesprochen und locken inzwischen Tauchfans aus ganz Europa nach Russalka. ✆ / ℻ 05743-2027 oder ✆ 0888-560252, 0888-461182, www.bswreckdiving.com, bswreckdiving@hotmail.com.

• *Sport/Unterhaltung* Tennis (15 Plätze), Bogenschießen, Kajak, Tischtennis, Fitnessgeräte, Reiten – sogar eine Kunstgalerie gibt es auf dem Gelände.

• *Übernachten und Essen* Der Ferienclub besteht aus rund 600 geräumigen Bungalows, die alle mit Klimaanlage, Satelliten-TV, Balkon und Bad ausgestattet sind. Das gastronomische Angebot wird von einem großen Restaurant mit vielen Tischen im Freien und drei Bars zufriedenstellend abgedeckt. Eine Woche All-Inclusive-Urlaub kostet bei alltours ab 400 €.

Kamen brjag (Камен бряг)/Jajlata (Яйлата) (300 Einw.)

Einen fast mythischen Ruf unter jungen Abenteurern besitzt Kamen brjag („steinerne Küste"). Das stille Dorf selbst, deren Bewohner fast ausschließlich für den Eigenbedarf wirtschaften, kann zwar nur mit seiner unverfälschten Ursprünglichkeit punkten, die zerklüftete Felsenküste davor allerdings lockt mit zahlreichen Buchten und Höhlen. Nicht alle davon sind natürlich – vor 7000 Jahren hat hier ein unbekanntes Volk etwa tausend Behausungen in den Fels gehauen, davon zeugen die zahlreichen Werkzeuge, die hier gefunden wurden und mittlerweile im Archäologischen Museum von Varna ausgestellt sind. Jüngeren Datums sind die Felsengräber auf offener Steppe, die viel zur mystischen Ausstrahlung des Gebiets beitragen.

Die weißen Kreidefelsen prägen den Strand von Russalka

FILA

Allesamt zum Meer hin ausgerichtet, schätzen Forscher deren Entstehungszeit auf das 5. Jh. v. Chr, die Blütezeit der griechischen Antike.

Und noch ein weiterer Fund trägt dazu bei, dass das Küstengebiet bei Kamen brjag als **archäologisches Reservat Jajlata** geschützt ist. 1500 Jahre alte Überreste einer byzantinischen Festung ragen am Steilufer aus dem Erdboden, stellenweise sind sogar noch Räderspuren aus damaliger Zeit zu sehen.

Im Sommer treffen sich in den Höhlenbuchten am Meer junge Bulgaren, Italiener und Skandinavier, die für einige Tage im Jahr ein Leben fernab der Zivilisation suchen. Umgeben von unberührter Steppe und doch inmitten einer uralten Kulturlandschaft ist der Platz tatsächlich bestens dazu geeignet, um sich dem Gefühl vollkommener Freiheit hinzugeben.

Eine feste Niederlassung kennen die hier unbehelligt wild zeltenden Jugendlichen allerdings nicht – was es schwierig macht, die kleine **Hippie-Gemeinde** zu finden. Am besten in Kamen brjag (zu erreichen über die Küstenstraße, die von Russalka bzw. Sveti Nikola nach Norden führt, Entfernung Sv. Nikola–Kamen brjag: 6 km) den erstbesten Weg Richtung Küstensaum einschlagen. Verstreut in der wilden Steppenlandschaft unmittelbar hinter der Dorfgrenze liegen die jahrtausendealten Gräber und Höhlenbehausungen, bereits von weitem an ihrer steinereren Umrandung zu erkennen. Bei einem Spaziergang am Meer entlang sollte schon bald Reggae- oder Hiphop-Sound heraufdringen, falls nicht, ist man diesen Sommer vielleicht allein hier. Was so schlecht auch nicht ist, denn Klippen, Höhlen und Wiesen bieten Abwechslung und unvergessliche Bilder genug.

Von Kamen brjag nach Norden

Hinter Kamen brjag wird die Straße schlechter, sie bleibt allerdings passierbar. Nach 4 km durch die flache, baumlose Steppe der Dobrudža erreicht man das staubige Dorf **Tjulenovo**. Ab dem Ortsende überrascht der neue Asphaltbelag. Bis **Šabla**, einer aufgeräumten Kleinstadt mit 4500 Einwohnern, und auch dahinter auf dem Weg zur rumänischen Grenze, befindet sich die Straße in gutem Zustand. Die E87, auf die man, von der Küste kommend, in Šabla wieder einbiegt, führt in Sichtweite des Meeres schnurgerade bis zum nördlichsten Schwarzmeerort Bulgariens, **Durankulak**. Die Grenze erreicht man von dort nach 6 km, zurück nach Varna sind es auf der E87 rund 100 km.

Tjulenovo (Тюленово)

Einen gewissen Nachrichtenwert eroberte sich die bescheidene Siedlung dank des Ölfeldes, das 1970 vor seiner Küste entdeckt wurde. Bis zu seinem Versiegen 1995 sicherte es zahlreiche Arbeitsplätze, seither machen immer wieder Gerüchte von einem neuen Fund die Runde. Zwischen Tjulenovo und dem Kap Šabla führt die Straße dicht am Meer entlang; Feldwege bieten immer wieder die Möglichkeit, an die felsige, zerklüftete Küste mit ihren kleinen Sandbuchten heranzufahren, um ein paar Badestunden einzulegen.

Šabla (Шабла)

Die asphaltierte Strecke Kamen brjag–Tjulenovo endet beim **Kap Šabla**, das von einem 150 Jahre alten Leuchtturm in Rot-Weiß begrenzt wird. Einige Restaurants, die sich rund um den kleinen Fischereihafen angesiedelt haben, bieten Gelegenheit, sich zu stärken. Die Straße entfernt sich anschließend vom Meer und führt nach etwa 5 km in die Stadt, die nördlichste an der bulgarischen Küste. Šabla überrascht durch seine sauberen Straßen und die gepflegten, blumenreichen Gärten, wenn es auch keine klassischen Sehenswürdigkeiten zu bieten hat. In byzantinischer Zeit als Handelshafen Karia zu bescheidenem Wohlstand gelangt, verarmte der Ort danach und lebte jahrhundertelang ausschließlich von der Subsistenzwirtschaft. Seinen heutigen relativen Wohlstand verdankt die Stadt zum großen Teil dem Ölfeld bei Tjulenovo, das allerdings mittlerweile versiegt ist. Fieberhaft wird deshalb bereits nach neuen Ölquellen vor der Küste gesucht.

Versteckt hinter Küstenwäldern liegen die **drei Seen** Šabla, Ezerec und Tuzla. Zugänglich ist allerdings nur Letzterer, eine Salzlagune, deren Moor auch zu therapeutischen Zwecken eingesetzt wird. Šabla und Ezerec sind durch einen schmalen Kanal miteinander verbunden, ein Sandstreifen trennt sie vom Meer. Fischotter, Wildschweine und Hirsche haben in dem abgelegenen Gebiet Zuflucht gefunden und im Winter kommen Schwärme von Gänsen, Enten und Schwänen aus Sibirien hierher. Bis zu 100.000 Vögel sind zwischen Dezember und Februar auf den beiden fischreichen Seen gesichtet worden. Unkontrollierte Abschüsse gefährden allerdings den Tierbestand. Gegenwärtig arbeiten deshalb mehrere Naturschutzorganisationen aus dem In- und Ausland einen Plan aus, der einen besseren Schutz von Flora und Fauna sichern soll.

Vom Kap Šabla kommend, führt rechts eine asphaltierte Straße zu den drei Seen. Ein weitläufiges Regierungsgelände versperrt den Zutritt zu den beiden größeren, folgt man dem Weg weiter kommt man zu dem wenig aufregenden, aber sauberen Campingplatz Dobrudža mit seinem wenig besuchten **Sandstrand** und von dort aus zu dem wegen seines Heilschlamms bekannten Tuzla-See (innerhalb der Anlage dem Hauptweg nach rechts durch ein kleines Waldstück folgen).

• *Information* **Heritage Trails Dobroudja Ltd – Le Balkan**: Šabla, Ul. Ravno Pole 35 (Равно поле), ✆ 0578-2063; **Northern Coastal Wetlands Project**, Varna, ✆ 052-827134 oder 052-634584. Letztere ist Teil des bulgarisch-schweizerischen Programms zur Erhaltung der biologischen Vielfalt, zu dessen Einsatzgebieten auch das Naturschutzgebiet Kaliakra, die Seenplatte von Burgas, der Ropotamo-Fluss und der Strandža-Naturpark gehören. Die Zentrale in Sofia, Ul. Graf Ignatiev 38b, ist unter ✆ 02-9804131 zu erreichen.

• *Camping* **Dobrudža**, versteckt in einem lichten Küstenwald liegend, bietet der Zeltplatz die üblichen bescheidenen Bedingungen zu guten Preisen (3 € für 2 Pers.), wegen ihrer Sauberkeit fällt die Anlage zudem doppelt angenehm auf. Die neuen Bungalows gleich am Eingang sind für Mitarbeiter bulgarischer Unternehmen reserviert und Ausländern nicht zugänglich. Zu erreichen über die Stichstraße, die etwa in der Mitte zwischen Šabla und dem gleichnamigen Kap abzweigt.

Krapec (Крапец)

In keinem anderen Küstenort leben Arm und Reich so eng beieinander wie in diesem Dorf am Ende der kilometerlangen Nussbaumallee, die nördlich von Šabla zum Meer abzweigt. Gänsescharen kreuzen ständig den Weg, arme, halb verfallene Bauernhäuser säumen die Straße und mittendrin steht plötzlich eine Villa im angesagten Neobarock-Stil. Teure Hunde bewachen den Hof, in dem edle Autos parken.

Bemerkenswert ist Krapec allerdings auch wegen seines komfortablen Hotels, das sich am Dorfrand an den kleinen Bootshafen anschließt: Das Janica ist die einzige

Hochsaison am Strand von Durankulak

Drei-Sterne-Herberge nördlich von Bălčik (60 km). Der Campingplatz Kosmos, der auf einigen Landkarten noch verzeichnet ist, hat seine Schuldigkeit getan und wurde geschlossen. Einen weitläufigen Strand hat Krapec nicht zu bieten, nur einen engen Sandstreifen am Fuß der Steilküste vor dem Hotel Janica, der bei Flut unter Wasser steht.

• *Übernachten und Essen* *** **Janica** (Яница), sympathisches Privathotel der Familie Katrandžievi, erbaut im Stil einer Klosteranlage: 23 DZ und 2 Apartments umschließen im Halbrund einen beheizbaren Meereswasser-Pool mit Barbereich. Das Hotel ist eingeschossig, alle Zimmer sind zum Meer hin ausgerichtet und mit Balkon, TV und Bad ausgestattet. Zum Hotel gehört ein hervorragendes Restaurant mit 80 Plätzen sowie ein bewachter Parkplatz. DZ 26 €, Apartment 30 € (inkl. Frühstück), ✆ 05749-324 oder 088-706503, 📠 05749-325.

Durankulak (Дуранкулак)

Der letzte Ort vor der Grenze (von hier sind es noch 6 km bis Rumänien) ist heute kaum mehr als solcher zu erkennen. Im Jahr 1900 Zentrum eines Bauernaufstandes gegen die Erhebung des Zehnten, siedelten die Kommunisten nach 1945 hier riesige Landwirtschaftliche Produktionsgenossenschaften (LPG) zur Bewirtschaftung der umgebenden Dobrudža-Felder an. Heute machen diese weitgehend beschäftigungslosen Agrarfabriken einen erheblichen Teil des Siedlungsterritoriums aus. Vereinzelt gruppieren sich Häuser darum herum, ohne dass sich bisher ein Ortszentrums herausgebildet hätte.

Bekannter als das Dorf ist der gleichnamige **See**, der mit seinen großen Zugvögelpopulationen neben Poda und Šabla zu den ornithologisch interessanten Gebieten zwischen Burgas und der rumänischen Grenze gehört. 76 Vogelarten nisten hier, die seltenen Rothalsgänse kommen zu Zehntausenden aus den Weiten der sibirischen Tundra, um hier zu überwintern. Den leichtesten Zugang zum Durankulak-See erhält man, wenn man sich auf der Hauptstraße nach dem Wegweiser zum Restaurant Zlatna ribka richtet. Der Kiesweg führt am Rande einer ehemaligen LPG vorbei, bis zu der schönen, gepflegten Gaststätte, von deren Garten man einen herrlichen Blick auf den See mit seinem schilfbewachsenen Ufer hat.

Zahlreiche **Gräberfelder** in der näheren Umgebung des Dorfes bezeugen, dass sich an der Nordküste Bulgariens die früheste Proto-Hochkultur Europas angesiedelt hatte: Bereits im 5. Jahrtausend v. Chr. haben hier Menschen gelebt. Leider weiß man heute weder, woher dieses geheimnisvolle Volk kam, noch wie dessen Gesellschaft funktioniert hat – einzig ihre Gräber (bei Kamen brjag einige Kilometer weiter südlich sind weitere gefunden worden) zeugen noch heute von ihrer Existenz.

Durchquert man Durankulak von Süden her, zweigt etwa 1 km hinter dem Dorf eine Straße zum Campingplatz Kosmos ab. Die Bedingungen hier sind äußerst einfach – in Krapec, 20 Autominuten entfernt, erhält man Drei-Sterne-Komfort für 26 € –, der **Strand** allerdings genügt auch höheren Ansprüchen. Zwar ist der Sand grobkörnig, dafür erstreckt er sich entlang des Durankulak-Sees kilometerlang nach Süden und ist selbst im Hochsommer fast menschenleer.

• *Camping* **Kosmos** (Космос), Zugang über die Stichstraße 1 km nördlich von Durankulak. Sehr einfache Bedingungen, aber daran angepasste Preise (Zelt 1,50 €). Wenig Publikum, vornehmlich bulgarische Backpacker, Restaurant vorhanden.

• *Essen* **Zlatna Ribka** (Златна рибка), idyllisch gelegenes und sehr gepflegtes Gartenrestaurant etwa 2 km von der Hauptstraße entfernt. Ein ausgeschilderter Kiesweg führt zum See, an dessen Ufer das kleine Gebäude liegt – übrigens das einzige weit und breit. Ein sattgrüner Rasenteppich und einige Blumenrabatte ergänzen das romantische Ambiente und stimmen auf das gute Essen ein (zahlreiche Fischmenüs). Man sitzt auf der Veranda mit Blick auf See und Uferschilf, Preise 2,50–3 € fürs Hauptgericht.

Der Süßwassersee von Durankulak, dahinter das Meer

Vorsaison: Obzor lebt von seinem attraktiven Strand

Die zentrale Küste

134 km liegen zwischen den beiden Küsten-Großstädten Varna und Burgas. Es ist der längste der drei Küstenabschnitte und touristisch gleichzeitig der am wenigsten erschlossene. Hohe Berge, schroffe Felsen und riesige Flusswälder kennzeichnen weite Teile dieser Region und erschweren Großinvestoren den Zugang zu den Küstenorten. Bjala und Obzor verzeichnen einen bescheidenen, inländischen Badetourismus. Škorpilovci mit seinem fantastischen Sandstrand und der abgeschiedenen Lage am Rande des Kamčia-Naturparks darf noch als Geheimtipp gelten.

Südlich des Balkan-Gebirges liegen die beiden meistbesuchten Orte der bulgarischen Schwarzmeerküste, die gegensätzlicher nicht sein könnten: Slăncev brjag (Sonnenstrand) und Nessebăr.

Kamčija-Mündung (Камчия)

Viele der bulgarischen Flüsse, die ins Schwarze Meer münden, bilden an ihrem Unterlauf weite Urwälder, die sich bei Hochwasser in Sumpfgebiete verwandeln: an der Nordküste die Batova, im Süden Ropotamo und Veleka, hier im mittleren Teil ist es die ruhig fließende Kamčija, die durch ein subtropisch anmutendes Geflecht aus Schlingpflanzen und bis zu 35 m hohen Eschen, Erlen, Eichen und Ulmen fließt.

Longoswälder nennen die Bulgaren diese dschungelähnlichen Gebiete, die wie die Kamčija-Mündung für Wanderer kaum zugänglich sind. Nur entlang der Veleka führen Waldwege von den Dörfern des Strandža-Gebirges zur Küste (s. Sinemorec). Entlang der fischreichen Kamčija mit ihrem brackigen Wasser wurde eine 1200 ha große Fläche zum Naturschutzgebiet erklärt, welches vom Meer etwa 25 km weit ins Landesinnere hinein reicht.

Zu erreichen ist die Kamčija über die E87, die von Varna über Burgas bis nach Istanbul führt. Etwa 20 km südlich von Varna, beim Dorf **Bliznaci** (Близнаци), zweigt eine gut asphaltierte Straße zu der Flussmündung mit einem kleinen Bootshafen ab. (Achtung: die Abfahrt wird vorher nicht angekündigt, es gilt also langsam zu fahren, um das Hinweisschild nicht zu verpassen.) Nach 5 km durch dichten Wald ist die Anlegestelle erreicht, an der sich einige einfache Imbissstände und Gaststätten angesiedelt haben. Die Bootsfahrt auf dem stellenweise bis zu 30 m breiten Fluss führt am dunklen Urwalddickicht entlang, in dem 40 verschiedene Baumarten wachsen. Ob man in einem 20-Personen-Boot allerdings Fischotter, Schreiadler, Wildschweine oder gar Pelikane zu Gesicht bekommen wird, ist eher zweifelhaft. Für abenteuerlustigere Naturen ist daher unbedingt ein Ruderboot zu empfehlen, mit dem es sich weit leiser durch den Urwald gleiten lässt. Lärm durch andere vorbei fahrende Urlaubergruppen droht dabei kaum: Selbst zur Hochsaison ist der kleine Hafen nur spärlich besucht.

Das Gleiche lässt sich von den beiden aufwändig renovierten Bungalowanlagen Raj und Romantika sagen. Noch sind diese ebenso wenig besucht wie der davor liegende, weit sich hinstreckende Sandstrand. Das Gebiet wurde jahrelang vernachlässigt und erst kürzlich von Investoren wieder entdeckt. Große Hotels sind nach wie vor nicht geplant - die abgeschiedene Lage neben dem geschützten Flusswald (Mücken!) erlaubt die berechtigte Hoffnung, dass Kamčija ein Geheimtipp für Individualisten bleiben wird.

Bootstouren/Übernachten

• *Bootstouren* Fahrten auf der Kamčija sind per motorisiertem Ausflugsboot (max. 20 Pers.), Tret- oder Ruderboot möglich. Die kleine Anlegestelle, die am Ende der Zufahrtsstraße von der E87 liegt, wird von Ljubov Atanasova geführt, ✆ 052-647799 oder ✆ 0886-428895. Preise sind Verhandlungssache, als Basis können 4 € für die 45-Min.-Fahrt auf dem Motorboot gelten. Kinder und Gruppen erhalten Ermäßigung. ⌚ täglich 9–21 Uhr.

• *Camping* **Romantika** (**Романтика**): Von der Zufahrtsstraße zum Bootshafen führt links ein schmaler Weg zu dieser jüngst renovierten Anlage mit komfortablen Häuschen im typischen Bungalow-Stil. Zeltplätze gibt es hier keine. Die Beschilderung wies 2004 nur die Betriebsferienanlagen „Neptun" (**Нептун**) und „Mona" (**Мона**) aus: immer in deren Richtung halten, an ihnen vorbei (der Anblick dieser so genannten Erholungsheime schockiert auch viele Bulgaren immer wieder aufs Neue), dann nur noch durch die hässliche Schranke und man ist in einer anderen Welt. Die hübschen Holzbauten liegen schattig im Wald und sind sauber, geräumig, ausgestattet mit allem, was nötig ist. 3-Zimmer-Bungalows direkt am Strand kosten 22 €, für ein 5-Zimmer-Häuschen muss man 30 € pro Nacht hinlegen. Eine Reihe dahinter wird´s im Schnitt um 5 € billiger. Wer länger bleibt, bekommt Rabatt. Kontakt: Nino Velikov ✆ 0889-337373, Fr. Apostolova ✆ 0888-866334.

Raj (**Рай**): Ähnlich wie Romantika – reine Bungalowsiedlung, keine Zeltplätze: Zufahrt etwas weiter Richtung Hafen, Abzweigung nach links. Sieht von außen schlimm aus, ist es bei näherem Hinsehen aber nicht. Es gibt kleine Läden, mehrere Restaurants und einen bewachten Parkplatz. Die zweistöckigen Häuschen mit 2 DZ, Wohnzimmer, Esszimmer, Küche, Terrasse sind für 40 € zu mieten, unabhängig von der Personenzahl. Die kleinsten mit einem DZ, Bad und Terrasse kosten 12 €.
Kontakt: Fr. Kirjakova, ✆ 0889-371140.

• *Nachtleben* **Balaton** (**Балатон**), Disco direkt am Strand, neben den Raj-Häuschen; wurde 2004 noch renoviert, soll zum großen Open-Air-Tanztempel ausgebaut werden. Eröffnung 2005.

Škorpilovci (Шкорпиловци)

Die Überraschung zwischen Varna und Nessebăr: Mitten im Grünen, hinter den Dünen eines riesigen, fast menschenleeren Sandstrands, liegt das blitzsaubere Küstendorf Škorpilovci. Der Strand gehört größtenteils zu dem erstklassigen Hotel Eskana und präsentiert sich daher in bester Verfassung.

Die Küste südlich von Varna ist dünn besiedelt. „Schuld" sind die Sümpfe der Kamčija und die Ausläufer des Balkan-Gebirges, die weite Teile unzugänglich machen. Erst hinter Nessebăr wird es wieder deutlich urbaner, mit Ravda, Burgas und Sozopol in dichter Abfolge. Viele der Dörfer, die davor an der E87 oder in dessen gebirgigem Hinterland liegen, wirken staubig und halb verlassen. Škorpilovci ist eine Ausnahme. Benannt nach den tschechischen Brüdern Karel und Hermann Škorpil, die Ende des 19. Jh. in Bulgarien die Archäologie begründeten, bildet der kleine Küstenort einen augenfälligen Kontrast zu Bliznaci oder Staro Orjahovo und Novo Orjahovo, die man von Varna kommend passiert. Saubere Straßen und hübsche, gepflegte Häuser stimmen heiter und fügen sich in das Bild der grandiosen Naturkulisse, die das Dorf umgibt – Škorpilovci liegt am Rand des Kamčija-Naturschutzgebiets. Die Hauptstraße führt geradewegs zum Hauptanziehungspunkt des Gebiets: dem noch weitgehend unentdeckten Sandstrand, der sich, von Dünen durchzogen, nach Norden hin bis zur Kamčija-Mündung zieht.

Dass Bulgarien ein „Transitionsland" ist, also ein Land im Übergang, zeigt dagegen vor den Toren von Škorpilovci traurige Ausprägungen. Die beiden Campingplätze Horizont und Izgrev – in vielen Landkarten noch eingezeichnet – sind wegen unklarer Besitzverhältnisse dem Verfall anheim gegeben und rosten langsam vor sich hin: die Anfahrt ins Dorf, ansonsten wegen der umgebenden Waldwildnis die reinste Wohltat fürs Auge, verliert dadurch leider stark an Reiz. Wer diesen brachliegenden Ferienslum allerdings hinter sich gelassen hat, wird, hält er sich rechts in Dorfrichtung, schon bald durch das genaue Gegenteil entschädigt: das kleine, ausnehmend hübsche Zwei-Sterne-Hotel Eskana befindet sich außer Sichtweite der Campingplätze und bietet mit seiner 2005 neu eröffneten Fußgängerbrücke die schnellste Verbindung vom Dorf zum Strand. Škorpilovci selbst hat nicht viel zu bieten, andererseits fällt der Mangel an touristischer Infrastruktur zumindest für einige Tage durchaus positiv auf. Wer auf der Suche nach Entspannung ist, wird sie hier finden.

Strand/Übernachten

• *Strand* Ein herrlicher (unbewachter) Sandstrand breitet sich hinter den Dünen bis zur Kamčija-Mündung aus: viele Kilometer Einsamkeit und Wildnis. Wer am Meer Natur pur sucht, ist hier sicher richtig. Vom Dorfzentrum führt eine Straße geradewegs zum Strand, Entfernung: etwa 2,5 km. Kürzer ist der Weg über die Fußgängerbrücke, die beim Hotel Eskana ihren Anfang nimmt und nach ihrer Renovierung 2005 neu eröffnet werden soll. Die Liegen im Bereich des Hotels Eskana sind für 1 € pro Tag auszuleihen, ein Sonnenschirm kostet 0,50 €, der Parkplatz ebenso und ein Tretboot 2 € pro Stunde (auch für Nicht-Hotelgäste).

• *Übernachten* ** **Eskana**, neben dem Strand der einzige Grund, für ein paar Tage in Škorpilovci zu bleiben. Gepflegtes 100-Betten-Hotel gleich nach der Ortseinfahrt. Der Besitzer Ivan Slavov sorgt für eine sehr angenehme, familiäre Atmosphäre. Alle Zimmer haben Meeresblick, Terrasse und Klimaanlage. Kein Gebäude stört die Aussicht, das Hotel liegt im Grünen und besitzt einen eigenen Garten inkl. Kinderspielplatz. Große Teile des Strands wurden für 20 Jahre gepachtet und sind dementsprechend gepflegt. DZ 12 € (!). ✆ 05140-270 oder 0889-306558.

• *Camping* Die auf vielen Landkarten noch verzeichneten Campingplätze **Horizont** und **Izgrev** unmittelbar vor Škorpilovci sind bis auf Weiteres geschlossen.

Bjala (Бяла) (2300 Einw.)

Ein optisch wenig reizvoller, wild zusammengewürfelter Ort am Rande des Balkan-Gebirges, dessen Einwohner mit Weinbau zu einigem Wohlstand gekommen sind.

Die E87, die sich nach **Staro Orjahovo** (Старо Оряхово) durch dichte Wälder mit Wildschweinen schlängelt, führt direkt ins Zentrum von Bjala. Die Tiere (keine verwilderten Hausschweine, sondern echte Wildschweine) sind in diesem Gebiet so zahlreich, dass sie sogar aus dem fahrenden Auto zwischen den Bäumen zu sehen sind.

Hätte Bjala nicht eine so schöne **Bucht**, könnte man den 2000-Seelen-Ort, der keine rechte Struktur und schon gar keine kohärente Architektur erkennen lässt, schnell hinter sich lassen. Doch der Ausblick vom Ende der leicht ansteigenden Straße, die zum kleinen **Bootshafen** führt, lohnt den Abstecher. Umso mehr, als auf einer natürlichen Terrasse über der Bucht das hervorragende Fischrestaurant Čajka zum Essen einlädt. Der gut besuchte Strand links daneben ist vor allem wegen seines Hinterlands erwähnenswert. Der Sandstreifen selbst ist recht schmal und kaum gepflegt, doch der auf einer Klippe bis an den Strand heranwachsende Bergwald bildet einen reizvollen Kontrast.

Wirtschaftlich geht es Bjala nicht schlecht. Die Gegend ist ein Zentrum der Dimiat-Weinproduktion, einer in Bulgarien sehr beliebten Kellerei mit Hauptsitz in Varna.

Über der Bucht von Bjala liegt das gut geführte Fischrestaurant Čajka

Im so genannten „griechischen Viertel“, einem Altstadt-ähnlichen Ortsteil, der sich auf einem Hügel links des Strands erhebt, zeugen viele neu errichtete Wohnhäuser von dem ansehnlichem Wohlstand vieler Einwohner. Die Straßen sind eng und steil, zudem erschwert der schlechte Belag einen Spaziergang, doch wer in Bjala nach Atmosphäre sucht, wird hier noch am ehesten fündig.

Der langsam einsetzende Tourismus wird gegenwärtig hauptsächlich von Russen getragen, die vor allem in dem hübschen, aber etwas gedrängt wirkenden Hotelkomplex Moskojani wohnen.

Übernachten/Essen

- *PLZ* 9101
- *Übernachten* **Moskojani** (Москояни), bei Russen sehr beliebtes Hotel. Kein Betonklotz, sondern eine verschachtelt wirkende Architektur, die dem Auge gut tut. Am Platz wurde allerdings gespart: Am Pool liegt man ziemlich eng nebeneinander und auch sonst (Fitnessraum, Basketballcourt, Open-Air-Bar) wirkt alles ein bisschen gedrängt. Insgesamt jedoch guter Durchschnitt. Restaurant vorhanden. Im „griechischen Viertel“, das sich auf dem Hügel links vom Ortsstrand erhebt. Von weitem an seiner bläulich schimmernden Farbe zu erkennen. Ul. Gospodin Milušev 45. DZ 15 €. ✆ 05143-2082 oder 0888-327300 (nach Dimităr Moskojanov fragen, dem Deutsch sprechenden Hotelchef), ℻ 05143-2160.
- *Camping* **Enpromon** (Енпромон), unmittelbar südlich von Bjala versteckt sich diese ganz ordentliche Bungalowanlage im Wald. Es gibt einige Läden und ein Restaurant. Größter Vorteil ist die großartige Lage auf einer Anhöhe über dem Meer. Die Bungalows sind nicht luxuriös, bieten für Selbstversorger aber alles Nötige wie Küche und Kühlschrank. Durchschnittspreis: 20 €. ✆ 05143-2410 oder 0887-755814, ℻ 05143-2455.
- *Essen* **Čajka** (Чайка), Unter Bäumen über dem Hafen von Bjala liegt dieses feine Fischrestaurant, dessen gehobene Preise von der exzellenten Küche gerechtfertigt werden. Viele Tische im Freien (Holz-Stein-Konstruktionen), aber auch Innenräume mit behaglichem Kamin. Gegrillte Tintenfische 6 €, Forelle vom Grill 2,50 €, andere Gerichte im Schnitt 3 €. Die teuerste Flasche Wein kostet 9 €. Alle zehn Beilagen von der Karte sind tatsächlich immer zu haben – durchaus immer noch eine Besonderheit in Bulgarien.
- *Nachtleben* **Paradies**, Disco unterhalb des obigen Hotels, direkt am Strand.

Obzor (Обзор) (2000 Einw.)

Etwa in der Mitte zwischen Varna und Burgas gelegen, nimmt sich Obzor wie die lebhaftere – wenn auch nur mäßig hübschere – Schwester von Bjala aus. Unbestreitbarer Pluspunkt sind die schönen Sandstrände: der lang gestreckte Hausstrand sowie zwei kleine Buchten einige Kilometer südlich. Eine spektakuläre Wanderroute führt von Irakli zum oft sturmumtosten Kap Emine.

Viele Urlauber, die wegen der günstigeren Preise im 5 km entfernten Nachbarort Bjala wohnen, kommen zum Baden hierher, da der Sandstrand von Obzor ausgedehnt und sehr gepflegt ist. Auch in der Hauptsaison ist er wenig bevölkert – wie lange das allerdings noch so bleiben wird, ist fraglich: In den Außenbezirken von Obzor haben in jüngster Zeit eine Reihe größerer Hotels eröffnet und weitere werden bereits gebaut. Als Bereicherung des Stadtbildes können nur wenige bezeichnet werden, vor allem in den Außenbezirken wurden bereits einige Bausünden begangen.

Am freundlich-gelb gepflasterten Platz im Zentrum finden sich zahlreiche nette Cafés und gute Einkaufsmöglichkeiten. Direkt an der Durchgangsstraße gelegen, bietet er sich auch für Durchreisende als erholsame Haltestelle an. Dass Obzor zum touristischen Zentrum der mittleren Küste aufsteigen könnte, zeigt auch die neue

Kirche, die derzeit in der Ortsmitte entsteht. Ein Schild weist bereits heute darauf hin, dass diese dereinst auch einen Raum für archäologische Ausstellungen beherbergen soll – wie viele Küstensiedlungen besitzt auch Obzor eine römische Vergangenheit. Heliopolis, die Stadt der Sonne, hieß der Ort vor über 2000 Jahren: denkbar, dass dort dann Funde aus damaliger Zeit gesammelt ausgestellt werden, denn zu sehen sind bisher nur die spärlichen Überreste eines Jupitertempels im zentralen Park.

Einstweilen beherrscht jedenfalls noch ein ungewöhnliches Café die Szenerie im Zentrum: Bedrock, in der Fantasiewelt von Bill Hanna und Joe Barbera die Heimat der Flintstones. Die allseits bekannte Kulisse des Steinzeitdorfes wurde 1:1 aus dem gleichnamigen Hollywood-Film von 1994 übernommen, doch herrscht hier keine weihevolle Fan-Stimmung, sondern bulgarisches Partyflair mit lauter Chartsmusik und exzellenten Cocktails.

Information/Übernachten/Essen

• *PLZ* 8250

• *Information* Am Hauptplatz, neben dem Hotel Tudi (**Туди**), ul. Todor Ilčev 1 (**Тодор Илчев**), befindet sich erstaunlicherweise ein Tourismusbüro, das auch Privatzimmer vermietet.

• *Übernachten* Privatquartiere werden überall im Ort für 5–6 € angeboten – eine in vielerlei Hinsicht bessere Wahl als das überteuerte und etwas sterile Luxushotel Helios Beach.

*** **Helios Beach**, dreistöckiger moderner Bau direkt am Strand, der auch bei TUI im Angebot ist und daher von vielen Deutschen pauschal gebucht wird. Man kann jedoch auch vor Ort für einige Tage einchecken. Familiäre Atmosphäre darf man allerdings nicht erwarten, dafür den Service eines Großhotels. Preise: Hauptsaison DZ mit Meeresblick 53 €, Apartment 66 €, all inclusive zusätzlich 20 € pro Tag; Juni und September: 31 € und 35 €. Ul. Černomorska 44. ✆ 05504-32175, 📠 05504-2243.

• *Essen* **Čevermeto** (**Чевермето**), viel Stein und Holz: gelungene Nachahmung des altbulgarischen Stils. Nicht zu übersehen, am Dorfplatz im Zentrum. Außergewöhnlich reiche Küche, das Preisniveau der Spezialitäten liegt bei 4–4,50 €. Flasche Wein: 3,50–7 €. Live-Folklore (Musik und Tanz).

Studen kladenec (**Студен кладенец**), nur wenige Meter vom Hauptplatz entfernt, liegt dieses einnehmende Gartenrestaurant, das vor allem wegen seiner geschmackvollen Bepflanzung sofort auffällt. Die Gerichte sind ländlich traditionell, dabei aber hervorragend zubereitet. Ul. Ivan Vazov 20.

• *Café-Bar* **Bedrock**, auf den ersten Blick provinziell anmutende Kopie der Flintstones-Architektur, die bei näherem Hinsehen aber einen ganz eigenen Charme besitzt. *Der* Jugendtreff in Obzor. Sehr gute, preiswerte Cocktails, angenehmer Partysound. Hat nichts mit den sterilen Event-Kneipen westeuropäischen Zuschnitts zu tun. Am Hauptplatz im Zentrum.

Baden und Wandern

Der ausgedehnte **Hauptstrand**, oft gut 100 m breit und etwa 6 km lang, bietet ausreichend Ruhe und Platz zum Relaxen. Selbst im August stehen die Sonnenschirme nur im zentralen Ortsbereich dicht an dicht. Zu erreichen ist er über jede Stichstraße ans Meer.

Zudem gibt es zwei weitere Badebuchten, die wegen ihrer versteckten Lage kaum besucht werden.

Kavaka erreicht man über einen schmalen Pfad, der sich etwa 1,5 km südlich von Obzor in Richtung Meer schlängelt. Vorsicht: Kein Schild weist den Weg von der E87, die Abzweigung ist daher leicht zu übersehen. Die Gegend kann ohne Übertreibung als wildromantisch bezeichnet werden. Nur einige verlassene Bungalows weisen noch Zivilisationsspuren auf, ansonsten ist man hier mit der Natur – dicht bewaldete Aus-

läufer des Balkan-Gebirges und ein traumhafter Sandstrand – ganz für sich allein.

Zurück auf der E87 zweigt nach weiteren 3 km ein ebenfalls unbefestigter Weg zum Meer hin ab. Ein Schild mit den kyrillischen Schriftzeichen Иракли **(Irakli)** lässt vermuten, dass man hier mit etwas mehr Zulauf rechnen muss, in Wirklichkeit ist dies der Hinweis zu dem gleichnamigen Schülerlager, das aber kaum noch genutzt wird. Bald ist eine Weggabelung erreicht: Rechts führt ein abenteuerlicher Maultierpfad – nichts für Pkws – zu dem Dorf **Emona** und weiter zum **Kap Emine**, einer wegen seiner zahlreichen Stürme gefürchteten Region. Für Abenteurer, die auf der Suche nach dem Nicht-Alltäglichen sind, kann sich die hin und zurück etwa 12 km lange, teilweise sehr steile Wanderung durchaus lohnen. Die Strecke führt bis Emona durch hügeliges, waldreiches Gelände – nach dem Dorf muss man sich durch niedriges Dickicht bis zu dem weithin sichtbaren Kap-Leuchtturm durchschlagen.

Den **Irakli-Strand** erreichen Sie, wenn Sie nach obiger Gabelung den Weg geradeaus verfolgen. Bald folgt eine Schranke, die den Eingang zu dem – heute nur noch wenig besuchten – Schülerlager markiert. Gebühr ist hier keine zu entrichten, einfach durch das kleine Bungalow-Gelände zum Meer gehen. Der Strand ist meist menschenleer, groß, feinsandig und wild, begrenzt von den Laubwäldern des Balkan-Gebirges: beste Voraussetzungen für einen herrlichen Nacktbadetag.

Sveti Vlas (Свети Влас)/ Elenite (Елените)

Nur ein kurzes Stück Uferstraße trennt die beiden Feriendörfer voneinander – und wenn der Bauboom im nahen Slănčev brjag (Sonnenstrand) weiter anhält, werden die drei Orte bald zu einem einzigen riesigen Touristenzentrum zusammengewachsen sein. Sveti Vlas besitzt neben den zahlreichen Strandhotels auch einen alten Dorfkern in den Bergen, Elenite dagegen wurde vor 20 Jahren als reine Retortensiedlung konzipiert.

Sveti Vlas versucht, sich als ruhige Alternative zu Slănčev brjag zu profilieren. Auch wenn die ersten Bauklötze der riesigen Ferienanlage kaum 1 km entfernt sind, lässt sich Vlas, wie der Ort der Einfachheit halber oft genannt wird, doch schon auf den ersten Blick vom Sonnenstrand unterscheiden. Kein Spur von Ballermann-Kultur: Zwischen den Hotels, die stark auf architektonische Individualität setzen, marschieren keine Marktschreier auf, auch die berüchtigten Ramschboutiquen fehlen

In Sv. Vlas zitiert das Luxushotel Manastira die Architektur des berühmten Rila-Klosters

hier völlig und an den Strand kann man seinen eigenen Sonnenschirm mitbringen. Ein richtiges Dorf ist Vlas deshalb noch lange nicht – zumindest nicht im Uferbereich. Jenseits der Uferstraße erreicht man schon bald die Wohngegend des Ortes, der auf eine über 2000-jährige Geschichte zurückblicken kann und heute 3000 Menschen beherbergt. Funde deuten auf eine thrakische Siedlung im 2. Jh. v. Chr. hin, die unter dem Namen Larissa bekannt gewesen sein soll. Den heutigen Namen erhielt Vlas erstmals im 14 Jh., zu Ehren des Schutzheiligen der Viehzüchter und Kaufleute. Die türkische Besatzungsmacht taufte den Ort dann in Manastir um, weil sich in der Region gleich fünf Klöster angesiedelt hatten. Spuren davon finden sich allerdings nicht mehr, die Gotteshäuser wurden im Laufe der Osmanenherrschaft zerstört. Nach der Befreiung 1878 nahm Vlas wieder seinen mittelalterlichen Namen an.

Auf eine so bewegte Vergangenheit kann **Elenite** nicht zurückblicken. Einen guten Ruf hat sich das All-inclusive-Resort, das 1986 eröffnet wurde, allerdings durch seine feine Architektur (Familienbungalows in einem grünen Park, insgesamt gut 1000 Betten) und die schöne Lage am Fuße der Balkan-Ausläufer gemacht. Wen die räumliche Geschlossenheit einer solchen Anlage nicht stört, der verbringt hier sicher einen erholsamen Urlaub.

Ausflüge: Abwechslung bringen das nahe Nessebăr (15 Autominuten, 10–12 € mit dem Taxi hin und zurück), für eine Stippvisite sicher auch das unglaubliche Treiben von Slănčev brjag (allein schon, um sich darin bestätigt zu sehen, dass man die bessere Wahl getroffen hat) und für einen Tagesausflug das wunderschöne Gebirgsdorf Žeravna. Auch eine Fahrradtour bietet sich an: mitten durchs Balkan-Gebirge nach Kozičino zu der originellen Museumswerkstatt Čiflika (s. dazu die entsprechenden Kapitel).

Information/Anfahrt/Strände

- *PLZ* 8258
- *Information* **Kometa 2** (**Комета** 2), obwohl kein offizielles Informationsbüro, ist die Agentur als erste Anlaufstelle gut geeignet. Ansonsten für Zimmervermittlung (Hotels und Pensionen in Vlas, Slănčev brjag und Nessebăr) sowie Autovermietung zuständig. Sveti Vlas, Ul. Vasil Levski 3, von der Hauptstraße Černomorska (**Черноморска**) Richtung Berge abzweigen, parallel zur ebenfalls größeren ul. Odessa (**Одеса**). Beide führen zum Dorfplatz mit Post, Rathaus und Polizeistation. ☏ 0554-68294, 📠 0554-68112. office@kometa2.com, www.kometa2.com (schöne, informative Seite mit Fotos von allen buchbaren Häusern).

Nikon Tour, die gleichen Dienstleistungen wie Kometa 2. Sveti Vlas, Ul. Zar Simeon 72 (**Цар Симеон**), kurz vor dem Ortsausgang Richtung Elenite, leicht nach oben versetzt). ☏ 0554-68130.

Laguna Tours, kleines weißes Häuschen beim Hotel Manastira in Vlas (s. „Übernachten") nimmt Buchungen für Manastira und einige weitere Hotels entgegen. Verantwortlich ist Martin Janev, office@laguna-tours.com, ☏ 0888-855355.

Fragen zu **Elenite** beantwortet man gerne an der Eingangspforte zum Gelände.

- *Anfahrt* Von der E87 führt am nördlichen Rand von Slănčev brjag eine Straße durch die Außenbezirke der riesigen Ferienanlage. An der ersten Weggabelung links halten (nicht ausgeschildert), dann immer geradeaus, bis ein Schild nach Vlas weist. Zwischen den letzten Sonnenstrand-Baustellen und der Ortseinfahrt von Vlas befindet sich noch etwa 1 km freie Strecke – bald dürfte auch diese geschlossen sein. Hinter Vlas geht es auf der Uferstraße weiter nach Elenite.
- *Verbindungen* Der Busbahnhof von Vlas befindet sich, von Slănčev brjag kommend, rund 200 m nach der Ortseinfahrt.
- *Strände* **Sveti Vlas**: von der Hauptstraße zweigen rechts mehrere Stichstraßen zum Meer ab. Der Strand ist schmal und lang und wird immer wieder von Felsen unterbrochen. Pudrig feiner Sand, flach ins Meer abfallend, ideal für Kinder. Schirmverleih: 2 €/Tag.

Elenite hat den größeren Strand, an dem auch ohne Übernachtsbuchung gebadet werden kann. Für 23 € erhält man am Eingangstor eine Tageskarte, die bis Mitternacht und für alle Dienstleistungen inkl. Gastronomie gilt. Ausgenommen ist nur die Nutzung der Angebote in den Hotels Royal Bay und Royal Park Hotel.

Übernachten

Elenite ist bei TUI ab 450 € pro Woche inkl. Flug im Angebot. Einquartieren kann man sich jedoch auch als Individualtourist: 48 € kostet eine All-inclusive-Übernachtung in der Hochsaison, Juni und September 40 €, Mai und Oktober 30 €. Elenite liegt inmitten von viel Grün an den Ausläufern des waldreichen Balkan-Gebirges, hohe Felsen grenzen unmittelbar an die gelungene Anlage.

Sveti Vlas: **** **Sineva Beach** bildet zusammen mit dem **Park Hotel Sineva** einen Komplex mit den üblichen Dienstleistungen einer solchen Anlage: Friseursalon, Fitnessräume, Disco, Medizinzentrum, Massageräume. Pools für Erwachsene und Kinder getrennt. Exzellente Lage direkt am Meer, nach der Ortseinfahrt die dritte Möglichkeit rechts (erkennbar größere Straße). DZ inkl. Frühstück 38 €, Apartment (2 Zimmer) 131 €. ☏ 0554-68934 oder 0554-68935, 📠 0554-68308.

*** **Park Hotel Sineva**, s. obiges Hotel. DZ inkl. Frühstück 33 €, Apartment 112 €.

Manastira, wunderschöne Anlage, die architektonisch an das berühmte Rila-Kloster angelegt ist. Luxus ohne Kitsch, der aus unerfindlichen Gründen keine Sterne ausweist. Gepflegter, sattgrüner Rasen im Innenhof. Am Ortsausgang Richtung Elenite direkt am Meer gelegen, eine Treppe führt vom Garten zum herrlichen Strand. Unmittelbar vor dem Hotel Manastira hat die Agentur Laguna Tours ihr Büro (s. „Information"), das als Rezeption dient und auch in den organisatorisch zusammenhängenden Hotels der Umgebung (**Briz**, **Kambanite**, **Južen brjag**) Zimmer bucht. Apartment für 2–4 Pers. 73 €, für 4–6 Pers. 95 € (alle mit Klimaanlage, Satelliten-TV, Küche und Terrasse).
☏ 0888-855355 (Martin Janev, Laguna Tours).

Boomende Hotelstadt: der Sonnenstrand

Slănčev Brjag/ Sonnenstrand (Слънчев бряг)

Wenn in deutschen Zeitungen vom „Ballermann am Balkan" die Rede ist, dann ist neben dem Goldstrand vor allem diese Ferienanlage 35 km nördlich von Burgas gemeint. 45.000 Menschen bevölkern zur Hochsaison die 150 Hotels und stürmen täglich den über 6 km langen, tatsächlich großartigen Strand.

Dabei ist Slănčev brjag nun wirklich nicht billig – Essen und Trinken ist im Schnitt mindestens doppelt so teuer wie überall sonst an der Küste, ausgenommen die anderen Pauschaltourismuszentren wie Zlatni pjasăci oder Albena. Es sei denn, man konsumiert all inclusive. Viele Hotels sind bei deutschen Reiseveranstaltern allerdings nur als Halbpension buchbar, womit der selbst geplante Urlaub selbst unter Einbeziehung der Flugreise in jedem Fall billiger ist (mehr dazu im allgemeinen Teil: Pauschal oder individuell ?

Noch vor einigen Jahren hatte Slănčev brjag durchaus seinen ganz eigenen, wenn auch plansozialistischen, Charme. In den 70ern und 80ern wurden zwar viele enervierend gleichförmige Hotels hochgezogen, aber dazwischen gab es noch genügend Platz für Bäume und Alleen. Im Grunde sah der Ort damals aus wie ein größeres Sveti Konstantin (das ehemalige Družba) – eine gemütliche Hotelsiedlung im Grünen. Heute dagegen platzt Slănčev brjag aus allen Nähten. Der Fall des Eisernen Vorhangs und die sparsamer gewordenen westeuropäischen Urlauber haben einen Bauboom ausgelöst, dem die Infrastruktur kaum mehr gerecht werden kann. Die wenigen Zufahrtsstraßen sind schmal und wenn in den hinteren Reihen selbst im Hochsommer die Baufahrzeuge unterwegs sind, kann von beschaulicher Urlaubsatmosphäre keine Rede mehr sein. Wie in **Zlatni pjasăci** haben sich im Sommer 2004 zudem viele Touristen über verfrüht eröffnete Hotels beschwert: Badezimmer leckten und nur die Klimaanlagen fielen noch öfter aus als die Lifte. Immerhin steht für die Zukunft Besserung in Aussicht, nachdem aus der Regierung Stimmen laut geworden waren, die ein Zurückgehen der Urlauberzahlen befürchteten.

Slănčev brjag ist eine **Partyhochburg**, in der es dementsprechend laut und überdreht zugeht. Wer Ruhe und Erholung sucht, dennoch aber nicht auf die Komfort- und Dienstleistungen einer solchen Anlage verzichten will, sollte deshalb darauf achten, in den Außenbezirken untergebracht zu werden. Ballermann-Rummel gibt es dort nicht und der deutlich weniger frequentierte Strand ist ebenso schön und feinsandig wie in der Mitte, wo unzählige Bars dafür sorgen, dass der Sangria nie ausgeht. Alle paar Meter steht dort zudem eine Imbissbude bereit und nachts sorgen die Großdiskotheken Iceberg, Lazur, Kamelia oder Galaxy mit Auftritten deutscher Show„größen" wie Mickie Krause, Big-Brother-Jürgen oder „Bullmann" Markus Becker für die gewünschte Stimmung. Hoch her geht es abends auch in den zentral gelegenen Themen-Restaurants, die sich durch Live-Shows und eine folkloristische Architektur voneinander zu unterscheiden suchen. Insgesamt verteilen sich 150 Gaststätten auf dem riesigen Gelände, Plätze gibt es also genug, wenn man für ein romantisches Tête-à-tête auch eher die Randzonen aufsuchen sollte. Was die Hotels angeht, so wurden alle von Grund auf renoviert und auf westlichen Standard gehoben. Ein-Stern-Herbergen gibt es gar nicht mehr und Neubauten sind auch architektonisch deutlich um Niveau bemüht. Für den Transport innerhalb der Anlage sorgen Bimmelbahnen, Rikschas oder Mietfahrräder.

Lage: Der Grund, weshalb die kommunistische Regierung hier 1958 den Bau eines Seebads in Auftrag gab, ist der ideale Baugrund hinter der weitgespannten **Sandbucht** zwischen Nessebăr und dem Kap Emine, Die Landschaft präsentiert sich flach und trocken, keine Sümpfe erschweren die Erschließung wie im Bereich der Kamčia-Mündung. Zu Slănčev brjag gehört der mittlere Teil der Bucht, ein seit Jahren mit der Blauen Flagge ausgezeichneter Strand, der für sich genommen tatsächlich zu den besten an der bulgarischen Küste zählt.

Aussicht: Überblicken lässt sich die gesamte Bucht von der **Gaststätte Hanska šatra**. Kurz vor der Abfahrt zum Meer (von Varna kommend), auf der E87 hoch in den Bergen über Slănčev brjag, weist ein großes Schild überdeutlich auf das Ausflugslokal Hanska šatra hin: ein über der Steilküste hängendes Restaurant, das an das UFO aus Spielbergs *Unheimliche Begegnung der dritten Art* erinnert, eigentlich aber das Zelt eines mittelalterlichen Khans symbolisieren soll. Die sehr touristische Aufmachung des Restaurants samt abendlicher Zirkusdarbietung ist sicher nicht jedermanns Sache. Die Aussicht von den Felsen nebenan lohnt dagegen auf jeden Fall den kleinen Ausflug hierher. Der Blick schweift über die gesamte Bucht von Slănčev brjag – im Süden ist noch die Halbinsel von Nessebăr zu erkennen, an der nördlichen Grenze liegen Sveti Vlas und Elenite.

Verbindungen/Adressen

- *PLZ* 8240
- *Verbindungen* Vom alten Zentrum beim Hotel Kuban (auch das Hotel Svežest ist sichtbar) fahren etwa alle 40 Min. Stadt- und Minibusse nach Burgas (1 €). Auch in die andere Richtung, nach Sveti Vlas und Elenite, gibt es mehrere Verbindungen tägl.. Großstädte im Inland können von hier ebenfalls angefahren werden.
- *Post, Bank, Telefon, Internet* Im oben erwähnten Zentrum beim Hotel Kuban.
- *Information/Übernachten* Zahlreiche Fotos zu den mittlerweile 150 Hotels (viele da-

von bei deutschen Reiseveranstaltern im Angebot) lassen sich über die Website www.sunny-beach.com abrufen.

Činar, Temka Tomova vermittelt gepflegte Villen in dem Viertel Zora im nördlichen Teil von Slănčev brjag. 123 € pro Nacht kostet z. B. eine Maisonette-Wohnung in der **Villa Julia** mit Wohnzimmer, zwei Schlafzimmern, Küche, Bad und Terrasse. Mit 41 € am billigsten ist das Apartment in der **Villa Pulpudeva**, bestehend aus DZ, Küche, Bad. Individuell zu buchen sind auch 2- und 3-Sterne-Hotels sowie Privatquartiere in Nessebăr, Sveti Vlas, Obzor und natürlich Slănčev brjag. Frühstück wird für 3 € pro Person zubereitet, Abendessen kostet 6 €. Für den Transfer vom Flughafen und zurück berechnet Činar 23 €.

Fr. Tomova spricht gut Deutsch und kennt sich bestens in der Region aus, gerne gibt sie Tipps zu Aktivitäten oder Ausflügen. Das Reisebüro befindet sich im Zentrum neben dem Hotel Svežest (untergebracht in dem orangen Gebäude). ✆ 0554-22533, 📠 0554-22532. www.tschinar.net, tsch@infotel.bg.

• _Spaßbad_ **Aquapark**, wie in Zlatni pjasăci steht auch hier ein großer Wasser-Rummelplatz bereit. Die 13 Rutschen und Pools sind vor allem für Kinder ein Heidenspaß, aber auch Erwachsene verstehen die Schussfahrt durch eine Plastikröhre durchaus als Mutprobe. Eintritt 12 €, ab 15 Uhr 9 €, Kinder zahlen 6 € bzw. 4 €, für Kleinkinder ist der Eintritt frei. Mehrere Cocktail-Bars und Restaurants sorgen für die Verpflegung. ✆ 0554-26235, 📠 0554-26246. office@aquapark.bg, www.aquapark.bg

Mountainbike-Tour ins Balkan-Gebirge

Ziel der Fahrt ab Slănčev brjag ist das private Handwerksmuseum Čiflika, in dem nach alten Traditionen gearbeitet wird. Wer will, kann hier unter fachkundiger Anleitung und mit traditionellen Werkzeugen auch selbst schmieden, weben oder töpfern. Der ethnografische Komplex liegt, umgeben von dichten Laubwäldern, in dem Gebirgsdorf Kozičino 25 km von Slănčev brjag entfernt.

Die Fahrt vom Meeresspiegel bis auf 525 m Höhe verlangt einiges an Kondition. Sie führt über gut asphaltierte Straßen, die in den Bergen mal weit, mal eng geschwungene Serpentinen formen, hinauf nach Kozičino ins Balkangebirge. Dort gibt es zwar ein gutes Restaurant und auch unterwegs kann man sich in den Dörfern immer wieder versorgen, dennoch ist es ratsam, vom Start weg genügend Wasser und Verpflegung dabeizuhaben.

Route: Start der Tour ist **Slănčev brjag**. Von der Agentur Činar (s.u. „Mountainbikes") wählen Sie die nächste Ausfahrt auf die E87 und fahren dort einige hundert Meter in Richtung Burgas, bis ein Schild nach rechts zum Dorf **Tănkovo** (Тънково) weist. Hier abbiegen und der gut asphaltierten Straße folgen.

4–5 km führt der Weg schnurgerade zwischen Feldern hindurch. Im Sommer ist dies ein besonders bei ausländischen Urlaubern beliebter Radwanderweg. Radfahren wird in Bulgarien gerade erst als Sport entdeckt, bisher galten Fahrräder hier als Kinderspielzeug oder als ein aus der Not geborenes Fortbewegungsmittel.

Tănkovo lassen Sie links liegen, die Straße führt daran vorbei nach weiteren 4 km zu einer Kreuzung, an der sie nach rechts Richtung Varna (Варна) abzweigen. Es geht weiter über den Stausee Poroj (Порой) ins Dorf **Orizare** (Оризаре). Nach 3 km folgt **Gjuljovica** (Гюльовица), kurz darauf zweigt eine Landstraße nach links in Richtung Sofia (София) ab. Diese ignorieren und weiter geradeaus bis zur nächsten, weitaus kleineren Abzweigung fahren. Hier steht kein Schild, es ist aber der gesuchte Weg nach Kozičino, zu erkennen auch an der Brücke. Sie befinden sich hier bereits auf 440 m Höhe, es verbleiben 85 Höhenmeter, die in zahlreichen Serpentinen überwunden werden.

Die Anstrengung wird durch die wunderbare Landschaft belohnt: nichts als Grün, soweit das Auge reicht. Die Straße nach Kozičino ist eigentlich ein besserer Waldweg, so schmal ist sie, doch der gute Asphaltbelag macht das Fortkommen einfach. Man hat hier das Balkangebirge mit seinen dichten Laubwäldern erreicht, von vielen Punkten bietet sich eine phänomenale Aussicht auf Berge und Täler. Schon glaubt man, das Ende der Welt erreicht zu haben, da tauchen plötzlich die ersten Häuser auf.

Kozičino (Козичино): Gleich zu Beginn fällt links ein großes Haus auf, die Mehana Kladeneca, wörtlich „der Brunnen". Ein großes Wassermühlrad markiert den Eingang zu der gemütlichen Gaststätte, deren Innenhof von besagtem Brunnen beherrscht wird. Man hat einen großartigen Blick auf die Berge ringsum, hinzu kommt die geschmackvolle Folklore-Dekoration aus Kamin, Trachten, Webstuhl und vielen anderen Gerätschaften. Hier kann man sich stärken, bevor es weiter geht.

Handwerksmuseum Čiflika

Čiflika (Чифлика) erreicht man, indem man der Hauptstraße weiter bis ins Zentrum folgt, ein etwas größeren Platz, an dessen rechter Seite ein zuletzt aufgelassener Supermarkt (großes Coca Cola-Schild) auffällt. Unmittelbar danach zweigt eine Straße nach rechts zu dem Handwerksmuseum ab.

Der Komplex besteht aus mehreren Werkstätten, in denen traditionelle Handwerkstechniken demonstriert werden. Alle Produkte können zu vernünftigen Preisen gekauft werden. Wer will, kann sich auch in das Handwerk einführen lassen und sich als Schmied, Töpfer, Weber, Stellmacher, Schlosser, Tischler, Schnurmacher oder Schnapsbrenner versuchen. In riesigen Backöfen werden Tongefäße gebrannt, ein anderer Raum ist für Trachten und Teppiche reserviert.

Angeschlossen ist ein Restaurant, für das die Speisen auf offenem Feuer oder in frei einsehbaren Steinöfen zubereitet werden. In der Mitte des Innenhofes, um den herum sich die Werkstätten gruppieren, finden abends die spektakulären Feuertänze der **Nestinari** statt. Nur in Bălgari kann dieser heidnische Kult authentischer erlebt werden als in Čiflika, aber dort gibt es nur einmal im Jahr ein großes Fest, wenn der Tag von Sv. Konstantin und Elena gefeiert wird – nach Kozičino kommen die Nestinari im Sommer fast täglich. Wer wissen will, wann sie tanzen, kann vorher anrufen: ✆ 05969-2401 oder mobil 0887-996749 (der Handy-Empfang ist hier oben allerdings nicht immer gut).

• *Strecke/Dauer* Die einfach 25 km lange Strecke ist unter 2 Stunden nicht zu schaffen, dafür geht es zurück viel bergab und damit entsprechend schneller vorwärts.

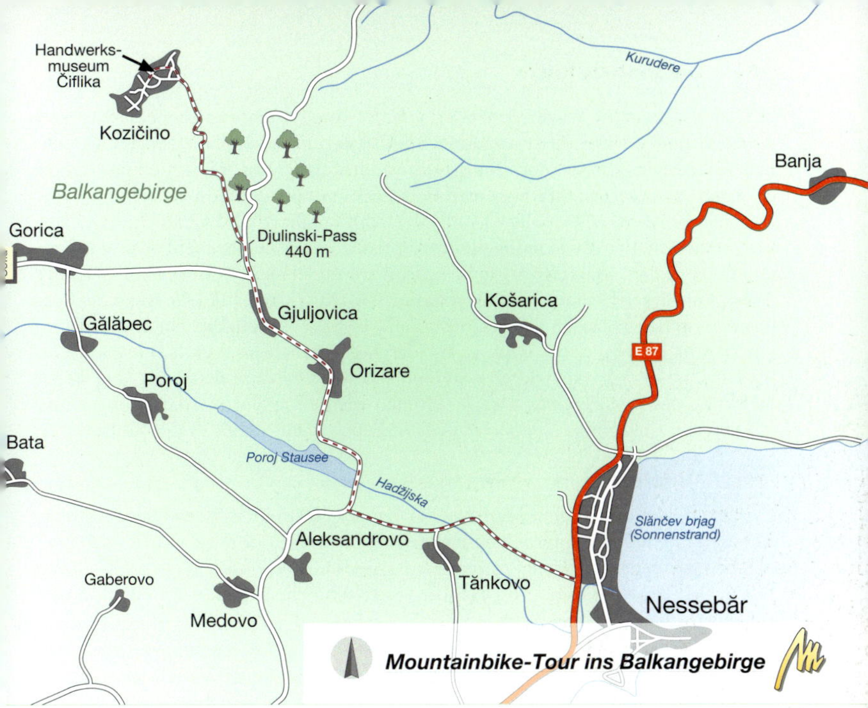

Dennoch: Alles in allem sollten Sie die Fahrt schon als Ein-Tages-Ausflug einplanen. Die Fahrt mit dem **Auto**, die natürlich genauso möglich ist, dauert etwa 30 Min. Aus Kozičino führt nur der Rückweg nach Slănčev brjag wieder hinaus, tiefer ins Balkangebirge geht es von hier aus nur zu Fuß.

• *Mountainbikes* können in Slănčev brjag ausgeliehen werden. (Wegen einiger beträchtlicher Steigungen unbedingt auf genügend Gänge achten!) Da die Standorte der Mietstationen ständig wechseln (mal dieses Hotel, mal jenes), am besten bei Temka Tomova in ihrer kleinen Agentur **Činar** (s. Infoteil zu Slănčev brjag) nachfragen. Die langjährige Tourismusexpertin spricht gut Deutsch und ist über die neuesten Entwicklungen am Ort stets bestens informiert.

Nessebăr (Несебър) (6000 Einw.)

Nirgendwo an der bulgarischen Schwarzmeerküste drängen sich im Hochsommer so viele Touristen auf so engem Raum wie in diesem uralten Städtchen, das von der UNESCO zum Weltkulturerbe erklärt worden ist. Sehenswert bleibt Nessebăr dennoch: Morgens und abends, wenn die Straßen fast leer sind, wird deutlich, welch einmaliges Gesamtkunstwerk das Zusammenspiel von byzantinischen Kirchen und bulgarischen Wiedergeburtshäusern ergibt.

Über 40 Gotteshäuser sollen einst auf der kleinen Felsenhalbinsel gestanden haben. Die wechselvolle, teils über 1400-jährige Geschichte hat aber nur ein knappes Dutzend halbwegs überstanden – die Mehrzahl stammt aus dem späten Mittelalter, einige noch aus frühchristlicher Zeit. In den engen, kopfsteingepflasterten Gassen der Altstadt sind rund 100 Häuser im bulgarischen Renaissance-Stil erhalten und akribisch renoviert worden. Entstanden sind sie Ende des 18. Jh., Anfang des 19. Jhs.

Nirgendwo sonst in Bulgarien findet sich ein vergleichbares Nebeneinander von Kirchen- und Wiedergeburtsarchitektur auf so engem Raum. Ein Fakt, der wesentlich für den überbordenden Tourismus verantwortlich ist. Da ist es fast schon erstaunlich, dass trotz der Enge der Halbinsel nur zwei Straßen vollständig kommerzialisiert sind: Mitropolitska und Messambria, gleich zu Beginn der Altstadt. Hier reihen sie sich aneinander, die Boutiquen, Postkartenshops und Souvenirstände, die für den Massentourismus scheinbar unentbehrlich sind, und profaner Asphalt ersetzt das schöne Kopfsteinpflaster. Zwischen 10 und 17 Uhr, wenn die Busse aus dem benachbarten Slănčev brjag den Parkplatz verstopfen, gibt es hier kaum ein Durchkommen, doch danach geht der Menschenstrom merklich zurück und abends lässt es sich sogar durch die Hauptstraßen entspannt flanieren. Aber selbst zu Zeiten des Hochbetriebs wird es, ähnlich wie in Sozopol, deutlich ruhiger und damit wesentlich eindrucksvoller, sobald man sich in die Seitenstraßen schlägt.

Orientierung

Zwar ist die kleine Halbinsel nur 850 m lang und 300 m breit, doch fällt die Orientierung in dem Gewirr der Altstadtgassen nicht leicht. Der Weg zu den einzelnen Kirchen ist nicht ausgeschildert und ihr Name findet sich auch nicht am Gebäude selbst. Der folgende Rundgang berührt die wesentlichen Punkte der Altstadt und soll einen Überblick vermitteln.

Von der Küstenstraße E87 kommend, verdeckt erst die boomende Neustadt den Blick auf die Halbinsel. Der Hauptstraße folgend, erreicht man das Meer und die schmale Landzunge mit der markanten Windmühle, hinter der sich rechts, am Hafen, ein großer Parkplatz verbirgt. Die Altstadt ist autofrei, vom Lieferverkehr einmal abgesehen. Zwischen den Verteidigungstürmen der 1500 Jahre alten Stadtmauer geht es in das von der UNESCO seit 1983 geschützte Alt-Nessebăr. Rechts davon liegt das **Archäologische Museum**, die Hauptstraße Mitropolitska (Митрополитска) führt geradeaus zum zentralen Platz mit der gut erhaltenen **Pantokratorkirche** aus dem 13. Jh. Folgt man rechts davon der ul. Messambria (Месамбрия) ist bald ein kleiner Park mit der sehr touristischen Galerie Opus erreicht. Rechts, am Meer entlang, verläuft die ul. Zar Ivan Alexander (Цар Иван Александър), zu erreichen durch einen malerischen Rundbogen. Etwaiger Hunger lässt sich hier in dem vielleicht schönsten Restaurant der Stadt stillen: dem Starijat kapitan (s. „Essen"), dem „Alten Kapitän". Am Ende der Straße (Richtung Stadtausgang) liegt die berühmte **Johannes-Aliturgetos-Kirche**. Rechts und links davon gehen die beiden großartig anzusehenden Straßen Ribarska (Рибарска, Richtung Stadtmitte) und Čaika (Чайка, am Meer entlang) ab. Letztere beherbergt das älteste Haus von Nessebăr, etwa 1750 in Höhe des heutigen Bootshafens gebaut und seit längerem Sitz des renommierten Restaurants Kapitanska srešta. Während die ul. Čaika am Basar neben dem großen Parkplatz vorbei weiter zum Stadttor und damit aus Nessebăr hinausführt, verläuft die oben erwähnte ul. Ribarska hinter der Pantokratorkirche zurück zur ul. Mitropolitska, die rechts den Blick auf eine der ältesten Kirchen von Nessebăr eröffnet: Die **Basilika** wurde im 10. Jh. zu Ehren Johannes des Täufers errichtet. Weiter geht es zum alten Stadtzentrum, die von der Ruine der Metropolitenkirche **Sveta Sofia** beherrscht wird. Wer auf der Suche nach originellem, hochwertigem Modeschmuck oder kitschfreien Ölgemälden ist, wird hier meist fündig: Der Ort ist im Sommer Treffpunkt junger Künstler aus ganz Bulgarien. Der Weg von der Kirchenruine nach links führt nach wenigen Minuten in die

stille Uferstraße Krajbrežna (Крайбрежна), von der man eine herrliche Aussicht auf die Bucht von Slănčev brjag bis hinüber nach Sveti Vlas hat. Es ist die Nordseite der Halbinsel, an der sich, stets am Meer entlang, der knappe Kilometer zurück zum Stadttor am schnellsten zurücklegen lässt.

Geschichte

Archäologen haben thrakische Besiedlungsspuren aus dem 2. Jahrtausend v. Chr. und sogar den Namen des damaligen Fischerdorfes nachgewiesen: Menabria nach dem damaligen Stammesfürsten Mena. Zur Stadt entwickelten jedoch erst griechische Kolonisten den Ort – wie Odessos (heute Varna) und Apollonia (Sozopol) auch. 510 v. Chr. erreichten Dorier die wegen ihrer hohen Felsen gut zu schützende Halbinsel und bauten darauf eine Festung, von der heute nur mehr einige Mauerreste im Nordwesten der Halbinsel zu sehen sind. Der neue Stadtstaat Messambria erlebte eine über 400-jährige Blütezeit als bedeutender Handelshafen mit eigenem Münzrecht, bis die Legionen des Marcus Lucullus, Ende des 1. Jh. v. Chr. an der gesamten Küste siegreich, auch Messambria niederwarfen. Anders als das südlich gelegene Sozopol (damals Apollonia) entging Messambria jedoch der völligen Zerstörung – um ihre Stadt zu retten, ergaben sich die Bewohner. Dafür verlor Messambria unter den neuen Herren an Bedeutung: Rom konzentrierte seine Handelsaktivitäten in der Region auf die Häfen von Varna und Sozopol.

Im Jahr 395 fiel Messambria an das byzantinische Reich und damit in den Wirkungsbereich des nahen Konstantinopel. Um möglichen Angriffen von Germanen und Hunnen, die 446 dem weströmischen Reich den Garaus gemacht hatten, zu widerstehen, wurde eine neue Festung errichtet. Links und rechts des Stadttores sind noch heute große Teile der Mauer zu sehen. Zahlreiche Kirchen entstanden während dieser so genannten frühbyzantinischen Epoche innerhalb der Festungsmauern – zwei davon sind erhalten geblieben: die alte Metropolitenkirche Sveta Sofia und die Gottesmutterkirche Eleusa an der Nordküste der Halbinsel.

Die ausgeprägte städtische Entwicklung blieb Slawen und Bulgaren, die 681 Byzanz das 1. Bulgarische Reich abtrotzten, natürlich nicht verborgen. Zwei Monate lang belagerte Zar Khan Krum den Ort, bis es ihm gelang, die mächtigen Festungsmauern zu überwinden. Seither, man schrieb das Jahr 812, heißt die Stadt Nessebär. Lange blieb die Hafenfestung jedoch nicht in bulgarischer Hand: Schon 863 eroberte Byzanz den wichtigen Militärposten zurück. Doch auch dieser Machtwechsel war nicht von Dauer. Jahrhunderte lang wechselten sich die Herrscher ab, erst Zar Ivan Alexander schaffte es Nessebär längere Zeit in den Grenzen seines Reichs zu halten. Während seiner Regierungszeit (1331–1371) entstanden die meisten Gotteshäuser, darunter die Pantokrator- und die Johannes-Aliturgetos-Kirche. Nessebär besaß nun die meisten Kirchen pro Einwohner in ganz Bulgarien – und das ist bis heute so geblieben. Ein reger Handel mit den italienischen Stadtstaaten Venedig und Genua entstand, die Bevölkerung bestand zu jener Zeit aus Bulgaren, Griechen, Juden und Italienern, die alle ihre eigenen Stadtviertel hatten.

1366 erreichten Kreuzritter unter Graf Amadeus VI. von Savoyen die Schwarzmeerküste. Sie eroberten Nessebär, verkauften die Stadt jedoch noch im gleichen Jahr wiederum an Byzanz, in dessen Besitz sie erneut fast 100 Jahre blieb. 1453 fiel der Hafen schließlich wie ganz Bulgarien den Türken zu und geriet langsam in Vergessenheit. Erst gegen Ende des 17. Jh., als das Nationalbewusstsein in dem Jahrhunderte lang unterdrückten Balkanstaat zu erstarken begann, wurde auch in Nessebär wieder gebaut. Die typischen Schwarzmeerhäuser entstanden: zweigeschossige Holzbauten, in deren kühlen, steinernen Kellergewölben Boote, Fangnetze, Weinfässer sowie Fleisch und Gemüse aufbewahrt wurden. Im ersten, hölzernen, Stockwerk mit weit hervorragendem Erker wurde und wird gewohnt. Die tschechischen Škorpil-Brüder, Vorreiter der Archäologie in Bulgarien, machten Nessebär 1890 mit einer großen Forschungsarbeit schließlich international bekannt. Im großen Stil fanden Ausgrabungen seit 1920 statt, 1956 erklärte der bulgarische Staat Nessebär schließlich zum geschützten Kulturdenkmal und 1983 folgte ihm die UNESCO. Umfangreiche Restaurierungsarbeiten wurden in Gang gesetzt, wodurch die kaum 25 ha große Halbinsel endgültig zur größten Touristenattraktion an der bulgarischen Küste aufstieg.

Information/Verbindungen/Adressen

- *PLZ* 8230
- *Information* Stadtpläne und Infobroschüren (darunter das mit 80 Farbfotos illustrierte Büchlein **Bulgarian Seaside: Museumsstadt Nessebar**) sind an allen Postkartenshops der Altstadt erhältlich. Die Karte von Makros ist größer, wenn auch nicht unbedingt übersichtlicher und enthält zusätzlich einen Plan von Slănčev brjag mit einem Verzeichnis aller Hotels. Slavena hat einen liebevoll gezeichneten Stadtplan in (etwas holprigem) Deutsch herausgebracht.

  Ausführlicher als die Infohefte, optisch aber weniger ansprechend ist der Stadtführer **„Das altertümliche Nessebar"** (Spektrum, 4,50 €).

  Zwei Agenturen liegen zentral: **Nessebăr Tourist**, ul. Mitropolitska 23 (**Митрополитска**), und **Kentaur**, ul. Mitropolitska 28a.
- *Verbindungen* Unmittelbar rechts vor dem Eingang zur Altstadt, am Hafen, liegt der große **Busbahnhof**: Burgas ist von hier in 40 Min. erreicht (1 €, jede halbe Stunde), Varna in 90 Min. (2,50 €, 6-mal tägl.). Nach Sofia verkehren etwa 10 Busse am Tag, die meisten frühmorgens und spätabends (9 €, 7 Std.). Nach Slănčev brjag bringt einen der Bus für 0,80 €.
- *Taxis* Beim Busbahnhof am Hafen. Preisbeispiel: Slănčev brjag 1,50 €.
- *Parken* Nach dem Busbahnhof hinter dem Basar in der ul. Čaika (**Чайка**) befindet sich ein ausgeschilderter, bewachter Parkplatz.
- *Geldwechsel* Der Gipfel der Frechheit dürfte hier mit 1 € : 1,19 lv erreicht worden sein. Also wie immer: Nur bei großen Banken wechseln und niemals unter 1 € : 1,94 lv.

• *Einkaufen* **Altstadt**: Souvenirkitsch und Touristen-T-Shirts sind auf die ul. Mitropolitska beschränkt, die Hauptroute der Reisegruppen. Unterschiedlich schönes Kunsthandwerk findet sich in den Galerien der großen Kirchen Pantokrator und Johannes Aliturgetos (s. „Sehenswertes"). Es lohnt sich, einen Blick reinzuwerfen: Schnell gemachte „Kunst" kann sich neben wirklicher Schönheit in Öl befinden. Auch Masken, Wanduhren und Küchengefäße besitzen oft hohen ästhetischen Wert. Die größte Chance auf originelle Erinnerungsstücke hat man an der alten Metropolitenkirche Sveta Sofia (s. „Sehenswertes"), um die sich im Sommer viele junge Maler und Schmuckdesigner versammeln.

• *Neustadt* Die Einkaufsmeile heißt Otec Paisij (**Отец Паисий**) und verläuft quer zu den Durchgangsstraßen, die in Richtung Altstadt führen. Auf der Suche nach junger Mode wird man in den zahlreichen Boutiquen schnell fündig.

• *Strand* Nach Nessebăr fährt man nicht, um zu baden. Wer dennoch schnell mal ins Meer will, kann dazu an den langen, schmalen Sandstreifen rechts – von der Neustadt kommend – der Verbindungsstraße zwischen Alt- und Neustadt fahren. Der Blick auf die geschichtsträchtige Halbinsel ist sehr schön, der Strand selbst weniger.

Übernachten (siehe Karte S. 165 u. 167)

Kleine Hotels in gemütlichen Wiedergeburtshäusern sind die Regel in Nessebăr. Nur in der Neustadt gibt es auch einen modernen Vier-Sterne-Komplex. Privatzimmer in der Altstadt werden von zahlreichen Agenturen ab 6 € pro Nacht vermittelt.

Zu Beginn der Altstadt, in der überlaufenen ul. Mitropolitska (**Митрополитска**), reihen sich mehrere Zimmervermittlungen aneinander: z.B. **Nessebăr Tourist**, ul. Mitropolitska 23 oder **Kentaur**, ul. Mitropolitska 28a. Mit die günstigsten Übernachtungen in Wiedergeburtshäusern hat **Kentavar 45**, ul. Mitropolitska/Ecke ul. Glarus (am Ende der Häuserzeile hinter der Kirche Sv. Sofia) im Angebot: 6 € sind in Nessebăr während der Hochsaison schwer zu unterbieten.

**** **Marina Palace (1, Karte S. 165)**, schicker 5-stöckiger Glaspalast in der Neustadt, nur wenige Minuten von der berühmten Windmühle an der Straße zur Altstadt. Direkt an der Felsküste, der Markt ist nah. Der Komfort – Spa, Sporthalle, Schwimmbad, Tagungsräume, Schönheitssalon, Sauna und Fitnesszentrum – hat seinen Preis: DZ 95 € zur Hauptsaison, 75 € in der Nebenzeit. Ul. Ivan Vazov 23 (**Иван Вазов**), die Neustadt durchqueren, am Meer vor der Verbindungsstraße zur Altstadt: 2-mal rechts). ✆ 0554-44454 oder ✆ 0554-20600. marinapalace@pirgos.com.

*** **Morska Perla (7)**, in einer ruhigen Seitenstraße der Altstadt, gleich neben der Pantokratorkirche gelegen. Macht einen sehr gemütlichen Eindruck. Wunderschöne, sehr große Zimmer mit Balkon, TV, Videorecorder (!), Kühlschrank, Klimaanlage. DZ (40 qm) 45–55 € (je nach Stockwerk: von oben ist der Blick besser), Frühstück 2,50 €. Im Juni sind alle 7 Zimmer, darunter 1 Apartment, fast um die Hälfte billiger. Ul. Zar Simeon 4 (**Цар Симеон**). ✆ 0554-45606 oder ✆ 0888-597852 (Katja Vălčeva).

*** **Victoria (3)**, an der nördlichen Umgehungsstraße der Altstadt gelegen: ruhig, freier Blick aufs Meer. Klassisches Wiedergeburtshaus mit bezauberndem Innenhof. DZ 60 €, Apartment 63 € (inkl. Frühstück). Ul. Krajbrežna 22 (**Крайбрежна**).
✆ 0554-46000, ℡ 0554-46001.

*** **Prince Kyril (4)**, sympathisches, kleines Altstadt-Hotel im altbulgarischen Stil, unweit der nördlichen Umgehungsstraße Krajbrežna (**Крайбрежна**). Das dazugehörige Restaurant (s. „Essen") befindet sich einige Meter entfernt. Die 8 Zimmer und 3 Apartments, alle geräumig und top-gepflegt, sind mit Klimaanlage, Kühlschrank, Telefon und Satelliten-TV ausgestattet. DZ 40 €, Apartment 50 €. Ul. Slavjanska 9 (**Славянска**).
✆ 0554-42215 oder ✆ 0554-42220.
princecyril_hotel@abv.bg.

Essen/Nachtleben (siehe Karte S. 165 u. 167)

Die touristischen Trampelpfade der Altstadt sind gesäumt von Restaurants und Cafés, die auf schnelle Sättigung ausgerichtet sind. Wir empfehlen Lokale in den ruhigeren Bereichen der Halbinsel, die mit Tischen im Hof oder auf den Verandas restaurierter Wiedergeburtsvillen dem Bedürfnis nach Authentizität entgegenkommen.

Rushhour in der Altstadt von Nessebăr

The Old Captain (8), für viele das schönste Restaurant von Nessebăr: Wie Separees wirken die kleinen, halbrunden Balkone, auf denen die Tische aufgestellt sind. Alle sind überdacht, das dichte Efeu, das sich an dem Haus emporrankt, spendet zusätzlichen Schatten. Ul. Ivan Alexander 3 (**Иван Александър**). ✆ 0898-364459.

Kapitanska srešta (9), (**Капитанска среща**), ob die Kapitäne sich hier wirklich treffen, wie der Name suggeriert, entzieht sich leider unserer Kenntnis, verbrieft ist allerdings, dass das Restaurant sich in dem ältesten Haus von Nessebăr befindet, erbaut etwa 1750. Das weiße, vorspringende Obergeschoss über dem steinernen Parterre fällt schon von weitem ins Auge. Gegessen wird drinnen in bürgerlich feinem Ambiente bei ebensolcher Küche oder draußen auf dem überdachten Vorplatz. Die ehemaligen Wohnräume im 1. Stock haben ihren privaten Charakter bis heute erhalten. Ul. Ribarska 10 (**Рибарска**, direkt am Hafen). ✆ 0554-42124.

Prince Kyril (5), neben der Paraskevakirche, nur wenige Meter vom gleichnamigen Hotel entfernt, befindet sich diese gehobene Gaststätte mit vielen Tischen im Freien. Vernünftige Preise. Ul. Venera 10 (**Венера**). ✆ 0554-42867.

• *Discos* **Tequila Bar (6)**, Nessebăr ist nicht gerade für sein ausuferndes Nachtleben bekannt. Dieses Schiffslokal rechts vom Eingangstor zur Altstadt ist sozusagen die Antwort auf die gleichnamige, sehr populäre Bar in Sozopol.

La Bomba (2, Karte S. 165), einfache Stranddisco in der Neustadt (vor der Verbindungstrasse zur Altstadt den schmalen Weg nach rechts nehmen, der Strand folgt nach 1 km).

Sehenswertes

Altstadt: Nicht jedes Haus auf der schmalen Halbinsel stammt aus der Epoche der Nationalen Wiedergeburt, alle Neubauten wurden jedoch im altbulgarischen Stil errichtet. Lässt man die touristische Laufzone zu Beginn der Altstadt (ul. Mitropolitska, ul. Messambria) hinter sich, wird man schnell von dem Charme der engen, kopfsteingepflasterten Gassen gefangen genommen, in denen Moderne und Tradition eine erstaunliche Symbiose eingehen.

Etwa 100 weitgehend restaurierte Häuser stammen aus dem 18. und 19. Jh. Eines der größten zusammenhängenden Ensembles ist in der ul. Zar Ivan Assen (Цар Иван Асен) zu sehen, gleich hinter der Ruine der alten Metropolitenkirche. Auch um die Kirche selbst sind mehrere Wohngebäude aus dieser Zeit erhalten. Als weitere Standorte einzelner, besonders schöner Wiedergeburtshäuser sind zu nennen: Erzengelkirche (mit dem raren Beispiel eines zweistöckigen Baus), Ethnografisches Museum, Restaurant Kapitanska srešta (s. „Essen").

Lohnenswert ist vor allem ein Spaziergang entlang der Straßen Ribarska (Рибарска) und Čajka (Чайка), zu erreichen, indem man vom großen Parkplatz rechts des Stadttors weiter am Meer entlang geht und am Ende der Häuserzeile einen Weg hinauf wählt. Hier, in der Umgebung der Aliturgetoskirche, ist Nessebăr ganz bei sich selbst: ein Ort, in dem Architektur und Natur zu vollendeter Harmonie finden.

In ihrer alltäglichen Nutzung, immerhin sollen noch rund 3000 Menschen ständig in der Altstadt wohnen, unterscheiden sich diese Wiedergeburtshäuser nicht von denen in Sozopol – das steinerne Parterre dient als Lager für Fischernetze, Weinfässer und Handwerksgerät, das mit Holz verkleidete und mit Stützbalken verankerte Obergeschoss beherbergt Wohnräume und Küche –, das Äußere allerdings verwöhnt die Augen trotz ähnlicher Grundstruktur durch seine individuellen Details, an denen man sich nur schwer satt sehen kann.

Archäologisches Museum: Gleich zu Beginn der Altstadt, rechts vom Eingangstor, eröffnet eine ständige Ausstellung den Zugang zu Nessebărs Jahrtausende alter Geschichte. Thrakische Anker aus Stein erzählen von den Siedlungsanfängen vor 4000 Jahren, hellenistische Grabsteine im Stil der griechischen Klassik führen die Geschichte fort, zu sehen sind weiter römische und byzantinische Amphoren, Goldschmuck, Keramiken und Marmor-Elemente aus vergangenen Epochen. Die Exponate sind in chronologischer Reihenfolge ausgestellt. Zur Hochsaison drängen sich bis etwa 17 Uhr die Busgruppen – es ist ratsam, erst danach zu kommen: Das Museum hat bis spätabends geöffnet.

⌚ Mo–Sa 9–13.30 und 14–21 Uhr, So 9–13 und 14–19 Uhr (nur im Sommer). Ul. Messambria 2 (**Месамбрия**, nach dem Stadttor rechts). Eintritt 1,50 €. Englische Texttafeln.

Ethnografisches Museum: Sehr attraktiv sind die Wohnräume von 1840, in denen die kleine Ausstellung von Trachten und Alltagskleidung untergebracht ist. Die schönen Stoffe und Kostüme werden in insgesamt vier Zimmern ausgebreitet. Das Äußere des Museums zeigt sich noch als typische Wiedergeburtskonstruktion, die von großem Reichtum zeugende bürgerliche Raumgestaltung allerdings ist außergewöhnlich: Allein der ehemalige Wohnsalon mit seiner fantasievoll ornamentierten Holzdecke lohnt einen Besuch.

⌚ täglich 10–14 und 15–18 Uhr. Ul. Messambria 32 (**Месамбрия**). Eintritt 1 €. Deutsche Erläuterungen.

Die schönsten Kirchen in chronologischer Reihenfolge

Sveta Sofia (Alte Metropolitenkirche): 1500 Jahre alt sind die Ruinen dieser frühchristlichen Kirche, die, wie viele mittelalterliche Gotteshäuser in Nessebăr, von den byzantinischen Eroberern gebaut wurde. Bis Mitte des 19. Jh. stand die Sveta Sofia noch fast ganz, darauf deuten Gravuren hin, die von damaligen Reisenden angefertigt wurden: Die Außenmauern sind dort komplett zu sehen. Heute finden im Innenhof der beeindruckenden Kirchenruine oft Kammerkonzerte statt und rings um den Platz hat sich eine Open-Air-Boutique mit schönem Kunsthandwerk

Die 1500 Jahre alte Ruine der Alten Metropolitenkirche von Nessebăr

gebildet. Die Bezeichnung „Alte Metropolitenkirche" rührt von der Funktion her, die sie inne hatte, bis Venezianer sie 1257 plünderten und niederbrannten. Zum neuen Bischofssitz wurde die Kirche Sv. Stefan ernannt.

Ul. Mitropolitska.

Bogoridica Eleusa: Neben Sveta Sofia die älteste Kirche von Nessebăr und wie diese ebenfalls nur mehr als Ruine erhalten. Eleusa (griech. „Rührung") ist der byzantinische Madonnentypus der mitleidenden, barmherzigen Maria, der Gottesmutter. Erbaut im 6. Jh., wurde die Basilika bereits im späten Mittelalter schwer beschädigt, weitere Teile versanken durch ein Erdbeben im Meer.

Ul. Krajbrežna (Крайбрежна).

Sveti Joan Krăstitel (Johannes der Täufer): Beeindruckend in ihrer fast ungeschlachten Rohheit erhebt sich diese Trutzburg des Christentums nur wenige Meter von der fröhlich-bunten Pantokratorkirche. Im 10. Jh. entstanden und damit 400 Jahre älter als jene, wirkt die aus einfachen Feldsteinen erbaute Johannes-Kirche wie ein Mahnmal des dunklen und gefährlichen Mittelalters. Architektonisch stellt sie eine Zwischenstufe zwischen der frühchristlichen Basilika (in Nessebăr: Sveta Sofia, Gottesmutterkirche) und dem Kreuzkuppelbau späterer Jahrhunderte (Pantokrator- und Aliturgetoskirche) dar.

Ul. Mitropolitska (Митрополитска). Sitz einer Galerie mit kunsthandwerklichen Erzeugnissen – manches davon deutlich touristisch, manches originell und hochästhetisch.

Sveti Stefan (Neue Metropolitenkirche): Über 1000 Jahre alt sind einige Teile dieses vollständig erhaltenen Bauwerks aus der Zeit des 1. Bulgarischen Reichs, das die Alte Metropolitenkirche als Bischofssitz ablöste, nachdem diese 1257 von Venezianern zerstört worden war. Die neue Funktion machte ein zusätzliches Schiff nötig, 300 Jahre später verlängerte man zudem die Haupthalle und im 18. Jh. erhielt Sv. Stefan auch eine neue Vorhalle.

Byzantinische Lebensfreude: die Pantokratorkirche von Nessebăr

Die schönen Wandmalereien – zu sehen sind über 1000 christliche Figuren, dargestellt in rund 260 Szenen, die fast den gesamten Innenraum einnehmen – stammen aus dem frühen 17. Jh. Es ist bereits die dritte Schicht, die Werke früherer Ikonenmaler waren zerstört wurden.
Ul. Ribarska (**Рибарска**).

Paraskeva- und Erzengelkirche: Die beiden gut erhaltenen Kirchen aus dem 13. Jh. liegen unmittelbar hintereinander im ruhigen Nordteil der Halbinsel. Mit ihrem bunten, aber noch gleichförmigen Zierrat sehen sie wie eine Vorstudie der opulenteren Pantokrator- und Aliturgetoskirche aus, die wenig später entstanden sind.
Ul. Venera (**Венера**).

Pantokratorkirche: Im byzantinischen Sprachgebrauch bezeichnet *Pantokrator* die Allmacht Jesu Christi. *Majestas Domini* lautet der übliche Begriff der Westkirche, säkularisiert ist heute die Bezeichnung Omnipotenz.
Die Pantokratorkirche ist nicht groß – 16 x 7 m –, der kompakte Bau fasziniert westliche Augen aber mit seiner fremden, farbenfrohen Ästhetik, die von zahlreichen Bögen, Verzierungen und Wölbungen geprägt ist. Verspielter, vielleicht lebensfroher als die Bauten der Westkirche, vereint dieses byzantinische Meisterwerk aus dem 14. Jh. eine Vielzahl von Architekturformen zu jener ruhigen Harmonie von Linie und Farbe, die für östliche Gotteshäuser so charakteristisch ist. Besonders eindrucksvoll ist dabei die Ostfassade der 1972 restaurierten Kreuzkuppelkirche.
Da der zentral gelegene Bau, nur 10 Minuten Fußweg vom Stadttor entfernt, im Sommer einen großen Besucherstrom anzieht, empfiehlt es sich, erst abends vorbei zu schauen. Die Galerie im Inneren ist bis spät nachts geöffnet.
Ul. Messambria (**Месамбрия**). Genutzt werden die Räume heute von einer Galerie – die ausgestellten Gemälde und Skulpturen sind nicht immer geschmackssicher, die bewundernswerte Eigenschaft der Bulgaren, Kitsch völlig gleichwertig neben Kunst zu stellen, sorgt aber oft für positive Überraschungen.

Johannes-Aliturgetos-Kirche: Völlig zu Recht eines der meistfotografierten Motive in Nessebăr. 1913 hat zwar ein Erdbeben große Teile der Kirche aus der Mitte des 14. Jhs. zerstört, aufwändige Restaurationsarbeiten in den 30er und 70er Jahren haben jedoch zumindest den weiteren Verfall gestoppt. Die prächtigen Außenmauern sind durch Bögen, Nischen und Konsolen noch üppiger verziert als die der Pantokratorkirche – und erreichen gleichwohl deren viel gerühmte Harmonie und Leichtigkeit. Der griechische Name Aliturgetos, bulgarisch *neosveteni,* bedeutet „ungeweiht“: Es heißt, der Kreuzkuppelbau sei nie geweiht und daher auch nie für liturgische Zwecke wie Taufe oder Hochzeiten genutzt worden. Warum, ist bis heute nicht definitiv geklärt. Einige Forscher nehmen jedoch an, es könnte an der schieren Größe des Gotteshauses gelegen haben, die man damals als überheblich empfunden haben könnte.

Ul. Zar Ivan Alexander (**Цар Иван Александър**).

Erlöserkirche (Sveti Spas): Ein typisches Beispiel für die flachen Kirchenbauten während der Osmanenzeit: Höher zu bauen als ein auf dem Pferd sitzender Türke war den christlichen Bulgaren nicht erlaubt. Heute sind die Fassaden, die früher zur Hälfte in der Erde steckten, ausgegraben. Die Wände sind mit zahlreichen Ikonen ausgeschmückt, die zentrale Szenen des Evangeliums darstellen. Kirche und Malereien sind im frühen 17. Jh. entstanden.

Ul. Aheloj (**Ахелой**).

Ravda (Равда)

(1500 Einw.)

Das kleine, unscheinbare Dorf 3 km südlich von Nessebăr hat kaum mehr als ruhiges Strandleben zu bieten. Das gastronomische Angebot ist mehrheitlich auf kleine Budgets eingestellt und auch die Hotels bieten keinerlei Extravaganzen. Vieles wirkt schnell hochgezogen und macht keinen sonderlich anziehenden Eindruck. Als Zwischenstopp für einen erholsamen Tag am Meer bietet sich der Ort jedoch allemal an. Der Strand nämlich ist sehr gut: feinsandig, lang und schmal. Auch als Sprungbrett nach Nessebăr eignet sich Ravda bestens.

Die Abzweigung ist, von Nessebăr kommend, nicht ausgeschildert – einfach die erste breite Asphaltstraße Richtung Meer nehmen. Für Anreisende aus Burgas hingegen wurde ein Schild aufgestellt: eines der unerklärlichen Rätsel des Balkans ist dieser lässige Umgang mit der Orientierung.

Verbindungen/Adressen

- *PLZ* 8238
- *Verbindungen* Alle 40 Min. fährt ein Bus vom Ortszentrum nach Burgas, alle 20 Min. in die andere Richtung nach Nessebăr und Slănčev brjag. Die Hauptstraße, die nach Ravda hineinführt, mündet auf diesem Platz.
- *Strände* Zwei Sandstrände gehen links und rechts von der Hauptstraße ab: der linke ist schöner. Das Auto am besten vorher abstellen – am Strand gibt es sehr wenige Parkplätze.
- *Kino* Ein Open-Air-Kino am Strand zeigt die neuesten US-Produktionen (im Original mit bulgarischen Untertiteln).
- *Übernachten* *** **Panorama**, neues gutbürgerliches Hotel mit Restaurant, direkt am Strand, daher freier Meeresblick. Großzügig geschnittene Apartments für bis zu 6 Personen, mit TV und Kühlschrank, eine Klimaanlage fehlt jedoch. Je nach Größe 36–62 €. Ul. Morski zvuci 58 (**Морски звуци**, „Meeresklänge“). ✆ 0554-66451 oder 0888-628569, ℻ 0554-66434.

*** **Holiday Village Ravda**, neue Hotelanlage mit zweigeschossigen Häuschen etwas außerhalb des Ortes, von der Hauptstraße weist ein gut sichtbares Schild darauf hin. Pool und eigener Strand. Insg. 180

Betten in Zimmern unterschiedlicher Größe. DZ 55 €, Apartment 100 €.
✆ 0554-66593 oder 0554-66594.

• *Essen* **Čeverme Băčvata** (**Чеверме Бъчвата**), unübersehbar auf einer großen, grünen Wiese gelegen, bietet das Lokal seinem Namen gemäß vor allem Deftiges: Barbecue und Bier vom Fass. Das teuerste Gericht kostet 3,50 €, eine Flasche Wein 2,50–5 €. Abends mit Fackeln beleuchtet, authentisches Folkloreprogramm. Ul. Makedonia 47 (**Македония**).

Pomorie (Поморие) (14.500 Einw.)

Wie gefährdet die berühmten Wiedergeburtshäuser sind,wird am Beispiel von Pomorie deutlich: Der geschichtsträchtige Ort hatte einst eine Altstadt wie Sozopol und Nessebăr, die deswegen heute von Urlaubern aus ganz Europa besucht werden. Doch 1906 brannten fast alle Schwarzmeerhäuser ab.

Nur an der Spitze der schmalen, etwa 3 km langen Halbinsel, am Ende der ul. Krajbrežna (Крайбрежна), sind noch einige erhalten. Ein ähnliches Schicksal musste 1880 auch Carevo im Süden der Küste erleiden.

Heute ist Pomorie, etwa 18 km nördlich von Burgas gelegen, ein Ort auf der Suche nach einer neuen Identität und neuen Investoren. Vor allem die großen Salzgewinnungsanlagen, die sich links der Zufahrtsstraße erstrecken und seit Jahrzehnten das Image der Stadt prägen, bieten heute ein schockierendes Bild der Verwahrlosung. Das **Sanatorium** allerdings, das mit dem jodhaltigen Heilschlamm aus den umgebenden Seen behandelt, hat seinen Ruf als wichtiges Zentrum für Nerven- , Venen- und Gelenkleiden behalten können. An westliche Wellness-Oasen gewöhnte Urlauber müssen allerdings beim Komfort der Unterbringung noch deutliche Abstriche machen. Salz und Schlamm werden aus der großen Lagune gewonnen, die entlang der E87 etwa 7 km nach Norden verläuft. An deren südlichem Ende, in Höhe der Abzweigung von der E87 nach Pomorie, liegt eine **Cognac-Destillerie**, die ihre landesweit beliebten Erzeugnisse auch direkt ab Werk verkauft.

Pomorie verlangt seinen Besuchern einiges an Geduld ab. Erst nach einer kilometerlangen Fahrt vorbei an Wohnblocks und Industriebrachen gelangt man ins geschäftige Zentrum, in dessen Süden sich der erwähnte Altstadt-Zipfel erstreckt. Man befindet sich dort in Sichtweite des schönen Sandstrandes, der seit Jahren mit der Blauen Flagge ausgezeichnet wird – ein verdienter Lohn der Anstrengungen, Pomorie in Richtung **Badeort** zu entwickeln. Zahlreiche Lokale säumen die ruhige Liegezone, die bestens gepflegt und mit genügend Sonnenschirmen ausgestattet ist.

Geschichte

Anhialo (griech. „in der Nähe des Salzes“) nannten die Griechen den Ort, den sie im 5. Jh. v. Chr. in der Nähe des heutigen Pomorie gründeten. Messambria und Apollonia (heute Nessebăr und Sozopol), die beiden mächtigen Hafenstädte nördlich und südlich der neuen Siedlung, wachten eifersüchtig über die Stammeszugehörigkeit der Bewohner: Messambria war von Doriern aufgebaut worden, Apollonia von Ioniern. In Anhialo mischten sich diese Ethnien, was auch damals schon leicht zu Spannungen führte. Bald waren die Parteien so zerstritten, dass sie gegeneinander zu Felde zogen. Wer schließlich die Oberhand behielt, weiß man heute nicht mehr, bekannt ist allerdings, dass Anhialo sich danach als Salzproduzent einen Namen machte und zu einer bedeutenden Stadt heranwuchs. Die Römer gaben ihr unter Kaiser Trajan (98–117) das Münzrecht und den Ehrentitel Civitas Magna, also große, wohlhabende Stadt. Nach dem Niedergang Roms wechselten sich die

Es gibt schönere Küstenorte, doch der Strand entschädigt: Ravda

Besitzer jahrhundertelang in schöner Regelmäßigkeit ab: Mal gehörte die Stadt zu Bulgarien, mal zu Byzanz. Die Türken, die Anhialo 1453 eroberten, bauten den Ort zu einem ihrer wichtigsten Exportzentren für Salz und Cognac aus. Nach dem Großbrand 1906 hatte die Stadt – 1934 in Pomorie (bulgarisch: „am Meer“) umgetauft – schwierige Jahrzehnte zu überstehen. Die Kommunisten forcierten die Industrialisierung, aber nach der leisen Revolution von 1989 wurden die staatlichen Gelder drastisch gekürzt. Die fällige Neuorientierung lässt bis heute auf sich warten.

Information/Verbindungen

- *PLZ* 8200
- *Information* www.pomorie.com (ansprechende, informative Seite mit vielen Fotos).

Als Informationsbüro fungiert die Agentur an der ul. Solna 15 (**Солна**), die, unweit des Strandes, parallel zum nördlichen Teil der ul. Krajbrežna (**Крайбрежна**) verläuft. In dem Gebäude sind auch die Stadtverwaltung und die Post untergebracht.

- *Verbindungen* Der Busbahnhof liegt hinter dem Kloster Sv. Georgi an der ul. Knjaz Boris I. (**Княз Борис** I.), in der Neustadt am Rande der Industriezone.
- *Strand* Vor der ul. Krajbrežna an der Spitze der Altstadt liegt ein gut besuchter, aber nicht überfüllter Sandstrand, der seit Jahren mit der Blauen Flagge ausgezeichnet wird.

Übernachten/Essen

- *Übernachten* **Anhialo**, 2004 eröffnet. Kleines, gepflegtes Haus, unmittelbar in Strandnähe ruhig und schattig gelegen. Geschmackvoll eingerichtete Zimmer mit Satelliten-TV, Minibar und Klimaanlage, schöner Garten im Hinterhof. DZ 40 €, Apartment 60 € (ohne Frühstück). ✆ 0596-22691 (Rezeption) oder 0888-804905 (Geschäftsführerin Galja Dačeva). Ul. Krajbrežna 21 (**Крайбрежна**), an der Spitze der Altstadt.

The Castle, etwas skurriles Äußeres, das an Disney-Burgen erinnert. Die Zimmer aber mit ihren alten Möbeln, den schönen Nischen und schweren Vorhängen sind deutlich origineller als das betuliche Interieur der meisten Mittelklassehotels. 6 Apartments à 30 € und ein so genanntes VIP-Apartment für 83 €. ✆ 0596-22625 oder 0888-609999. Ul. Stara Planina 8 (**Стара планина**), etwa in der Mitte des Altstadtstrandes, parallel zur Uferstraße ul. Krajbrežna.

- *Essen* **Panorama**, schöne Lage in der Altstadt direkt über dem Meer. Keine außergewöhnlichen, aber gut zubereitete Gerichte. Ul. Knjaz Boris I. 3 (**Княз Борис** I.), vom Ende der Strandallee Krajbrežna rechts in die ul. Khan Kubrat (**Хан Кубрат**) und dann die vorletzte rechts.

Sehenswertes

Kloster Sveti Georgi: Aus bisher nicht abschließend erforschten Gründen besitzt Pomorie das einzige Kloster an der bulgarischen Küste. Im Mittelalter war *Aladža* bei Zlatni pjasăci ein beliebtes Ziel christlicher Asketen, heute wandeln längst Urlauber staunend durch die ehemaligen Mönchszellen des Felsenklosters.

Als touristisches Ziel ist Sveti Georgi nicht eingerichtet, doch die Mönche lassen jeden rein, der freundlich darum bittet. Das kleine, sympathische Kloster besteht aus einem ruhigen, grünen Innenhof, einer kleinen Kapelle, die mit zahlreichen Ikonen aus dem 18. und 19. Jh. ausgeschmückt, ist sowie Wohn- und Verwaltungsgebäuden, deren Wände mit biblischen Motiven bemalt sind.

Die **Legende** berichtet, dass der türkische Gouverneur Selim Bei Ende des 17. Jh. hier seinen Sitz auf den Ruinen eines byzantinischen Klosters errichtet habe. Eines Tages wurde er schwer krank. Er träumte von einer Quelle in seinem Garten, aus der heilendes Wasser entsprang. Am nächsten Tag ließ er dort ein Loch graben und wirklich, er stieß auf Wasser, trank und wurde gesund. Aus Dankbarkeit errichtete er dieses Kloster, konvertierte zum Christentum und lebte darin fortan als Mönch. Die offizielle Geschichtsschreibung nennt das Jahr 1856 als Gründungsdatum des Klosters.

Ul. Knjaz Boris I Nr. 110 (**Княз Борис** I.), die Verlängerung der Hauptstraße ul. Manastirska (**Манастирска**), die von der Ortseinfahrt durch die Neustadt hinüber zur Altstadt führt. Das Kloster befindet sich am Rande der Neustadt, man stößt eigentlich unweigerlich darauf. Allzu luftige Kleidung wird dort nicht gern gesehen.

Salzmuseum: Dass Salz früher einmal wertvoller als Gold war, ist bekannt. Weniger bekannt ist, welche Mühen es gekostet hat, das Salz einem verschlammten See wie dem von Pomorie abzuringen. Seit 2002 kann man einen Eindruck davon in dem einzigen Salzmuseum Bulgariens gewinnen, einem Neubau am Rande der Stadt. Ausgestellt sind Fotos und alte Geräte, englische Texttafeln erklären die Geschichte der Salzgewinnung. Vielleicht nur für Spezialisten interessant, doch die abenteuerliche Anfahrt entlang des Salzsees hat ihren eigenen Reiz: Am Übergang der zentralen ul. Knjaz Boris I. (Княз Борис I.) in die Fußgängerzone geht es links in die ul. Professor Stojanov (Професор Стоянов). Der Weg zum Museum ist von hier an ausgeschildert.
Der erste Schock gleich zu Beginn: Auf einer Wiese mitten in der Stadt liegt eine offene Müllhalde – hieran muss man zwingend vorbei, um zum Museum zu gelangen. Die städtischen Kassen sind offensichtlich zu belastet, um hier Abhilfe zu schaffen, und zusätzliche Gelder aus dem Tourismus treffen in Pomorie noch nicht in dem Maße ein wie bei anderen Küstenorten. Hier böte sich eine Möglichkeit für die gemeinnützigen Organisationen aus dem Westen, konkrete Hilfe zu leisten.

Der Weg führt weiter an den Problemzonen von Pomorie vorbei: verlassene Gebäude, verrostete Metallgerüste, verschmutzte Wiesen – ein Industrieslum. Und dann hört auch noch der Asphalt auf. Das letzte Stück der Strecke kann nur bei trockenem Wetter zurück gelegt werden. Umso unvermuteter, quasi wie aus dem Nichts, taucht dann plötzlich ein Gebäude auf, das in dieser Gegend völlig aus dem Rahmen fällt: Es ist neu. Das Salzmuseum ist erreicht, der Schnelldurchlauf durch die Problemfelder des Postkommunismus ist beendet.

Ul. Professor Stojanov (**Професор Стоянов**), einfach bis ans Ende der Straße fahren, die vor der Fußgängerzone links abbiegt. Öffnungszeiten: nicht geregelt, bis 12 Uhr und nach 14 Uhr bestehen gute Chancen. Eintritt: 0,50 €.

Kirche Verklärung Christi: Wer das kleine Altstadtviertel an der Spitze der Halbinsel besucht, kann auch einen Blick in dieses bescheidene Gotteshaus von 1764 werfen. Die rohe Steinkonstruktion entstand während der restriktiven Türkenherrschaft, in der Christen allzu auffällige Bauten verboten waren. Ikonen und hölzerne Ikonostase stammen aus dem 18. Jh. Aber auch wer nicht an alter Kirchenkunst interessiert ist, kann durch die ul. Khan Kubrat (Хан Кубрат) spazieren – das Zusammenspiel von Meer, Wiedergeburtshäusern und den mit Felsplatten gepflasterten Straßen ist von großem Charme.

Ul. Khan Kubrat (**Хан Кубрат**). Die kleine Straße liegt am südlichen Ende der ul. Krajbrežna (**Крайбрежна**), die parallel zum großen Strand an der Spitze der Halbinsel verläuft.

Um die Ecke, in der ul. Javorov, liegt das **Javorov-Museum**, ein typisches Wiedergeburtshaus und das einstige Wohnhaus des bei uns unbekannten, weil immer noch nicht übersetzten Dichters Peju Javorov (1877–1914). Um die Jahrhundertwende schrieb er die einflussreichsten symbolistischen Gedichte in bulgarischer Sprache, in ihrer Thematik und Wirkungsmacht mit Rilkes Werk vergleichbar. Zu Ehren des besonders bei der bulgarischen Jugend sehr beliebten Dichters finden in Pomorie jeden Sommer die Javorov-Tage statt.

Ul. Javorov (**Яворов**). Um zum Museum zu gelangen, folgen Sie der ul. Khan Kubrat bis an ihr Ende, gehen Sie nach rechts und dann einige Schritte geradeaus.

Der Naturstrand Zlatna Ribka mit Blick auf die Altstadt von Sozopol

Burgas und der Süden

Die Küste südlich von Burgas eignet sich hervorragend für einen ausgedehnten Badeurlaub mit sportlichem Akzent. Vor allem Mountainbike-Touren durch den bergigen Strandža-Naturpark bei Carevo, aber auch Kanufahrten durch die subtropischen Uferwälder der Veleka bieten sich an. Die Strände sind durchwegs feinsandig und ausgedehnt, mit einem ersten Höhepunkt bei dem international beliebten Renaissance-Städtchen Sozopol (Kavaci/Smokinja) und dem *čalga*-losen Künstlerziel Sinemorec als krönendem Abschluss.

Zu den Geburtsstätten der anti-osmanischen Befreiungsbewegung führt ein Ausflug in die schön gelegenen Gebirgsorte Kotel und Žeravna mit ihren gut erhaltenen Ensembles an Wiedergeburtshäusern. Populärster Nightspot der Südküste ist die Felsendisco Zangador in dem kleinen Ferienort Kiten.

Burgas (Бургас) (194.000 Einw.)

Die großen Geldströme des erfolgreichen Beautiful Bulgaria-Projects sind an Burgas bisher vorbeigeflossen. Noch sind der Industriehafen und die riesige Raffinerie wichtiger als die Verschönerung der Altstadt. Ein Zwischenstopp auf dem Weg in den Süden lohnt sich dennoch: Die Einkaufsmeilen Aleksandrovska und Aleko Bogoridi zählen zu den imposantesten Bulgariens und auch kulturell ist Burgas für einige Entdeckungen gut.

Burgas gilt zu Unrecht als ziemlich hässlich. Zwar prägen über Kilometer kolossale Wohnblocks das Bild, doch hat man sich einmal bis zum Bahnhof durchgeschlagen, folgt die Überraschung. Ein elegantes Einkaufs- und Kulturviertel tut sich vor einem auf, mit gut gekleideten Angestellten in schicken Cafés und aufreizend gestylten Jugendlichen auf der ewigen Jagd nach dem anderen Geschlecht. Viele Unternehmen – westliche Markenartikler und bulgarische Banken – haben hier Dependancen eingerichtet und ihre Top-Adressen komplett restaurieren lassen. Frisch verputzte Jugendstilhäuser prägen die beiden **Flaniermeilen Aleksandrovska** und **Aleko Bogoridi**, während nur wenige Meter dahinter an nicht minder schönen Bürgervillen der Putz bröckelt und die Farbe verblasst. Selbst für das kulturelle Erbe der Stadt, die schönen Kirchen und Museen hier in den Seitenstraßen der Altstadt, bleibt noch zu wenig Geld im Gemeindebeutel hängen, um sie ihrer Bedeutung entsprechend zu renovieren.

Die ganze Aufmerksamkeit gilt den beiden wichtigsten Arbeitgebern: dem **Hafen** und der **Raffinerie**. Gleich aus welcher Richtung man sich Burgas nähert, die mächtigen Kräne des Industriehafens und die hoch aufragenden Stahl-Stalagmiten der Raffinerie fallen stets zuerst ins Auge. 1998 hat Lukoil, der größte russische Ölkonzern, die Mehrheit an Neftochim gekauft, dem größten petrochemischen Kombinat auf dem Balkan. Lukoil investierte viele Dollar-Millionen, unter anderem in den Bau einer Pipeline, um die ehemalige Staatsfirma für den Kapitalismus fit zu machen. Heute verarbeitet die Raffinerie täglich 22.000 Tonnen Rohöl und beschäftigt 9000 Menschen.

Von der Modernisierung der Anlagen und der daraus folgenden Kapazitätserweiterung profitiert auch der größte Arbeitgeber der Stadt: der Industriehafen. In der 1903 eröffneten Hafenanlage werden heute weit mehr als die Hälfte aller Waren, die Bulgarien ein- oder ausführt, umgeschlagen. Zu den Lieferanten gehören auch die Erdöl exportierenden Länder mit ihren Tankern – die Kunden der Raffinerie. Bis 2015 sollen zu den heute bestehenden drei Terminals noch vier weitere hinzu kommen, die Bauarbeiten sind bereits in vollem Gange. Erstes Etappenziel ist die Eröffnung des ersten Zusatzterminals im Sommer 2005.

So wird Burgas wohl auch in Zukunft seine Reize nur dem geduldigen und aufmerksamen Reisenden offenbaren. Doch man kann sich der Stadt auch pragmatisch nähern: Burgas ist eine exzellente **Einkaufsadresse für Schnäppchenjäger**. Kleidung und Schuhe sind in den Boutiquen der Fußgängerzone wesentlich günstiger zu haben als in den Urlaubszentren Nessebär und Sozopol, ohne dass man bei Vielfalt oder Qualität Abstriche manchen müsste. Und wer nach dem Bummel erschöpft Erholung sucht, findet diese nur wenige Minuten von den Shoppingmeilen entfernt: am Ende der ul. Aleko Bogoridi empfängt die grüne Lunge der Stadt, der Meerespark, den Besucher mit zahlreichen schattigen Cafés und Restaurants.

Geschichte

Verdiente Armeeveteranen des alten Roms hatten in der Umgebung des heutigen Burgas einstmals ihren Alterswohnsitz. Kaiser Vespasian ließ die Militärstation im 1. Jh. bauen und nannte sie Deultum. Weitere Siedlungen kamen hinzu, auch ein Heilbad wurde in der Region errichtet, doch an die Bedeutung der reichen Nachbarstädte Apollonia (heute Sozopol) und Messambria (Nessebär) kamen die Dörfer nie heran. Auch im Mittelalter blieb die Gegend dünn besiedelt, einziges Zeugnis menschlicher Aktivität zu der Zeit ist eine kleine Festung namens Pirgos. Erst im 17. Jh. wurde die Lage an der 17 km langen, halbrunden Bucht, die von den drei Seen Mandra, Burgas und Atanasov begrenzt wird, neu entdeckt. Bis 1878, dem Jahr der Befreiung Bulgariens von türkischer Herrschaft, siedelten sich immerhin 3000

Menschen in der Gemeinde an, die sie **Burgas**, vermutlich eine Abwandlung von Pirgos, nannten. Nachdem etwa ein Jahrzehnt später die Eisenbahnverbindung mit den Großstädten Sofia und Plovdiv hergestellt war und 1903 der Hafen hinzu kam, nahm Burgas einen regen Aufschwung. Insbesondere Handelsschiffe steuerten immer öfter die Stadt an und schon 1930 setzte der Hafen mehr Güter um als Varna, die große Konkurrentin im Norden. Heute ist Burgas die viertgrößte Stadt des Landes – entstanden in kaum mehr als hundert Jahren.

Orientierung

Alles beginnt am **Bahnhof** südlich des Zentrums, der, als **Гара** (Gara) ausgeschildert, leicht zu finden ist. Züge, Busse und Taxis starten hier und auch die Fußgängerzone nimmt am Bahnhof ihren Anfang. Kilometerlang verläuft die ul. Aleksandrovska (Александровска) schnurgerade in Richtung Trojkata-Platz (Тройката) und weiter bis zur Kreuzung San Stefano. Etwa in der Mitte zwischen Bahnhof und Trojkata-Platz zweigt rechts die ebenfalls autofreie Prachtmeile Aleko Bogoridi (Алеко Богориди) zum Meerespark und dem dahinterliegenden Stadtstrand ab. Straßencafés und Gartenrestaurants wechseln sich auf den beiden Alleen mit Modeboutiquen und Handyshops ab, während Kirchen und Museen sich in den stillen Seitenstraßen mit ihren leider oft renovierungsbedürftigen Klassizismus-Villen verstecken.

Weder so groß noch so alt wie sein berühmtes Pendant in Varna ist der städtische **Meerespark**. Die Bäume sind weniger mächtig und es gibt weder Aquarium noch Delphinarium. Charmant ist die Grünanlage dennoch. Vom Bahnhof immer entlang des Meeres erstreckt sich über viele Kilometer ein abwechslungsreiches Netz von Spazierwegen, mit Kinderspielplätzen, kleinen Vergnügungsparks und einladenden Cafés. Die Wege sind gepflegt, die vielen Blumenbeete auch – ein echter Volkspark, der von allen Altersgruppen und sozialen Schichten angenommen wird.

Nicht den besten Ruf genießt dagegen der **Stadtstrand** unmittelbar dahinter. Wegen des hohen Eisenerzgehalts erhitzt sich der dunkle, grobe Sand sehr stark und durch die Nähe zu Industriebecken und Raffinerie ist das Wasser nicht selten mit Ölspuren verschmutzt. Am Wochenende fahren deshalb selbst die hartgesottensten Städter, die sonst nachmittags in Scharen am Strand anzutreffen sind, raus in die 30–40 km entfernten Badeorte Sozopol, Ravda oder Slăncev Brjag.

Information/Verbindungen/Adressen

- *PLZ* 8000
- *Information* Wie an der gesamten Küste gibt es auch in Burgas noch kein zentrales Infobüro. Straßenkarten sind jedoch an den **Zeitungskiosken** auf den Fußgänger-Boulevards Aleksandrovska (**Александровска**) und Aleko Bogoridi (**Алеко Богориди**) erhältlich, außerdem in der vielleicht besten Buchhandlung Bulgariens: **Helikon** am Trojkata-Platz 4 (**Тройката**). Wer vorhat, den Strandža-Naturpark zu erkunden, sollte sich hier mit Kartenmaterial eindecken. Eine gute Anlaufstelle sind auch das **Hotel Bulgaria** (s. Übernachten) und die **Agentur Dimant**, ul. Zar Simeon I. Nr. 15 (**Цар Симеон** I.), ✆ 056-840779. Infos im Web: www.bourgas.net (Stadtverwaltung, Fotos, Links), www.bourgas.org oder www.bsregion.org (Wirtschaft)
- *Verbindungen* Der **Flughafen** liegt etwas außerhalb neben dem Dorf Sarafovo (**Сарафово**): Verbindung nach Burgas mit dem Taxi oder dem Bus Nr. 15 (ab dem Hauptbahnhof alle 25 Min., 0,20 €). Destinationen (zumeist Charterflüge) in Deutschland: Berlin, Leipzig, Erfurt, München, Köln, Frankfurt, Hannover, Stuttgart, Nürnberg, Düsseldorf, Dresden. www.bourgasairport.com.

Wer per Auto unterwegs ist, folgt der Beschilderung **Сарафово** (Sarafovo) bzw. **Летище** (Flughafen).

Flugtickets, Mietwagen, Hotelbuchungen unter ✆ 056-842631 oder ✆ 056-842632, 📠 056-842633.

Flughafenbüro in Burgas: ul. Ferdinandova 5 (**Фердинандова**), Verlängerung der Aleko Bogoridi), ⌚ Mo–Fr 7.30–19.30 Uhr, Sa 8–16 Uhr.

Entlang der Küste gibt es keine **Bahnverbindungen**, einzig nach Varna kommt man mit dem Zug, allerdings nur mit einem riesigen Umweg über Karnobat. Die Reise dauert mit 4,5 Std. fast doppelt so lang wie mit dem Bus, bei etwa gleichen Preisen.

Ins Landesinnere bestehen vom Hauptbahnhof aus regelmäßige Verbindungen, nach Sofia etwa alle 2 Stunden. Preis: 5 €.

Per **Bus** gelangt man problemlos und für wenig Geld in die umliegenden Küstenorte. Der Busbahnhof liegt unmittelbar neben dem Hauptbahnhof. Nach Varna geht´s morgens um 7.30 und 8 Uhr, entlang der Südküste bis Carevo wird etwa alle zwei Stunden gefahren, weitere Verbindungen gibt es täglich mehrmals bis Primorsko, Ahtopol, Sozopol, Kiten, Nessebăr und Obzor. Minibusse, die etwas günstiger sind, halten im hinteren Bereich des Busbahnhofs.

Der zweite, kleinere Busbahnhof (Zapad) ist für Urlauber nicht von Bedeutung.

Informationen über **Schiffsverbindungen** entlang der Küste erhält man im Hafenbüro neben dem Hauptbahnhof (Richtung Meerespark). Ul. Knjaz Alexander Battenberg 1 (**Княз Александър Батенберг**), ✆ 056-41661. www.port-burgas.com.

• *Taxis* Vor dem Hauptbahnhof.

• *Mietwagen* **TS Travel** verleiht am Flughafen Klein- und Mittelklassewagen unter ✆ 056-845060 oder ✆ 0888-622658. Preisbeispiele: Suzuki Swift 219 €/Woche, Fiat Punto 235 €/Woche. Die Tagespreise starten bei 44 €. Unbegrenzte Kilometerzahl und Diebstahlversicherung sind inklusive. Weiteren Agenturkontakt s. Flughafen (ähnliche Preise).

• *Einkaufen* Boutiquen en masse und aller Güteklassen gibt es in der Fußgängerzone, die von den beiden Alleen Aleksandrovska (**Александровска**) und Aleko Bogoridi (**Алеко Богориди**) gebildet wird. Im Schnitt liegen die Preise deutlich niedriger als in Sozopol, Nessebăr oder Varna.

• *Feste* **Internationales Folklore-Festival**: Jedes Jahr in der vorletzten August-Woche sind in Burgas die schönsten Trachten der Welt zu Gast. Besonders stimmungsvoll ist der Umzug am 1. Tag, wenn die Gruppen zur Folkloremusik ihres Landes zum Meerespark ziehen. Viele Passanten tanzen mit und werden Teil der Aufführung. Startpunkt ist der zentrale Trojkata-Platz (**Тройката**). Seit mehr als 30 Jahren gibt es die fünftägige Veranstaltung, mit Aufführungen von u.a. Serben, Italienern, Israelis, Griechen, Tschechen und natürlich Bulgaren.

• *Geldwechsel* Leicht erreichbar: Auf der ul. Aleksandrovska 22 hat die Bulbank (gute Kurse) eine Filiale. Wie überall in Bulgarien: Wechselstuben meiden!

• *Internet* Ein Haus weiter, ul. Aleksandrovska 24: The Gate. Internet-Zugang erhält man dort zu den üblichen Konditionen (etwa 0,50 €/Std.).

Übernachten (siehe Karte S. 181)

Noch ist das Hotelangebot wenig mondän, dafür ziemlich teuer – anders als in Varna, der zweiten Küstenmetropole. Neubauten oder alte Villen wie das Bulair sind selten, es dominiert der kommunistische Quader-Typ, in dem jedoch zumindest die renovierten Zimmer durchaus gehobenen Ansprüchen genügen. Wer Unterkunft in Privathäusern sucht, sollte am Bahnhof nach hoch gehaltenen **квартири**-Schildern *(kvartiri)* Ausschau halten.

Privatquartiere werden am **Hauptbahnhof** im Überfluss angeboten, da nur wenige Vermieter Deutsch oder Englisch sprechen, ist man allerdings stark auf seine Menschenkenntnis angewiesen. Die Preise pro Nacht betragen zwischen 3,50–5 €. Agenturen wie **TS Travel**, ul. Konstantin Fotinov/Ecke ul. Bulair (**Константин Фотинов / Булаир**), ✆ 056-845060) und **Dimant**, ul. Zar Simeon I Nr. 15, ✆ 056-840779, haben den Vorteil Englisch sprechender Mitarbeiter, dafür sind die Zimmer im Schnitt um 1–1,50 € teurer.

*** **Plaza (7)**, ansprechendes Haus mit 11 Zimmern und 5 Apartments, mitten in der Fußgängerzone gelegen. Telefon, Internet-Anschluss, TV, Minibar und Bad sind Standard. Restaurant im Haus. DZ ab 70 €, Apartment ab 90 €. Ul. Aleko Bogoridi 42, ✆ 056-846294 oder 056-846295 (Reservierungen), ✆ 056-846296, www.plazahotel-bg.com, reservations@plazahotel-bg.com oder info@plazahotel-bg.com.

*** **Bulgaria (9)**, frisch renovierter Betonriese (71 m hoch, 16 Stockwerke, 180 Zimmer), zentral am Rand der Fußgängerzone gelegen. Das elegante, komplett neu gestaltete Innere lässt die unattraktive Fassade (eröffnet wurde das Hotel 1976) schnell vergessen. Technisch befinden sich die Zimmer auf dem neuesten Stand: Internet-Verbindung inkl. Zum Hotel gehören 3 Restaurants, Swimmingpool mit Cocktail-Bar und Fitnessraum, außerdem können Bus- und Flugtickets gekauft und Autos gemietet werden. Die Bar im 2. Stock hat durchgängig geöffnet. Am Info-Schalter werden Reisenden Fragen auf Englisch beantwortet. DZ 91–108 €, Suite 142–182 €. Ul. Aleksandrovska 21. ✆ 056-842610 oder 056-842820, ✆ 056-841501. www.bulgaria-hotel.com, hotelbulgaria@bginfo.net.

Etwa 120 km von Burgas entfernt liegt das Renaissance-Städtchen Kotel

*** **Cosmos (11)**, etwas außerhalb des Zentrums liegt dieser schlanke Zwilling des Hotels Bulgaria: 19-stöckiger Vierkantbolzen, dessen 110 Zimmer bescheidener eingerichtet sind als im Bulgaria, dafür preislich auch deutlich günstiger liegen. Die technische Ausstattung ist vergleichbar, allerdings fehlt der Internet-Anschluss. Ansonsten bietet das solide Cosmos den Komplett.-Service eines Großhotels: Mietwagen, Flughafentransfer, Wäscherei. DZ 75 €. Ul. Stefan Stambolov 2 (**Стефан Стамболов**), ✆ 056-813400, 📠 056-813396, www.hotelcosmos.com, office@hotelcosmos.com.

** **Bulair (10)**, untergebracht in einer klassizistischen Villa, die vor einigen Jahren von Grund auf renoviert wurde, bildet dieses sympathische Familienhotel in Bahnhofsnähe den in Burgas noch viel zu seltenen Kontrast zu den ex-kommunistischen Bettenburgen. Die 14 Zimmer haben Klimaanlage und sind mit Telefon, TV und Minibar ausgestattet, die Rezeption besorgt auf Anfrage Mietwagen und Bus- oder Flugtickets. DZ mit Frühstück 35 €. Ul. Bulair 7 (**Булаир**), ✆ 056-844389 oder 056-846232, www.bulair.bulhosting.com, bulair@abv.bg.

** **White Rose (3)**, kleines Familienhotel in dem ruhigen Wohnviertel Lazur, das etwa 3 km vom Stadtzentrum entfernt liegt. Bis zum Meerespark und dem Stadtstrand sind es etwa 500 m. Gepflegte Zimmer mit Klimaanlage, TV und Telefon, anständiges Bad. DZ 33 €, Apartment 40 €. Ul. Batak 42a (**Батак**), ✆ 056-810850, 📠 056-810720, www.whiterose.hit.bg, eliboss@abv.bg.

Essen/Nachtleben (siehe Karte S. 181)

Viele Restaurants befinden sich entlang der Flaniermeile Aleko Bogoridi. Besser und verlässlicher in der Qualität sind die Gaststätten (nicht die Kioske) im Meerespark. Auch das Preisniveau ist dort etwas niedriger.

Čeren Petăr (2) (**Черен Петър**), elegantes Restaurant mit Straßenbestuhlung, gehobenes Preisniveau. Ul. Aleksandrovska 114.

Bohem (5) (**Бохем**), Mischung aus Restaurant, Nachtclub und Wohnzimmer. Ein altes Piano, französische Nachttischlampen und mehrere Ledercouches addieren sich zu einem eigenwilligen, aber gelungenen Stil. 22–5 Uhr. Ul. Aleksandrovska 52.

Marakas (8) (**Маракас**), eines der vielen Café-Restaurants auf der Bogoridi-Allee. Schmackhafte Häppchen vom Grill, viele Salate. Ul. Aleko Bogoridi 19.

Perez (6) (Перез), schönes Gartenrestaurant, alles aus Holz, kein Snack-Ambiente, ein gutes Lokal zum längeren Verweilen. Ul. Aleko Bogoridi.

Vodenicata (4) (**Воденицата**), gute bulgarische Küche und große Weinauswahl mit einigen Raritäten. Mitten im Meerespark.

• *Diskotheken* **Šok (1)** (**Шок**), urige Tanzbar in Kellergewölbe-Ambiente. Rustikale Barhocker und lange Tische aus Holz. Bis 6 Uhr geöffnet. Ul. Marina (**Марина**, beim Busbahnhof Zapad, **Запад**).

Egoist (5), die elegante Alternative. Rotbraune Töne dominieren, Glitzerkugeln erinnern an die 70er. Bis 5 Uhr geöffnet. Ul. Aleksandrovska 52.

Sehenswertes

Kathedrale Sveti Kiril i Metodij: Noch vor der nationalen Unabhängigkeit 1878 begonnen, dauerte die Fertigstellung des Doms bis 1930. Dass in dieser Zeit mehrere architektonische Moden kamen und gingen, ist dem Bau deutlich anzusehen. Dennoch wirkt er erstaunlich geschlossen. Byzanz, Klassizismus, Jugendstil – die halbe Kunstgeschichte hat der Italiener Arturo Toscani, der in Burgas parallel auch an der Synagoge arbeitete, für seine Kathedrale zitiert und miteinander versöhnt. Besonders eindrucksvoll sind die mit der Ornamentik des Jugendstils verzierten Kirchenfenster und die hohen Kuppeln, deren Innenmauern vollständig mit farbenfrohen Wandmalereien bedeckt sind.

Ethnografisches Museum: Allein das Haus ist einen Besuch wert, die Exponate aus der Zeit der bulgarischen Renaissance machen das Museum zu einer der wichtigsten Sehenswürdigkeiten der Küste. Die Großbürger-Villa von 1873, wunderschön in einem baumreichen Garten gelegen, gehörte dem damaligen Bürgermeister von Burgas, Dimitar Brakalov, und ist ein besonders prächtiges Beispiel der Wiedergeburtsarchitektur. Sie unterscheidet sich stark von den Fischerhäusern in Sozopol oder Nessebăr, wirkt insgesamt großzügiger und mondäner. Im Inneren sind komplett eingerichtete Wohnzimmer der damaligen Oberschicht zu sehen, die mit ihrer Teppich- und Tischchen-lastigen Opulenz an den Wiener Jahrhundertwende-Stil erinnern. Und tatsächlich – auf Nachfrage bestätigt die Direktorin, dass die High Society von Burgas sich an der Salonmode der K.u.K-Metropole orientiert habe. Jahrhunderte lang war Bulgarien von allen abendländischen Entwicklungen abgeschnitten – das Gefühl, unendlich viel verpasst zu haben, versuchte man durch eine starke Anlehnung an den Westen zu kompensieren.

Im zweiten Stock folgen Haushaltsgegenstände wie Webstühle oder Babywiegen und schließlich jene Folklorekostüme, für die das Balkanland weltberühmt ist: Für jeden Feiertag, und davon kennt der bulgarische Kalender viele, wurden spezielle Trachten entworfen, alle farbenprächtig und von höchster Kunstfertigkeit. Ausgestellt sind unter anderem die Festkleidung der Nestinari aus dem Strandža-Dorf **Bălgari**, wo die Tradition des Feuertanzes bis heute bewahrt ist, außerdem Brautkleider, Schmuck und die dramatischen Ziegenfell-Kostüme der Kukeri. So werden die unverheirateten Männer genannt, die acht Wochen vor Ostern, am *Zagovesni*-Feiertag, die Götter um Fruchtbarkeit bitten und die bösen Geister vertreiben. Dazu tragen sie die berühmten, bedrohlichen Tiermasken, von denen im Museum einige sehr eindrucksvolle Beispiele zu sehen sind.

🕐 Mo–Sa 9–13 und 14–18 Uhr. Ul. Slavjanska 69 (**Славянска**). Eintritt 1 €. www.burgasmuseums.bg. Im Garten des Museums befindet sich ein schönes Café, nebenan, etwas nach hinten versetzt, kann man in einem kleinen Laden erstklassige Souvenirs kaufen.

Städtische Galerie: Der Architekt der Kathedrale von Burgas, Arturo Toscani, hat auch dieses ehemalige Sakralgebäude entworfen, in dem nach Umbauarbeiten seit 1966 die Pinakothek zu Hause ist. Als **Synagoge** zwischen 1905 und 1910 entstanden, beherbergt der Bau heute auf drei Stockwerken über 2500 Kunstwerke, darunter auch einige Skulpturen. Kern der Sammlung sind jedoch Gemälde hierzulande unbekannter bulgarischer Künstler des 19. und 20. Jhs. sowie eine beeindruckende Ikonensammlung aus den abgelegenen Bergdörfern der Strandža-Region, die das orthodoxe Kunstschaffen der vergangenen fünf Jahrhunderte dokumentiert.

Ⓞ Mo–Sa 9–13 und 14–18 Uhr. Ul. Mitropolit Simeon 24 (**Митрополит Симеон**). Eintritt 1 €. www.burgasmuseums.bg

Die Kathedrale von Burgas, Werk eines italienischen Architekten

Naturkundemuseum: Nicht nur für Biologie-Studenten von großem Interesse sind die Ausstellungsstücke zur Tier- und Pflanzenwelt der Schwarzmeerregion. Was sich in der freien Natur auf riesige Gebiete verteilt, die zudem oft schwer zugänglich sind (s.u.), findet sich hier komprimiert in sechs Sälen. Die Blumen der Küste, die Wasserpflanzen der Sumpfregionen, die reiche Flora der Longoswälder im Kamčia- und Ropotamo-Gebiet und die endemischen Pflanzen des Strandža-Gebirges werden zusammen mit den dort heimischen Tieren präsentiert: über 1000 wirbellose Arten und rund 300 verschiedene Fische, Raubtiere, Vögel und Reptilien.

Ⓞ Mo–Fr 9–12 und 13.30–17 Uhr. Ul. Konstantin Fotinov 30 (**Константин Фотинов**). Eintritt 1 €. www.burgasmuseums.bg

Die Seen von Burgas / Naturschutzgebiet Poda (Пода): Am südlichen Ende von Burgas, links und rechts der E87, die nach Sozopol führt, sammeln sich zweimal im Jahr die Zugvögel. Allein 150.000 Weißstörche fliegen auf dieser Route, der Via Ponticum, Richtung Süden. Im küstennahen Schilf des **Mandra-Sees** sind aber zahlreiche Nistvögel beheimatet, andere überwintern in dem 100 ha großen Naturschutzgebiet, das bei Ornithologen in ganz Europa unter dem Namen Poda bekannt ist. Rund 300 von 400 in Bulgarien vorkommenden Vogelarten zählen Naturschützer in den großen Feuchtgebieten um Burgas. Pomorie, Atanasov, Burgas und eben Mandra heißen die vier Seen von Norden nach Süden.

Eine detaillierte Karte mit allen Beobachtungsposten, Wanderwegen und Zugangsmöglichkeiten ist in der Buchhandlung Helikon im Zentrum von Burgas erhältlich (Troikata-Platz 4). Im Naturpark Poda wurde vor einigen Jahren ein kleines Besucherzentrum eingerichtet, das **Nature Conservation Centre Poda**, von dem aus die

Bereits Tradition in Burgas: das Internationale Folklorefestival Ende August

Vögel (Pelikane, Kormorane, Adler, Bussarde, Reiher, Löffler) und manchmal auch seltene Säugetiere wie Fischotter und Biber bequem und ohne sie zu stören beobachtet werden können. Von den drei Dachterrassen, auf denen Fernrohre und Ferngläser zur Verfügung stehen, hat man beste Sicht. Ferngläser können auch gekauft werden. Der Frühjahrszug der Vögel dauert von Ende März bis Mitte Mai, der Herbstzug von Ende August bis Mitte Oktober. Poda ist ein Gemeinschaftsprojekt deutscher, schweizerischer und bulgarischer Tierschutzorganisationen.

• *Anfahrt/Information* Anfahrt am besten mit dem Taxi (aus Burgas max. 5 €). Das Beobachtungszentrum mit Ausstellungsraum und diversen Schautafeln befindet sich, aus Burgas kommend, linker Hand kurz vor dem Dorf **Krajmorie** (Краймориe). Mehrere Gästebetten stehen für 2,50 € pro Person zur Verfügung. Eintritt 1 €, deutschsprachige Führung 7,50 € (1 Std.) oder 10 € (mehr als 1 Std.). ✆ 056-850450 oder 056-850541, bspbpoda@mobikom.com

www.bspb-poda.de ist eine schöne, informative Website in deutscher Sprache, auf der genauestens Buch über die gesichteten Vögel geführt wird.

Ausflug: Von Burgas ins Landesinnere

Rund 120 km sind es von Burgas bis **Kotel** (Котел), einem malerischen Städtchen im grünen Balkangebirge, das für die bulgarische Renaissance, die etwa Mitte des 18. Jh. einsetzte, eine wichtige Rolle spielte. Viele Revolutionäre, die mit westlichem Gedankengut den Unabhängigkeitskampf vorbereiteten, sind hier geboren worden. Ein kolossales Pantheon aus den 80er Jahren versucht, ihrer Bedeutung mit sozialistischem Pathos gerecht zu werden. Wirkungsvoller ist allerdings ein Spaziergang durch die restaurierten Altstadtstraßen, in denen die nationalen Aufstände vorbereitet wurden.

Rund 14 km vor Kotel, noch tiefer in den Bergen, liegt das 600-Einwohner-Dorf **Žeravna** (Жеравна), das vollständig aus gut erhaltenen Wiedergeburtshäusern besteht und auch in puncto Geschichte Ähnlichkeiten mit seiner Nachbarstadt aufweist: eine Art Kotel-Konzentrat.

Ein Ausflug zu beiden Orten ist an einem Tag leicht zu bewältigen, wem aber nur ein paar Stunden zur Verfügung stehen, dem empfehlen wir als Teilziel das kleinere und näher gelegene Žeravna.

Die **Anfahrt** ist für beide Orte dieselbe: Burgas in Richtung Sofia (София) verlassen (E773) und nach 80 km bei Lozenec (Лозенец) in Richtung Norden auf die Landstraße 7 einbiegen. Die führt über Gradec (Градец) und Kotel (Котел) weiter nach Omurtag (Омуртаг) und Tărgovište (Търговище).

Kotel (Котел)

Die Kleinstadt ist ringsum von den bewaldeten Hügeln des Balkan-Gebirges umgeben, daher der Name: Kessel. Sehenswert sind vor allem die im Rahmen des Beautiful Bulgaria Projects jüngst restaurierten Häuserzeilen der Altstadt – fast vor jeder Wiedergeburtsvilla hängt eine Gedenktafel, die einen ehemaligen Bewohner ehrt. Die Namen sind das Who´s Who der bulgarischen Renaissance: Petăr Beron (1799–1871), der mit seiner „Fischfibel" das erste Schulbuch in bulgarischer Sprache schuf (s. Kasten), Georgi Mamarčev (1786–1846), der zwei Aufstände gegen die osmanischen Herrscher anführte oder Georgi Rakovski (1821–1867), der geistige Vater einer organisierten Befreiungsbewegung.

Kotel war etwa 150 Jahre lang eine reiche Kaufmannsstadt, bevor eine Feuersbrunst 1894 vier Fünftel aller Häuser vernichtete und nur die wenigen übrig ließ, die heute nicht weit vom **Rakovski-Pantheon** (pl. Văzraždane, Възраждане) zu sehen sind. Dieses befindet sich unübersehbar im Zentrum von Kotel (alle Einfallstraßen führen dorthin). Wendet man sich dem Pantheon zu, so führt die Straße rechts davon in die Altstadt. Kurz bevor Sie diese erreichen, liegt linker Hand das **Teppichmuseum** (ul. Izvorska 17, Изворска, Eintritt: 1,50 €), das die Entwicklung der hiesigen Webtechnik vom 18. Jh. bis heute zeigt (s. Kasten).

Berons Schulbuch ist dabei mehr als nur eine Fibel. Nach dem Alphabet und der Grammatik folgen mehrere Leseabschnitte, die sich vor allem an Erwachsene wenden. 64 Kurzgeschichten aus dem Stoff der griechischen Antike befinden sich darunter und 18 Fabeln nach Äsop: ein Bildungskanon, der im agrarisch geprägten Bulgarien bürgerliche Werte popularisieren sollte. Das Buch endet mit einem kurzen Arithmetiktteil. In ganz Bulgarien wurde die „Fischfibel" sofort begeistert aufgenommen und das, obwohl sie so viel kostete wie zwei Paar Schuhe. Der volkstümliche Name leitet sich übrigens von der Delphin-Illustration auf dem Umschlag ab. Beron nannte sein Buch weit profaner *Fibel mit verschiedenen Belehrungen*. Nach seiner Zeit in Kronstadt studierte er übrigens in München Medizin, arbeitete später als Frauenarzt im rumänischen Craiova und zog 1843 als reicher Mann nach Paris, wo er bis zu seinem Tod 1871 umfangreiche naturphilosophische Schriften veröffentlichte, die zum größten Teil heute noch auf ihre wissenschaftliche Auswertung warten.

Hinter der Altstadt, oben am Berg liegt die berühmte **Volksmusikschule „Filip Kutev"**, in der 160 Schüler aus dem ganzen Land die gleichermaßen schwere wie schöne Gesangstechnik Bulgariens studieren. Volkslieder besitzen eine lebendige Tradition in Bulgarien, die berühmtesten kennt jedes Kind, sie sind ein wichtiger Teil des nationalen Selbstbewussteins. Eine zweite Schule gibt es in dem Rhodopendorf **Široko lăka** im Westen des Landes. Viele Absolventen schaffen den Absprung ins professionelle Musikgeschäft, auch der bekannte Jazzmusiker Teodosi Spasov hat hier studiert, ebenso viele *čalga*-Stars, die in Bulgarien so populär wie Fußballprofis sind.

Die „Fischfibel" – das erste Schulbuch in bulgarischer Sprache

1824 erschien in Bukarest die erste Fibel in moderner, bulgarischer Sprache. Sie blieb bis zur Unabhängigkeit 1878 das erfolgreichste Buch überhaupt in Bulgarien. Wissenschaftler sind sich einig, dass es für die Entwicklung des Nationalbewusstseins und damit die Entstehung einer Befreiungsbewegung von enormer Bedeutung war. Geschrieben hat es der Sohn einer reichen Tuchhändlerfamilie aus Kotel: Petăr Beron (1799–1871) verließ seine Heimatstadt mit 16, machte in Varna eine Schneiderlehre und zog dann nach Bukarest, wo er das berühmteste griechische Lyzeum seiner Zeit besuchte und dabei die westeuropäische Aufklärung kennen lernte. Mit 22 ging er nach Kronstadt im damals österreichisch-ungarischen Siebenbürgen und arbeitete als Hauslehrer bei einem bulgarischen Kaufmann. Das brachte ihn dazu, ein Unterrichtsbuch für die bulgarischen Erstklässler zu verfassen. Bis dahin wurde in seiner Heimat ausschließlich aus religiösen Schriften gelehrt. Beron selbst schreibt im Vorwort zu seiner „Fischfibel": „Nachdem die Kinder ihre Jugend mit so viel Angst und Zittern in der Schule verbringen (Prügel waren damals an der Tagesordnung), kommen sie heraus und können nicht einmal ihren Namen schreiben oder ausrechnen, was sie geben und nehmen. Ich wundere mich, wieso in so vielen Jahrhunderten sich nicht einmal einer fand, diese erbärmliche Lage zu erkennen und einen rechten Weg zum Lernen zu zeigen." (zitiert nach: Juliana Roth, Blickwechsel, Münster 2003)

Žeravna (Жеравна)

Kurz vor Kotel zweigt ein schmaler Weg in eines der schönsten Dörfer Bulgariens ab. Žeravna, das im 19. Jh. 6000 Einwohner hatte, erreicht zwar heute nur mehr ein Zehntel seiner einstigen Größe, doch dieser Kern beweist eindrucksvoll, zu welchen Meisterleistungen die Wiedergeburtsarchitekten fähig waren. Alle Straßen sind mit großen, runden Steinen gepflastert, zu deren Pflege regelmäßig Spezialisten von weit her geholt werden. Der Belag, *kăldarăm* genannt, bildet optisch die ideale Ergänzung zu den Holz-und-Stein-Bauten, die so perfekt zu den umgebenden Wäldern und Wiesen passen, als seien sie von der Natur selbst erschaffen worden.

Am Fuß des Dorfes liegen die ältesten Häuser. Sie stammen aus dem 18. Jh. und sind nur eingeschossig. Jordan Jovkov (1880–1937), einer der berühmtesten Schriftsteller Bulgariens, hat in einem dieser Bauernhäuser seine Kindheit verbracht. Im 19. Jh., als Žeravna wie Kotel wegen seiner Webkunst viele Aufträge vom türkischen Militär bekam, konnten viele Einwohner zwei Stockwerke bauen. Und als die reich gewordenen Kaufleute von ihren Reisen erzählten und den schönen Stadtvillen, die sie unterwegs gesehen hatten, fand eine dritte Stilrichtung Einzug in Žeravna. Die Türken nannten das Dorf deshalb auch *kücük Filibe*, das „kleine Plovdiv", zu jener Zeit die reichste und auch kulturell führende Stadt Bulgariens.

Um 1900 begann Žeravnas Entwicklung jedoch zu stagnieren, bis der Ort irgendwann fast völlig in Vergessenheit geriet. Erst 1960 wurde er von offizieller Seite wiederentdeckt und mit viel Geld instand gesetzt. Heute stehen viele Häuser in Žeravna als Museum offen, doch es leben auch wieder 600 Menschen hier und der Bürgermeister beginnt einen nachhaltigen Tourismus zu fördern. Übernachtungsmöglichkeiten werden eingerichtet und ein Netz von Wanderwegen soll die noch ursprünglichen Bergwälder für umweltbewusste Urlauber erschließen.

Die Teppichweberinnen von Kotel und Žeravna – oder: Wie die Revolution nach Bulgarien kam

Zur Zeit der bulgarischen Renaissance im 19. Jh. war Kotel eine der reichsten Städte Bulgariens – was die Einwohner vor allem ihrem Geschick im Umgang mit Schafwolle zu verdanken hatten. Das türkische Heer brauchte stets Nachschub an warmer Kleidung und da die Schönheit der Teppiche aus Kotel sich unter den Soldaten herumgesprochen hatte, erteilten sie der Weberei einen Großauftrag für Wintermäntel. Das Militär bestellte zuverlässig und jahrzehntelang in Kotel, denn an der Qualität gab es nie was zu bemängeln. Zahlreiche Kaufleute nahmen auf der Suche nach neuen, effizienteren Technologien weite Reisen auf sich, die sie bis nach Wien und München trugen. Von dort brachten sie neben neuen Waren aber auch andere, noch weit wertvollere Güter mit: moderne Ideen. Die Aufklärung hatte in Westeuropa zur Französischen Revolution geführt, überall brandete die Idee des Nationalstaates hoch, Volksaufstände gegen die herrschenden Monarchien häuften sich. Mitte des 19. Jh. war es dann auch in Bulgarien so weit, die neuen Ideen, die zuerst in Kotel Fuß gefasst hatten, zeigten Wirkung: Es gab zahlreiche Rebellionen, die zwar alle blutig niedergeschlagen wurden, letztlich zwangen sie das osmanische Reich aber in die Knie. Die europäische Öffentlichkeit begann nämlich „die bulgarische Frage" zu diskutieren und schließlich ergriff Russland Partei: Nach erbitterten Kämpfen wurden die Türken 1878 besiegt. Bulgarien war nach über 500 Jahren wieder ein freies Land.

Die Teppichweberei existierte danach noch über 100 Jahre weiter und wurde erst vor wenigen Jahren geschlossen. Der Grund: Nach dem Fall des Kommunismus begannen überall im Land die Löhne zu steigen, was zu höheren Teppichpreisen und schließlich zum Verlust der Konkurrenzfähigkeit führte. Der globalisierte Teppichmarkt ist heute fest in den Händen der asiatischen Billiglohnländer, in denen Kinderarbeit weit verbreitet ist.

Die Frauen in Kotel weben dennoch bis heute weiter: privat und in kleiner Stückzahl. Als Industrie spielt die Teppichproduktion zwar keine Rolle mehr, doch für viele Familien bildet sie nach wie vor die Existenzgrundlage. Überall in der Altstadt hängen farbenfrohe, **handgefertigte Muster** über dem Zaun – vom kleinen Bettvorleger über Läufer bis hin zum riesigen Wohnzimmerteppich. Auf Wunsch weben die Hausbesitzer jede Größe auch nach individuellen Vorgaben. Für westliche Urlauber sind die Preise nach wie vor konkurrenzlos günstig: Für wenige hundert Euro kann man in Kotel und auch in Žeravna, das eine ähnliche Geschichte hat, bereits einen stattlichen Teppich kaufen.

Seit Mitte der 90er Jahre steigt der Ruf des Orts bei Künstlern und Intellektuellen, die bereits etliche leer stehende Häuser gekauft und als Sommersitz eingerichtet haben. Auch die moderne **Kunstgalerie** neben der uralten Kirche **Sv. Nikolai**, die auf einem Hügel über dem Zentrum liegt, zeugt von dem Wirken der Zugereisten. Die einheimische Bevölkerung besteht aus bulgarischen Bauern, sesshaften, zumeist

Žeravna: Bauernhaus im typischen Wiedergeburtsstil

evangelischen Zigeunern, die hier keine Außenseiter, sondern allgemein akzeptierte Stützen der Dorfgemeinschaft sind, und *karakačanen*, einer Minderheit griechischer Hirten, die bis in die 50er Jahre noch als Nomaden durch die Berge zogen.

Sozopol (Созопол) (5000 Einw.)

Im Hochsommer machen Zehntausende von Jugendlichen das beschauliche Fischerstädtchen zur Partymetropole Bulgariens – ein Ruf, der sich inzwischen über die Landesgrenzen hinaus herumgesprochen hat. Die eigentliche Attraktion der Jahrtausende alten Siedlung hingegen zeigt sich selbst im August fast menschenleer: die Altstadt auf der spitz ins Meer ragenden Felsenhalbinsel.

Die meisten Touristen begnügen sich mit einem Bummel entlang der etwa 100 m langen Flaniermeile am Beginn der Altstadt und kehren am kleinen Hauptplatz wieder um. Der eigentliche historische Teil von Sozopol beginnt jedoch erst danach. Mehrere Dutzend Häuser im Schwarzmeer-Stil der Wiedergeburtszeit stehen hier unter Denkmalschutz. Die meisten der weit über 150 Jahre alten Häuser haben trotz einheitlichem Baustil alle ihr individuelles Gesicht, und sind wie in Nessebăr, der großen Konkurrentin auf der anderen Seite der Bucht von Burgas, auch heute noch bewohnt. Viele ältere Leute sieht man, aber auch Kinder, Männer erst abends oder ganz früh am Morgen, wenn sie zu ihren Booten in dem kleinen Hafen am Eingang zur Altstadt aufbrechen. Der Fischfang bildet wie eh und je eine wesentliche Einnahmequelle der Bewohner, hinzu kommt das Geld aus dem Verkauf der Gartenerzeugnisse. Berühmt ist vor allem die Feigenmarmelade, die direkt vor dem Haus angeboten wird, und auch der selbst gemachte Honig ist ganz hervorragend.

Wer günstig wohnen möchte, und das heißt für 4–6 € pro Nacht, kann übrigens einfach eine jener zumeist älteren Verkäuferinnen ansprechen – wenn sie nicht selbst ein Zimmer vermieten, wissen sie bestimmt jemanden, der noch eins frei hat.

Geschichte

Sozopol ist die älteste Siedlung an der bulgarischen Küste. Griechen aus Milet gründeten sie vor über 2600 Jahren – genauso wie einige Jahre später Messambria (Nessebăr) und Odessos (Varna). Ausgrabungen belegen zwar urgeschichtliche Behausungen, Pfahlbauten, die bis ins 4. Jt. v. Chr. zurückreichen, von einer stadtähnlichen Gemeinschaft kann hier allerdings noch nicht die Rede sein. Auch die ersten Zeugnisse der Thraker sprechen nur für einen losen Stammesverbund. Mit den griechischen Neuankömmlingen kamen die Skirmiani, wie der hiesige Stamm hieß, allerdings gut zurecht, denn bei offener Feindschaft wäre eine Stadtgründung wohl nie zustande gekommen. Thrakische Namen griechischer Frauen, die in Nekropolen bei Sozopol entdeckt wurden, legen den Schluss nahe, dass es zwischen den beiden Völkergruppen recht bald zu Vermählungen kam. Die Bevölkerungszahl stieg rasch auf über 5000 und da es auf der Halbinsel bald zu eng wurde, begann der unabhängige Stadtstaat sich in die Umgebung auszubreiten. Neue Siedlungen entstanden – die heutigen Gemeinden Pomorie, Kiten und Ahtopol. Einigen Forschern zufolge hatte der gesamte Stadtstaat auf dem Zenit seiner Ausdehnung 30.000 Einwohner – so viele wie Athen.

Die wirtschaftliche Macht der Hafenstadt am Schwarzen Meer bezeugt auch die Tatsache, dass Apollonia, wie Sozopol unter den Griechen hieß, eigene Münzen prägte und sich zudem eine eigene demokratische Verfassung gab. Ausgearbeitet wurde sie von dem berühmten griechischen Philosophen Anaximander, der sich zu diesem Zweck am Schwarzen Meer niederließ. Sein Grabstein, der 1895 in Sozopol gefunden wurde, steht heute im Archäologischen Museum von Sofia. Er zeigt den Ionier in anmutiger Pose mit seinem Hund spielend. Ein anderer Grieche, Calamis, errichtete auf der Insel Sveti Ivan unmittelbar vor der heutigen Altstadt eine riesige Bronzestatue zu Ehren des Schutzpatrons Apollo. Mit 13 m war sie doppelt so hoch wie die berühmte Namensvetterin von Delphi. Marcus Lucullus, der römische Feldherr, der 72 v. Chr.

Künstlerziel: die Felsenhalbinsel von Sozopol

die bulgarischen (damals griechisch-thrakischen) Küstengebiete eroberte, zeigte sich denn auch so beeindruckt, dass er die Statue als Kriegsbeute mit nach Rom nahm, um damit das Capitol zu schmücken. Danach verlaufen sich die Spuren des gewaltigen Kunstwerks im Sand der Zeit. Einige Forscher nehmen an, dass die Statue irgendwann eingeschmolzen wurde, möglicherweise um die Bronze für kriegerische Zwecke zu nutzen, eine andere Theorie gibt den lange nach Lucullus machthabenden Christen die Schuld, die sich von dem heidnischen Monument provoziert gefühlt hätten.

Unter den Römern wurde das von Lucullus vollkommen zerstörte Apollonia schnell wieder aufgebaut und als Handelsknotenpunkt ausgebaut. Nach dem Aufstieg des Christentums zur offiziellen Staatsreligion des Römischen Imperiums im Jahr 330 gab sich die Stadt einen passenden neuen Namen: Sozopol, die „Stadt der Geretteten“. Bis ins 19. Jh. hinein blieb der Ort ein bedeutender Handelshafen, mal in den Grenzen des byzantinischen Reichs, mal in denen des bulgarischen und ab 1453 in denen des osmanischen.

Das Jahr 1829 markiert ein Ereignis, das die Geschicke der Stadt bis heute verändern sollte. Im russisch-türkischen Krieg kämpften die Bewohner gegen die osmanischen Unterdrücker, die alle Christen in Bulgarien gezwungen hatten, ihre mittelalterlichen Kirchen niederzureißen. Über zwei Dutzend waren es allein in Sozopol. Die Türken siegten und aus Angst vor deren Rache flüchteten alle Stadtbewohner nach Russland. Jahrelang stand Sozopol danach leer, bis Bauern aus dem nahe gelegenen Strandža-Gebirge sich hier ansiedelten. Das Problem: Sie hatten keinerlei Erfahrung mit dem Seehandel. Bis Mitte des 19. Jh. verschwanden daher alle Verladebühnen aus dem Stadtbild.

Ein Ersatz für die Handelsschifffahrt musste her. Angeregt von hinzugezogenen Griechen aus der Ägäis verlegten die Bulgaren sich auf den Fischfang. Heute gehören 90% der stationären Anlagen zwischen Pomorie und Ahtopol den Bürgern von Sozopol, eine Strecke, die ziemlich exakt der Hälfte der bulgarischen Küste entspricht.

Information/Verbindungen/Adressen

• *PLZ* 8130

• *Information* Ein zentrales Büro gibt es noch nicht, Informationsmaterial und Karten erhält man an den Zeitungsständen und Buchshops am Beginn der Altstadt, **ul. Apolonia** (**ул. Аполония**), und in der **ul. Ropotamo** (**Ропотамо**) gleich neben dem großen Obststand. Eine schöne englischsprachige Broschüre zur Geschichte der Stadt hält die gut sortierte **Galerie Laskaridi** (**Ласкариди**) bereit, ul. Kiril i Metodi 19 (**Кирил и Методий**), ✆ 05514-3906 oder ✆ 088-814758.

• *Verbindungen* Der **Busbahnhof** befindet sich im Park zwischen Neustadt und Altstadt, von Burgas kommend links an der ersten Kreuzung der Stadt (bei der Disco Teodora). ⌚ täglich 7–12.30, 13.30–19 Uhr.

Mehrere Busunternehmen haben ihre Büros in der ul. Republikanska (**ул. Републиканска**), am zentralen Platz der **Neustadt (20)**, Orientierungspunkt: der große Obststand.

Etap und *Grup*, ✆ 05514-4404, fahren täglich nach Sofia, Stara Zagora und Burgas – Letzteres wird alle 30 Min. angefahren. Richtung Süden geht´s täglich um 8.30 Uhr. Preisbeispiele: Burgas 1 €, Ravadinovo, 0,20 €, Camping Zlatna Ribka 0,20 €.

• *Taxis* Beim Busbahnhof und in der ul. Republikanska, beim Obststand oben am Hügel. Bis zum Strand von Kavaci kostet die Fahrt 2 €, zu den anderen Stränden rund um Sozopol sind die Preise ähnlich. Zum Flughafen von Burgas: 18 €.

• *Mietwagen* **Stekom** (s. „Übernachten“): Ford Fiesta 39 € für 2 Tage, 205 € pro Woche; ein Peugeot 306 mit Klimaanlage ist für 49 € bzw. 238 € zu haben. Ähnliche Konditionen hat **Amon Ra** (**Амон Ра**), ul. Republikanska (kurz nach der Kreuzung, die Altstadt und Neustadt trennt), ✆ 05514-3927.

Übernachten
2 The Doctor's House
16 Parnas
21 Villa List
23 Flagman
Essen & Trinken
1 Vjatărna melnica
2 The Doctor's House
4 Ksantana
5 Pri hudožnicite
7 Kirik
9 Casanova
13 Joanne
15 Karibi
Nachtleben
6 Michelle
10 Tequila Bar (alt)
12 Sea Pub
14 Tequila Bar (neu)
17 Teodora
19 Komina
22 Šapkata
Cafés
3 Palikari
8 Odisej
11 Ogledalo
18 La Perla
Einkaufen
20 Boutiquenzeile
Morski skali
Vjatărna melnica
Valnobar
Burevestnik
Venets
Albatros
Apolonia
Drava
Sv. Sv. Kiril i Metodii
Galerie Bisera
Galerie Laskaridi
Ribarska
Anaximandar
Kraibrežna
Kirche Sv. Bogoridica
Kirche Sv. Georgi
Neptun
Milet
Kulata
Hafen
Restaurantzeile in der Steilküste
Stadtstrand
Schwarzes Meer
chwarzes Meer
Park
BUS
Kirche Sv. Sosim
Markt
mit Kunstbasar
Republikanska
Černo more
Lazuren briag
Hristo Botev
Odesa
Liulin
Rila
Jani Popov
Obststand
TAXI
Parvi mai
Voivoda
Vasil Levski
Petko
Ropotamo
Kap.
Lozengrad
Vihren
Musala
Vitoša
Stara planina
Sredna gora
Rodopi
Kavacite
Ivan Vazov
Morska
Trakia
Harmanite-strand
Bar- und Discozone
Oborište
D. Tošev
Buzludia
Sozopol
Primorsko, Sinemorec

• *Parken* Bewachte Parkplätze (0,50 € pro Stunde) gibt es am Hafen. Kurz davor kann man sein Auto am rechten Straßenrand auch kostenlos abstellen.

• *Fahrradverleih* Bei Stekom (s. „Übernachten") bekommt man Mountainbikes für 1 € pro Stunde bzw. 9 € für 12 Std.

• *Segeln* Kleine Segelboote werden am Stadtstrand hinter dem großen Park zwischen Neu- und Altstadt verliehen. Preis: 5 € pro Stunde, mit Lehrer 7,50 €. Der Mietstand befindet sich am nördlichen Rand des Strands.

• *Einkaufen* Neben modischen Textilien, die in zahlreichen Läden entlang der Flanierstraßen der Alt- und Neustadt zu finden sind, bietet sich in Sozopol vor allem Kunsthandwerkliches zum Kauf an. Gute Ware erhält man in den beiden bekanntesten Galerien der Stadt: **Laskaridi** (s. Information) und **Bisera** (**Бисера**), ul. Apolonia 50 (**Аполония**), ✆ 05514-4092 oder 098-578906. Laskaridi verkauft Grafiken, Gemälde und Skulpturen von Künstlern aus ganz Bulgarien, auch die Kopien berühmter Ikonen sind oft gelungen. Bisera, die im Erdgeschoss eines der schönsten Wiedergeburtshäuser von Sozopol untergebracht ist, hat sich mehr auf Haushaltsgegenstände wie Teller und Vasen verlegt. Sehr beliebt sind die Masken, die auf uralten, heidnischen Traditionen beruhen. Leider werden sie nur in geringer Stückzahl hergestellt und sind daher nicht immer zu haben.

• *Geldwechsel* Wie immer: Nicht in einer der zahlreichen Wechselstuben, sondern nur in den großen Banken. Bulbank hat zwei Filialen in der Stadt, jeweils an den zentralen Plätzen der Alt- und Neustadt: ul. Apolonia (bei der Post) und ul. Republikanska (bei den Taxis).

• *Internet* Öffentliche Internet-Zugänge sind zahlreich und leicht zu finden. Zwei sollen hier genannt sein: am Beginn der ul. Apolonia, auf halber Höhe vor der Post führt rechts ein schmaler Weg zum Eingang. Die Computer sind im ausgebauten Keller untergebracht. Und: in der Neustadt links neben dem großen Obststand am Hauptplatz.

Übernachten (siehe Karte S. 193)

Große Hotelkomplexe sind Sozopol bisher erspart geblieben – von der sich weit hinstreckenden Bettenburg Martinez (DZ 76 €, Apartment 100 €) am südlichen Stadtrand einmal abgesehen. Unterkunft bieten überwiegend kleine Pensionen in der Neustadt sowie eine Vielzahl von Schwarzmeerhäusern in der Altstadt, in denen Zimmer günstig vermietet werden. Die „Rezeption" befindet sich auf der Straße vor dem Gartentor: einfach nach **„kvartiri"** (**квартири**) fragen.

Je nach Größe und Ausstattung sind in der Hochsaison bis 6 € für die Übernachtung in Privathäusern üblich, deutlich niedriger sind die Preise im Frühjahr und Herbst. Die Altstadt erstreckt sich von der Post in der ul. Apolonia – der kleine Platz bildet gleichzeitig deren Zentrum – bis hinauf zur ul. Morski skali (**Морски скали**), dem Abschluss der Halbinsel. Unterkünfte in Privathäusern finden sich entlang der „Hauptstraßen" Apolonia, Sv. Kiril i Metodi (**Св. Кирил и Методий**) und Anaximander (**Анаксимандър**), die dreifingrig vom Post-Platz abgehen, sowie deren Querverbindungen. Die Zimmer sind sauber und geräumig, das gekachelte Bad mit WC befindet sich meistens auf dem Gang. Wer sich lieber Agenturen anvertraut, findet bei **Stekom** (**Стеком**), ul. Jani Popov 2 (**Яни Попов**), auf dem Weg zum Hotel Parnas, rechts, ✆ 05514-4135 oder ✆ 088-848129, ein reiches Angebot von Pensionen in der Neustadt, meist mit Balkon und angeschlossenem Restaurant. Die DZ-Preise bewegen sich in der Hochsaison bei 15–20 €.

**** **Villa List (21)**, zentral gelegener, vierstöckiger Neubau, 100 m vom Hauptplatz der Neustadt entfernt, dennoch ruhig. Viele Balkons mit Blick auf Meer und Altstadtstrand. 40 Zimmer mit Klimaanlage, Bad und Satelliten-TV. Frühstück, Pool und FKK-Dachterrasse sind im Preis inbegriffen. DZ 50 €. Ul. Černo more 5 (**Черно море**), ✆ 05514-2235, ✆ 05514-2370, sosopol@aol.com, www.beachbulgaria.com/list.

*** **Parnas (16)** (**Парнас**), Neustadt, das schönste Hotel in Sozopol. Neubau mit mediterran angehauchter Inneneinrichtung in Orange-Tönen und großartiger Lage am Felsen über der Altstadtbucht. Die hoteleigene Yacht *Picknick* kann für 300 € pro Tag gemietet werden: mind. 10 Personen, max. 16. DZ mit Frühstück 50 €, Apartment mit Frühstück 90 €. Ul. Lazuren Brjag 3 (**Лазурен бряг**), ✆ 05514-4412, ✆ 05514-2358. parnas@mail.sozopol.ws.

*** **Flagman (23)** (**Флагман**), keine 5 Gehminuten vom Harmanite-Strand und der dortigen Partymeile entfernt. Lärm dringt dennoch keiner herauf, da ein Park schützend wirkt und die ul. Odesa selbst kein abendlicher Laufsteg ist. Das moderne Hotel selbst (2002 fertig gestellt, 54 Zimmer, alle mit Meeresblick und Balkon) bietet alle Annehmlichkeiten seiner Klasse. DZ mit Frühstück 50 €. Ul. Odessa 1a (**Одеса**), ✆ 05514-4301, ✆ 05514-4302. www.hotel-flagman.com, flagman_sozopol@yahoo.com.

The Doctor's House (2), dreistöckiger Neubau an der Spitze der Altstadt mit Blick aufs Meer. Architektonisch an den Stil der Wiedergeburtshäuser angelehnt. Absolut ruhige Lage im schönsten Teil von Sozopol. Zimmerpreise variieren je nach Größe (max. 80 m^2) zwischen 10–50 €. Geräumiges, gepflegtes Bad oft am Gang. Ul. Morski skali 35 (**Морски скали**), ✆ 05514-2731, dr_ivanov@hotmail.com.

Essen und Trinken (siehe Karte S. 193)

Die besten Lokale befinden sich in der Altstadt. Sehr beliebt ist die Restaurantzeile, die in die Steilküste links des Altstadtstrands geschlagen wurde. Der Ausblick aufs Meer ist einer der schönsten des Landes. Abends weht stets eine leichte Brise – Jacke deshalb nicht vergessen. Die Kategorisierung der Gaststätten ist denkbar einfach: Je weiter man auf dem schmalen Weg voranschreitet, desto vielfältiger, aber auch teurer wird die Speisekarte. Viel Auswahl hat man auch auf der gegenüberliegenden Seite der Halbinsel: gemütliche Familienrestaurants auf der Anhöhe über dem Hafen.

Vjatărna melnica (1) (**Вятърна мелница**), das bekannteste Restaurant der Stadt wird gerne von großen Reisegruppen besucht. Die Preise sind dennoch zivil, das Essen gut. Die altbulgarische Einrichtung verzichtet auf folkloristischen Kitsch. Am schönsten sind die Plätze am großen Panoramafenster mit Blick aufs Meer. Das Wahrzeichen des Lokals ist eine kleine Windmühle, die von weithin sichtbar ist. Innovativ ist die Art der (dringend empfohlenen) Reservierung: Hinterlegt werden 5 € pro Person, die dann von der Rechnung abgezogen werden. Ul. Morski skali 27 (**Морски скали**). ✆ 05514-2844.

Ksantana (4) (**Ксантана**), 200 m hangabwärts. Verwinkelt und gemütlich, mit schönen Plätzen im grünen und tagsüber angenehm schattigen Innenhof. Die Aussichtsterrasse hängt „frei schwebend" über dem Meer. Die hier gebotene Vielfalt der traditionellen bulgarischen Küche dürften vor allem die vom Imbissbuden-Einerlei übersättigten Gäste schätzen. Im Hochsommer ist eine Reservierung zu empfehlen. Ul. Morski skali 7. ✆ 05514-2454 oder 088-239696.

The Doctor's House (2), hat sich zu Recht einen Namen als Fischrestaurant gemacht. Nicht ganz billig, angesichts der herrlichen Aussicht und der stilvollen Atmosphäre sind die Preise aber mehr als gerechtfertigt. Im Erdgeschoss der gleichnamigen Pension. Ul. Morski skali 35.

Kirik (7) (**Кирик**), wer hier essen möchte, sollte Appetit auf Meeresfrüchte haben. Die Auswahl ist groß, die Qualität hervorragend, die Preise gemäßigt. Besonders gut zubereitet werden die Muscheln. Das Restaurant liegt auf einer Anhöhe mit freiem Blick über den Hafen. ✆ 05514-2860. Ul. Ribarska 77 (**Рибарска**).

Pri hudožnicite (5) (**При художниците**), „Bei den Künstlern" heißt das Lokal, weil es früher dem Verband bulgarischer Künstler angehörte, und noch heute gern von dessen Mitgliedern besucht wird. Kein Wunder: Das Restaurant liegt in einer romantischen Altstadtgasse, die Terrasse bietet einen weiten Blick über die Bucht und die internationalen Gerichte sind das Geld mehr als wert. Oft schon früh voll. ✆ 05514-4081. Ul. Kiril i Metodi 72 (**Кирил и Методи**).

Karibi (15) (**Кариби**), weitläufiges Gartenrestaurant im Park vor der Altstadt. Spezialität: Barbecue am integrierten Tischgrill. Immer noch etwas Besonderes in Bulgarien ist die Holzofenpizza, die zudem von ganz ordentlicher Qualität ist. Ul. Apolonia 4 (**Аполония**).

Joanne (13) (**Джоан**), einfaches Lokal zu Beginn der Altstadt, in der ul. Apolonia etwa 100 m nach dem Karibi rechter Hand. Wegen der vielen kleinen Gemüsegerichte erste Adresse für den Hunger zwischendurch.

Casanova (9) (**Казанова**), eines der besten Felsrestaurants in der Altstadtbucht: nach dem Karibi immer am Meer entlang, etwa 300 m. Provençalisch angehauchte Inneneinrichtung, internationale Küche, gute Cocktails. Sollte die Meeresbrise zu kühl wehen, kann man nach drinnen wechseln.

• *Cafés* **La Perla (18)**, leicht terrassiertes, mit vielen Blumen geschmücktes Café in mediterranem Stil, neben dem Hotel Parnas. Elegante Tagesadresse mit schönem Blick über das Meer auf die gegenüberliegende Altstadt. Ul. Lazuren Brjag 1 (Лазурен бряг).

Ogledalo (11) (Огледало), beliebtes Eiscafé am Beginn der Flaniermeile Apolonia, wo die Straße anzusteigen beginnt. Treffpunkt der Jugend. Bestens zur Beobachtung des regen Straßengeschehens geeignet. Ul. Apolonia 9.

Odisej (8) (Одисей), großes Straßencafé auf dem Weg zur Spitze der Altstadt. Ein Stopp lohnt schon wegen der schönen Lage gegenüber der Kirche Sv. Georgi und dem Ausgrabungsgelände, auf dem bereits erste römische Mauern freigelegt sind. Ul. Apolonia.

Palikari (3) (Паликари), elegante Tagesbar am Rande der Altstadt, deren Aussichtsterrasse über den Klippen zu schweben scheint. Hervorragende Cocktails. Ungewohnt, aber ausdrücklich zu empfehlen sind die warmen Sandwiches. Fernab jeden Trubels, sieht man sich hier einzig der Weite des Meeres gegenüber. Ul. Morski skali 39 (nur wenige Meter vom Hotelrestaurant The Doctor´s House entfernt).

Bar Tropical in Ravadinovo (Равадиново)

Nur 5 km von Sozopol entfernt, in dem kleinen Dorf Ravadinovo, hat ein ehemaliger Matrose sich sein tropisches Paradies gebaut. Das unscheinbare Schild „Snack-Bar“ und einige Stühle vor dem Eingang lassen nicht erkennen, was sich dahinter verbirgt: ein Restaurant inmitten von Palmen, Orangen- und Zitronenbäumen, Kakteen, Paradiesapfelbäumen und bis zu 2 m hohen chinesischen Rosen aus Togo. 30 Jahre hat es gedauert, bis der Garten so aussah wie heute. Von jeder seiner Reisen über die Weltmeere nahm Georgi ein paar Pflanzen mit und hegte sie liebevoll unter einer Plane, die für die nötige Luftfeuchtigkeit sorgt. Problematisch wird die Sache im Winter: Bei bis zu –10°C müssen gewaltige Kohleöfen für tropische Temperaturen sorgen. Georgi wacht deshalb oft draußen neben seinen Pflanzen, aus Angst die Glut könnte ausgehen.

Von seinen Reisen nahm Ex-Matrose Georgi Pflanzen für sein Restaurant mit

Zwischen den Tischen krabbeln Schildkröten und ein echtes Haigebiss gibt es auch zu bestaunen. In einem Nebenraum seines Hauses hat Georgi eine bulgarische Bauernstube aus der Wiedergeburtszeit eingerichtet: Kleidung, Betten und Gerätschaften hat er aus allen Teilen des Landes herangeschafft. Georgi ist sichtbar stolz, wenn seine Gäste die Dinge sehen wollen, die er ein Leben lang gesammelt hat – dass er dafür Geld verlangen könnte, weist er entschieden von sich. Das Essen ist ebenso preiswert wie hervorragend, besonders die Fischgerichte gelingen dem ehemaligen Matrosen vortrefflich.

Anfahrt von der Küstenstraße E87 Burgas–Carevo (Царево) bei Sozopol rechts Richtung Ravadinovo abzweigen und dann 5 km immer geradeaus, das Meer im Rücken. Im Dorf bis zur ersten großen Kreuzung, dort rechts hoch.

Nachtleben (siehe Karte S. 193)

Sozopol besitzt zwei Vergnügungszentren: Der größte Beftrieb herrscht nachts in der ul. Ropotamo (**Ропотамо**), die beim großen Obststand am Hauptplatz der Neustadt beginnt und dann etwa 500 m am **Harmanite-Strand** entlang verläuft. Die obere Hälfte gehört den Souvenirständen, die untere den Restaurants und Bars. Zweiter Knotenpunkt des Nachtlebens ist der **Hafen**: An der Straße, die links vom großen Park dorthin führt, reiht sich auf etwa 200 m ein Lokal ans nächste. Die über 25-Jährigen zieht es in die zahlreichen, fantasievoll gestalteten Open-Air-Bars mit Blick aufs Meer, Teenager bevorzugen die beiden Großdiskotheken nach westlichem Muster. Musikalisch dominieren aktuelle Dancebeats, meistens von Live-DJs gemixt, der Folkpop *čalga* bleibt den einfachen Kneipen vorbehalten.

Tequila Bar (14), am Hafen auf einem schwimmenden Boot untergebracht, verteidigt der stets proppenvolle Freiluft-Club seit Jahren seinen Ruf als Nr. 1 der Stadt. Rock- und Dance-Klassiker unterhalten sichtbar gut gelaunte, schöne Menschen um die 25. Gin Tonic 1,50 €, Bier 0,75 €. Links von den Fischerbooten.

Sea Pub (12), gleich nebenan, etwas ruhiger. Zum Chillen bestens geeignet.

Teodora (17), Großdisco, unübersehbar an der nördlichen Stadtgrenze platziert: von Burgas kommend, erste Kreuzung, links. Treffpunkt der jüngeren Nachtschwärmer.

Komina (19) (**Комина**), Live-Club der alternativen Szene, 200 m von Teodora entfernt: leicht bergab dem Weg folgen bis zum Hallengelände, das den „Schornstein" beherbergt. Bulgarische Bands, favorisierte Musikrichtungen: Punk, Reggae und Dub. Sehr günstige Getränkepreise.

Tequila Bar (10), unter Insidern „die alte Tequila Bar" genannt, ist dies neben Komina der zweite Zufluchtsort für Mainstream-Hasser. Kleine Bar mit Mobiliar aus Bast und Musik von Bob Marley bis Mano Negra. Ul. Milet (**Милет**) (etwas nach hinten versetzt).

Šapkata (22) (**Шапката**), einer der auffälligsten Clubs auf dem großen Rummelplatz, der sich am Harmanite-Strand entlangzieht. Ein riesiger Sombrero bildet das Dach, es gibt ausreichend Nischen zum Herantasten an die oft sehr ausgelassene Stimmung. Die beiden großen Bars sind – bei moderaten Preisen – bestens bestückt. Getanzt wird, wo man gerade steht.

Michelle (6) (**Мишел**), leicht skurriles Ambiente: Rockclub im Garten eines Privathauses. Vorne Kaffeehausbestuhlung, hinten die Live-Bühne für nachgespielte Hits. Leicht altmodisch, aber sonst okay. Gegenüber der weithin sichtbaren Mehana Sozopol (**Механа Созопол**) in der ul. Apolonia 46.

Apollonia Festival of Arts

Vom 1.-10. September befinden die Badeurlauber sich in der Minderheit. Dann strömen Kunstfreunde aus ganz Bulgarien nach Sozopol, um sich die Musik-, Tanz- und Theateraufführungen des **Apollonia-Festivals** anzusehen, die von der Presse regelmäßig mit besten Kritiken bedacht werden. Rund 50 Veranstaltungen stehen auf dem Programm, das staatliche Fernsehen überträgt täglich live. Das Festival gibt es seit 20 Jahren, seit 1999 wird der Apolon-Toksoforos-Preis für besondere Verdienste um die bulgarische Kultur und deren Prestige im Ausland verliehen. Zu den Preisträgern zählen unter anderem der international renommierte Jazz-Musiker Teodosij Spasov sowie die populären bulgarischen Film- und Bühnendarsteller Marius Kurkinski und Itzchak Finci. Das Apollonia-Festival will einen Querschnitt der bulgarischen Kunstproduktion bieten und richtet sich daher nicht ausschließlich an Bulgarisch-Kundige. Modenschauen, Gemäldeausstellungen, Klassik- und Jazzkonzerte sowie Volkstanzdarbietungen zählen ebenso zum Programm wie Lesungen oder Theater- und Filmaufführungen. Das Apollonia-Festival findet jährlich statt, der bulgarisch-englische Katalog ist ab Mitte August an allen Zeitungsständen der Stadt erhältlich.

Sehenswertes

Sozopol ist eine zweigeteilte Stadt: Neustadt und Altstadt sind durch einen 100 m breiten Damm getrennt, auf dem sich ein schöner Park mit einem großen Markt, zahlreichen Souvenirständen und dem weitläufigen Gartenrestaurant Karibi ausbreitet.

Altstadt: Dass Sozopol bis heute als die schönste und lebendigste Stadt der südlichen Schwarzmeerküste gilt, verdankt sie dem eindrucksvollen Ensemble von **Schwarzmeerhäusern**, die sich seit Mitte des 19. Jh. auf der schmalen Halbinsel aneinander drängen. Jedes vierte steht unter Denkmalschutz, Neubauten werden nur selten genehmigt und unterliegen strengen Auflagen, so dass die Harmonie der Architektur bis heute gewahrt werden konnte. Der spezielle Schwarzmeerstil der Wiedergeburtszeit zeichnet sich durch steinerne Erdgeschosse aus, die als Lagerraum dienen und zur besseren Isolation oft mit Holzbrettern verkleidet sind, sowie überhängenden hölzernen Obergeschossen, in denen gewohnt wird. Dennoch gleicht kein Haus dem anderen: Jeder Besitzer trachtete danach, sich vom Nachbarn zu unterscheiden, sei es durch das Anbringen kleiner Erker, sei es durch Schnitzereien an den Wänden, sei es durch Farbe und Art des verwendeten Holzes.

Touristen verirren sich nur selten in das Gewirr der Altstadtgassen, die so eng sind, dass sich die hölzernen Veranden der oberen Stockwerke manchmal fast berühren. Der Grund für die Zurückhaltung: Die Straßen steigen hier an einigen Stellen recht steil an und das historische Kopfsteinpflaster tut sein Übriges, um Autos fern zu halten. Da zudem viele Straßen für den Verkehr gesperrt sind, lässt es sich zwischen den halb aus Holz, halb aus Stein gebauten Häusern ganz entspannt flanieren. Unter einer Voraussetzung allerdings: festes Schuhwerk ist Pflicht. Hohe Absätze und feine Lederhalbschuhe sind den Ritzen des Jahrhunderte alten Natursteinpflasters einfach nicht gewachsen.

Einen guten Überblick verschafft sich, wer rechts an der großen Kreuzung am Stadteingang die Treppen hinaufsteigt. Die Orientierung in den schmalen Gassen, die oft von hohen Häusern begrenzt werden, fällt danach leichter.

Hauptverbindungsstraße der Altstadt ist die **ul. Apolonia** (ул. Аполония), die an den Park anschließt. Zu Beginn ein überlaufener Basar mit der Post und einem kleinen Brunnen als Zentrum, verändert sie zunehmend ihren Charakter und bekommt nach der Galerie Bisera ein dörfliches Gesicht mit kleinen Läden und gepflegten Gärten, vor denen die alten Leute Feigenmarmelade verkaufen und die Kinder Fangen spielen.

Ebenso sehenswert sind die parallel dazu verlaufenden Straßen Sv. Kiril i Metodij (Св. Кирил и Методий), Milet (Милет) und Ribarska (Рибарска) sowie die quer laufende Morski skali (Морски скали), die den Abschluss der Halbinsel bildet und für viele die schönste Straße der Stadt ist.

Kirche Sveti Georgi (Свети Георги): Zweihundert Jahre alte Ikonen sind der größte Schatz des kleinen Gotteshauses in der ul. Apolonia etwa 200 m nach der Post. In den 80er Jahren, noch während des Kommunismus, vollständig restauriert, erfüllt die Kirche aus dem frühen 19. Jh. wie eh und je ihre Funktion als religiöses Gemeindezentrum. Besichtigung kostenlos.

Kirche Sveti Sossim (Свети Сосим): Zu Ehren eines christlichen Märtyrers aus dem 1. Jh. erbaut, ist diese Kirche im Stadtpark zwischen Alt- und Neustadt ein typisches Beispiel für die restriktive Religionspolitik unter der Osmanenherrschaft.

Hängen (fast) frei über dem Meer: Terrassen in der Altstadt von Sozopol

Über zwei Dutzend christliche Gotteshäuser hatten die reichen Seehändler vor der Eroberung durch die Türken gebaut – alle mussten sie nach 1453 abreißen. Erlaubt waren nur noch kleine, halb im Boden versenkte Kapellen, die nicht höher als ein reitender Türke sein durften. Die Kirche Sv. Sossim wurde 1857 gebaut, 20 Jahre vor der Befreiung. Eintritt frei.

Neustadt: Einen Spaziergang durch die Neustadt, die sich von der ul. Republikanska (ул. Републиканска) Richtung Süden erstreckt, kann man sich tagsüber sparen – es sei denn, man möchte in einer der zahlreichen Modeboutiquen preiswert einkaufen. Aber auch das tut man wegen der Sommerhitze besser abends, die Geschäfte haben bis tief in die Nacht geöffnet.

Ab 21 Uhr erwacht die Neustadt mit aller Macht zum Leben. Treffpunkt aller Nachtschwärmer ist die ul. Ropotamo (ул. Ропотамо). Kaum ein anderer Ort an der bulgarischen Schwarzmeerküste übt im Hochsommer einen solchen Reiz auf junge Bulgaren aus. Boutiquen, Imbissbuden (hervorragende Crêpes), Souvenirshops, Restaurants, Bars und Diskotheken – wer Trubel sucht, ist auf diesen knapp 2 km goldrichtig.

Strände und Campingplätze

In Sozopol selbst gibt es zwei Strände, beide feinsandig, im Hochsommer sind sie jedoch vollkommen überfüllt. Viel Platz gibt es das ganze Jahr über an den beiden Stränden etwas außerhalb von Sozopol: Smokinja bzw. Kavaci im Süden und Zlatna Ribka im Norden. Angeschlossen daran sind einige der bekanntesten Camping-Plätze des Landes.

Im Stadtgebiet: Der kleinere der beiden Stadtstrände befindet sich in einer schönen **Bucht zwischen Alt- und Neustadt** gleich hinter dem Stadtpark. Optisch macht er einen tadellosen Eindruck, der Sand ist gepflegt, Liegen und Sonnenschirme sind für den üblichen Euro auszuleihen, auf kleinen Segelbooten (s. „Adressen“) kann man sich aufs offene Meer hinaus treiben lassen – eine Brise weht immer. Und wer schon im Juni oder erst im September kommt, findet auch genügend freie Plätze: Allein die Aussicht lohnt hier einen Strandtag.

Der deutlich größere **Harmanite**-Strand liegt am südlichen Stadtrand direkt an der Vergnügungsmeile Ropotamo. Das Unterhaltungsangebot lässt keine Wünsche offen: Von Wasserrutschen über Tretboote bis zu Paragliding am Motorboot ist alles vertreten. Wer Kontemplation sucht, ist hier allerdings auch in der Nebensaison fehl am Platz. Bars beschallen den gesamten Strand, jugendliche Cliquen suchen sich ihren Platz nach dem von ihnen favorisierten Musikstil aus. Entsprechend bunt fällt die Mischung an Harmanite aus: Rastalocken sieht man neben den langen Haaren der Metal-Jünger, Bermudashorts signalisieren HipHop und bunte, wallende Gewänder eine Hippie-Kommune – Woodstock am Meer. Kontakte sind entsprechend schnell geknüpft, man spricht hier gut und gerne Englisch.

Die Hippies von Smokinja: 4 km südlich von Sozopol breitet sich einer der schönsten Strände Bulgariens aus, etwa 2 km lang und im Schnitt gut 100 m breit. In dem kleinen Wald, der den Strand von der Straße trennt, liegen die drei Campingplätze Kavaci, Smokinja und Veselie. Selbst im August ist der Strand so spärlich besucht, dass immer Platz für ein Volleyballspiel bleibt. Und wer Wellen liebt, kommt hier auf seine Kosten. An vielen Tagen haben sie eine für Schwimmer angenehme Höhe, dann ist das Meer voller Menschen, die sich mit Lust dagegen werfen. Strandwächter passen auf, dass es nicht gefährlich wird: Wer bei Rot ins Wasser geht, wird aufs Energischste zurückgepfiffen.

Ein internationales Publikum um die 30 hat den nördlichen Teil, **Kavaci** (Каваци), für sich entdeckt, in der Mitte residieren viele Camperfamilien aus Ungarn und Tschechien, und das südliche Drittel ist der Stammsitz einer großen Hippiegemeinde, zumeist Studenten, die ihre Sommerferien hier verbringen. Der Grund: In den Dünen des Campingplatzes **Smokinja** (Смокиня), der sich direkt an Kavaci anschließt, wird **wildes Zelten** noch akzeptiert. Kleine Bars, aus Baumstämmen zusammengezimmert, fungieren als Treffpunkt, Mädchen verdienen sich mit selbst designten Halsketten aus bunten Steinen den Semesterunterhalt, andere üben sich im Rastazöpfe-Flechten, und am Abend versuchen sich die Gitarrenkünstler gegen die Dancebeats der CD-Player zu behaupten – ein tapferer, wenn auch meist aussichtsloser Kampf. **Nacktbaden** gehört hier zum guten Ton und wird auch von offizieller Seite toleriert, ein weiterer FKK-Bereich mit etwas älterem Publikum beginnt etwas weiter südlich in Höhe des Campingplatzes Veselie.

Interessant für Pflanzenliebhaber: Aus noch unerforschten Gründen wächst die Sandlilie nur in den Dünen dieses Strands sowie im Mündungsgebiet des Ropotamo-Flusses etwas weiter südlich.

• *Anfahrt* mit dem Taxi (2 €) von Sozopol auf der Küstenstraße Richtung Carevo (**Царево**), bis zum großen Schild Kavaci (**Каваци**). Der Zugang zum Strand ist nicht an einen Zeltplatz auf dem Campinggelände gebunden. Strandgebühr (am Schlagbaum zu entrichten): 0,50 €. Wem der Sinn nach einem längeren Spaziergang steht (s. Wanderung weiter unten), kann auch den Weg von Harmanite entlang der von Klippen und kleinen Buchten gesäumten Felsküste wählen.

• *Camping* **Camping Kavaci/Smokinja** (**Каваци/Смокиня**): 200 Zeltplätze (4 € für 2 Pers. in der Hauptsaison, 1,50 € in der Nebensaison), 159 Zwei-Personen-Bungalows (8 € in der Hauptsaison, 6 € in der Nebensaison) und 50 Stellplätze für Wohnwägen in lichtem, schattigem Waldstück. Kavaci ist die gepflegtere Anlage, z.B. hinsichtlich der sanitären Anlagen. Am südlichen Ende des Strandes können Zelte unentgeltlich aufgestellt werden – noch hat niemand was dagegen. Eine Gemeinde von etwa 50 Studenten aus dem In- und Ausland findet sich hier jeden August ein (etwa ab dem 10.).

Camping Veselie: gegenwärtig nur eingeschränkter Betrieb. Die Anlage muss dringend renoviert werden, ein Investor fehlt jedoch noch. Ein Zelt aufstellen kann man für 2 € pro Nacht. Offizieller FKK-Strand, der aber leichter über Smokinja zu erreichen ist.

Die Surfer von Zlatna Ribka (Златна рибка): Etwa 3 km nördlich von Sozopol gelegen und durch breite Dünen von der Hauptstraße nach Burgas getrennt, hat man von dem lang gestreckten, schmalen Sandstrand einen herrlichen Fernblick auf die Altstadt. Gepflegt wird allerdings nur der vordere, zum gleichnamigen Campingplatz gehörende Teil. Dafür ist man weiter hinten allein mit sich, den Dünen und dem hohen Gras. Auf den ersten 200 m dominieren Sonnenschirme aus Bast die Szenerie, ein kleines Café verkauft Getränke und kleine Snacks, eine **Surfschule** verleiht Bretter. Nirgends sonst fällt das Meer so flach ab wie hier. Noch nach 200 m steht man an vielen Stellen nur bis zu den Hüften im Wasser. Von Wellen keine Spur, dafür weht ständig ein leichter Wind – beste Voraussetzungen für Surfanfänger.

• *Anfahrt* mit dem Bus für 0,20 €, Abfahrt: alle 30 Min. vom Busbahnhof im Park zwischen Alt- und Neustadt; eine Taxifahrt kostet 2 €.

• *Camping* **Camping Zlatna Ribka (Златна рибка)**: einfache Bedingungen, an vielen Stellen sehr eng gesteckte Stellplätze für die Zelte, auch die zudem sehr alten Bungalows reihen sich oft dicht an dicht. Schattig und ruhig ist es zumindest – und etwas günstiger als in Kavaci auch. 17 Bungalows und 150 Stellplätze für Zelte und Camping-Busse. Die Strandgebühr beträgt 0,50 €.

Camping Gradina: am gleichen Strand wie Zlatna Ribka, nur 3 km weiter nördlich. Galt bis zur Privatisierung vor einigen Jahren als einer der besten – wenn auch schattenlosen – Campingplätze an der bulgarischen Küste. Wie es weiter geht, ist noch unklar, die Rede ist von einem Hotelneubau. Gegenwärtig sind die 50 Bungalows, 400 Zeltplätze und 250 Stellplätze für Camping-Busse und Wohnwagen noch in Betrieb.

Wanderung von Sozopol zum Strand von Kavaci

Der große Sandstrand südlich von Sozopol zählt vor allem bei Campern und Studenten zu den beliebtesten Badeorten an der Küste. Sein Name wechselt je nach dem Abschnitt, an dem man sich niederlässt: Kavaci heißt er für die Fans des Nordabschnitts (wegen des dahinter liegenden Campingplatzes), Smokinja für die FKK-Gemeinde weiter südlich.

Die 5 km lange Küstenstraße, die den **Harmanite**-Strand von Sozopol über ein felsiges Kap mit Kavaci verbindet, eignet sich bestens für eine kurze Wanderung. Nach dem sandigen Start geht das Terrain bald in Felsen über und das Ufer wird steil und zerklüftet. Eine auffallende Baumgruppe dicht am Abgrund weist auf die erste Bucht hin, die von oben zu erreichen ist. Nach einem weiteren halben Kilometer folgt eine weitere: ein Brunnen dient hier als Orientierungspunkt. Die schroffen Klippen knapp dahinter, beim alten Wachturm, werden von den Einheimischen **Germankata** genannt, weil hier vor langer Zeit einmal ein deutsches Mädchen ertrank. Wohl von der Romantik des Ortes angezogen, sprang sie ins Meer, ohne über die tückische Strömung Bescheid zu wissen, die hier auch dem besten Schwimmer zum Verhängnis werden kann. Mehrere kleine Marmorplatten am Ufer belegen, dass dies nicht nur eine Legende ist. Man sollte keinesfalls zu nahe an die Klippen herantreten, denn so schön der Ort ist, so gefährlich ist er auch. Wellen können hier hochschlagen und Unachtsame mit sich ziehen.

Wer tauchen will, kann dies etwas weiter südlich tun. In Sichtweite von Kavaci bildet die Klippenlandschaft eine kleine Bucht aus, die oft von Muschelsuchern besucht wird. Viele Bulgaren bereiten ihren Fund gleich an Ort und Stelle über offenem Feuer zu – ein untrügliches Zeichen, dass man sich am richtigen Ort befindet. Die **Muschelbänke** kleben an den Felsen, um die sich oft ganze Schwärme von Fischen bewegen: ein schönes Naturschauspiel, das in dem klaren, ruhigen Wasser problemlos zu sehen ist. Kurz danach erreicht man den weit geschwungenen Strand von Kavaci, der flach und vollkommen gefahrlos ins Meer übergeht.

Strecke/Dauer Als gemütlicher Spaziergang angelegt, ist die 5 km lange Küstenwanderung in kaum 90 Minuten zurückzulegen. Für den Rückweg stehen vor dem Campingplatz Taxis bereit.

Umgebung von Sozopol

Černomorec (Черноморец): Sympathisches Küstendorf etwa 8 km nördlich von Sozopol, das den Badetourismus gerade erst zu entdecken beginnt. Fischfang und Landwirtschaft prosperieren, die meisten der höchstens einstöckigen Häuser sind in gutem Zustand. Anders als an vielen Orten im Landesinneren ist die Dorfstruktur hier intakt. Ein kleiner touristischer Kern mit Restaurants (gut und günstig: das Morsko Oko im maurischen Stil) und Rummelplatz hat sich um den schmalen, gepflegten Strand gebildet, der sich wegen der flach abfallenden Küste besonders für Kinder hervorragend eignet. Nicht zu übersehen sind die Schilder mit der Aufschrift „kvartiri“: Die schönen Bauernhäuser sind eine bessere und günstigere Wahl als die Campingplätze der Umgebung. Ein Zimmer kostet zwischen 3 und 5 € pro Nacht, für einen geringen Aufpreis bieten viele Vermieter auch ein Frühstück mit frischen Produkten direkt aus eigener Herstellung an.

Verbindungen Am Ortseingang fahren stündlich Busse nach Sozopol und Burgas ab.

Djuni (Дюни): Etwa 8 km südlich von Sozopol betreibt TUI diese große All-Inclusive-Anlage, Marke Magic Life, die sich neben den unzugänglichen Alepu-Sümpfen eine kleine Anhöhe hinaufschlängelt. Im Hochsommer steigen die Temperaturen hier nicht selten auf über 40 °C an, zudem ist es in der sich kilometerweit hinziehenden Senke oft vollkommen windstill. Wie fast überall an der Südküste weist der penibel gepflegte Strand zwar feinen, goldgelben Sand auf, das kann jedoch kaum darüber hinweg täuschen, dass die brettflache, baumlose Umgebung etwas reizlos ist – selbst die namensgebenden Dünen sind im Vergleich zu Smokinja bei Sozopol oder Arkutino etwas weiter nördlich deutlich weniger eindrucksvoll.

Von Sozopol nach Süden

Hat man die lang gestreckte Bucht von Djuni hinter sich gelassen, beginnt der schönste Küstenabschnitt Bulgariens. Nach dem Fluss Ropotamo mit seinem urwaldähnlichen Mündungsgebiet erreicht man die Ausläufer des waldreichen Nationalparks Strandža. Kleine, lebendige Orte, die ihre herrlichen Sandstrände gerade erst touristisch zu erschließen beginnen, prägen die Küstenlinie. Eine einzige größere Straße führt ins dünn besiedelte Strandža-Hinterland zu Gebirgsdörfern, in denen sich das einfache, bäuerliche Leben seit Menschengedenken nicht verändert hat. Bis zum Grenzort Sinemorec, das sich in den letzten Jahren vom Geheimtipp der Sofioter Intelligenz zum international beliebten Familienziel gemausert hat, schlängelt sich die immer schmaler werdende Straße durch dichte Wälder und über offene Felsplateaus, die atemberaubende Ausblicke auf schroffe, kurvenreiche Küstenlandschaften bieten. Ein ungetrübter Genuss übrigens, denn seit der Erneuerung vor wenigen Jahren präsentiert sich der Asphaltbelag in sehr gutem Zustand.

Sozopol und Umgebung
1 km
Schwarzes Meer
Černomorec
Sv. Ivan
Sv. Petăr
Camping Gradina
Bucht von Sozopol
Altstadt
Stadtstrand
Sozopol
Harmanite-Strand
Neustadt
Zlatna Ribka Camping
9
Kolokita (Kap)
Sv. Stefan (Kap)
Hristos (Kap)
Sv. Ilija
137
Camping Kavaci
Bucht von Kavaci
Camping Smokinja
Bar Tropical
Ravadinovo
Camping Veselie
Kap Sv. Agalina
Kukov Bair
137
Dobrovica
Djuni
Alepu Sümpfe
Lobodovo Kale
314
E 87
Kap Humata
Schlangeninsel
Kaleto
285
Andreja Bair
Strand von Arkutino
Kap Korakja
Seerosenteich v. Arkutino
Kap Sv. Paraskeva
Ropotamo
Kap Begliktaš
Kitka
215
P
Kap Maslen Nos
Boots-anlegestelle
Kanara
121
Ropotamo
9
Uzundža
138
Primorsko

Der Bootshafen am Ropotamo: Flussfahrten in eine subtropische Wildnis

Ropotamo-Mündung (Ропотамо)

Bereits kurz nach Djuni wechselt die Natur unvermutet ihr Gesicht. Der Weg führt durch dichten Wald, die über der Straße zusammenwachsenden Baumkronen lassen an einigen Stellen kaum mehr den Himmel sehen. Rechts macht ein kleiner Parkplatz auf sich aufmerksam – von hier sind es nur wenige Meter zum **Seerosenteich von Arkutino** (Аркутино), der von der Straße aus nicht zu sehen ist. Ein Euro ist an dem vom Wald fast verschluckten Kassenhäuschen zu entrichten, dann tritt man durch einen von Lianen überwucherten Lauben-ähnlichen Gang hinaus ins Freie: Etwa 200 m weit führt ein Steg auf den mit dichtem Schilf bewachsenen See hinaus. Wie Inseln liegen darin die zahlreichen Gruppen von Seerosen. Wer die Blumen allerdings in voller Blüte sehen will, braucht schon ein wenig Glück, denn dieses Naturschauspiel zeigt sich nur an sieben Tagen im Jahr: je nach Wetter irgendwann im Frühsommer, meistens Ende Mai, Anfang Juni. Der See, der im Hochsommer an vielen Stellen versumpft, ist im Schnitt kaum einen halben Meter tief und daher ein bevorzugtes Gebiet für Frösche, Salamander und andere Lurche. Paradiesische Zustände herrschen für sie dennoch nicht: Von Seidenreihern über Rohrdommeln und Löffelenten bis hin zu Pelikanen sind am See von Arkutino viele Vögel beheimatet, die man in Mitteleuropa längst nur noch aus dem Zoo kennt.

Auf gleicher Höhe erstreckt sich am Meer eine weitläufige Dünenlandschaft, die im Süden von der Ropotamo-Mündung begrenzt wird. Der herrliche **Sandstrand von Arkutino** ist noch kaum erschlossen und daher wenig besucht: Für einen unbeschwerten Tag am Meer, fernab der Zivilisation, ist dies der richtige Ort.

Zurück auf der Straße erreicht man nach wenigen Kilometern eine Brücke, unterhalb derer zwei Bootsanlegestellen zu einer Fahrt auf dem **Ropotamo** (Ропотамо) verleiten. Das Besondere an dem Fluss, der im Strandža-Gebirge entspringt und nur 20 km lang ist: Nur ganz oben an der Quelle führt er Süßwasser, danach wird er salzig. 1992 wurde das 1000 ha große Gebiet rund um den Ropotamo, früher bevorzugtes Jagdterrain von Todor Živkov, zum Naturreservat erklärt. Eichen, Ulmen, Buchen und Eschen wachsen in den weitgehend unberührten Wäldern längs des Flusses zu stattlicher Größe heran, dazwischen finden Großwildarten und Raubtiere ein ideales Terrain. Rot- und Damhirsche leben hier, Wildschweine, Wölfe, Schakale, Marder, Dachse und Wildkatzen. Die im Sommer bräunliche Farbe des Flusses deutet nicht auf Verschmutzung hin, sondern auf die Paarungszeit des dichten Planktons. Bootsfahrten sind in beiden Richtungen möglich: Auf dem Weg zum Meer kommt man an einzigartigen Felsformationen und auf Wunsch auch an der zu Recht so genannten Schlangeninsel vorbei, flussaufwärts gerät man immer tiefer in den Urwald, bis es selbst für das kleine Boot kein Durchkommen mehr gibt.

• *Parken* von der Hauptstraße zweigt ein beschilderter Weg zum Waldparkplatz ab. Zum Fluss sind es dann noch 2 Min. zu Fuß. 1,50 €.

• *Bootsfahrten* Die Bootsanlegestellen befinden sich beiderseits der Brücke. Flussaufwärts fahren Fischerboote mit Außenbordmotor (40 Min., 2 €, ✆ 088-752818). Flussabwärts geht es mit einem Ausflugsboot für 25 Personen (90 Min., 4 €, ✆ 048-762918). Abgefahren wird, wenn genügend Passagiere an Bord sind.

Primorsko (Приморско) (2500 Einw.)

Unglaublich geschäftiger Badeort mit dem längsten Strand Bulgariens und einer Shopping- und Restaurantmeile, die abends dicht bevölkert ist. 2005 soll das riesige Ferienzentrum für Jugendliche, das dem Ort internationales Renommee eingebracht hat, neu eröffnet werden.

Der 10 km lange Sandstrand – seit 1998 mit der Blauen Flagge ausgezeichnet – lockt auch zahlreiche bulgarische Firmen an, die hier genügend Platz finden, um Urlaubsheime für ihre Mitarbeiter zu bauen. Bereits rund 80 dieser Bungalowanlagen gibt es in der unmittelbaren Umgebung von Primorsko. Das einst von den türkischen Besatzern gegründete Städtchen liegt 52 km von Burgas entfernt, auf dem felsigen Kap Kjuprija. Nach Norden und Süden erstreckt sich der feine, goldgelbe Sandstrand.

Biegt man gleich nach der Ortseinfahrt rechts in Richtung Kiten ein, kommt man nach einigen Kilometern zu einem der größten Ferienlager Europas. Versteckt und kühl im Wald gelegen, erfreut sich das kommunistische Vorzeigeprojekt auch 15 Jahre nach der Wende ungebrochener Popularität. Zuletzt wurde das Internationale Jugendzentrum von Grund auf erneuert und unter dem neuem Namen **Holiday Club Primorsko** wieder eröffnet. Die tief im Wald liegenden Bungalows sind jetzt modern und komfortabel eingerichtet, unter www.primorskoclub.com (etwas lange Ladezeit, aber sonst schön und informativ) gibt es einen Lageplan und einige Bilder. Der breite Sandstrand ist 500 m entfernt.

Größte „Sehenswürdigkeit“ des Ortes ist die Einkaufsstraße **Treti Mart** (Трети март), die kurz hinter der Ortseinfahrt beginnt. Über mehrere Kilometer reihen sich kleine Läden, in denen sich vor allem Textilien, Schmuck und Schuhe günstig erstehen lassen. Die Vielfalt des Angebots erstaunt angesichts des Markeneinerleis in vielen deutschen Kaufhäusern. Hier findet sich kaum ein Produkt ein zweites Mal. Das abendliche Gewusel und die laute Discomusik, die aus den zahlreichen Bars und Restaurants entlang der Strecke dröhnt, dürfte zwar nicht jedermanns Sache sein, doch wer die bulgarische Volksseele kennen lernen will: Hier kocht sie über.

Information/Adressen

- *PLZ* 8290
- *Information* Ein offizielles Tourismusbüro gibt es auch hier noch nicht. Gut informiert ist die Agentur **Intertours** auf der ul. Treti Mart (**Трети март**), nach dem großen Platz mit dem Riesenrad halblinks bergan. Deutschsprachige Auskünfte. ⌚ täglich 8–12, 17–22 Uhr.
- *Verbindungen* Indiz für den boomenden Tourismus in Primorsko ist der neue **Busbahnhof** links vom Eingang zur Stadt (ausgeschildert: **Автогара**). In der klimatisierten Halle kann man Tickets für alle Regionen des Landes kaufen, auch die weiter südlich folgenden Küstenorte werden angefahren.
- *Abenteuerspielplatz* 200 m vom Platz mit dem Riesenrad (ul. Treti Mart), können Kinder Tarzan spielen. Seile hängen wie Lianen von den Bäumen, wacklige Hängebrücken führen in dem Abenteuerland **Kokolandia** (**Коколандия**) über Abgründe. Natürlich sind die wagemutigen Kids bei ihrem „Dschungeltrip" gesichert.

Wegbeschreibung: Den Rummelplatz mit dem Riesenrad verlassen, halbrechts in die ul. Strandža (**Странджа**) einbiegen und dann immer geradeaus.

- *Buggy-Verleih* In den weitläufigen Dünen des südlichen Strandes kann man gefahrlos seinen Rallye-Neigungen frönen. Die Mietstation befindet sich unmittelbar vor dem Eingang zum Ferienlager MMZ. Beliebt sind die nächtlichen, geführten Ausflüge durch die weitläufige Dünenlandschaft.

Übernachten

Holiday Club Primorsko (5), aktuelle Entwicklungen rund um das Jugendzentrum lassen sich unter www.primorskoclub.com beobachten. Über die Website sind auch Online-Buchungen möglich. Eine Woche Halbpension kostet bei dem Berliner Spezialanbieter compact tours rund 400 € inkl. Flug. Kontakt: compact tours, Prenzlauer Allee 180, 10405 Berlin, ✆ 030-4467393-0, www.jugendreisen-ferienlager.de.

**** **Les Magnolias (6)**, 2003 fertig gestelltes Luxushotel (190 Zimmer, verteilt auf mehrere 3–6-stöckige Gebäude) in der Nähe des Ferienlagers, 200 m bis zum dünengesäumten Südstrand. Ruhige Lage im Grünen, weit entfernt von der lärmenden Fußgängerzone. Geräumige Apartments für 75 €, ein top-geführter Wellness-Bereich gehört zum Hotel (Massage 20 €, Akupressur 15 €, Sauna 5 €). Großzügige Pool-Landschaft mit zahlreichen Bars und Restaurants im Außenbereich. ✆ 0550-30146 (Rezeption) oder 0550-30136 (Hotelmanager), 📠 0550-30134, lesmagnolias@albena.bg.

Albena Tour ist ein bulgarisches Touristikunternehmen, das auch das Ferienlager Primorsko Club und die Hotelstadt Albena nördlich von Varna betreibt. Einige Fotos zum Hotel hält die Seite, www.primorskoclub.com bereit.

*** **Perla Plaza (1)**, fünfstöckiger Hotelkomplex unmittelbar über dem nördlichen Strand. Die 86 DZ mit kleiner Terrasse sind modern eingerichtet und ausgestattet. Die leicht sterile Atmosphäre ähnelt jener westlicher Hotelketten. DZ mit Frühstück 36 €, Maisonette mit 2 Schlafzimmern 60 €. ✆ 0550-32280, 📠 0550-32107, Reservierungen unter ✆ 02-9630060. Das Hotel, das auch über eine Disco, einen Kinderspielplatz und einen kleinen Swimmingpool verfügt, ist bei Deutschen sehr beliebt. Ul. Georgi Kondolov 19 (**Георги Кондолов**), nach dem zentralen Rummelplatz die erste Straße links.

Essen und Trinken

Auf der ul. Treti Mart (**Трети март**) reiht sich Restaurant an Restaurant, Qualität und Ambiente haben allerdings eher den Charakter von Imbissbuden. Um gut zu essen, muss man sich in den Seitenstraßen etwas abseits des Touristenstroms bewegen.

Stariat dăb (7) (**Старият дъб**), in dem Gartenlokal am Eingang zum Ferienlager Primorsko Club führen die Nestinari aus dem nahen Strandža-Gebirge ihre Feuertänze auf. Originell: der Tisch in der Baumkrone. Altbulgarische Einrichtung, gute Grillgerichte.

Šamanite (4) (**Шаманите**), am Ende einer Seitenstraße der Fußgängerzone liegt dieses schöne Freiluftrestaurant, das sich mit

seiner Natursteinmauer, den überdachten Nischen und der großen Tanzfläche angenehm von den Schänken rundum unterscheidet. Vorzügliche Vorspeisen und Fischgerichte. Am Hauptplatz rechts in die ul. Černo More (**Черно море**) bis zur Kreuzung Sv. Kiril i Metodij (**Св. Кирил и Методий**).

Kavaka (3) (**Кавака**), großes Fischrestaurant im Freien. Man kann in Booten sitzen, den Fisch wählt man frisch vom Grill in der Lokalmitte aus. Ul. Strandža (**Странджа**, geht halbrechts von dem Rummelplatz mit dem Riesenrad ab).

• *Cocktail-Bar* **Tropic (2)** (**Тропик**), gut geeignet, um das bunte Treiben am Beginn der ul. Strandža (nur wenige Meter vom Rummelplatz entfernt) zu beobachten. Groß, gemütlich, riesige Bar, an der hervorragend gemixt wird.

Kiten (Китен) (500 Einw.)

Südlich der Bucht von Primorsko, unweit des Jugendzentrums Primorsko Club gelegen, hat dieser kleine Ort eine der erstaunlichsten Erfolgsgeschichten der südlichen Schwarzmeerküste vorzuweisen. Erst vor etwa 70 Jahren gegründet und somit bar jeglichen historischen Reizes, zieht Kiten heute alljährlich Zehntausende von Touristen an, darunter immer mehr Ausländer. Verantwortlich dafür ist zum einen die gelungene Mischung aus dörflicher Villenarchitektur, weit auseinander liegenden Hotelbauten und gutem Gastronomieangebot, zum anderen besitzt Kiten zwei schöne Sandstrände. Neben den benachbarten von Primorsko sind sie die einzigen, die südlich von Burgas mit der Blauen Flagge ausgezeichnet wurden (was auch daran liegt, dass Primorsko, in dessen Verwaltungshoheit Kiten fällt, genügend Geld für eine entsprechende Organisation hat – im Gegensatz zu den Orten weiter südlich). In den Basar-ähnlichen Straßen Strandža (Странджа) und Atliman (Атлиман), die den gesamten Ort durchziehen, verteilt sich das Publikum besser als in der

Fußgängerzone von Primorsko, zudem trifft man dort weitaus öfter auf ansprechende Bars und Restaurants. Nächtliche Hauptattraktion von Kiten ist die Felsendisco Zangador (Зангадор) am Rande des Strandes Atliman.

Die Pferdebucht – Baden im Steuerparadies

Der Name des Strandes Atliman rührt von einer der zahlreichen Legenden aus der Zeit der Türkenherrschaft her: Als der Sultan der schönen Bulgarin Mara Stana verfiel, nahm diese ihm im Austausch für ihr Ja-Wort das Versprechen ab, alle Gebiete von der Steuer zu befreien, die sie an einem Tag erreichen könnte. Sie startete bei Petrova Niva, einem paradiesisch schönen Tal im Strandža-Gebirge, wo der Sultan sie zum ersten Mal erblickt hatte, und durchritt 17 Dörfer, bis ihr Pferd schließlich in der nördlichen Bucht von Kiten zusammenbrach. Der Sultan hielt Wort und erklärte alle Orte, die die schöne Reiterin durchquert hatte, zur steuerfreien Zone. Seither heißt der Strand Atliman – die Pferdebucht.

Verbindungen/Strände

- *PLZ* 8290
- *Anfahrt* über die große Küstenstraße E87 oder, von Primorsko aus, entlang der kleineren Straße, die, am Jugendlager Primorsko Club vorbei, durch dichten Wald direkt am Meer entlang führt.
- *Verbindungen* gute **Busverbindungen** in alle Richtungen: nach Sofia stündlich (9,50 €), nach Burgas ebenfalls (2 €). Der Busbahnhof befindet sich, von der E87 kommend, unmittelbar nach der Ortseinfahrt rechts.
- *Strände* den vor allem bei Jugendlichen äußerst beliebten Nordstrand **Atliman** erreicht man am bequemsten über die ul. Atliman (**Атлиман**), die von der Hauptstraße Strandža (**Странджа**) abzweigt: bis zum Waldstück, am riesigen Hotelklotz Kremikovci links vorbei. Nach dem Hotel Sigma sieht man links schon das Meer. Der größere **Südstrand** liegt am Fuße der Treppen, die rechts an der Kreuzung ul. Strandža und ul. Briz (**Бриз**) abgehen.

Übernachten

**** **Sigma (3)**, unmittelbar neben dem Strand Atliman, direkt an einer belebten Fußgängerzone gelegen. Bestens ausgestattete Zimmer, eigene Krankenstation, Restaurant. Grüner Innenhof mit Swimmingpool.. Zimmer zur Straße hin sind laut, nach hinten wirkt die Abschirmung durch das dreigeschossige Hotel und viele Bäume. Klimaanlage in südlichen Zimmern. DZ mit Frühstück 46 €, Apartment mit Frühstück 58 €. Ul. Atliman (bis zum Ende gehen, dann zweimal links), ✆ 0550-37100, 📠 0550-37117, http://sigma.dir.bg, hotelsigma@dir.bg.

*** **Kontinental 9000 (5)**, 3-stöckiger Neubau am Stadtrand, schöne Aussichtsterrasse über Klippenlandschaft. Sonnenkollektoren erzeugen Warmwasser. Alle Zimmer haben Kühlschrank, Satelliten-TV und Blick aufs Meer. 100 m vom Südstrand entfernt. DZ 28 €, Apartment 35–55 €. Ul. Krajmorska 4 (**Крайморска**, am Ende der ul. Strandža). ✆ 0550-36131.

*** **Elit (4)**, moderner Rundbau über der Steilküste, sehr einfach zu erreichen: der Amüsierstraße Atliman bis zum Hotelgiganten Kremikovci folgen, dort rechts. Geräumige, helle Zimmer. Restaurant mit Außenterrasse. Ruhig gelegen, mit viel freiem Platz drumherum. 400 m bis zum Strand Atliman. DZ 40 €, Apartment 60 €. ✆ 0550-36897 oder 088-7240880, 📠 0550-841571, www.hotelelit.dir.bg, hotelelit@dir.bg.

- *Camping* **Jug** (**Юг**), kurz nach der Brücke über die Kitenska, die am Südstrand ins Meer mündet – und ein beliebtes Anglerziel ist –, geht es links zum groß ausgeschilderten Campingplatz. Wir raten dennoch ausdrücklich ab: Jug verfällt zusehends und wird wohl demnächst geschlossen.

Kiten (**Китен**), ebenfalls nicht zu empfehlen. Am Ortseingang rechts führt ein Weg zu dem zwar schattig im Wald liegenden, aber lieblos verwalteten und wenig besuchten Zeltplatz.

Essen/Nachtleben

Zahlreiche Kneipen mit Live-*čalga* finden sich entlang der ul. Atliman. In deren zweiter Querstraße, ul. Briz, haben sich einige größere Gartenlokale angesiedelt und wenn man der dritten Querstraße Urdovica (**Урдовица**) – so hieß hier in grauer Vorzeit eine römische Festung – folgt, trifft man auf viele kleinere Restaurants, die zwar preislich etwas höher angesiedelt, dafür aber auch qualitativ am besten sind.

Zangador (1) (**Зангадор**), vielleicht die schönste Disco der Schwarzmeerküste: In eine Felsenbucht wurden geschickt mehrere Terrassen geschlagen, zwei Wasserfälle sind nachts beleuchtet und bilden eine gern genutzte Kulisse für männliche wie weibliche Egotrips. Ein kleiner Sandstrand dient als Tanzfläche. Immer brechend voll, günstige Getränkepreise: Gin Tonic 1,50 €, Margarita 2 € (mit 8 cl Alkohol!). Eintritt: 1 €. Nach dem Hotel Sigma halbrechts durch ein Waldstück, dann am Parkplatz vorbei. Tagsüber Café mit Sonnenliegen und Chillout-Sound.

Macho (2) (**Мачо**), gegenwärtig Open-Air-Rockclub im Wäldchen kurz vor Zangador, rustikale Einrichtung aus Baumstämmen und Schilf. Der Name wechselt öfters, zusammen mit der musikalischen Ausrichtung.

Tequila (6) (**Текила**), an den Treppen zum Südstrand gelegen. Angenehme Freiluftbar im Südsee-Stil, ebenso hervorragende wie günstige Cocktails, junges Publikum.

Lozenec (Лозенец)

Der kleinste und jüngste Badeort an der Südküste, wie das benachbarte Kiten eigentümlich geschichtslos, holt auf der Beliebtheitsskala stetig auf. Vor allem erfolgreiche Unternehmer aus Sofia bauen hier ihre Villen, da der Grund noch relativ günstig zu haben ist. Der schöne, von Schilf gesäumte Strand wirkt im Vergleich zu den riesigen Sandbuchten von Kiten und Primorsko gemütlicher, fast familiär. Kleine Felseninseln wenige hundert Meter vor der Küste verstärken den romantischen Eindruck. Das gepflegte Dorf, 1924 von Bauern aus dem nahen Velika gegründet und heute von 250 Familien ständig bewohnt, besitzt zwar noch kein eigenes Gesicht – die bulgarischen Sommerfrischler bauen ihre Villen, wo und wie es ihnen am besten gefällt –, doch gerade diese pubertäre Phase hat bekanntlich ihren (spröden) Reiz.

Verbindungen/Strand

- *PLZ* 8260
- *Verbindungen* der neue **Busbahnhof** – auch ein Zeichen der Prosperität – liegt gleich am Ortseingang links. *Grup* fährt einmal täglich nach Sofia, Plovdiv, Stara Zagora und Sliven, nach Burgas geht es stündlich. Minibusse fahren weiter nach Süden.
- *Strand* der Hauptstraße Strandža (**Странджа**) folgen, eine der folgenden Querstraßen links, dann rechts auf die zum Strand führende Budenzeile Veleka (**Велека**).

Übernachten

„Kvartiri" in Privathäusern gibt es überall im Dorf. Die Schilder weisen Preise von 2,50 € pro Nacht aus.

** **Gracia (3)** (**Грация**), hübscher, sehr gepflegter 3-geschossiger Neubau in Grün-Gelb. Alle 10 Zimmer und die 4 Apartments haben Balkon und Klimaanlage. Das Warmwasser wird mittels Solarenergie gewonnen. Da der Tourismus in Lozenec noch eine sehr junge Geschichte hat, sind die Preise für ein hervorragend geführtes Mittelklassehotel wie dieses konkurrenzlos billig: DZ 20 €, Apartment 35 €. Ruhige Lage in einer Nebenstraße. Ul. Krajmorska 11. (**Крайморска**, von der E87 kommend, die vierte Querstraße, hinter dem kleinen Ortszentrum).
✆ 0550-57306 oder 098-637764.

* **Alpina (2)**, architektonisch einem Schiffsbug nachempfunden. Besitzt alle Annehmlichkeiten eines Drei-Sterne-Hotels: Restaurant, Nachtclub, bewachter Parkplatz, Panoramaterrasse, Fitnessclub, Billard, Tischtennis, Kinderspielplatz, Klimaanlage. Drei-Bett-Zimmer 32 €, Apartment für 4 Pers. 42 €. Das hoteleigene Motorboot kann man für Spazierfahrten auf dem Meer oder für Angeltouren ausleihen. Ul. Krajmorska 10 (gegenüber dem Hotel Gracia: 10 Min. bis zum Strand).
✆ 0550-57433 oder 089-720627.

Starata kăšta (5) (**Старата къща**), die oberen, neu angebauten Stockwerke des gleichnamigen Restaurants werden zu sagenhaften Preisen vermietet: DZ 17 €, Apartment für 4 Pers. 30 €. Ausstattung und Zimmergröße entsprechen einem Zwei-Sterne-Hotel. Ul. Georgi Kondolov 2 (s. unter Essen).
✆ 0550-57257 oder 088-7832320.

- *Camping* **Oazis**, einer der wenigen guten Plätze südlich der Ropotamo-Mündung: gepflasterte Wege, akzeptable sanitäre Einrichtungen, nicht neue, aber gut in Schuss gehaltene Bungalows. Exklusiver Zugang zu herrlichem Sandstrand mit schönen Liegen aus Holz (mit Sonnenschirm 4 €). Wasserräder kosten 3 € pro Stunde. Eine kunstvoll aus viel Bast und Schilf errichtete und mit 70er-Jahre-Sitzmöbeln ausgestattete **Strandbar** hält Getränke bereit und spielt unaufdringliche Musik, die man vereinfacht als Chillout bezeichnen könnte. Bungalow mit vier Betten: 15 €.

Essen/Nachtleben

Starata kăšta (5) (**Старата къща**), von Feigen- und Apfelbäumen umgebenes Restaurant im altbulgarischen Stil. Bäuerliches Küchen- und Feldgerät hängt an der Wand,

in einer Ecke steht ein Kamin aus Naturstein. Gute, günstige Gerichte, für die viel frisches Gemüse aus der Umgebung verwendet wird. Ul. Georgi Kondolov 2 (Георги Кондолов), vom Ortseingang kommend, die vierte Querstraße.

Sredec (4) (Средец), gleich nebenan, etwas einfacher, aber okay.

Trăstikite (1) (Тръстиките), beliebte, weil auch einzige Freiluftdisco am Strand. Die Wände sind mit dem hier massig wachsenden Schilfrohr verkleidet – daher der Name.

Carevo (Царево) (6200 Einw.)

Der größte Ort an der Südküste, 72 km von Burgas entfernt, dient vor allem als Verwaltungszentrum für die Strandža-Region. An klassischen Sehenswürdigkeiten ist die Hafenstadt arm – nach einem Großbrand Ende des 19. Jh. wurde sie nach rein funktionalen Kriterien wieder aufgebaut. Wenige Kilometer nördlich zieht der private Campingplatz Arapja eine internationale Raver-Gemeinde an.

Im 12 . Jh. erwähnen Urkunden zum ersten Mal eine Siedlung auf dem Gebiet des heutigen Carevo. Aus Idrisi wird nach der Eroberung Bulgariens durch die Türken die vor allem von Griechen bewohnte Hafenstadt Vassiliko. Mitte des 19. Jh. gründen reiche Seefahrer die erste – griechische – Schule. 1880 vernichtet ein Großbrand die meisten Häuser, die wenigen, die von den Flammen verschont wurden, stehen heute in dem Viertel, das immer noch den alten Ortsnamen trägt. Der Baustil im kleinen **Altstadtkern von Vassiliko** – zu erreichen über die ausgeschilderte Abzweigung von der Einfallstraße Mihail Gerdžikov (Михаил Герджиков) –, ähnelt stark dem von Sozopol: unten Stein, oben Holz.

Das Wahrzeichen von Carevo: die Kirche Sv. Troica

Nach dem Feuer trauten die Türken, denen der Ort schon damals als Verwaltungszentrum diente, dem angestammten Siedlungsgebiet nicht mehr und bauten ein paar Kilometer weiter nördlich eine neue Stadt auf. 1903 standen auf der schmalen Halbinsel, auf der gerade mal drei Parallelstraßen Platz haben, schon wieder 150 Häuser. Zehn Jahre später, nach den Balkankriegen und über 500 Jahren Fremdherrschaft, gehörte Vassiliko wieder dem bulgarischen Staat an.

Der Name Carevo wurde der Stadt 1936 zugesprochen, zu Ehren des Zaren Boris III., der aus Sofia gekommen war, um den neuen Hafen einzuweihen. Nur wenige Jahre später begann jedoch ein anderer politischer Wind zu wehen und die Bewohner mussten sich erneut umgewöhnen. Modern waren jetzt die Namen russischer „Helden des Fortschritts“: Der Biologe Ivan Vladimir Mičurin (1855–1935), der sich um die landwirtschaftliche Produktivität des Riesenreiches verdient gemacht hatte, wurde als ein solcher angesehen und als Namenspatron auserkoren. Erst nach der Gegenrevolution 1989 wurde aus Mičurin wieder Carevo.

Information/Verbindungen

- *PLZ* 8260
- *Information* Nur wenige Meter vom Rathausplatz entfernt, in der ul. Khan Asparuh 36 (**Хан Аспарух**), verkauft die Agentur Horizont Stadtpläne von Carevo. 8–22 Uhr.
- *Verbindungen* Seit kurzem hat auch Carevo einen neuen **Busbahnhof** – den mit Abstand größten südlich von Burgas. Nach der Ortseinfahrt (von der E87) ist er wenige Meter nach der ersten Kreuzung rechts an der ul. Mihail Gerdžikov (**Михаил Герджиков**) zu sehen. Von hier aus geht es regelmäßig in alle Richtungen – unter anderem nach Ahtopol und Sinemorec im Süden oder nach Gramatikovo und Kosti im Strandža-Gebirge. Kiten und Sozopol werden 6-mal täglich angefahren, mehrere Verbindungen täglich gibt es auch nach Burgas.

Vom alten Busbahnhof am Ende der ul. M. Gerdžikov verkehren die günstigeren Minibusse.

Übernachten

Die Agentur Horizont (s. „Information") vermittelt Zimmer in Privathäusern, die Preise beginnen bei 1,50 € – ein bisschen mehr sollte man allerdings schon investieren, will man nicht allzu weit von Zentrum oder Strand wohnen. Erkundigen sollte man sich außerdem immer nach den sanitären Bedingungen.

Residencia Carevo (5), einziges Hotel für etwas gehobenere Ansprüche. Moderner Bau in zentraler Lage neben der Schule und dem Rathausplatz. 10 Zimmer: DZ 20 €, Apartment 30 €. ✆ 0887-638411.

Čaika (3), stellvertretend für Baustil und Flair sozialistischer Gästeheime soll dieses Hotel am Rathausplatz stehen. Immerhin wurden die Zimmer kürzlich renoviert. DZ 15 €. Ul. Mihail Gerdžikov 2 (**Михаил Герджиков**). ✆ 05562-3082.

• *Camping* **Arapja**, 5 km nördlich von Carevo (s. „Sehenswertes"). Die am Strand gelegene, schattige Anlage ist akzeptabel, weil gepflegt. Stellplätze für Zelte in den vorderen Reihen. Die neueren Bungalows für 3–4 Personen besitzen ein eigenes Bad, Blumen vor der kleinen Veranda unterstreichen den positiven Eindruck. Preise: 5 € pro Person. Nicht stören darf man sich allerdings an den halb verfahrllenen, aber immer noch vermieteten Häuschen auf der gegenüberliegenden Seite des recht großen Campingplatzes. Ein Schiffsrestaurant versorgt mit dem Nötigsten.

Ul. M. Gerdžikov (links in die ul. Preobraženska, **Преображенска**, geradeaus bis zur Kreuzung mit der Tankstelle, dort rechts).

Nestinarka (**Нестинарка**), von der E87 aus zu sehen, aber dieser Campingplatz ist ausdrücklich nicht zu empfehlen. Für Neugierige: In Carevo Richtung Stadtteil Vassiliko abbiegen, dann immer geradeaus.

Essen/Nachtleben (siehe Karte S. 213)

Amigo (2) (**Амиго**), beliebtes, aber nicht überfülltes Fischrestaurant in ruhiger, untouristischer Lage. Blumen umranken den überdachten Außenbereich. Sehr ordentliche Menüs zu angenehmen Preisen. Weiterer Pluspunkt: die sympathische, zuvorkommende Bedienung. Ul. Hristo Botev 12 (**Христо Ботев**), verläuft oberhalb des Rathausplatzes.

Pri sopa (6) (**При шопа**) im schönen Altstadtviertel Vassiliko am Fuße der Kirche Sveta Troiza gelegen. Unter Feigenbäumen kann man sich Salate oder den exzellenten Fisch *kalkan* (4 €) reichen lassen. Altbulgarisch inspirierte Einrichtung.

Morska zvezda (7) (**Морска звезда**), bereits in der Neustadt mehrfach ausgeschildertes Lokal, das der Werbung gerecht wird: beschauliche Lage am Meer, im ruhigen Viertel Vassiliko (unweit von Sv. Troiza: Straßenbeschilderung ist in der Altstadt unüblich). Preise und bulgarische Gerichte sind in Ordnung.

• *Diskotheken* **Hellin (4)**, *der* Nightspot zwischen Kiten und Sinemorec. Im aufgelassenen Teil des Hafens in einem ehemaligen Verwaltungsgebäude: schöne, hohe Halle zum Tanzen, draußen zahlreiche Plätze zum Relaxen.

Zum Hafen: auf der ul. M. Gerdžikov nach der Abzweigung Richtung Vassiliko rechts runter.

Life (1), Open-Air-Disco des ehemaligen Kicker-Stars Jordan Lečkov (spielte beim HSV und schoss bei der WM ´94 das Siegtor gegen Deutschland): viel Live-Entertainment, vor allem *čalga*-Stars. Am schmalen, nicht sonderlich attraktiven Stadtstrand gelegen. Erreichbar über die ul. Hristo Botev (s. Restaurant Amigo).

Sehenswertes

Rathausplatz: Nicht unbedingt schön, aber als historisches Relikt überaus aussagekräftig ist der Rathausplatz im Zentrum von Carevo: eine weite Betonebene, auf der früher die kommunistischen Zwangsaufmärsche stattfanden. Die schiere Größe des Platzes, in einer Kleinstadt völlig deplatziert, lässt die ungehemmte Machtentfaltung (und Geldverschwendung) des KP-Staates ahnen. Zu erreichen ist er über die oben erwähnte Einfallstraße Mihail Gerdžikov (Михаил Герджиков): 2 km geradeaus bis zum großen Taxistand (wo auch einige Busse stehen), dort links die Treppen hinauf.

Altstadtviertel Vassiliko / Kirche Sveta Troica: Einen Abstecher wert ist die weithin sichtbare Kapelle in Vassiliko (Wegbeschreibung s. o.), das 1880 fast vollständig einem Brand zum Opfer fiel und daher nur noch wenige Wiedergeburtshäuser beherbergt. Die Kirche liegt auf einem Hügel und ist das Wahrzeichen von Carevo: 1810–1831 von Griechen gebaut, nimmt sie den Besucher durch die offenkundig tief empfundene Religiosität ihrer Erbauer gefangen. Obwohl klein, gemessen an katholischen Kathedralen, strahlt der schlichte Natursteinbau eine unerschütterliche Ruhe aus, die stark beeindruckt. Dass es auch heute noch großartige Ikonenmaler in Bulgarien gibt, zeigen die vor wenigen Jahren fertig gestellten Beispiele im Kirchenraum, die den wenigen hier verbliebenen Werken aus dem frühen 19. Jh. durchaus ebenbürtig sind.

⌚ täglich 8–12, 15–20 Uhr.

Arapja-Strand: Gläubige ganz anderer Art bevölkern den 5 km nördlich von Carevo gelegenen Sandstrand. Geschickte Event-Veranstalter verschafften der romantischen Bucht einen glänzenden Ruf bei Jugendlichen. Im Sommer finden hier öfters

Der Strandža-Naturpark: Riesiges Waldgebiet vor der Küste

Rave-Parties statt, auch die Beachvolleyball-Turniere genießen nationale Bekanntheit. Der zugehörige Campingplatz ist an der gesamten Küste der einzige in privater Hand – und wohl nicht zufällig einer der wenigen akzeptablen (s. „Übernachten").
Pendelbusse verbinden Arapja mit dem alten Busbahnhof von Carevo (beim Rathausplatz).

Strandža-Gebirge (Странджа)

Bei Carevo zweigt die Küstenstraße E87 ins Landesinnere nach Malko Tărnovo ab. Vorbei an alten Gebirgsdörfern, die sich seit ihrer Entstehung kaum verändert haben, führt die asphaltierte Straße mitten durch das wunderschöne Naturschutzgebiet Strandža. Wer abenteuerliche Fahrten durch spärlich besiedelte Gebiete mag, dem sei dieser Trip dringend empfohlen.

Höher als 710 m geht es in dem riesigem Waldgebiet nicht hinauf – im Schnitt bewegt man sich im Strandža-Gebirge, das sich von der Küstenstadt Carevo nach Westen und Süden bis zur türkischen Grenze erstreckt, auf einer Höhe von 300–400 m. dass der Strandža-Naturpark dennoch als Gebirge bezeichnet wird, liegt an seinen zahlreichen Hügeln und Bergen, zwischen denen es kaum eine ebene Fläche gibt. Nur zwei größere Straßen führen durch die dünn besiedelte Landschaft, die zu den schönsten Bulgariens zählt.

Die eigentliche Attraktion ist die Natur selbst – wer bei Carevo der E87 in Richtung **Malko Tărnovo**, der Hauptstadt der Region, folgt, wird schnell gefangen genommen von den atemberaubend schönen Bergwäldern, zwischen denen sich die gut ausgebaute Straße in sanften Kurven hindurchschlängelt. Im Hochsommer bieten die schattigen, kühlen Laubwälder eine angenehme Erfrischung nach heißen Strandtagen. Zwei Mountainbike-Touren, die durch küstennahe Dörfer und die unberührte Flusslandschaft der Veleka führen, sind im Anschluss an das Kapitel über Varvara beschrieben.

Fauna und Flora: Vor zehn Jahren wurde das Gebiet, in dem sehr viele endemische Pflanzen gedeihen, zum Naturpark erklärt, es ist der größte in ganz Bulgarien. Der nur hier vorkommende violette Rhododendron ziert das Wappen, Buchen und Eichen bedecken drei Viertel des Territoriums. Riesige Farne wachsen entlang kleiner Gebirgsbäche, viele Bäume sind von Schlingpflanzen und Efeu überwuchert. Der Wald und die Flüsse Veleka, Ropotamo und Rezovska sind Heimat einer eindrucksvollen Artenvielfalt: etwa 1700 verschiedene höhere Pflanzen, 261 Vogel-, 54 Säugetier- und 32 Fischarten wurden hier gezählt.

Nestinari – die Feuertänzer von Bălgari

Kalte Füße, sagen die, die es wissen müssen, sind eine unabdingbare Voraussetzung für den Tanz auf glühenden Kohlen. Willenskraft und monotone Trommelschläge, die von den Klängen eines Dudelsacks begleitet werden, sind weitere Bestandteile des heidnischen Rituals, das von den Bauern mit christlichen Elementen vermischt wurde.

In **Bălgari**, einem kleinen Strandža-Dorf 25 km von Carevo entfernt, treffen sich ein paar Musiker alljährlich am **21. Mai**, dem Tag von Sv. Konstantin und Elena, den Beschützern des Christentums, zu einer ganz besonderen Aufführung: Während ihres Spiels, das nach Sonnenuntergang beginnt, verfallen die Nestinari – sowohl Männer als auch Frauen – in einen Trance-ähnlichen Zustand, der es ihnen ermöglicht, mit heilen Sohlen über die glimmende Holzkohle zu tanzen. Viele tragen eine Ikone vor der Brust, die die beiden Heiligen darstellt – Heidentum und das sich viel später durchsetzende Christentum finden sich in dieser Geste versöhnt.

Seit einiger Zeit üben die Dorfältesten jedoch Kritik an dem traditionellen Fest, das immer mehr auswärtige Zuschauer anlockt. Viel zu kurz würden die heutigen Nestinari durch das Feuer gehen, sagen sie, früher seien die Tänzer minutenlang auf den Kohlen geblieben. Tatsächlich ist der *nestinarstvo*, das Feuertanzen, längst nicht mehr Teil des dörflichen Glaubens. Es ist ein Dorffest mit einem besonders spektakulären Höhepunkt – und dennoch: Die Faszination bleibt, das Können der Nestinari versetzt trotz des möglicherweise verkürzten Tanzes alle in Erstaunen. Und diejenigen, die sich zu ähnlichen Leistungen befähigt fühlen, müssen ihren Hochmut regelmäßig mit Schmerzen bezahlen. Fast in jedem Jahr stürzen sich junge Leute, durch Alkohol und Haschisch enthemmt, den Nestinari hinterher und müssen erkennen, dass Mut allein nicht ausreicht. Mit verbrannten Fußsohlen werden sie von der Polizei ins Krankenhaus nach Carevo gebracht.

Anfahrt Bălgari liegt etwa in der Mitte zwischen Carevo und Malko Tărnovo. Der E87 ins Landesinnere folgen. An dem Schild, das nach Kosti weist, vorbeifahren, kurz darauf folgt die Abzweigung ins gesuchte Dorf. Die Feuertänze finden im Ortszentrum vor der Kirche mit dem hölzernen Turm statt.

Infrastruktur: Die Idylle hat ihren Preis: Das Strandža-Gebirge ist touristisch nach wie vor nicht erschlossen und nur mit eigenem Auto wirklich zu genießen. Busse verkehren hier nur sehr selten und bleiben natürlich auch nur in den wenigen Dörfern stehen. Zu erreichen ist die grandiose Landschaft über die Landstraße 98, die südlich von Burgas in Höhe des Naturschutzgebiets Poda nach Malko Tărnovo abzweigt oder über die E87, die von Carevo über Izgrev, Bălgari und Gramatikovo ebenfalls nach Malko Tărnovo, der größten Stadt in der Region, führt. Zwischen Carevo und Malko Tărnovo legt man 58 km zurück.

Das Werk eines Dorfschullehrers: die Ikonostase von Brodilovo

Wer eine Rundreise entlang dieser Route plant oder sich einfach nur einige Tage durch das Strandža-Gebirge treiben lassen will, muss auf Restaurants und Hotels in städtischem Sinne verzichten können. Wenn man freundlich fragt, findet sich zwar in den Dörfern schnell ein Privatquartier, und kleine Lebensmittelmärkte, die das Nötigste, meist aus lokalem Anbau, vorrätig haben, gibt es natürlich – doch es sind sehr einfache Lebensbedingungen, auf die man hier trifft. Darauf sollte man ebenso vorbereitet sein, wie auf die nicht unbeträchtliche Größe des Gebiets. Die reine Luftlinie Nord-Süd ist 25 km lang, von Westen nach Osten sind es 50 km. Die Straßen sind durchweg in gutem Zustand, doch sollte man es nicht versäumen, an der Küste noch einmal zu tanken – im Strandža-Gebirge wird man Tankstellen, mit Ausnahme von Malko Tărnovo und Gramatikovo, vergeblich suchen.

Bevölkerung: Insgesamt leben in den 21 Ortschaften rund 9000 Menschen – die Küstenstadt Carevo, obwohl Verwaltungszentrum der Strandža-Region, zählt offiziell nicht zu dem Gebiet. Der größte Strandža-Ort, Malko Tărnovo, zählt gut 3500 Menschen, gefolgt von dem Küstenstädtchen Ahtopol mit 1500 Einwohnern. Auch der kleine, von der sich gerade etablierenden Mittelschicht favorisierte Urlaubsort Sinemorec gehört zu der Region. In den meisten Bergdörfern leben jedoch nicht mehr als 80–100 Menschen: Die abgeschiedene Lage, die schon eine normale Schulbildung zur logistischen Herausforderung macht, und das harte Bauernleben machen es für Jugendliche nicht einfach, sich für ein Bleiben zu entscheiden.

Riten: Gerade dieser isolierten Lage ist es wohl zu verdanken, dass eine Vielzahl archaischer Bräuche, unterschiedlichsten Herrschern und Regierungsformen zum Trotz, bis in unsere Zeit überlebt haben. So gibt es nur hier **die weißen Kukeri** – das sind junge Männer, die sich in den letzten Tagen des Winters in Furcht erregende Tierkostüme hüllen, um einerseits die bösen Geister der kalten Jahreszeit zu vertreiben und andererseits eine gute Ernte zu erbitten. Eine stärkere Tradition

Gesellschaftlicher Höhepunkt: das jährliche Strandža-Dorf

besitzen diese Tänze in den Gebirgsorten des Binnenlandes, aber auch in einigen Dörfern des Strandža-Gebirges wird dieser heidnische Ritus, der nach Meinung einiger Forscher bis auf thrakische Zeiten zurückgeht, praktiziert. Der Unterschied: Während sonst die zottelige Fellmaske ein zentrales Element der Kukeri-Auftritte bildet – je erschreckender, desto besser – wurden in den Strandža-Dörfern Tänzer ohne Maske gesehen, ganz schlicht in weißen Fellen steckend.

Einzigartig ist die Tradition des Feuertanzes. Die **Nestinari** gehen barfuss über glühende Kohlen, das Bildnis der Heiligen Konstantin und Elena vor der Brust tragend, und behaupten, beseelt durch ihren Glauben, dabei die Zukunft sehen zu können. Das Ritual existiert seit vielen Jahrhunderten – überlebt hat es einerseits als Zirkusveranstaltung für Touristen, die in den Großrestaurants der Feriensiedlungen Zlatni pasăci und Slănčev brjag meist von Zigeunern dargeboten wird, andererseits als dörfliches Fest in dem kleinen Strandža-Ort Bălgari. Als echtes Ritual, als Bestandteil bäuerlichen Alltagsdenkens, wurde es, so die Forschung, letztmals 1970 ausgeführt, dem Todesjahr der letzten wie eine Heilige verehrten Feuertänzerin, Zlata Georgieva Dimitrova.

Information/Karten/Übernachten

Die **Naturparkverwaltung** in Malko Tărnovo, ul. Janko Maslinkov 1 (**Янко Маслинков**), ✆ 05952-2896 oder 05952-2229, 05952-2963, np_strandzha@dir.bg, hält (nicht immer) Kartenmaterial bereit, etwa die ebenso aktuelle wie gute Strandža-Landkarte im Format 1:100.000 aus dem Verlag Kartografia.

Am besten deckt man sich mit Karten bereits in Burgas ein, in der **Helikon**-Buchhandlung, Trojkata-Platz 4.

Basisinformationen zu Flora und Fauna vermittelt die schöne Website www.discoverstrandja.com auf Englisch.

Zimmervermieter kennt die Naturparkverwaltung, die auch Tourenführer bereitstellt und alle Einzelheiten zu Dörfern und Aussichtspunkten kennt. Die kleine **Broschüre** *Where to stay in the Strandzha Natural Park* sollte dort ebenso vorrätig sein. Zimmer im Strandža-Gebirge vermittelt auch die Agentur Credo Prim in Ahtopol, s. dort, „Information".

Vor kurzem (leider nach unserem letzten Besuch) hat in Malko Tărnovo ein **Naturkundemuseum** geöffnet, das unter Mithilfe der Parkverwaltung entstand und mit neuesten technischen Mitteln (vor allem akustischen) die Tierwelt der Strandža-Region erlebbar macht. Infos bei der Parkverwaltung oder unter ✆ 05952-2998.

Tagestour zu den Strandža-Dörfern

▸ **Izgrev** (Изгрев): Auf dem Weg ins Innere des Strandža-Gebirges ist dies der erste Ort, nachdem die E87 bei Carevo die Küste verlässt. Viele wohlhabende Bulgaren bauen sich gegenwärtig hier ihre Sommerresidenz – die Nähe zu Meer und Stadt (Carevo) begünstigt die Wahl. Das hübsche Dorf mit seinen gepflegten Gärten voller Obstbäume und Weinreben liegt am Fuße des eigentlichen Anstiegs in die Berge.

Vom Meer kommend, stößt man 200 m nach dem Ortseingang auf die einfache Gaststätte Strandža. Im ersten Stock des Gebäudes befand sich bis vor kurzem eine kleine Nestinari-Ausstellung, die mit schönen, alten Fotos und Originalkostümen die Geschichte des Feuertanzes zu veranschaulichen suchte. Das idealistische Projekt musste wegen Geldmangels leider geschlossen werden, die Exponate befinden sich aber noch im Museum und warten darauf, gekauft oder der Öffentlichkeit wieder zugänglich gemacht zu werden.

▸ **Brodilovo** (Бродилово): Bis zum 1. Weltkrieg wie das Nachbardorf Kosti ein Zentrum des Nestinari-Kults. Heute wohnen gut 800 Menschen in dem Gebirgsdorf, das am linken Ufer der Veleka umgeben von einer überwältigenden Naturkulisse liegt.

Wenige Kilometer nach Izgrev zweigt eine schmale Landstraße hinunter nach Brodilovo ab, dessen 1911 erbaute Sv. Pantelejmon-Kirche eine sehenswerte Ikonostase beherbergt, aus Holz angefertigt von dem damaligen Dorfschullehrer Janis.

▸ **Kosti** (Кости): Eine Reihe schöner Wiedergeburtshäuser in dem etwas reduzierten Strandža-Stil machen dieses lebhafte 700-Seelen-Dorf sehenswert. Wie Brodilovo liegt Kosti ebenfalls an der Veleka, nur etwas weiter flussaufwärts. Zu erreichen ist der charmante Ort über die E87 von Carevo nach Malko Tărnovo, die Abzweigung 10 km hinter Izgrev ist ausgeschildert.

▸ **Gramatikovo** (Граматиково): Der Name bezeichnet Menschen, die der Grammatik kundig sind. Die von vielen Einwohnern stolz behauptete These, Gramatikovo sei Ende des 14. Jh., als Bulgarien osmanisch wurde, von fliehenden Mönchen und Schriftgelehrten besiedelt worden, erhält dadurch einige Beweiskraft. Der kleinstädtische Charakter (1000 Einwohner) wird durch das große Kulturzentrum (auf bulgarisch *čitalište* = Lesesaal) in der Ortsmitte besonders augenfällig. Den alten Uhrturm daneben ziert eine Zeitanzeige in LCD-Leuchtschrift – liebenswert altmodisches Zeichen des Fortschritts. Am 2. Augustsamstag findet auf dem großen Platz vor dem Kulturhaus das jährliche Volksfest (*săbor*) statt. Wer dann in der Nähe weilt, sollte es unbedingt besuchen – die ausgelassene Feier zu den Klängen uralter Volksmusik endet in einer *horo*, einem Reigen, an der sich die gesamte Bevölkerung beteiligt.

Gramatikovo liegt an der E87, 34 km vom Küstenort Carevo entfernt.

▸ **Stoilovo** (Стоилово): 8 km nördlich von Malko Tărnovo liegt dieses Gebirgsdorf, das mit über 300 Einwohnern zu den größeren Gemeinden der Region gehört. Bemerkenswert ist das größte Wiedergeburtshaus im Strandža-Gebirge: ein 150 Jahre altes Wohngebäude mit handgefertigtem Mobiliar und Deckenschmuck, das – bis heute eine große Seltenheit in bulgarischen Bauernhäusern – vier Feuerstellen besitzt.

Anfahrt: Zu erreichen über die Landstraße 98, die Malko Tărnovo Richtung Zvezdec verlässt und weiter ins 80 km entfernte Burgas führt. Die Abzweigung ins Dorf ist ausgeschildert.

▸ **Brăšljan** (Бръшлйан): Für viele das schönste Strandža-Dorf, gehört es dennoch zu jenen, die am stärksten unter der Landflucht ihrer Jugend zu leiden haben. Nur noch 84 Einwohner hat Brăšljan, die meisten davon über 60 Jahre alt. Das reiche architektonische Erbe – viele Häuser sind über 300 Jahre alt – sichert dem Dorf jedoch zunehmend Aufmerksamkeit. Nachdem über 80 Gebäude unter Denkmalschutz gestellt wurden, gelang es einer lokalen Vereinigung Gelder zur Restauration der alten Schule sowie der beiden Kirchen Sv. Pantelejmon und Sv. Leftera zu sammeln. Was es in einer solch abgelegenen, wenn auch zweifelsohne pittoresken Gegend bedeutet hat, zu unterrichten, zeigt die Originalausstattung eines Klassenzimmers aus dem 19. Jh., zu besichtigen in der restaurierten **Dorfschule**: Die Kinder schrieben auf Wachstafeln, die zum Löschen der Buchstaben erhitzt wurden, oder auf feinen Sand, der sich in einer flachen Schachtel befand.

Es heißt, hier im Strandža-Gebirge hätte der **Dionysos-Kult** einst besonders glühende Anhänger gehabt. Als eines der wenigen architektonischen Zeugnisse hat sich in der Kirche Sv. Dimităr (17. Jh.) ein Opferstein erhalten, dessen altgriechische Inschrift vier Hexameterverse zu Ehren des antiken Gottes aufweist. Der jahrtausendealte Marmorblock bildet mit seiner Höhe von 70 cm fast einen Quader. Die ursprünglich thrakischen Dionysos-Feiern gelten als Ursprung der Kukeri-Tänze, die sich im Mittelalter, nach der Proklamation des Christentums zur Staatsreligion, überall in Bulgarien durchsetzten.

Anfahrt: Brăšljan liegt wie Stoilovo nördlich von Malko Tărnovo etwas abseits der Landstraße 98. 11 km sind es von der Provinzhauptstadt bis zur ausgeschilderten Abzweigung, der Ort folgt nach etwa 1 km.

Im Kreislauf der Natur: Die meisten Strandža-Bewohner leben von der Subsistenzwirtschaft

22

Vor Varvara liegen kleine Naturstrände zwischen schroffen Felsen

Varvara (Варвара)

Nachdem die E87 bei Carevo ins Landesinnere abbiegt, führt eine schmale, aber gut asphaltierte Straße am Meer entlang bis nach Rezovo, dem südlichsten Küstenort Bulgariens. Vorbei an den Ruinen des Kommunismus, hier in Gestalt einer aufgelassenen Fischkonservenfabrik, vorbei an kleinen, stillen Buchten und bis ans Meer reichenden Ausläufern der Strandža-Wälder, gelangt man zu dem kleinen Fischerdorf Varvara.

1913, nach den Balkankriegen, von Flüchtlingen aus der Gegend um Edirne gegründet, hat der Ort heute gerade mal 90 Einwohner. Mit seinen kleinen Sandbuchten besitzt Varvara kaum Potenzial für den Badetourismus, beginnt aber die Nähe zum Strandža-Gebirge zu nutzen. Die wilde Klippenlandschaft und das saubere Wasser bieten zudem Schnorchlern ein schönes Terrain. Vergleichbar den Küstengebieten nördlich von Kavarna, leben die Menschen zwischen Varvara und Rezovo noch weitgehend von dem, was sie der Naturmit der Kraft ihrer Hände abringen können. In einem Gebiet, das am Rande eines riesigen Naturparks liegt, bleiben da – neben einem vorsichtigen Tourismus – keine anderen Möglichkeiten als Fischfang und kleinteilige Landwirtschaft. Entsprechend urwüchsig kann sich die Küste bei Varvara noch zeigen.

Der kleine Bootshafen liegt links am südlichen Ortsende. Die Fischer sind stolz, wenn Frühaufsteher aus der Fremde sich für ihre Arbeit interessieren: Gerne nehmen sie Gäste zum Netzeinholen mit aufs Meer hinaus.

Verbindungen/Übernachten/Essen

- *PLZ* 8278
- *Verbindungen* Im Zentrum, am Linksknick der Durchgangsstraße, befindet sich eine Busstation. Stündl. verkehren Busse nach Carevo, Primorsko und Burgas. Auch nach Ahtopol und Sinemorec fahren regelmäßig Busse.

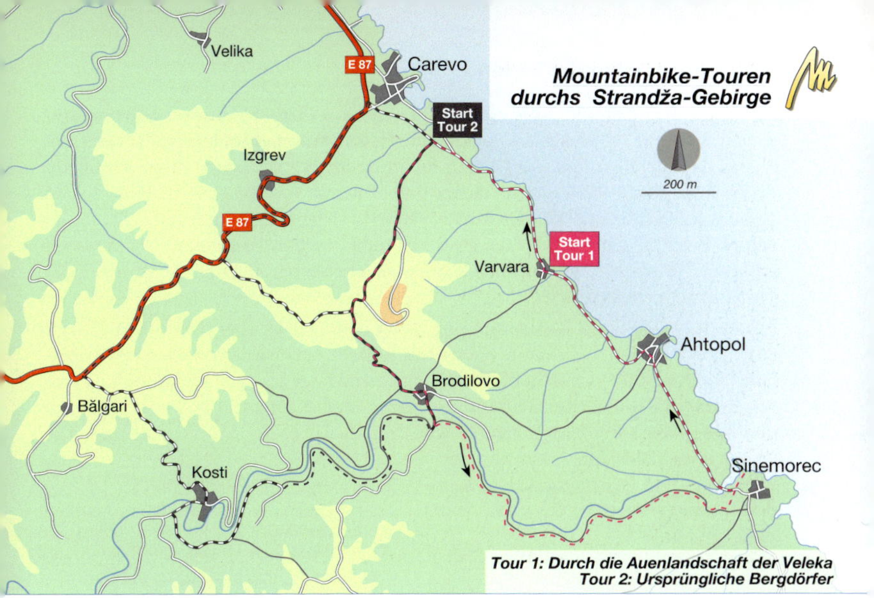

• *Übernachten* **Černo More** (Черно Море), kleines, familiär geführtes Mittelklassehotel, von Norden kommend 300 m nach dem Ortseingang rechts. Der 2003 fertig gestellte, 2-stöckige Bau besitzt 11 Zimmer, alle mit Balkon, Klimaanlage, TV und Bad. Die Bettwäsche wird alle 3 Tage gewechselt, Mineralwasser und frisches Obst kommen jeden Morgen als Inklusiv-Leistung aufs Zimmer. Vasil, der Sohn des Hauses, spricht Deutsch und leitet auf Wunsch gerne Wanderungen bzw. bike-Tourenins Strandža-Gebirge.

Ausflüge zum Fest der Feuertänzer am 21. Mai im nahen Bălgari finden ebenfalls unter seiner ortskundigen Führung statt. Mountainbikes stehen für 4 € täglich zur Verfügung, eine Tagestour in Verbindung mit einem Shuttlebus-Service kostet 15 € (inkl. Verpflegung). Die engagierten Besitzer kennen alle Strände der Umgebung, wissen, wo Schnorcheln sich am meisten lohnt und vermieten zudem Surfbretter ebenso wie Pkws. DZ mit (reichhaltigem) Frühstück 36 €. ✆ 0550-62730 oder 0887-626455.

• *Essen* Auf der 200–300 m langen Geraden, die aus dem Ort nach Süden führt, haben jüngst mehrere Einwohner in ihren Gärten Restaurants aufgemacht. Die bulgarische Küche dort ist einfach, aber gut und frisch.

Radtouren durch das Strandža-Gebirge

Durch die Auenlandschaft der Veleka

Auf einer Strecke von nur 30 km erlebt man gleich vier Vegetationszonen. Startpunkt ist die schroffe Felsküste bei Varvara. Das Bergdorf Brodilovo markiert den Wechsel zur noch kontinental geprägten Flusslandschaft der Veleka, die auf dem Weg zur Mündung bei Sinemorec immer subtropischer wird. Die Tour ist nicht markiert – Sie bewegen sich durch völlig unberührtes Gelände.

Route: Auf einer schmalen, wenig befahrenen Asphaltstraße geht es von Varvara nach Norden 7 km am Meer entlang. Kurz vor Carevo (eine kleine Landstraße, nicht die E87) links in Richtung Berge abbiegen, die schattigen Eichenwälder erleichtern den Anstieg bis auf 300 m. Etwa 8 km ist dieses ebenfalls asphaltierte Wegstück lang, dann geht es an der Passhöhe links nach **Brodilovo**. Nach der Abfahrt ins Dorf befindet man sich im fruchtbaren Tal der Veleka. Hier besteht bis zum Küstenort Sinemorec die letzte Möglichkeit, Proviant und Mineralwasser einzukaufen. Die Straße führt direkt zum zentralen Platz, auf dessen gegenüberliegender Seite ein Schild auf das beginnende **Naturschutzgebiet** hinweist: Die Straße links davon nehmen und das Dorf in Richtung Brücke verlassen. 150 m hinter der Brück links den Feldweg einschlagen und von nun an immer dem Fluss folgen. Unberührte Wald- und Wiesenstücke wechseln sich ab, der Eindruck vollkommen wilder Natur ist sehr stark. Nach etwa 1 Stunde Fahrt entlang der Veleka bietet ein schattiger **Rastplatz**, der von der Naturparkverwaltung eingerichtet wurde, Gelegenheit zu einem Picknick.

Die nächste markante Wegmarkierung bietet eine Brücke über die die Straße nach Sinemorec verläuft. Wer denn Shuttlebus bestellt hat, wird an dieser Stelle abgeholt. Von hier sind es nur noch wenige hundert Meter bis zur Flussmündung. Eine Sandbank, die in jüngster Zeit zum beliebten Strand aufgestiegen ist, trennt Fluss und Meer. Wer zurück nach Varvara will, kann dies über die asphaltierte Straße tun, Dauer: etwa 1 Stunde.

- *Strecke* Varvara–Brodilovo–Sinemorec: 20 km; gesamte Rundstrecke von/bis Varvara 30 km.
- *Dauer* reine Fahrzeit: 5 Stunden mit Shuttlebusabholung ab Sinemorec; mit Shuttlebus-Service von Varvara bis zur Passhöhe über Brodilovo: etwa 1,5 Stunden weniger. Für die gesamte Rundstrecke von/bis Varvara sind 6 Stunden einzuplanen.
- *Mountainbikes/Shuttlebus* Leihräder gibt es beim Hotel Černo More in Varvara, auch ohne dort Gast zu sein. Der Shuttlebus des Hotels lässt sich ebenfalls in Anspruch nehmen: Der Fahrer bringt Radler auf Wunsch bis zur Passhöhe und holt sie in Sinemorec an der Veleka-Brücke wieder ab. Wer einige Tage in Sinemorec bleiben will, kann sich sein Gepäck auch dahin bringen lassen.
- *Landkarten* leihweise ebenfalls beim Hotel Černo More. Die touristische Erschließung des Naturparks Strandža steckt noch in den Kinderschuhen – zu kaufen sind detaillierte Landkarten des Gebiets nur mit Glück bei der Parkverwaltung in Malko Tărnovo (ul. Janko Maslinkov 1, ✆ 05952-2896) oder in der Helikon-Buchhandlung in Burgas (s. dort).

Ursprüngliche Bergdörfer

Die anspruchsvolle Tour bietet einen kilometerlangen, sanften Anstieg ins Strandža-Gebirge, eine rasante Abfahrt ins Tal nach Kosti und eine ebene Route durch den Urwald entlang der oberen Veleka bis zum Bergdorf Brodilovo.

Route: Startpunkt ist wieder Varvara (schon allein wegen der Mountainbikes, wer schon welche hat, kann auch direkt in Carevo losfahren). Bis Carevo geht es auf asphaltierter Strecke am Meer entlang, dort der Abzweigung nach Istanbul folgen und auf der E87 Richtung Malko Tărnovo fahren. Die ganz ordentliche Straße führt, am hübschen Dorf **Izgrev** vorbei, in sanft geschwungenen Kurven hinauf auf etwa 300 m. Vor der Sonne durch dichten Bergwald geschützt, steigen Sie langsam, aber stetig bergan. Riesige Farne säumen den Weg, Lianen und Efeu umkränzen die Laubbäume. Wer den anstrengenden Anstieg nicht auf sich nehmen will, kann sich wie bei obiger Tour auch vom Hotelbus aus Varvara bis rauf zur Abzweigung nach Kosti bringen lassen.

Von da geht es auf schmaler Straße hinunter ins Tal der Veleka. **Kosti** besitzt zahlreiche Wiedergeburtshäuser und hinterlässt einen unvergesslichen Eindruck inmitten der grünen Hügel des Naturparks. Im Restaurant am Hauptplatz kann man sich stärken, bevor es links über eine kleine Brücke neben dem Schild „Резерват" (Naturschutzgebiet) weitergeht. Am Ortsende führt dieser Schotterweg weiter nach oben – der Feldweg rechts ist jedoch der schönere. Er folgt dem Verlauf der Veleka um einen Hügel herum und trifft nach 3 km wieder auf die Schotterstraße.

Wenige hundert Meter weiter zweigt erneut ein Feldweg leicht nach rechts ab. Folgen Sie diesem und achten Sie darauf, die Veleka immer linker Hand im Blick zu haben. Nach etwa 2 Stunden durch unberührte Natur ist **Brodilovo** erreicht. Auf dem Dorfplatz können Sie sich vom Hotelbus abholen lassen oder die knapp 20 km zurück nach Varvara eigenständig in Angriff nehmen (nachdem der 4 km lange Anstieg hinauf zur E87 bewältigt ist, werden Sie mit einer großartigen Abfahrt zum Meer belohnt).

- *Strecke* 55 km (Varvara–Kosti-Brodilovo–Varvara). Spart man sich die langen Anstiege im Strandža-Gebirge, bleiben etwa 17 km übrig: vom Shuttlebus ab Varvara (wird vom Hotel Černo More organisiert, nach Vasil fragen) bis zur Abzweigung nach Kosti mitnehmen und in Brodilovo wieder abholen lassen.
- *Dauer* Die gesamte Rundstrecke ab/bis Varvara sollte als Tagestour geplant werden. Mit Shuttlebus-Zubringer und -Abholung ist der mittlere Abschnitt in etwa 2 Std. zu bewältigen.
- *Mountainbikes/Landkarten* Es gilt dasselbe wie bei der weiter oben beschriebenen Tour.

Ahtopol (Ахтопол) (1400 Einw.)

Wie eine Kulisse aus Emir Kusturicas nostalgischen Balkanfilmen wirkt der kleine Rummelplatz am Eingang des gemütlichen Küstenstädtchens. Und auch sonst hat sich Ahtopol seit den 70er Jahren kaum verändert. Entsprechend beschaulich geht es hier selbst im Hochsommer zu.

Erste Besiedlungsspuren reichen zwar bis ins 6. Jh. v. Chr. zurück, dennoch stammen fast alle Gebäude aus dem 20. Jh. Immer wieder wurde der Ort während seiner über 2000-jährigen Geschichte von Piraten geplündert und jedes Mal komplett niedergebrannt. Zuletzt vernichtete ein Feuer im Jahr 1918 die Stadt, die danach, ähnlich

Obstmarkt hinter dem Rummelplatz von Ahtopol

wie Carevo, auf einer nur 500 m langen und 200 m breiten Halbinsel wieder aufgebaut wurde. Deren Umrundung entlang der stillen, stellenweise recht steil ansteigenden Straßen Černo More (Черно море) und Krajmorska (Крайморска) vermittelt eine Ahnung von der früheren strategischen Bedeutung von Ahtopol.

Mit dem bereits in den späten 50er Jahren beginnenden Tourismus begann sich die Kleinstadt ins Landesinnere auszubreiten. Mehrere ausgedehnte Betriebserholungsheime wurden am Ortsrand angelegt, die bis heute die Mehrzahl der Urlauber beherbergen. Seit der Zeitenwende 1990 wurde kein Stotinka mehr in diese Anlagen investiert – offenkundig wartet man darauf, bis sich auch der duldsamste Bulgare nicht mehr bereit findet, die miserablen Bedingungen zu akzeptieren. Noch machen die billigen Preise den fehlenden Komfort allerdings wett, die windschiefen Bungalows sind in der Saison stets ausgebucht.

Der ruhige Charme der Siedlung, die in byzantinischer Zeit unter dem Namen Agathopolis („die wohlhabende Stadt") bekannt war, zieht aber auch viele besser gestellte Familien mit Kindern an, die in gepflegten Privatunterkünften und (noch wenigen) Hotels eine gute Ausstattung vorfinden. Die günstigsten Gastronomie-Preise der gesamten Südküste finden zudem bei einer wachsenden Zahl von Hardrock-Fans Anklang, die in der düster-elitär aufgemachten Freiluftkneipe Na därvenoto schnell auf Gleichgesinnte treffen. Fans fröhlicherer Musikrichtungen gehen in die beiden Diskotheken des Ortes, deren Eltern findet man zumeist in den Gartenlokalen unweit des kleinen Busbahnhofs, wo sie sich von den pseudo-folkloristischen Stimmen schöner *čalga*-Sängerinnen bestens unterhalten fühlen.

Dass Ahtopol seit kurzem – trotz der abschreckenden Altlasten kommunistischer Urlaubsorganisation – immer populärer wird, hat wahrscheinlich genau darin seinen Grund: Die Stadt funktioniert ganz wunderbar als Schmelztiegel unterschiedlichster Lebenswelten, mit dem dünengesäumten, gut 2 km langen Sandstrand am nördlichen Ortsrand als Mittelpunkt.

Geschichte

Viele archäologisch bedeutsame Stätten sind aus Geldmangel und Unachtsamkeit dem Verfall anheim gegeben. Vor 40 Jahren gab es sieben thrakische Grabhügel in Ahtopol, heute sind noch drei davon übrig geblieben: Bauarbeiter gingen im Zuge der Stadterweiterung wenig behutsam mit dem historischen Erbe um. Auch für den Erhalt der römischen Mauerreste aus dem 2.-4. Jh. wird wenig getan (ein paar Quadratmeter stehen auf dem Grundstück des Hotel-Restaurants Valdi), so dass von dem alten Tirah, wie Ahtopol zur Zeit der Thraker hieß, ebenso wenig zu sehen ist, wie von dem römischen Perontikon. Historisch bedeutsam scheint die Stadt allerdings erst mit der türkischen Besetzung geworden zu sein, Urkunden führen Ahtembolu, so der osmanische Name, als einer der reichsten Küstenorte.

Zwei kurz aufeinander folgende Katastrophen warfen die Stadt nach 1913 weit zurück. Zweimal innerhalb von fünf Jahren brannte Ahtopol komplett ab: einmal während der Balkankriege, das zweite Mal war Brandstiftung die Ursache. Die bis dahin meist griechischen Bewohner verließen die zerstörte Stadt, bulgarische Flüchtlinge aus der Türkei fingen bei Null an. Das einstige Verwaltungszentrum der Region stieg zum unbedeutenden Fischerdorf ab, Carevo übernahm dessen Funktion. Erst in den 40er Jahren, nach dem langsamen Wiederaufbau, kamen wieder

Handwerker und Händler nach Ahtopol, Ende der 50er Jahre beschloss der kommunistische Zentralstaat den Ausbau zum Badeort.

Bis heute dominieren abends die Betriebsheimtouristen in den Gassen, doch parallel zum Verfall der Bungalows entsteht auf dem südlichen Hügel der Stadt ein neues Viertel. Geplant sind dort vor allem moderne Familienhotels mit allem Komfort – ein neues Zeitalter ist eingeläutet.

Information/Verbindungen

- *PLZ* 8280
- *Information* Auskünfte zu Ahtopol erteilt die Agentur **Credo Prim** (**Кредо Прим**) gleich neben dem Busbahnhof: Ira Dolaptčieva kennt sich aber auch im Strandža-Gebirge bestens aus und vermittelt dort wie in Ahtopol günstige Zimmer. Aufgeregt melden sich die Besitzer bei ihr, kaum ist etwas frei geworden: Hier wird man garantiert auch im Hochsommer fündig. Ul. Trakija 27 (**Тракия**). ✆ 0550-62224 oder 0888-805329, ✆ 0556-851112.
- *Verbindungen* An der Kreuzung der Straßen Veleka und Trakija – 100 m vom Rummelplatz entfernt – befindet sich der kleine **Busbahnhof** mit Ticketschalter. ⌚ täglich 6.30–13 und 15.30–21 Uhr. Busse fahren regelmäßig in beide Richtungen entlang der Küste. Dreimal täglich, um 9, 12 und 21 Uhr, geht´s nach Sofia. Sinemorec wird viermal tägl. angefahren (0,25 €), einmal am Tag Carevo.

Übernachten/Strand (siehe Karte S. 227)

In zentraler Lage inmitten der Fußgängerzone (neben dem Zahnarzt) bietet die Zimmervermittlung **Delfin 90** (**Делфин** 90) ihre Dienste an. Allerdings ist hier seltener jemand anzutreffen als bei der oben erwähnten Agentur Credo Prim. Ul. Trakija 6 (**Тракия**). ✆ 0550-62279 oder 0887-339882.

Eines der von Delfin 90 angebotenen Privathäuser befindet sich in der ul. Černo More 10 (**Черно море**): schöner Garten, familiäre Atmosphäre, ansprechende Zimmer mit Bad. DZ 15 €. ✆ 0550-62826 oder 0888-342537.

*** **Valdi (3)**, bestes Hotel der Stadt, angenehm ruhig am nördlichen Hang der Halbinsel gelegen. Schattiges Restaurant im Hof, mit Überresten der einstigen thrakischen Stadtmauer als beleuchteter Attraktion. 11 nicht gerade spektakuläre, aber doch ganz ordentliche DZ mit Klimaanlage, TV und Kühlschrank. Terrasse zum Meer hin mit schönem Blick über die Stadt. DZ 38 €. Ul. Černo More 22a (**Черно море**). ✆ 0550-62320, www.hotelvaldi.hit.bg. hotelvaldi@hotmail.com.

Maritim (5) (**Маритим**), nette 2-stöckige Pension, 5 Gehminuten vom Zentrum entfernt. Saubere Zimmer mit Bad und großer Terrasse. DZ 20 €. Ul. Vasil Levski 17 (**Васил Левски**). ✆ 0550-62464 oder 0887-634820.

Katerina (12) (**Катерина**), spartanisch eingerichtet, aber sauber und günstig. DZ 15 €. Ul. Ropotamo 5a (**Ропотамо**), neben der Post im Zentrum, ✆ 0550-62957 oder 088-616336.

• *Strand/Camping* der schöne, lang gestreckte Sandstrand liegt versteckt hinter den Betriebsheimen, die von der Küstenstraße aus zu sehen sind – einfach eine der Stichstraßen durch die Anlage nehmen. Hat man diesen eher unangenehmen Teil hinter sich gebracht, öffnet sich eine von Bäumen gesäumte, gepflegte und lang gestreckte Bucht.

Nicht zu empfehlen ist hingegen der auf mittlerer Höhe des Strandes gelegene Camping-Platz Delfin: Wieso er überhaupt noch in Betrieb ist, gehört zu den Mysterien des noch jungen Kapitalismus in Bulgarien.

Essen/Nachtleben (siehe Karte S. 227)

Flaniert wird abends vor allem entlang der beiden Straßen, die vom Rummelplatz am Ortseingang nach unten zum Meer hin abgehen: ul. Nikola (**Никола**) und ul. Trakija (**Тракия**).

Morsko oko (4) (**Морско око**), eine Reihe von Lokalen hat auf der Ul. Černo More, der steil ansteigenden Straße im ältesten Teil von Ahtopol, neu aufgemacht. Die Küche ist deutlich besser als in den auf schnellen Gästewechsel ausgerichteten Lokalen im Zentrum. Alle Restaurants bieten Meeresblick. Neben dem Morsko Oko, Ul. Černo More 29 (**Черно море**), sind das ein paar Häuser weiter gelegene Restaurant **Sveti Georgi (2)** (**Свети Георги**) und die Pizzeria **Casa bella (1)** (**Каза Бела**) empfehlenswert.

Četirimata kapitani (6) (**Четиримата капитани**), an der Steilküste über der Bucht von Ahtopol liegt die Residenz der „Vier Kapitäne". Freundlich eingerichtete Gaststätte mit hervorragender bulgarischer Küche und großer Terrasse zum Meer hin. Ul. Krajmorska 29 (**Крайморска**).

Červenijat drakon (7), **Червеният дракон**, hinter dem martialischen Namen („Der rote Drache") verbirgt sich ein originelles chinesisches Lokal. Die nach allen Seiten offene Küche ist mit der Front zur Straße untergebracht: die auf dem Feuer brutzelnden Speisen ziehen viel Publikum an. Nettes Ambiente, gutes Essen. Ul. Nikola (**Никола**), nur ein paar Schritte vom Rummelplatz entfernt.

Goloe (10) (**Голое**), Ahtopols größtes Gartenrestaurant bietet traditionelle bulgarische Küche, Live-*čalga* und entsprechend viel Trubel. Ul. Trakija (**Тракия**), etwa in der Mitte zwischen Rummelplatz und Post.

• *Cafés* **Central (8)**, neben dem *čitalište*, dem örtlichen Kulturhaus, sitzt man sehr angenehm auf Baststühlen im Schatten eines großen Baumes. Treffpunkt der Jugend, daher immer aktuelle, nicht zu laute Popmusik (keine *čalga*) im Hintergrund. Entspanntes Sehen-und-Gesehenwerden bei bunten Cocktails und ebensolchen Eisbechern. Ul. Trakija 2 (**Тракия**).

Na dărvenoto (11) (**На дървеното**) hinter dem Busbahnhof, vom Rummelplatz aus am Anfang der ul. Trakija, trifft sich die bulgarische Heavy-Metal-Szene. Harte Holzbänke und konkurrenzlos billiges Bier.

• *Discos* **Tequila (9)** (Текила), gemütliche Kellerdisco im Stil der 70er Jahre: zahlreiche Nischen mit Sitzecken, spiegelnde Tanzfläche. Im hinteren Bereich des *čitalište,* des Kulturhauses an der Post. Der Teenager-Treff, nach Mitternacht proppenvoll und wie überall in Ahtopol: sehr günstige Getränkepreise (Bier 0,50 €, Whiskey 1 €, Gin Tonic 1 €). Ul. Trakija 2.

Prostor (13) (Простор), geräumige Hallendisco am Eingang zum kleinen Stadtpark, nur wenige Meter vom Rummelplatz entfernt. Provinziell, aber durchaus nicht ohne Charme. Gespielt wird aktueller Mainstream, viel HipHop. Gemischtes Publikum zwischen 20 und 35.

Sinemorec (Синеморец) (140 Einw.)

In den 90er Jahren der Geheimtipp an der Südküste, hat sich dieser während des Kommunismus noch unzugängliche Grenzort inzwischen zum veritablen Urlaubsdorf entwickelt. Mit seinem intakten Dorfleben und den prächtigen Naturstränden ist Sinemorec zum Favoriten der bulgarischen Intelligenz aufgestiegen.

Die traumhafte Lage inmitten subtropischer Vegetation und der großartige Butamjata-Strand haben inzwischen zahlreiche Investoren angezogen, darunter auch TUI, die mit einem verschachtelten Hotelkomplex im eklektizistischen Disney-Stil den Charakter der früher idyllischen Butamjata-Bucht stark verändert hat. Weitere Bausünden sind Sinemorec bisher zum Glück allerdings erspart geblieben. Kleinere Privathotels entstehen zwar weiterhin, doch liegen sie abseits des Dorfkerns und durch ihre zurückhaltend-elegante Architektur werten sie zudem den Ort eher noch auf. An den Rändern haben bereits etliche Sofioter Unternehmer und Akademiker Villen gebaut, andere entstehen gerade.

Unterwegs zum Strand an der Veleka-Mündung vor Sinemorec

Was den Ort bei vielen bulgarischen Künstlern und Intellektuellen so begehrt werden ließ, erschließt sich schon nach kurzer Erkundung: Hier ist man wirklich inmitten unberührter Natur, ohne völlig von der Zivilisation abgeschnitten zu sein. Mehrere Familienhotels, kleine, gut geführte Restaurants sowie einige Läden sorgen für die nötige Infrastruktur, die Natur für ein rauschhaftes Erlebnis: Eichenwälder reichen bis an die Küste heran, die in zahlreichen Buchten strahlend helle Sandstrände bildet – die ortsnahen im Hochsommer recht bevölkert, die etwas weiter entfernten einsam und unerschlossen.

Anfahrt: Verlässt man Ahtopol in Richtung Süden, deutet noch herzlich wenig auf Jet-Set-Aktivitäten hin. Die Straße befindet sich in gutem Zustand, wird jedoch immer enger und zwingt einen bei Gegenverkehr schon bald in den Schotter. Hinzu kommt der dichte Wald des Strandža-Nationalparks, der den Neuling befürchten lässt, in der falschen Richtung unterwegs zu sein. Doch nach 6 km öffnet sich die Landschaft und das Mündungsgebiet der Veleka, einer der schönsten Flüsse Bulgariens, erscheint am Horizont. Fast der gesamte Lauf liegt im Naturschutzgebiet, dichter Auenwald begleitet die Veleka bis zur Mündung, die am Meer eine riesige Sandbank aufwirft. Im Sommer ist die Strömung des trägen Flusses nicht stark genug, um diese zu durchbrechen – das Süßwasser sickert unter dem Sand hindurch ins Meer.

An der Brücke über die Veleka, früher fast unpassierbare Staatsgrenze, kontrollieren manchmal noch Polizeistreifen routinemäßig die Pässe – zur Weiterfahrt nach Sinemorec ist aber längst keine mehr Sondererlaubnis mehr nötig. Nur wer nach **Rezovo** möchte, dem südlichsten Ort der bulgarischen Küste, wird Pech haben: Der Zugang ist nur Bulgaren erlaubt und das auch nur mit einer Genehmigung durch die Regionalverwaltung in Malko Tărnovo. Rezovo liegt an der Grenze zur

Sickert unter dem Ustieto-Strand ins Meer: die Veleka bei Sinemorec

Türkei, einen Übergang gibt es dort allerdings nicht. Der ist im Strandža-Gebirge, 5 km westlich von Malko Tărnovo.

Geschichte

Hartnäckig hält sich das Gerücht, dass Sinemorec Jahrhunderte lang ein berüchtigtes Piratennest gewesen sei, Belege gibt es allerdings nicht. Dafür zeugt ein thrakischer Grabhügel zumindest von einer frühen Besiedlung weit vor Christi Geburt. Gesichert ist auch, dass bis zum Ende der Balkankriege 1913 der Ort vor allem von Griechen bewohnt war und Kalandža hieß, was – wegen der osmanischen Besatzung nicht weiter verwunderlich – türkisch ist und so viel wie „gute Feuerstelle“ bedeutet. Während des Kommunismus lag Sinemorec innerhalb des militärischen Sperrgebiets, das der bulgarische Staat zwischen der Veleka-Mündung und der türkischen Grenze deklariert hatte. Ein Besuch war nur mit einer Sondergenehmigung möglich. 1990 fiel diese Regelung weg und die Bulgaren begannen das „verbotene Dorf“ zu entdecken. Zuerst kamen Film- und Theaterleute aus Sofia, es folgten Ärzte und schließlich die Studenten. Bis heute ist Sinemorec der einzige Ort an der bulgarischen Küste, in dem keine *čalga* zu hören ist.

Information/Verbindungen/Adressen

• *PLZ* 8279

• *Information* Von Sinemorec gibt es keinen Stadtplan, selbst die Hotels verzeichnen keine Straßennamen auf ihren Visitenkarten. Man orientiert sich anhand markanter Punkte wie Restaurants oder Einkaufsläden. Beste Ortskenntnis besitzt Margarita Čiflikčieva, die sich gegenwärtig um den Aufbau eines Auskunftsbüros bemüht. Die Englisch-Übersetzerin ist vor Jahren aus Plovdiv ins ruhige Sinemorec gezogen und betreibt hier zusammen mit ihrem Mann Mitko (s. „Kanufahrten auf der Veleka“) die kleine **Tourismus-Agentur Vris**. Fragen zur Region beantwortet Frau Čiflikčieva unter ✆ 0887-421759.

• *Verbindungen* Auf der Hauptstraße, 200 m hinter dem Ortseingang, halten die Minibusse, die täglich mehrmals bis Carevo verkehren. Unmittelbar neben der Busstation befinden sich ein kleiner Supermarkt und zwei Straßencafés.

• *Taxis* Wer abends mal nach Ahtopol oder Kiten will, kann in seinem Hotel ein Taxi bestellen. Bis Kiten kostet die Fahrt 10 €. Für die Rückfahrt warten in beiden Orten Taxen an den jeweiligen Hauptstraßen.

• *Internet* E-Mails kann man in **Bobby´s Café** schreiben, das von der Villa Philadelphia (s. „Übernachten“) betrieben wird.

• *Zweiradverleih* Bei **Zafo** (s. „Übernachten“) stehen Mountainbikes (0,50 €/Std.) und Motorroller (1,50 €/Std.) bereit.

• *Ultra-Leicht-Flieger* Auf der Anhöhe über dem Butamjata-Strand startet ein Propeller-Flugzeug im Viertelstundentakt. Wer schon immer mal eine Achterbahnfahrt ohne Schienen mitmachen wollte, hat hier Gelegenheit dazu. Die 15 Minuten in der Luft kosten zwar stattliche 15 €, dafür ist die Aussicht auf die Buchten und das riesige Waldgebiet des Strandža-Naturparks eine bleibende Erinnerung.

Übernachten

**** **Bella Vista Beach Club**, direkt über den Butamjata-Strand hat TUI einen fünfstöckigen Hotelkasten in schreiend bunten Farben hingestellt. Wirkt ein bisschen wie eine Legoburg, bietet aber allen Komfort und eine fantasievolle Kinderbetreuung. Zu buchen nur über TUI.

Casa Domingo, einer der Pioniere am Ort: zweistöckiger Mittelklasse-Bau mit Swimming-Pool auf einer Anhöhe 300 m vom Strand entfernt. Das Restaurant unter Weinreben liegt wegen seines etwas gehobenen Ambientes preislich über dem Ortsdurchschnitt. An der langen Geraden, die zum Butamjata führt, kurz nach der Bar Trăstikite (**Тръстиките**) rechts. DZ 42 €, Studio 70 €. ✆ 0550-66093, ☏ 0550-66095, www.casadomingo.info; casadomingo@hotmail.com.

Freundliche Atmosphäre bei Zafo

Villa Philadelphia, gebaut von Amerikanern, die hier ihre Traumlandschaft gefunden haben. Mit seinem umfangreichen Angebot an gut geführten Touren – Wanderungen im Strandža-Gebirge, Ausflüge in den Naturpark Poda bei Burgas – ein Begriff in der ganzen Region. Nur 6 Zimmer stehen in dem weiß gestrichenem Haus zur Verfügung. Frühzeitige Reservierungen sind daher unbedingt zu empfehlen. Gegenüber der Casa Domingo. DZ mit Bad und Frühstück 40 €. ✆ 0550-66106 oder 0888-535686, www.villaphiladelphia.com, tours@villaphiladelphia.com.

Villa Kalifornia, schöner Neubau mit Garten und dem besten Komfort am Ort. Etwas abseits gelegen, aber mit Fernblick aufs Meer. 4 Studios mit Küche und Wannenbad sowie 2 kleinere DZ, alle mit eigenem Zugang. Vom Ortseingang kommend, geradeaus, am Schild links abbiegen. Studio 45 €, DZ 18 €. ✆ 0550-66081 oder 0888-657768.

Zafo heißt der Besitzer dieser sympathischen, stets penibel sauber gehaltenen Bungalow-Anlage. Der Sofioter Café-Besitzer begründete Anfang der 90er den Tourismus in Sinemorec. 24 Bungalows, die Hälfte davon mit gekacheltem Bad, für die kleineren Häuschen steht auf dem Gelände ein großer Sanitärbereich zur Verfügung. Günstiges, dabei hervorragendes Restaurant, daneben befindet sich eine große Spielwiese für Kinder. Sehr beliebt bei Familien. Auf dem Weg zum Strand Butamjata rechts gelegen. Bungalows mit Doppelbett und eigenem Bad 14 €, die kleineren Häuschen mit zwei Einzelbetten und gemeinsamen Bad auf dem Gelände kosten 9 €. ✆ 0550-66081.

Essen/Nachtleben

Sinjoto lăvče (Синьото лъвче), der in Bulgarien sehr beliebte Theaterschauspieler Josif Sărčadžiev hat mit dem „Blauen Löwen" einen Sommer-Treffpunkt für die Sofioter Bühnenprominenz geschaffen. Der Name rührt von der Farbe der konservativen Partei SDS, für deren Sache Sărčadžiev Anfang der 90er heftig stritt. In der schattigen Laube werden exzellent zubereitete bulgarische Gerichte serviert, auch die einheimischen Weißweine sind hervorragend. Ein Tipp für die Damen: Keine Pfennigabsätze bitte, denn zwischen den großen Steinen, die als Boden dienen, brechen sie garantiert. Lage: Auf der Anhöhe kurz vor der Abzweigung, die runter zur Butamjata-Bucht führt, rechts. Ein kleines Schild weist den Weg.

Sinemorska srešta (Синеморска среща), für lauschige Abende ein schöner Ort, um im Freien zu sitzen. Die günstige Küche ist in Ordnung. An der Ecke zur Straße, die geradewegs zum Butamjata führt (neben dem großen freien Platz), liegt dieser „Treffpunkt von Sinemorec".

Skritjat Măž (Скритият мъж), „Der versteckte Mann" liegt tatsächlich etwas abseits am Waldesrand. Die einfallsreiche Küche lohnt jedoch den kleinen Umweg, der an einigen alten Bauernhäusern vorbeiführt. In der Mitte des behaglichen, gut besuchten Lokals steht ein kleiner Springbrunnen. Vom Ortseingang kommend, die erste Straße rechts, dann die zweite links.

• *Bar* **Trăstikite** (Тръстиките), beliebter Jugendtreff an dem Weg, der geradeaus zum Butamjata führt. Die Open-Air-Bar im tropischen Stil (Holz und Bambus) macht wegen der Nachbarn allerdings schon um Mitternacht Schluss. Danach zieht man in die Stranddisco Laguna weiter.

• *Diskothek* **Laguna**, Man sitzt in Korbstühlen auf dem Strand, hinter sich das Meer, vor sich den Wald, über sich den sternenklaren Nachthimmel. Trotz allereinfachster Bauweise schafft die Open-Air-Disco, nicht zuletzt wegen der guten DJs, eine Atmosphäre, die schlicht – man scheut sich fast, es zu sagen – glücklich macht. An der Südküste besitzt das Laguna seit Jahren Kultstatus.

Strände rund um Sinemorec

Butamjata: Dieser Strand hat Sinemorec berühmt gemacht. Um ihn erreichen, muss man den Ort durchqueren: von der Hauptstraße die zweite Möglichkeit rechts, dann sofort wieder links und immer geradeaus die kleine Anhöhe hinauf, dort sieht man ihn rechter Hand. Entfernung vom Ortseingang: 1 km.

Geschützt in einer Senke liegt die große Sandbucht, seitlich von Felsen und hinten von dichtem Wald begrenzt. Der kleine Bach Butamjata staut sich am südlichen Ende zu einem Schilfsee auf. Ähnlich wie die Veleka am südlichen Rand von Sinemorec führt auch er im Sommer nicht genügend Wasser, um sich einen Weg über den Sand zu bahnen – die Verbindung zum Meer verläuft unterirdisch. Bis vor wenigen Jahren waren am Strand nur vereinzelt die bunten Tupfen der Sonnenschirme zu sehen, seit 2003 stecken sie, dicht gedrängt, in Dreierreihe im Sand. Platz findet sich auf der riesigen Sandfläche dennoch auch im Hochsommer genug, wenn auch vielleicht nur etwas weiter hinten, oder gegen Bezahlung (Sonnenschirm plus Liege und Beistelltisch: 1,50 €). Der Charme von früher hat sich jedoch verflüchtigt.

Der Butamjata-Strand von Sinemorec im August

Erst recht, seit TUI direkt über der Bucht eine gewaltige Hotelanlage hinstellen ließ, die weder zu der dörflichen Umgebung noch zu der grünen Wildnis ringsum passt.

Ustieto: Die zahlungskräftige *in-crowd*, die Sinemorec in den 90er Jahren entdeckte, hat bereits neues Terrain erobert. Landschaftlich noch reizvoller an der Schilfmündung der Veleka gelegen, hat dieser Strand zwar nicht so feinen Sand wie der Butamjata aufzuweisen, dafür ist er noch vollkommen wild. Fluss und Meer sind nur durch eine wenige Meter breite Sandbank voneinander getrennt: ein unvergesslicher Anblick.

Zu erreichen ist Ustieto, der auch einfach als „Nordstrand“ bekannt ist, von der Brücke an der Hauptstraße – eine unasphaltierte Abzweigung führt rechts zum Fluss, dessen Lauf folgend gelangt man nach etwa 300 m zum Meer. Oder im Dorf (von der Einfahrt aus gesehen) links halten, bis man eine große, leicht abschüssige Ebene erreicht. Die parkenden Autos weisen den Weg zum Strand.

Lipite: Für Nacktbadende ist diese noch völlig unerschlossene Bucht südlich von Butamjata ein kleines Paradies. Weil nur mühsam zu erreichen (s. Wanderung Butamjata-Silistar), hat Lipite noch wenige Fans. Auf dem schmalen, etwa 200 m langen Strand, der mit sehr feinem Sand bedeckt ist, kann man selbst in der Hochsaison noch für sich bleiben.

Listi: Ein weiterer einsamer Strand, der von der Straße aus nicht zu erreichen ist. Wer ein paar Stunden inmitten unberührter Natur verbringen will, ist hier genau richtig. Die Sandbucht ist ringsum von den Steineichenwäldern des Strandža-Naturparks umschlossen – auch einige Tage Zelten sind hier problemlos möglich. Schatten gibt es im Wald genug, Trinkwasser allerdings nicht: Listi ist ein reiner **Naturstrand**. Bevor man sich hierher aufmacht, sollte man sich in Sinemorec unbedingt ausreichend verpflegen. Wie man Listi erreicht, steht in der Routenbeschreibung Butamjata-Silistar.

Silistar: Der breite, äußerst feine Sandstrand, auf halbem Wege zum Grenzort Rezovo gelegen, bildet das Mündungsgebiet des gleichnamigen Gebirgsbächleins. Schilf, riesige Farne und 2 m hohe Disteln begleiten den Wasserlauf, an dessen schlammigem Ufer immer wieder Schildkröten zu sehen sind. Seit der touristischen Erschließung des Butamjata-Strands hat eine eingeschworene Fangemeinde Silistar als neuen Traumstrand für sich entdeckt: zumeist junge **Hippie-Nostalgiker**, die zwecks Grundversorgung mit Wasser und Bier ein kleines Café betreiben. Die ungezwungene Atmosphäre in freier Natur, die Nacktbaden selbstverständlich, aber nicht zur Auflage macht, hat diesen Strand in Bulgarien bereits zum Mythos werden lassen.

Und das wahrscheinlich gerade, weil er so schwer zu erreichen ist, selbst mit dem Auto. Auf der Straße von Sinemorec nach Rezovo – vorbei an der im Wald liegenden Zigeunersiedlung – zweigt wenige Meter vor einer kleinen Brücke ein Feldweg links zum Silistar ab. Für tiefergelegte Sportwagen ist dieser allerdings nichts: 2 km lang geht es über Stock und Stein, bevor sich nach einem Waldstück plötzlich der Blick aufs Meer und die seitlich von hohen Felsen begrenzte Bucht öffnet.

Auf geht's! Vom Plateau über dem Butamjata startet dieses Leichtflugzeug zu einem Rundflug über die Wälder von Sinemorec

Wanderungen um Sinemorec

Von der Butamjata- zur Silistar-Bucht

Am südlichen Ende des Butamjata-Strands erhebt sich ein bewaldeter Hügel, an dessen Flanke ein schmaler Fußweg etwa 50 m steil aufwärts führt. Oben angekommen, führt ein Pfad durch dichte Macchia zu einer **Steilküste** mit einem unzugänglichen Kiesstrand. Von hier an führt der Weg immer nah am Meer entlang, mit den dicht stehenden Eichen und Buchen des Küstenwaldes zur Rechten. Auf den unberührten Wiesen begegnet man wildem Flieder, mehreren Rhododendron-Arten, Erika, Johanniskraut und Stechpalmen. Das Mittelmeer-Klima lässt aber nicht nur die Flora sprießen, auch die Insekten erreichen eine in Mitteleuropa unbekannte Größe. Bienen und Hummeln sind bestimmt doppelt so groß, ab und zu sieht man riesige Falter über den Blumen flattern, die den Nektar mit unglaublich langen, biegsamen Rüsseln aus den Kelchen holen.

Einen ersten Zwischenstopp können Sie bereits nach etwa 20 Minuten am **Lipite** einlegen, einem herrlichen, wilden Sandstrand mit einem perfekten Übergang ins Meer: sanft abfallend, ohne seicht zu bleiben. Mehrere Sandbänke lassen einem das Wasser noch 100 m vom Ufer entfernt nur bis zum Oberkörper reichen – ideale Voraussetzungen, um sich gegen die breiten Wellenläufe zu werfen.

Weiter an der Küste entlang führt der Pfad dann zur Felsformation Razdelanata kanara („der gespaltene Felsen") und schließlich zum nächsten Strand **Listi**, der dank seiner traumhaften, vollkommen abgeschiedenen Lage vor dem Küstenwald auch eine Übernachtung nahe legt. Der Sand ist hier noch einmal eine Spur feiner als an den vorherigen Stränden.

Letzte Station nach zahlreichen Klippen und kleinen Fjorden sowie einer Wegstrecke von insgesamt gut 6 km ist der **Silistar** (s. weiter oben). Auch vom Listi hierher geht es immer dicht am Hochufer entlang, was die Route letztlich zum schönsten Panoramaweg an der bulgarischen Küste macht.

Zurück zum Butamjata geht es auf dem gleichen Weg.

• *Strecke/Dauer* Die einfache Strecke (6km) ist bei gemächlichem Tempo in 1,5 Std. reiner Gehzeit zu schaffen. Nehmen Sie ausreichend Wasser mit, da der Weg über zumeist baumfreie Anhöhen führt. Etwas Verpflegung ist aufgrund der Streckenlänge ebenfalls empfehlenswert – zumindest für diejenigen, die bis zum Silistar wollen.

Von der Kirche Sv. Georgi zur Veleka-Mündung

Die einzige klassische Sehenswürdigkeit von Sinemorec ist die 150 Jahre alte **Kirche Sveti Georgi**. Lange Zeit vernachlässigt, wird dieses Kleinod der bulgarischen Wiedergeburtszeit gerade aufwändig restauriert. Von außen erstrahlt sie bereits in altem farbenfrohen Glanz, innen wird letzte Hand an die hölzerne Ikonostase gelegt. Die wertvolle Ikone an der hinteren Längswand stellt Sv. Modest dar, den Beschützer der Hirten und des Viehs. Sein Feiertag ist der 18. Dezember. Ein Pfarrer wird für die Kirche noch gesucht.

Nehmen Sie an der Ortseinfahrt die linke Straße, dann die zweite links und gleich wieder rechts, so taucht die Kirche unvermittelt am Ende des Weges auf. Von hier aus startet die kleine Wanderung, die hinunter zum Meer und an der Veleka-Mündung vorbei wieder hinauf zur Landstraße führt.

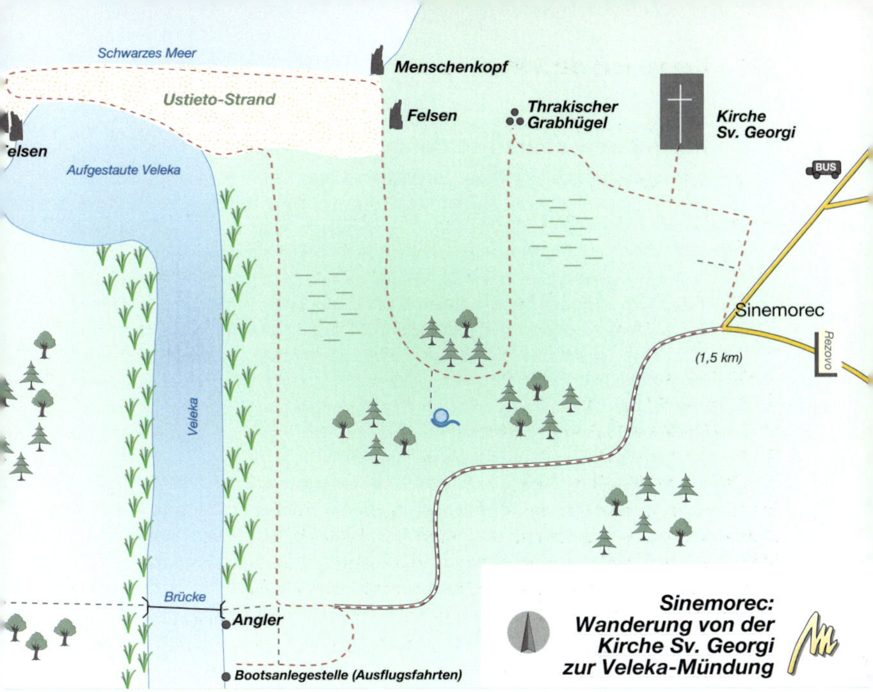

Sinemorec: Wanderung von der Kirche Sv. Georgi zur Veleka-Mündung

Links von der Kirche führt ein Pfad nach 300 m zu einem sonderbaren Hügel – erste Ausgrabungen lassen darauf schließen, dass es sich um eine **thrakische Grabstätte** handelt, wie sie in Bulgarien oft zu finden sind. Trotz der vermeintlich abgelegenen Lage des Ortes bewegt man sich also in einem Gebiet, das vermutlich schon vor über 2500 Jahren bewohnt war.

Das Meer und die Veleka-Mündung sind von dem Grabhügel bereits aus einer Entfernung von knapp 1 km zu sehen. Wenden Sie sich nun nach links und entfernen Sie sich etwa 200 m von dem grasüberwachsenen Hügel. Ein Maultierpfad führt zwischen Laubbäumen zu einer uralten **Quelle**, die einst von den Griechen entdeckt wurde und Jahrhunderte lang die einzige Trinkwasserquelle in Sinemorec war.

Der Hohlweg führt weiter hinunter auf Meereshöhe. Wenden Sie sich am Fuße des Berges nach rechts, dann erreichen Sie nach kurzer Zeit, bereits auf dem Strand, eine von Wind und Wetter herausgebildete **Felsskulptur**: Hoch oben ragt ein steinerner Menschenkopf aus der Steilwand hervor.

Am anderen Ende des Strandes fließt die Veleka ins Meer – d.h. wenn sie genügend Wasser führt. Im Sommer sickert sie meist unter der Sandbank durch und staut sich dahinter kilometerweit zu einem wahren Naturparadies. **Sandhaare** nennen Bulgaren die Mündung – weil das Süßwasser dabei gleichsam gestreichelt wird.

Flussaufwärts, entlang der immergrünen Auen, erreichen Sie die Brücke, die früher das Grenzgebiet zur Türkei markierte. Sie können ein wenig bei den Anglern verweilen und sich dann über die Straße auf den Rückweg ins Dorf machen.

Strecke/Dauer Reine Gehzeit für die insgesamt 4 km ab/bis Sinemorec: etwa 1,5 Std.

Ein subtropisches Paradies: der untere Flusslauf der Veleka

Die Veleka entspringt in der Türkei, unweit der Grenze zu Bulgarien, und schlängelt sich auf einer Länge von 147 km durch das Strandža-Gebirge. Nördlich von **Sinemorec**, beim Strand Ustieto, wird der Fluss scheinbar durch die Sandbank gestoppt. Mehrere hundert Meter verlaufen Süß- und Salzwasser-Saum parallel, getrennt durch den Strand, bevor die Veleka vor den Felsen am Buchtende kapituliert und sich Richtung Meer wendet. Nur bei Hochwasser schafft es der Fluss, die Sandbarriere zu durchbrechen, im Sommer sickert das Wasser unterirdisch ins Meer. Davor strömt die Veleka durch eine unberührte Landschaft, die besonders im unteren Lauf ein subtropisches Aussehen annimmt. Der dichte Uferwald ist nur an einigen Stellen passierbar (s. „Wanderungen um Sinemorec"). Wer die ganze Schönheit dieses Naturparadieses erleben will, kann mit dem Kanu 7 km flussaufwärts fahren (s. „Kanufahrten auf der Veleka").

Eine besonders beliebte Stelle liegt an der E87 zwischen Gramatikovo und Malko Tărnovo: **Čučurinkata**, ein Erholungsgebiet am linken Ufer der Veleka, von dem aus mehrere Wanderwege ins Strandža-Gebirge führen. Zur Übernachtung stehen einige einfache Bungalows zur Verfügung. Eine nahe Quelle versorgt die kleine Anlage mit fließendem Wasser, elektrisches Licht wird von großen Batterien gespeist und zur Essenszubereitung steht in den Holzhäuschen ein Herd zur Verfügung: Mehr an Zivilisation gibt es hier nicht, dafür ein Überangebot an überwältigender Natur.

Kanufahrten auf der Veleka

Startpunkt ist die Brücke 1 km nördlich von **Sinemorec**. Unten am Fluss, neben den Fischern, wartet Mitko an seiner kleinen Bootsanlegestelle, bei der Kanus und kleine Motorboote ausgeliehen werden können. Befahrbar ist die Veleka nur zwischen dem 15. Juni und dem 15. September, die einzige Lizenz für Urlaubsboote besitzt Mitkos kleine Agentur Vris. Steuern lässt sich das Kanu maximal bis zu der kleinen Raststation unweit von Brodilovo, genannt **Zarsko kladenče** („Zarenbrunnen"), weil hier 1936 Zar Boris III. während eines Ausflugs durch die Strandža-Region verweilt haben soll.

Den Brunnen gibt es tatsächlich und dass die Einheimischen stolz darauf waren, ihrem Zaren diesen idyllischen Ort zeigen zu dürfen, ist ohne Weiteres nachzuvollziehen. Die Strandža-Reise zumindest ist historisch belegt – Carevo hat seinen Namen aufgrund dieses Ereignisses –, ob der Zar sich allerdings wirklich bis in diese Wildnis aufgemacht hat... wer weiß.

Die 7 km von der Brücke bis zum Zarenbrunnen lassen sich bequem in 2 Stunden zurücklegen. Vorbei geht es an ganzen Feldern der seltenen gelben Wasserlilie, Schildkröten sonnen sich auf Sandbänken, Lianen hängen über den Fluss und Reiher fliegen, aufgescheucht durch das Paddelgeräusch, aus dem dichten Uferdickicht auf.

Eine kürzere Route führt von der Brücke in etwa 75 Minuten bis zum Rastplatz **Sv. Ilija**, an dem sich ein besonderer Honig namens *manov* kosten lässt. Die Bienen gewinnen ihn aus den Blättern der Bäume, die Spuren von Blattlausexkrementen aufweisen. Richtig gelesen, ja, in dem Honig werden Ausscheidungsprodukte von Blattläusen verarbeitet. Der Honig schmeckt dennoch großartig und außerordentlich gesund ist er zudem, versichert Mitkos Frau Margarita.

Noch etwas kürzer, nämlich eine gute Dreiviertelstunde, dauert eine Paddeltour bis zum **Wasserlilienfeld**.

Flussabwärts, zur **Mündung** am Strand Ustieto, geht es etwa 30 Minuten lang an dichtem Schilf vorbei.

• *Kanus/Touren* Mitko (eigentlich Dimităr Selenski, der Mann mit dem Vollbart und dem Piratenstirnband) wartet am Flussufer, gleich neben der Brücke bei Sinemorec. 1 Stunde Kanufahren kostet 2,50 € pro Person, 1 Stunde mit dem Motorboot schlägt mit 3,50 € pro Person zu Buche. Es können aber auch geführte Touren vereinbart werden, die Preise richten sich dann je nach Leistung und Dauer. Verpflegung für unterwegs organisiert Mitko nach Absprache, ein Grill steht an den Rastplätzen zur Verfügung. Sollte die Gruppe zu viele Mitglieder haben, um in den Booten Platz zu finden, organisiert Mitko Pferde für den Landweg: Auf dem Rückweg wird dann getauscht.

Mitko, **Agentur Vris**, ✆ 0550-66113 oder 089-809629, vris@abv.bg

An der Brücke von Sinemorec: Mitkos kleiner Kanuverleih

Etwas Bulgarisch

Bulgarisch ist eine slawische Sprache. Sie verwendet die kyrillische Schrift, die im 9. Jh. von den Mönchen Kyrill und Metodi sowie deren Schülern entwickelt wurde. Auch Russisch, Weißrussisch, Georgisch, Ukrainisch, Serbisch und Mazedonisch bedienen sich kyrillischer Zeichen, wobei sich die Alphabete geringfügig voneinander unterscheiden.

Bulgarische Eigennamen (Orte, Straßen, Hotels, etc.) oder Bezeichnungen für Sehenswürdigkeiten sind in diesem Buch nach den internationalen Transliterationsregeln wiedergegeben.

Nachfolgend finden Sie gebräuchliche Wörter und Wendungen, die Betonung ist durch ein Akzentzeichen angezeigt. Bulgaren rechnen nicht damit, dass Deutsche sich die Mühe machen, ein paar Wörter ihrer Sprache zu lernen. Sie werden also immer ehrliche Begeisterung auslösen, auch wenn Sie nur ein paar einfache Wörter oder die Zahlen kennen und umso mehr, wenn Sie mit ganzen Sätzen beispielsweise eine Bestellung im Restaurant aufgeben (s. hierzu auch die „universelle Speisekarte" im allgemeinen Teil dieses Buches).

Bulgarisches Alphabet

Bulgarisches Alphabet	Transliteration	Aussprache wie in...
А, а	A	***a**ll*
Б, б	B	***b**ald*
В, в	V	***W**iege*
Г, г	G	***G**eld*
Д, д	D	***d**ort*
Е, е	E	***e**gal*
Ж, ж	Ž	***G**enie*
З, з	Z	***S**onne*
И, и	I	***i**ch*
Й, й	J	***j**edoch*
К, k	K	***k**alt*
Л, л	L	***l**aut*
М, м	M	***M**ama*
Н, н	N	***n**ie*
О, о	O	***o**der*
П, п	P	***p**acken*
Р, р	R	***R**olle*
С, с	S	***S**kat*
Т, т	T	***T**eufel*
У, у	U	***U**ni*
Ф, ф	F	***F**irma*
Х, х	Ch	*ma**ch**en*
Ц, ц	C	***Z**igarette*
Ч, ч	Č	***Tsch**ibo*
Ш, ш	Š	***sch**ade*
Щ, щ	Št	***St**uhl*
Ъ, ъ	Ă (dunkles a)	*bitt**e***
ь	J (nur vor o)	***j**odeln*
Ю, ю	Ju	***ju**beln*
Я, я	Ja	***Ja**pan*

Maße

Kilometer	kilométăr	*Gramm*	gram
Meter	métăr	*Liter*	lítăr
Kilogramm	kilográm		

Zeit

gestern	včéra	*um 8.30 Uhr*	v ósem i polvína
heute	dnes	*Minute(n)/Stunde(n)*	minúta(i)/čas(ové)
morgen	útre	*Tag(e)/Woche(n)*	den(dni)/sédmica(i)
am Vormittag/ am Nachmittag	predí óbed/ sled óbed	*Monat(e)/Jahr(e)*	mésec(i)/godína(i)
am Abend/ in der Nacht	večertá/ prez noštá	*in einer Stunde*	sled edín čas
um 1 Uhr/um 2 Uhr	v edín časá/v dva časá	*ab ... bis*	ot ... do

Wochentage und Monate

Montag	ponedélnik	*April*	apríl
Dienstag	vtórnik	*Mai*	maj
Mittwoch	srjáda	*Juni*	júni
Donnerstag	četvărtăk	*Juli*	júli
Freitag	pétăk	*August*	ávgust
Samstag	săbota	*September*	septémvri
Sonntag	nedélja	*Oktober*	októmvri
Januar	januári	*November*	noémvri
Februar	fevruári	*Dezember*	dekémvri
März	mart		

Zahlen

0	núla	*15*	petnájset	*110*	sto i déset
1	ednó	*16*	šestnájset	*120*	sto i edinájset
2	dve	*17*	sedemnájset	*200*	dvésta
3	tri	*18*	osemnájset	*300*	trísta
4	čétiri	*19*	devetnájset	*400*	čétiristótin
5	pet	*20*	dvájset	*500*	pétstótin
6	šest	*21*	dvájset i ednó	*600*	šéststótin
7	sédem	*30*	tríiset	*700*	sédemstótin
8	ósem	*40*	četíreset	*800*	ósemstótin
9	dévet	*50*	petdesét	*900*	dévetstótin
10	déset	*60*	šeisét	*1000*	hiljáda
11	edinájset	*70*	sedemdesét	*2000*	dve híljadi
12	dvanájset	*80*	osemdesét	*½*	edná vtóra
13	trinájset	*90*	devetdesét	*¼*	edná čétvărt
14	četirinájset	*100*	sto		

Zeichen/Schilder/Abkürzungen

ВХОД	Eingang
ИЗХОД	Ausgang
ИНФОРМАЦИЯ	Information
ОТВОРЕНО	Geöffnet
ЗАТВОРЕНО	Geschlossen
ЗАБРАНЕНО	Verboten
ВНИМАНИЕ	Achtung
ПОЛИЦЕЙСКО УПРАВЛЕНИЕ	Polizeistation
ТОАЛЕТНИ	Toiletten
МЪЖЕ/ЖЕНИ	Herren/Damen
КАФЕ/КЛУБ	Café/Club
СЛАДКАРНИЦА	Konditorei
БЕНЗИНОСТАНЦИЯ	Tankstelle
БИЛЕТИ	Tickets
ПАЗАР	Markt
ЗАКУСКИ	Backwaren
СУПЕРМАРКЕТ	Supermarkt
БАР	Bar
КИНО	Kino
ПРИСТИГАНЕ	Ankunft
ЗАМИНАВАНЕ	Abfahrt
МАГИСТРАЛА	Autobahn
СТАР ГРАД	Altstadt
РЕСТОРАНТ	Restaurant
лв.	(léva) Währung (Scheine)
ст.	(stotínki) Währung (Münzen)
ул.	(úlica) Straße
бул.	(bulevárd) Boulevard
кв.	(kvartál) Wohngebiet
бл.	(blok) Wohnblock
пл.	(ploštád) Platz
вх.	(vhod) Eingang

Allgemeine Wendungen

Ja/nein	da/ne
Bitte/danke	mólja/mersí/ blagodarjá
Keine Ursache/ Macht nichts	njáma zaštó
Gut/in Ordnung!	dobré
Entschuldigung!	izvinéte
Hallo	zdravéj
Tschüs	čáo
Guten Morgen	dobró útro
Guten Tag	dóbăr den
Guten Abend	dóbăr véčer
Gute Nacht	léka nošt
Auf Wiedersehen	dovíždane
Bis morgen!	do útre
Wie heißen Sie/ wie heißt du?	kak se kázvate/kázvaš?
Ich heiße...	as se kázvam…
Es tut mir Leid	săžaljávam
Wie geht es dir/Ihnen?	kak si/ste?
Gut/schlecht	dobró/lóšo
teuer/billig	skăpo/évtino
schwierig/leicht	trúdno/lésno
interessant/ langweilig	interésno/skúčno
schön/hässlich	húbavo/grózno
angenehm/ unangenehm	prijátno/neprijátno
ruhig/laut	spokójno/šúmno
groß/klein	goljámo/málko
neu/alt	nóvo/stáro
warm/kalt	tóplo/studéno
früh/spät	ráno/k´ăsno
Wo/wohin?	kădé/nakădé?
Wer/was?	koj?/kakvó?
wann?	kogá?
warum?	zašto?
wie?	kak?
wie viel?	kólko?
Welcher/welche?	koj/kojá?
was für ein/eine?	kakăv/kakvá?

Unterwegs

Norden	séver
Süden	jug
Westen	západ
Osten	íztok
Im Norden/Im Süden	na séver/na jug
Hier/dort	tuk/tam
Nah/weit	blízo/daléče
Ist der Strand in der Nähe von hier?	blízo li e plážăt?
Ist die Stadt weit?	daléče li e grad´ăt?
Geradeaus/links/	naprávo/naljávo/
rechts	nadjásno
zurück	nazád
vorne/hinten	otpréd/otzád
Wir haben uns verlaufen/verfahren	zagúbihme se
Wo sind die Toiletten?	kădé sa toalétnite?
Wo ist das nächste Telefon?	kădé e náj blízkiat telefón?
Wo ist das nächste Hotel?	kădé e náj blízkijat hotél?
Haben Sie einen Stadtplan?	ímate li plan na gradá?
Autobahn/Straße/	magistrála/úlica/
Weg	păt
Parkplatz	párking
Expresszug/ Schnellzug	eksprésen vlak/ bărs vlak
Hauptbahnhof, Busbahnhof	centrálna gara, avtogára
Schlafwagen	spálen vagón
(Nicht-) Raucherabteil	vagón za (ne)pušáči
Flughafen	letíšte/áerogára
Ampel/Schild	svetofár/tabélka
Tram-/Bushaltestelle	tramvájna/avtobúsna spírka
Taxi	taksí
Hafen	pristánište
Boot	lódka
Schiff	kórab
Bitte, wo ist ...	izvinéte, kădé e ...
... der Flughafen?	... letíšteto?
... der Hafen?	... pristáništeto?
... der Parkplatz?	... párkingăt?
... die Hauptstraße?	... glávnata úlica?
... der Busbahnhof?	... ávtogarata?
... der Markt?	... pazárăt?
... der Strand?	... plážăt?
... das Strandcafé?	... plážnoto kafè?
... das Dorf/ die Stadt?	... séloto/ gradăt?
... die Post/die Bank?	... póštata/bánkata?
... die Polizeistation?	... policéjskiat učástăk?
... die Apotheke?	... aptékata?
... das Krankenhaus?	... bólnicata?
... das Museum?	... muzéjat?
Wie komme ich dahin?	kak da stígna do tam?
Ist das der Bus nach ...?	tózi li e avtobúsăt za ...?
Ist das der Zug nach ...?	tózi li e vlákăt za ...?
Wo fahren Sie hin?	víe za kăde pătuvate?
Wann fährt der Zug nach ... ab?	kogá trăgva vlákăt za ...?
Ich möchte ... Liter Benzin	ískam ... lítra benzín
super/Diesel/ bleifrei	súper/dísel/ bezolóven
Volltanken, bitte	mólja, napălnéte rezervoára
Wo gibt es eine Autowaschanlage?	kădé íma ávtomívka?

Übernachtung

Wie viel kostet es pro Nacht pro Person?	kólko strúva na čovék na véčer?
Haben Sie etwas Billigeres?	ímate li néšto po évtino?
Ist auch Frühstück im Preis inbegriffen?	v cenáta vlíza li zakúska?
Kann ich die Zimmer sehen?	móže li da vídja stáite?
Haben Sie auch andere?	ímate li i drúgi?
Ich möchte ein Doppelzimmer	ískam dvójna stája
Ich möchte ein Einzelzimmer	ískam ediníčna stája
Zimmer mit Blick aufs Meer	stája s ízgled kăm moréto
Hat das Zimmer auch Bad?	stájata íma li bánja?
Hat das Zimmer eine Klimaanlage?	stájata íma li klimatík?
Gibt es einen Fernseher?	íma li televízor?
Privatquartier	kvartíra
Haben Sie freie Zimmer?	ímate li svobódni stái?
Campingplatz, Zelt	kămping, palátka
Kann ich mein Zelt hier aufstellen?	móže li tuk da si opăna palátkata?
Wieviel kostet das Zelt pro Nacht?	kólko strúva na véčer na palátka?
Gibt es auch Plätze im Schatten?	íma li mestá na sjánka?
Bungalow	bungálo
Das gefällt mir (nicht)	tová (ne) mi harésva
Ich bleibe eine Woche	šte ostána edná sédmica
warmes Wasser/ Toilette/ Toilettenpapier	Tópla vodá/toalétna/ toalétna hartíja
Badewanne/Dusche	vána/duš
Kühlschrank/Küche	hladílnik/kúhnja

Ausgehen

Hallo/hi	zdrásti, zdravéj
Wie geht`s?	kak si?
Wo kommst du her?	otkăde si?
Ich mag dich (nicht)	(ne) te harésvam
Du bist (sehr) hübsch	ti si (mnógo) húbav/a (f)
Ja, ich will/nein, ich will nicht	ískam/ne ískam
Gehen wir!	hájde da trăgvame!
Los!	hájde!
Komm!	elá!
Toll/klasse/geil	jáko/gótino/súper
Mein(e)Freund/ Freundin	mójat prijátel/ mójata prijátelka
Hast du Hunger?	gláden (m)/ gládna(f) li si?
Gehen wir was essen!	Néka otídem da jadém!
Ich habe Durst	žáden(m)/žádna(f) săm

Im Restaurant

Restaurant	restoránt
Kneipe	kráčma
Frühstück	zakúska
Mittagessen	objád
Abendessen	večérja
Wo gibt es ein gutes/günstiges Restaurant?	kădé ima dobăr/éftin restoránt?
Die Speisekarte, bitte	móže li ednó menjú mólja?
Haben Sie auch eine Speisekarte auf Deutsch?	ímate li menjú na némski?
Die Rechnung, bitte	móže li smétkata?
Welches Gericht würden Sie mir empfehlen?	kakvó bíhte mi preporăčali?
Haben Sie vegetarische Gerichte?	ímate li néshto bez mesó?
Ich bin Vegetarier	as săm vegetariánec
Ist das frisch?	tová présno li e?
Kann ich bestellen, bitte?	móže li da poráčam, mólja?
Das schmeckt gut/ schmeckt nicht	vkúsno e/ ne e vkúsno
Vorspeise	Predjástie
Hauptgericht	osnóvno jástie
Nachspeise	desért
Suppe/Salat/Beilage	súpa/saláta/garnitúra
Süß/sauer/salzig	sládko/kíselo/soléno
Ist das sehr scharf?	tová mnógo li e ljúto?
Das Essen ist zu kalt	jádeneto e studéno
Ich glaube, da ist ein Fehler in der Rechnung	míslja če ima gréška v smétkata
Kann ich noch etwas Brot haben, bitte?	móže li óshte málko hljáb, mólja?
Können Sie mir Salz/Pfeffer bringen, bitte?	móže li da mi doneséte sol/pipér?

Obst und Gemüse	**plodové i zelenčuci**
Äpfel	jábălki
Aprikosen	kajsíi
Auberginen	patladžáni
Bananen	banáni
Birnen	krúši
Blaubeeren	borovínki
Bohnen	bob
grüne Bohnen	fasúl
Brokkoli	brókoli
Champignons	găbi
Erbsen	grah
Erdbeeren	jágodi
Feigen	smokíni
Gurken	krástavici
Himbeeren	malíni
Karotten	mórkovi
Kartoffel	kartófi
Kirschen	čeréši
Knoblauch	čésăn
Kohl	zéle
Kopfsalat	marúli
Mais	cárevica
Mandarinen	mandaríni
Oliven	maslíni
Orangen	portokáli
Paprikaschoten	čúški
Peperoni	ljúti čúški
Pfirsiche	práskovi
Pflaumen	slívi
Radieschen	répički
Rosenkohl	brjúkselsko zéle
Sauerkirschen	víšni
Spinat	spanák
Tomaten	domáti
Trauben	grózde
Wassermelone	dínja
Zitrone	limón

Zucchini	tíkvički
Zuckermelone	păpeš
Zwiebeln	luk

Grundprodukte

Ajvar	ljútenica
Brot	hljáb
Butter	masló
Ei(er)	jaicé(jaicá)
Honig	med
Joghurt	kíselo mljáko
Kaffeesahne	smetána
Käse (gelb)	kaškavál
Marmelade	marmalád
Mehl	brašnó
Milch	mljáko
Öl/Essig	ólio/océt
Schafskäse	sírene
Schokolade	šokolád
Wurst	salám
Zucker/Salz/Pfeffer	záhar/sol/pipér

Alkoholische Getränke	**alkohólni napítki**
Zum Wohl!/Prost!	nazdráve!
Bier	bíra
aus der Flasche/vom Fass	butilírana/nalívna
dunkles Bier	tămna bíra
Wein	víno
Rotwein	červéno víno
Weißwein	bjálo víno
Trockener Wein	Súho víno
Halbtrockener Wein	Polúsúho víno
lieblicher Wein	Sládko víno
Sekt	šampánsko
Schnaps (Obstler)	rakíja (berühmtestes Nationalgetränk)
Traubenschnaps	Grózdova rakíja
Pflaumenschnaps	slívova rakíja
Wodka	vódka
Whisky	uíski
Gin	džin
Rum	rom
Cocktail	koktéil

Besteck und Geschirr

Glas/Tasse	čáša
Teller/Schüssel	činíja/kúpička
Aschenbecher	pepelník
Messer/Gabel/Löffel	nož/vílica/lăžíca
Serviette	Salfétka
Zahnstocher	Klečka za z´ăbi
Flasche	butílka

Einkaufen

Haben Sie deutsche Zeitungen?	ímate li némski véstnici?
Wo gibt es…?	kădé íma …?
Wie viel kostet das?	kólko strúva tová?
Gibt es das in einer anderen Farbe/Größe?	íma li tová v drug cvját/razmér?
zu klein/zu groß	prekaléno málko/goljámo
zu lang/zu kurz	prekaléno dălgo/kăso
Stoff/Schnitt	plat/króika
Wo kann ich das anprobieren?	kădé móga da go próbvam?
Kann ich das eventuell umtauschen?	moga li da go smenjá eventuálno?
Ich nehme es (nicht)	vzémam go (ne go vzémam)
Das gefällt mir (nicht)	tová (ne) mi harésva
Kann ich mit Kreditkarte bezahlen?	móže li da platjá s kréditna kárta?

Bikini	bánski
Hose/Rock/Top	pantalón/polá/blúzka
Jeans	dănki
Cordhose	džínsi
Jacke/Sakko/Mantel	jáke/sakó/paltó
Schuhe	obúvki/
Badeschlappen	žápanki
Sandalen	sandáli
Sonnenbrille	slănčevi očilá
Sonnenkappe	šápka za sl´ănce
Badetuch	plážna kărpa
Sonnencreme	krem za slănce
Geben Sie mir 2 Kilo Äpfel, bitte	dájte mi dva kilográma jábălki, mólja
Eine Schachtel Zigaretten und eine Flasche Wein	edná kutijá cigári i edná butílka víno
2 Gurken und ein halbes Kilo Tomaten	dve krástavici i polovín kiló domáti
300 Gramm Schafskäse, bitte	trísta gráma sírene, mólja
Haben Sie auch Oliven?	ímate li i maslíni?

Verständigungsprobleme

Ich verstehe (nicht)	(ne) razbíram
Ich brauche einen Dolmetscher	trjábva mi prevodáč
Wie bitte?	mólja?
Ich spreche kein Bulgarisch	Az ne govórja bălgarski
Sprechen Sie/ Sprichst du Deutsch?	znáete li/ znáeš li némski?
Ich spreche nur wenig Bulgarisch	govórja sámo málko bălgarski
Ich komme aus Deutschland/Österreich/der Schweiz	az săm ot Germánija/Ávstrija/ Švejcárija

Notfälle

Panne/Autounfall	avárija/katastrófa
Wir hatten einen Unfall	katastrofírahme
Gibt es hier in der Nähe eine Werkstatt?	íma li nablízo ávtoservíz?
Wir hatten eine Reifenpanne	spúkahme gúma
Können Sie uns helfen?	móžete li da ni pomógnete?
Hilfe!	pómošt!
Ich bin verletzt/Wir sind verletzt	ranén săm/ranéni sme
Rufen Sie schnell...	izvíkajte spéšno...
...einen Krankenwagen	...linéjka
...die Polizei	...polícija
...die Feuerwehr	...požárnata
Es war (nicht) meine Schuld	(ne) béše mója viná
Notarzt	bărza pómošt
Mein Auto ist aufgebrochen worden	koláta mi e razbíta
Man hat mir ... gestohlen	otkrádnaha mi...
... Geld/die Tasche	parí/čántata
... die Papiere	dokuméntite
... die Schlüssel	kljúčovete
... den Koffer	kúfara
... den Fotoapparat	fotoaparáta
Ich möchte Anzeige erstatten	ískam da naprávja izjavlénie

Krankheit

Ich bin krank	bólen săm (m); bólna săm (f)
Mir ist schlecht	lóšo mi e
Ich brauche einen Arzt	trjábva mi lékar
Wo ist das nächste Krankenhaus?	kădé e naj blískata bólnica?
Wo gibt es hier eine Apotheke?	kădé tuk íma aptéka?
Ich brauche ein Mittel gegen ...	trjábva mi lekárstvo protív ...
... Durchfall	... rastrójstvo
... Verstopfung	... zápek
... Erkältung	... nastínka
... Husten/Fieber	... kášlica/temperatúra
... Mücken	... komári

Post, Bank, Telefon — pósta, bánka, telefón

Entschuldigung, wo ist die Post?	izvinéte, kădé e póštata?
Ich möchte 3 Briefmarken und 3 Briefumschläge	móže li tri márki i tri plíka za pismá?
Wo ist die Telefonzentrale?	kăde e telefónnata centrála?
Ich möchte nach Deutschland telefonieren	ískam da se obádja v Germánija
Wechselstube	Change bjuró
Wo ist eine Bank?	kădé e bánkata?

Sehenswertes

Wo ist ...	kădé e ...
... die Kirche	... cărkvata?
... das Kloster?	... manastírăt?
... das Theater?	... teátărăt?
... die Galerie?	... galérijata?
... die Oper?	... operata?
... der Fluss?	... rekáta?
... die Moschee?	... džamíjata?
... das Museum?	... muzéjat?
... das Rathaus?	... kmétstvoto?
... das Schloss?	... dvorécăt?
... die römische Festung	... rímskata krépost
... das thrakische Grabmahl?	... trakíiskata gróbnica?
... das Felsenkloster?	... skálnijat manastír?
Wann ist die Ausstellung geöffnet/ geschlossen?	kogá e otvórena/ zatvórena izlóžbata?
Kasse	Kása
Wo kann ich Karten kaufen?	kădé móga da kúpja biléti?
Hausmuseum	Kăšta muzéj
Museum für Geschichte	Istoríčeski muséj
Ethnografisches Museum	etnográfski muséj
Naturkundemuseum	priródonaúčen muséj

Wir möchten Sie gern kennen lernen ...

... um unsere Reisehandbücher noch besser auf Ihre Bedürfnisse abstimmen zu können. Deshalb auf dieser Doppelseite ein kurzer Fragebogen zu Ihrer letzten Reise mit einem unserer Handbücher.

Als Belohnung winken ...

... natürlich Reisehandbücher. Jeweils zum Jahresende verlost der Michael Müller Verlag unter allen Einsendern des Fragebogens 50-mal je ein Reisehandbuch Ihrer Wahl aus unserem Programm.
(Der Rechtsweg ist ausgeschlossen)

Es bleibt natürlich alles unter uns ...

... Selbstverständlich garantieren wir absoluten Datenschutz und geben keine Adressen weiter. Versprochen!
Vielen Dank für ihre Mitarbeit und ... viel Glück!

Fragebogen

Ihre Reise

1) Mit welchem unserer Bücher waren Sie unterwegs? ....
   Und wann (Monat/Jahr)? ....
2) Mit wie vielen Personen reisten Sie? Bitte kreuzen Sie an: ....
   ☐ allein ☐ zu zweit ☐ drei Personen oder mehr ....
   Mit Kindern? ☐ Nein ☐ Ja (Alter? ...... Jahre)
4) Wie lange dauerte Ihre Reise?
   ☐ bis 1 Woche ☐ bis 2 Wochen ☐ bis 3 Wochen ☐ über 3 Wochen
5) Hatten Sie Unterkunft und Anreise als Kombination bereits vorgebucht?
   ☐ Ja ☐ Nein
6) Welche/s Verkehrsmittel benutzten Sie zur Anreise? (Mehrfachnennungen möglich)
   ☐ Bahn ☐ Bus ☐ Flug ☐ Auto/Motorrad ☐ Fähre
   ☐ Sonstiges, nämlich
7) Mit welchem(n) Verkehrsmittel(n) waren Sie im Zielgebiet überwiegend unterwegs (Mehrfachnennungen möglich)?
   ☐ Bahn ☐ Bus ☐ eigenes Auto/Motorrad ☐ Mietfahrzeug ☐ Fähre
   ☐ anderes Verkehrsmittel, nämlich ....
   ☐ gar nicht, blieb an einem Ort
8) Wo übernachteten Sie vorwiegend?
   ☐ Gehobene Hotels ☐ Mittelklassehotels ☐ Landestypische Pensionen
   ☐ Privatzimmer ☐ Camping ☐ andere Unterkunft, nämlich ....
9) War es Ihre einzige Urlaubsreise in diesem Jahr?
   ☐ Ja ☐ Nein, ich verreise öfter mal für 1 Woche oder mehr, nämlich pro Jahr:
   ☐ 2x ☐ 3x ☐ 4x oder mehr;
   und dann meist ins: ☐ Inland ☐ Ausland

Ihr Reisehandbuch vom Michael Müller Verlag

1) Sind Sie das erste Mal mit einem unserer Reisehandbücher unterwegs gewesen?
....
☐ Ja ☐ Nein, vorher schon (Titel): ....

2) Wie lernten Sie unseren Verlag kennen?
☐ Empfehlung vom Buchhändler☐ Empfehlung von Bekannten
☐ Habe das Buch zufällig im Buchhändlerregal entdeckt
☐ Über eine Anzeige in .... ☐ anders, nämlich ....

3) Insgesamt gesehen, waren Sie mit diesem Reisehandbuch
☐ nicht zufrieden ☐ zufrieden

4) Wir würden gerne wissen, wo wir in unseren Reisehandbüchern etwas verbessern können. Bitte geben sie deshalb den einzelnen Komponenten dieses Buches "Schulnoten" von 1 bis 6 und begründen Sie bitte Ihre Benotung.

	Note	Grund
Prakt. Informationen vor der Reise		
Geschichte		
Landeskundliches		
Orte und Regionen		
Sehenswürdigkeiten		
Prakt. Informationen unterwegs		

5) Was hat Ihnen an diesem Reisehandbuch besonders gefallen?
☐ Nichts Spezielles ☐ Doch, und zwar ....

6) Und was hat Sie am meisten gestört?
☐ Nichts Spezielles ☐ Doch, und zwar ....

7) Worüber hätten Sie gern mehr erfahren?
☐ Über ....
☐ Alle Informationen waren ausreichend

8) Unser Verlagsprogramm finden Sie auf den nächsten Seiten. Welche(s) Ziel(e) innerhalb Europas und des Mittelmeerraumes fehlt bzw. fehlen Ihnen in diesem Programm?
☐ Kein Ziel ☐ Doch, nämlich ....

9) Welches Reisehandbuch aus unserem Programm möchten Sie gewinnen?
....

Nun würden wir Ihnen gerne noch einige Fragen zu Ihren persönlichen Daten stellen (Datenschutz ist selbstverständlich gewährleistet)

Alter: .... Jahre
Familienstand: ☐ ledig ☐ verheiratet ☐ Kinder
Schulabschluss: ☐ Hauptschule ☐ Realschule ☐ Abitur
☐ Studium ☐ Beruf: ....

Fragebogen ausschneiden und an unsere Verlagsanschrift schicken (siehe unten). Bitte vergessen Sie nicht, für die Gewinnbenachrichtigung Ihren Namen und Adresse zu notieren.

Name: ....
Straße: ....
PLZ/Ort: ....

Michael Müller Verlag GmbH, Gerberei 19, 91054 Erlangen, Fax: 09131/207541

Vielen Dank thank you merci efcharistó gracias grazie tesekkür dekuji köszönöm

Verlagsprogramm

Deutschland
- Allgäu
- Altmühltal
- Berlin & Umgebung
- *MM-City* Berlin
- Bodensee
- Franken
- Fränkische Schweiz
- Mainfranken
- Nürnberg, Fürth, Erlangen
- Ostseeküste – von Lübeck bis Kiel
- Schwäbische Alb

Niederlande
- *MM-City* Amsterdam
- Niederlande
- Nordholland – Küste, IJsselmeer, Amsterdam

Nord(west)europa
- England
- Südengland
- *MM-City* London
- Schottland
- Irland
- Island
- Norwegen
- Südnorwegen
- Südschweden

Osteuropa
- Baltische Länder
- Polen
- Polnische Ostseeküste
- *MM-City* Prag
- Westböhmen & Bäderdreieck
- Ungarn

Balkan
- Mittel- und Süddalmatien
- Kroatische Inseln & Küste
- Nordkroatien – Kvarner Bucht
- Slowenien & Istrien

Griechenland
- Amorgos & Kleine Ostkykladen
- Athen & Attika
- Chalkidiki
- Griechenland
- Griechische Inseln
- Karpathos
- Kefalonia & Ithaka
- Korfu
- Kos
- Kreta
- Kreta – der Osten
- Kreta – der Westen
- Kykladen
- Lesbos
- Naxos
- Nord- u. Mittelgriechenland
- Paros/Antiparos
- Peloponnes
- Rhodos
- Samos
- Santorini
- Skiathos, Skopelos, Alonnisos, Skyros – Nördl. Sporaden
- Thassos, Samothraki
- Zakynthos

Türkei
- *MM-City* Istanbul
- Türkei – gesamt
- Türkei – Mittelmeerküste
- Türkei – Südküste
- Türkei – Westküste
- Türkische Riviera – Kappadokien

Frankreich
- Bretagne
- Côte d'Azur
- Elsass
- Haute-Provence
- Korsika
- Languedoc-Roussillon
- *MM-City* Paris
- Provence & Côte d'Azur
- Südfrankreich
- Südwestfrankreich

Italien
- Apulien
- Chianti – Florenz, Siena
- Dolomiten – Südtirol Ost
- Elba
- Gardasee
- Golf von Neapel
- Italien
- Italienische Riviera & Cinque Terre
- Kalabrien & Basilikata
- Liparische Inseln
- Marken
- Oberitalien
- Oberitalienische Seen
- *MM-City* Rom
- Rom & Latium
- Sardinien
- Sizilien
- Südtirol
- Südtoscana
- Toscana
- Umbrien
- *MM-City* Venedig
- Venetien & Friaul

Nordafrika u. Vorderer Orient
- Ägypten
- Sinai & Rotes Meer
- Tunesien

Spanien
- Andalusien
- *MM-City* Barcelona
- Costa Brava
- Costa de la Luz
- Ibiza
- Katalonien
- Madrid & Umgebung
- Mallorca
- Nordspanien
- Spanien

Kanarische Inseln
- Gomera
- Gran Canaria
- *MM-Touring* Gran Canaria
- Lanzarote
- La Palma
- *MM-Touring* La Palma
- Teneriffa
- *MM-Touring* Teneriffa

Portugal
- Algarve
- Azoren
- Madeira
- *MM-City* Lissabon
- Lissabon & Umgebung
- Portugal

Lateinamerika
- Dominikanische Republik
- Ecuador

Österreich
- *MM-City* Wien

Schweiz
- Genferseeregion
- Tessin

Malta
- Malta, Gozo, Comino

Zypern
- Zypern

Aktuelle Informationen zu allen Reiseführern finden Sie im Internet unter www.michael-mueller-verlag.de

Gerne schicken wir Ihnen auch das aktuelle Verlagsprogramm zu.

Michael Müller Verlag GmbH, Gerberei 19, 91054 Erlangen, Tel. 0 91 31 / 81 28 08-0; Fax 0 91 31 / 20 75 41; E-Mail: mmv@michael-mueller-verlag.de

Sach- und Personenregister

Startvorbereitung in Sinemorec

Geographisches Register

Beliebtes Ausflugsziel: die Pantokratorkirche von Nessebăr